【2nd Edition】

文化政策新論

建構台灣新社會
Policy of Culture

林信華 著

二版序

　　在二〇〇二年出版《文化政策新論——建構台灣新社會》一書之後，一方面台灣已經有很大的變化，一方面自己在學術上也有不同的見解，把它重新架構與論述是一件必要的事。特別在這幾年中，國內學術界對於文化政策的討論也更加頻繁與活潑，相信再版後的新書應該可以為文化政策的討論增加些許的貢獻。再版的更動幅度不小，主要在兩個線索上。首先是討論文化與政策在哪裡聯繫在一起，當我們把文化秩序在邏輯上表述為一種美學的活動時，文化所包含的不只是藝術的創作品，它還包含整個社會的創作取向與環境，以及整個社會的制度建構。所以文化與政策的關聯在當今全球社會中，本書將把它當成對於整體社會與國家的發展政策。在這個取向上，重點已經不只是對特定的藝術或美學活動採取支持或禁制這一件事情，而是引導出一個可以讓各種藝術美學活動的創作可能與空間。而這種空間性和可能性的存在緊密聯繫一個尊重差異與多樣的社會結構，它建立在對權利的基礎並且對社會具有較高的認同上，這是一個較為廣義的文化政策，對於台灣社會而言也是相當重要。

　　其次，作者首創台灣境寓（Taiwan Milieu）這個名詞來豐富文化政策的討論。我們就是台灣人，因為我們生活在台灣境寓當中。我們還是要告訴自己和全世界的人，我們是誰。這裡不是要改變現狀，而是揭露現狀。我們不一定要為下一代人放置一條規劃好的道路，但有必要告訴他們是誰。在快速變化的全球社會中，我們需要一個對內與對外都可以凝聚台灣人的新符號，它就是「台灣境寓」。這也是當代文化政策的重要任務。這是一個新的時代，不論是商業上或學術上，

大家所關心的事情慢慢轉移到這個日常空間上來。它不是一個什麼新的東西，它就是每天在運作的日常生活。它再真實不過，我們每天就在這裡生活。它之所以重要的原因，一方面是因為我們生活的世界愈來愈系統化，很多權利必須回到這裡來重新思考，一方面過去在意識或理念中的看法，今天離這個生活世界愈來愈遠，甚至掩蔽了這個生活世界。我們用境寓這個詞來訴說這個生活空間。我們不需要用血統、種族、語言或宗教來告訴我們是台灣人，因為這在全球社會中已經不是唯一的。其他國家的人民所瞭解或認識到的台灣人，就是生活在台灣境寓中的台灣人。這樣的台灣人不是意識或理念上的台灣人，而是在全球社會中，公民身分的新意義。它之所以重要，乃是在於跳脫無謂的意識之爭，找到凝聚台灣社會的真正基礎。

林信華

宜蘭　二○○九年七月

引　言

　　台灣在二〇〇〇年之後的兩次政黨輪替中，整體社會在各個層面上都發生了重大的改變。台灣社會繼續連結於全球與區域的網絡，本身也不斷在本土化。台灣社會更加多元，也更加開放，但需要的是不同於以往的社會凝聚力。我們不可能再回到威權時代找尋凝聚社會的力量，也不可能由某個團體來設定這種力量。就我們所知道的，政治或政策層面的運作更不可能有這個空間。主要原因之一，就是在台灣加速開放與多元時，我們不夠務實地面對台灣的處境，沒有認真思索台灣認同這個議題。很多的政策或建設最後都聯繫到這個議題，甚至最基本的程序和制度也是，它們體現著過度的競爭和不信任。在這個道理上，國家整體的發展政策主要不是經濟，更不是政治，而是文化的導向。從凝聚台灣社會的力量上出發，國家整體的發展策略才會有意義。所以嘗試說明的文化政策，事實上是建構台灣新社會的思維，它是國家整體發展的政策。

　　台灣社會的主體性已經愈來愈清晰，這是我們首先必須要認識和揭露的現象。在二〇〇八年九月《遠見》雜誌的民調中，95.9%的人認為自己是台灣人，75.4%是中華民族的一分子，73.5%認為自己是亞洲人，華人的有67.3%，中國人的有46.6%。開放而多元的認同，以及由台灣出發的世界觀是此刻的現狀。台灣社會擁有自己的共同生活秩序，個體在這秩序中進行社會化也並沒有問題。但是在資訊科技的高度發展以及大陸經濟市場的強大競爭下，這個生活秩序近年來已經悄悄地進入重建的歷程。在全球地方化的背景中，我們需要一個務實的文化概念來回應這個重建的歷程。換句話說，我們的基本邏輯是文

化領域在全球化和地方化背景中，與科技、經濟和自然領域必須有一新的關係。它們在同時回歸到權利要素時，新的文化與文化政策概念事實上已經不是一種被動的維護或展演，而是一種更整體更宏觀的重建或建構。在傳統族群或語言等等因素之外，比經濟或科技更具關鍵的前提下，它提供社會認同與個人認同的新空間。在包含經濟與社會建設的內容中，新的文化政策以建構完整權利系統，凝聚台灣社會力量，並且在迴避意識型態與國家主權問題中，體現主體性的真正社會科學意義。因此這種廣義文化政策是因應當代社會型態與需要所產生的一種方式，它不是一種理論系統，而是新社會生活的實踐。

在一個開放的社會中，文化本來就呈現多元和多義，它的內容其實已經不容易被論述。這同時也意味著，觀察文化秩序的立場與科學在共識上乃是相當薄弱。它不同於觀察自然秩序的自然科學，自然秩序可以被定義。因此在全球化的過程中，我們並不嘗試定義文化一詞的內涵，但它的變化趨向是很重要的。在科技發展的歷程中，文化與經濟的關係已經有所變化。在區域整合的現實中，文化一詞的用法也已經脫離國家的傳統框架。在商品不斷擴及到文化生活的各個領域時，文化生活與經濟生活處於緊張的關係中，但是從一九八〇年代以後，這樣的緊張關係有開始趨緩的跡象。因為文化可以變成經濟資源，而經濟也可以變成文化的一種形式。因此當代文化科學的任務就是透過不同的方法將文化意義揭露在個體之前，而這文化意義與價值的揭露，也正是文化科學之所以存在的理由。在上述的歷程中，文化本身的自主以及文化議題乃持續受到重視，文化政策因此在二次世界大戰之後也取得了發展的空間。

文化政策的制定與發展在相當程度上取決於對文化秩序的認知，但更精確地說，當文化與政策兩個範疇聯繫在一起時，文化的內容與形式事實上正在被建構當中。差別是在封閉威權和開放民主的社會中，這個聯繫並不一樣，不論是在消極的文化資產保護，還是積極的社會重建上。文化本來是日常生活中大家所習慣的意義系統，它變成一種議題、事務甚至是政策，有著它的社會背景。在西方先進國家中，專司文化政策的行政機構大約在六〇年代後在世界各國陸續成立，對於學術機構設立文化行政訓練中心或相關組織則是在八〇與九〇年代間。文化從最抽象的生活方式到一種事業與行政之轉變過程，事實上與全球化（globalization）和其同時發生的地方化（localization）表現為同一個過程。在這過程中，作為社會基本生活秩序的共同體（community）擁有不同的表現方式。而對於這些表現方式，文化與經濟之間的關係演變則扮演著重要的樞紐。並且文化與經濟之間的張力，最主要也表現在對共同體的認同以及文化商品之間的互動。

　　因此不同的共同體表現方式具有不同的文化經濟關係，而這也體現認同（identity）在地方或全球方向上的變化，並且擁有不同的文化政策思考方向。換句話說，文化生活型態與文化政策本身已經從以國家為中心的取向，轉變到以社會文化為取向。而這也是一個解除中心化或地方分權（décentralisation）的過程，即是地方文化行政的負責對象為地方議會。在法國，它也是一種權力下放（déconcentration）的過程，意即國家在行政層面上同時被表現在地方。在這個歷程當中，認同已經是非本質的、去中心的，並且新權利的產生就是作為一個認同的運動（the emergence of the new right as an identity movement），同時具體化公民權政治。因此以地方性概念為基礎的共同體參與，基本上就是新的民主程序，它要求在資訊網絡以及多元文化主義的立場上重建權利與認同。因此，建立在權利概念上的認同，基本上仍然聯繫一直以來的共同體概念。不同意見經過溝通而達成一致時，這意見對於溝通參與者，就有道德上的遵守要求以及認同的表態。這共同意見在制度層面上的具體化，就是法律的建構。因此道德的承諾（moral commitment）在公民之間，發展一個團結與容忍的意義，並促成共同

的公民權認同，也就是一個共同體的意義（a sense of community）。只不過這個共同體的意義已經不是與情感、歷史和文化價值所聯繫的傳統概念，而應該是在資訊與傳播網絡下，一種社會參與的新制度與程序。在參與的過程中，政治、社會與文化的事務乃是結合成一整體，因為利益與權利的內涵已經不可能局限在特定的範圍內，因此公民權認同的發展同時體現了政治、社會和文化等等方面的認同發展。

在文化空間不斷多元和開放，以及作為一種事業甚至是產業的情況下，文化政策必須要有一個基本的轉向，它需要回到日常生活的秩序上來。這個秩序就是境寓（milieu），一個本來就存在但被大家遺忘的空間。台灣境寓（Taiwan Milieu）是台灣歷史性和未來性的基礎，並且是作為台灣文化論述與政策的主體。什麼是台灣人這個議題，在這裡可以得到最真實和最具共識的回應。在台灣現代化的過程中，一方面建立在意識型態上的認同逐漸轉變為建立在權利上的認同，另一方面不同族群也要求對他們認同的承認以及文化差異的接受。這樣的轉變使得人民在國家和文化等等領域上的認同逐漸模糊，並且逐漸多元。具有清楚認同內容的單一文化中心逐漸分散為邊界不清的多重認同取向，各社群文化在社會互動和參與中取得自己的所在位置。尤其在新的傳播技術當中，電視和報紙媒體的共同經驗將不同群體聯繫在一起，並且超越原有的物質空間而形成新的生活社團。更重要的是，新生活社團的秩序不再只以共同的相似性為前提，而是同時也以彼此的差異性為前提。因此在權利與義務為基調的思考中，台灣未來的出路根本上必須滿足個體權利以及社會參與。在符合本書的理論立場中，反應台灣、兩岸和全球情勢的文化政策將是一種揭露、建構和實踐，台灣在兩岸關係中的未來必須反應真實的社會發展。

台灣境寓的秩序本身就是所有正當性與合理性的起點，它正是包含個體的權利與認同系統，並且它本身就是體現台灣主體性的主要形式。如果因為兩岸交流的影響，台灣與大陸各層關係發生改變的話，那麼也是台灣生活秩序整體本身的發展或重建。它不可能不繼續存在，也必須因應全球與區域關係而發展，它本身是一個自在自為的主體。目前在兩岸充滿變數與不穩定的狀態下，民眾希望維持現狀所隱含的訴求，就是這個主體的永續存在與發展，也就是個體權利系統的維護與增進。這是透過理論與實際觀察所揭露的現象，對於這樣的現象做進一步的反省和論證，我們將發現這個權利和認同系統對於台灣民眾而言是不完整的。這體現國家整體的發展，它事實上就是一種廣義的文化政策。這種文化政策不是要維護某種立場的文化論述，正好相反，它在揭露文化開放性和未來性的同時，也在對不同立場的文化論述進行解構。

　　對於某種文化資產的維護或提倡，以及社會認同的建立，都會涉及到文化權利的議題。這已經不是從同一或單一的理念出發，我們並不應該把別人變成跟自己一樣。相反的，這是從差異和多元的角度來思考人民的基本權利是什麼，特別在今天的全球社會中。只有務實給予台灣社會一個多樣性（diversity）的空間，台灣的創意和永續發展才有可能，文化政策也才能擺脫意識型態的桎梏。因此，文化政策不是要強加人民某種文化或資產的概念，而是在多樣性的空間中進行文化的對話與創意。更重要的是，台灣社會因此也才可能走出認同問題的泥淖。這是台灣主體性和凝聚力的原型，也是兩岸關係可以良善整合的基礎，以及接軌全球的策略。這同時也在告訴我們，文化政策不是一個靜態或被動的弱勢政策，而是一個涉及到國家整體發展的上位政策，特別是對於我們台灣人而言。

目　錄

第一章

文化秩序與議題

　　人類在大自然當中生活，不斷用技術、技藝和制度建構自己的生活世界，一方面讓我們的生活免於自然災害，一方面讓我們可以在各層面上相互溝通與瞭解。這是一個持續發展的意義系統（system of meanings），也是一般所說的文化（culture）概念。到今天，這個意義系統甚至是創意、經濟以及工作的場域。在這樣的歷程中，我們人類從以前到今天，與自然的關係有著幾個不同的形式，首先是我們生活在自然當中，我們是屬於大自然的一部分，身體緊密連結於土地、山川與作物；其次，我們的勞動也改變了自然，為了基本的需要與貿易的動機，自然慢慢被我們改造成我們想要的樣子；接著，我們正在塑造自然。在城市化的歷程中，我們的環境被科技與網絡所架設，它在很大程度上已經人工化。到最近，自然與社會和文化幾乎同義。在我們的日常生活中，自然已經社會化，過去作為生活空間的自然現在就是社會。我們生活在自己所架設的網絡當中。

　　這個無止境的歷程表現在全球化、去傳統化以及逐漸強化的社會反思性上，它們一方面加速自然的社會化，一方面也把我們帶入一個逐漸複雜的知識控制系統中[1]。在這個處境當中，世界事務愈來愈難以解決，一切變得詭譎與易變[2]。總而言之，如同C. Merchant所認為的，我們對自然的態度經歷了兩個重要時期[3]，首先是前工業社會，人們把自然想像成充滿朝氣以及富有生命的領域，人們對自然的利用應該受到道德的約束；另外一個時期大致可以說是現代社會，自然是惰性的和被動的，能被人類所理解和認識，也能為人類服務，這是被馴化的自然。資本主義的現代性使更多的社會能夠征服自然，並使人類生活獨立於自然界之外。對於大部分的科學而言，我們會認為，我們觀看到的環境可以分為三個範疇[4]，即自然環境（natural environment），像山川湖泊等等。馴化的環境（domesticated environment），包括農業用地、有管理經營的林地與森林以及人造池塘與湖泊等等。建構的環境（fabricated environment），例如城市、工業園區以及道路和機場等等由燃料所推動的系統。城市是寄生在自然和馴化環境上的，因為它不能製造食物和淨化空氣，它能淨化到能再度使用的水也很少。城市愈大，未開發或低度開發的鄉村地區就有愈大的必要提供寄主給城市寄生蟲[5]。我們今天的日常活動幾乎都在城市當中進行，並且是一個被建構出來的文化網絡。

在上述的發展歷程中，文化的承載者同樣有著不同的形式。我們每個時代的生活有不同的空間與範圍，它們是社會互動的主要場所，而文化也是在這個場所中表現。在原始的時代，我們以最簡單的生活工具在大自然中生活，那時候大家習以為常。今天，大廈式的互動空間以及網絡式的溝通媒介，我們也視為理所當然；但不一樣的是，因為這種基本互動與溝通方式的不同，我們今天的文化與原始社會的文化是截然不同的。因此，文化基本上是人與自然的互動歷程所表現出來的整體意義系統，並且在這歷程中，整體意義系統也擁有持續性的變化。在不同的自然形式或者經濟生產的不同資源上，文化的承載空間首先是物質環境（physical environment），主要的生產形式與經濟型態可以說是傳統的農業社會，文化的意義系統也有更多的封閉性與地方性；接下來是人工環境（artificial environment），生產形式與經濟型態主要由所謂的工業社會來表現，工業與科技一方面持續將物質環境變成人們的生活空間，一方面也對原有地方性的意義系統造成相當程度的衝擊；至今是數位環境（digital environment），不論是自然、經濟或者文化都表現出前所未有的共同網絡，一種可以共用運作邏輯的網絡。這個以數位環境所表現的自然形式，基本上就是我們所熟悉的全球資訊社會[6]。

這些不同的生活空間正體現著不同的生活習慣以及世界觀，包括生產方式、社會與政治制度、美學態度以及對文明的見解。對文化的觀察和見解在不同階段也有著差異甚大的取向。這從文化哲學到今天的文化理論，我們可以觀看到不同學術傳統的精闢論述。在本書討論

文化與政策的聯繫之前,這裡先對此做預備性的認識,它對於我們瞭解文化為什麼會成為事務或政策將會有科學上的幫助。

■ 第一節 自然秩序與文化秩序

在我們今天的全球資訊社會中,文化議題的討論比以前的年代都來得活潑與重要。當社會不再只以國家生活為框架,文化也不再與社會空間相互重疊時,文化議題的確有著新的領域,正在影響著社會科學和文化理論的發展。正如D. Bell所論述的,「在過去的年代,文化與社會的結構基本上是相互一致的。古典文化藉著在追求美德時,理性和意志的融合來體現出自己的統一。基督教文化以天堂地獄差別觀念去複製秩序井然的社會等級與教會層級制度,在尋求它的社會與價值觀念時,也反映出相應的一致性。現代社會的初期,資產階級文化與資產階級社會結構融合成一個特殊的整體,並圍繞著秩序與工作要求形成了自己獨有的性格結構。但是在今天的社會中,社會結構和文化之間有著明顯的分裂。前者受制於一種由效率、功能理性和生產組織等表述的經濟原則;後者則趨於奢侈與混雜,深受反理性的情緒影響」[7]。在人類不斷改造自然的過程中,社會結構也不斷發展改變,對文化的看法因此也有著不同的視野。

最為根本的是社會交往或溝通方式的變化,也就是互動媒介的進展。它們在科技不斷的發展下,在人類社會有著加速度的推進[8]。人類生活世界最初的接觸與交流型態可以說是口語(oralism)時代。在以軀體為單位與動力的口語時代,人們以面對面方式互動,符號交換大抵是詳加闡述大家已經知道並且接受的東西;接下來是書寫交換的時代。當社會空間在軀體流動與符號表現能力逐漸增加下,也逐漸擴大與富有想像性時,符號再現(representation)的功能同時逐漸增加，也就是符號的象徵表現能力將人們帶入更為複雜的社會交往形式；到我們今天的生活，則是電子中介時代。當符號的象徵表現能力取得它的系統性與自主性時，換句話說，當生活世界的秩序充滿能指（signifier）的流動，其所指涉的對象或客體已經不重要。人們的交往空間似乎從自然世界被帶入資訊化的社會世界。此時的符號只是資訊的模擬（simulations）。這三個時代並不是截然劃分，也不是一個取代一個，主要是用來描述不同社會階段的主要特性。文化作為社會的意義系統，在這裡也有著不同的承載者，以及愈來愈豐富和複雜的表現。

正如T. Thompson所言，這個歷程表現了更多符號所中介的素材（mediated symbolic materials），它一方面大大擴展個人所能獲得的資訊範圍，一方面這個中介系統也愈來愈龐大。今天，我們的日常生活世界的確是愈來愈資訊化的社會世界，它在人類歷史的發展上，逐漸取代自然世界，成為我們每天生活的主要空間。社會科學的觀察對象愈來愈是由符號所累積起來的網絡，社會科學的意義結構也同時更多建立在這個資訊社會當中，雖然我們不一定同意符號系統已經取得獨立於人之外的現實性。在這個過程中，不論是社會世界或者文化世界，都如同過去的自然世界一樣，在人類對秩序的驚嘆和好奇之下被研究著。我們基本上都預設社會和文化世界是存在著秩序，就如同自然世界一樣。自從希臘時代以來，人類思維對於自然秩序或人類本身的創作所產生之驚異，進一步帶動人類知識的進步。但到底是自然秩序或人類自身的世界所存在的秩序對於人類來說較為接近，或何者才是科學概念所應該建立的土壤，一直存在著各種層面的張力[9]。在這張力所存在的歷程中，自然科學首先建立了一個屬於自身的科學系統。

自然秩序可以是指涉傳統自然科學意義下的自然，也就是力和速度的世界，一種物質運動的世界[10]。或者當代自然科學下的自然，一個潛能或可能性的世界，也就是科學家所觀測的不是自然本身，而

是他們用來探索問題的方法所揭示之自然[11]。自然科學不單單是描述和解釋自然，它也是自然和我們自身之間相互作用的一部分。而它所應用的實驗並不只是一種試驗的方法，也是一種發現的方法[12]。這將使得自R. Descartes以來嚴格把世界和自我分開成為不可能。然而不論是傳統或當代自然科學，它們所共有的經驗主義態度，也使得自然科學早在十六世紀便與希臘哲學產生巨大的區別。也就是Galileo與I. Newton時代以來，現代科學就已經奠基於對自然的詳細研究之上。它建立在已經被實驗證實或至多能被實驗證實的陳述上。為了研究細節並在連續不斷的變化中找到恆久不變的定律，可以用一個實驗在自然中隔離出若干事件，這也是希臘哲學家不曾想過的[13]。但是自然秩序自從希臘哲學以來，當然不只在自然科學的意義下被理解與討論，它所涉及到的討論更深入社會與文化的層面上。因此文化秩序的討論可以涉及到自然秩序的討論，當然也包括自然科學的活動。只不過自然科學理解自然秩序的法則在這過程中已經自成一個體系，而文化秩序的觀察角度也已經不同於這體系。

在對自然秩序的觀察中，I. Kant首先有個完整的論證體系。對於Kant而言，自然首先是一切事物的總體，並且只要這些事物能夠成為我們感官的對象，因而也是經驗的對象時，一切事物的總體就是一切秩序的總體。但是依照Kant將對象區分為外部感官對象以及內部感官對象時，秩序的總體將又分成廣延的自然以及思維的自然[14]。因此自然作為秩序的總體，已經超出上述自然科學所研究的秩序範圍。面對這樣的秩序總體，他所陳述的綜合先驗真理就不能只是邏輯上的推論或原則，而且必須告訴我們關於這個世界的事務。也就是透過感性與知性框架出所有秩序世界的輪廓，因此文化一般來說就是自然的最後目的[15]。到G. W. F. Hegel那裡，自然已經是理念表現自己的一種方式。自然是自在自為（an-und-für sich）的理念外化而來，這一理念從自身將自己作為自然釋放出來[16]。以自然科學的思維來觀看他所謂的自然，也正是理念在特定歷史階段中的表現。因此，自然科學的方法在這裡被放進一個更廣大更先在的精神法則中。而這種關於自然的看法，的確與日常生活中的自然概念產生了極大的距離。自然只不過是精神在自我異化的過程中所建構出來的。K. Marx將人在自然中謀取生活的必需這一事實，放在他的自然概念之中心，並且也縮短了與日常概念的距離。對於Marx而言，自然是一切勞動資料和勞動對象的首要泉源。對自然在思辨、認識論或自然科學的觀察上，都已是以人對自然進行工藝學和經濟的占有方式之總體為前提，也就是以社會的實踐為前提。社會實踐是人和自然統一的中介，而在這人的實踐中，不但自然被社會所中介，社會作為整個現實的構成要素也被自然所中介[17]。因此自然科學在這裡只是人對自然加以觀察與改造的一種勞動形式，並且是一種抽象而嚴謹的形式。

我們可以看到，對自然、社會和文化的見解，可以存在著相當大的差異，甚至是完全不同的立場。上述的例子清楚地說明了，自然科學之所以為自然科學，並不是因為自然秩序與人文秩序的區別，而是因為自然科學與文化理論方法本身的區別。文化理論可以有自己的研究方法，而研究自然秩序也並不一定要建立在自然科學的方法上。對於自然科學而言，經驗事實乃是參照一個給予的假設（hypothesis）而被認定為邏輯上是重要的或不重要的，而不是一個給予的問題（problem）[18]。但是對於文化理論而言，經驗事實的重要與否乃決定於它的意義，亦即主觀所認定的利益、價值或重要性，它們有時以問題的形式出現，並且不需要借助形式邏輯，就可以在日常生活中被互相地理解。

文化是一個相互主體性的世界，它並不在於「我」當中，而是對於一切主體來說都是開放的。而自然科學所建構的共同事物世界並不存在相互主體的性質，因為自然科學為了要建立一個系統聯結（Zusammenhang），必須以一些固定的方程式將對事物本質做出決

定的常數聯結起來。這些方程式可以讓我們知道某一數值是如何被決定於其他數值之上，因此也架構了科學所謂的客觀世界[19]。因此就最廣義的角度而言，「在Kant之後，文化哲學家把個別的行動者視同為一個自由的和道德的個體，因而並不適合用自然科學的概化方法加以分析。M. Weber和他的前輩們在知識論上的努力，是要釐清一種既系統性，同時也是由社會建構的文化理論概念，並且將它建基於差異（difference）和價值（value）之上」[20]。而自然科學的系統聯結也正是運作在消除差異以及價值中立的機制上，也就是在一致的方程式應用上，建立經驗上可以測試的機制。這個可以被測試的自然科學假設必須對於科學的調查提供方向，例如什麼樣的資料應該被蒐集等等。但是從經驗資料機械地推導出假設的過程中，並不存在一個可應用的一般歸納原則，因為自然科學的研究活動仍然需要創造性的想像（imagination）。在這裡，科學的假設和理論並不是由被觀察的事實所推導出來的，而是為了要解釋它們而被創造出來。例如Kepler的行星運動理論一開始並非由觀察行星運動所刺激，而是由數字的神秘教條以及天體的音樂所刺激。所以自然科學的知識並不是藉著對已經蒐集的資料應用一些歸納的推論程序而達成，而是藉著所謂的假設方法（the method of hypothesis），也就是對於正在被研究的問題提出可以作為測驗性回答的假設，並且將它們交付於經驗性的測試。

創造性的想像在文化理論的研究活動中也是扮演重要的角色，對於文化生活的差異與價值，必須存在一個可以架構它們的觀察方法，並且必須經得起經驗性的測試[21]。基於這樣的前提，文化理論在建立一般性的科學律則上，存在著相當多的困難。創造性的想像往往無法擁有測驗性的回答，因而它的客觀性無法像自然科學一樣，被建立在較無爭議的邏輯程序上。但是揭露主觀性的意義則是文化理論的主要任務，它早已被排除在自然科學的活動之初。對於一個假設的證實而言，它在結果上的明確性不只依賴證據的多寡，而且也依賴證據的多樣性。並且不論是證據的多寡或多樣性，該假設與驗證程序的簡單性也是可接受性的重要前提。因為簡單的陳述告訴我們更多的東西，它的經驗內容包含得更廣，它更容易被測試。K. R. Popper將這樣的看法以可否證性（falsifiability）來說明。對於Popper而言，不論是自然科學的方法或社會科學的方法，都存在於這樣的事實中，也就是在問題的解決上嘗試進行試驗。而解決問題的嘗試必須要經得起批判（Kritik），否則將被視為非科學的。而當假設經得起批判時，還必須嘗試對它們進行反證，因為所有的批判都存在於反證的嘗試上，也就是可以被證實為錯誤的前提上[22]。

　　但是文化秩序之所以成為文化秩序，乃是因為它的複雜性。文化秩序乃是具有社會和歷史脈絡的過程及事件，個體而特殊的概念緊密地與人的意向性（intentionality）相聯結。也就是關於人們的動機、利益與價值，它們不但建構自己，同時也包含所面對的對象。因而意向性所聯結的不但是主觀的世界，也是客觀的共同世界，例如共同的社會世界或文化世界。因此在意向性的前提下，批判的概念不只是科學的批判（亦即在方法上保證科學進步的批判），同時也是社會的批判（例如對不平等社會關係的批判，它偶爾帶有意識型態的批判），以及文化的批判，也就是對於在技術科學的文明中所產生之異化加以質疑，並且希求一個具有人性的文化與社會型態等等。

　　就科學活動與其可否證性而言，文化秩序的複雜性必須要被還原到語言和檢驗可以操作的程度。但是這個要求並不被一般的文化理論所接受，因為價值是一個無法再被還原的主觀範疇。但這並不是說有了複雜性，就存在著無法科學研究的託詞。複雜性所指的應該是秩序的質，而不是秩序規模大小的量度。因此複雜性與簡單性應該同時通行於秩序的所有層次上[23]。自然科學所研究的對象也可以是很複雜，科學的假設與想像有時與實在相去甚遠。但是當科學假設的想像與實在相距甚遠，或不容易接受實驗的檢驗時，它的可否證性也可以間接

建立在被修正過後的舊理論上。例如廣義相對論的世界並不是歐幾里德性質的，而是由質量及速度所表達的幾何性質，一種具有結構定律的幾何形式。它是用空間和時間把相鄰的事件聯繫起來的定律，當引力比較弱的時候，新舊引力理論的結果在數值上就會十分接近，因此舊理論是新理論的一種特殊極限狀況[24]。極限的概念正是自然科學可以將自然秩序數學化的重要途徑，也是區別於社會人文科學的重要關鍵[25]。這種過程同時表現出知識的分化（differentiation）過程，每一門學科不斷被分為許多專門研究領域，而後者又繼續被分為特殊研究領域。他們所處理的問題，大部分是前一代人所未知的秩序。但是這樣的建構過程表面上是理論與邏輯的，事實上應該是一項詮釋性的事業。也就是在科學研究的過程中，自然世界的本質乃是經由社會過程而被建構出來的（socially constructed），因而也是整個文化世界的特殊表現[26]。

因此自然秩序的理解基本上是建立在文化世界的視域上。這個道理正表示著數學表達以及廣闊經驗對於文化秩序的研究來說，並不容易凸顯該秩序的特性。文化秩序基本上具有價值的特性，而這價值只能被具有心理的人所評價。心理所聯結的意向性將純數學式的科學批判擴充到社會以及文化上的批判，價值因此是一個無法再被還原的基本文化主觀要素。宗教、法律、國家、科學、語言、文學、藝術、經濟以及它們所必需的技術手段等等，構成所謂的文化秩序，它們所固有的價值可以被全體社會成員公認為有效的，或者可以期望得到他們的承認。而價值不能說它們實際上存在著或不存在，而只能說它們是有意義的，還是無意義的。

文化的研究就是從不同的角度揭露意義的概念，以及在不同的方式上經由意義來研究社會實在的中介[27]。意義的解釋則是日常互動情境的特徵[28]。而自然秩序的意義則是來自於框架它們的概念系統，這概念系統的瞭解最終也必須要回到日常互動的情境中來進行。因此科學作為文化的一部分，文化意義與價值賦予科學意義之最終基礎。而這也將涉及到歷史概念與歷史方法上的討論，也就是一次發生事件所具有的特殊性與單一性。這將和普遍規律概念處於形式的對立中，亦即與自然科學方法處於形式的對立中[29]。這種形式的對立本是不同科學活動的正常秩序，但是當自然科學以科技的力量深入生活的大部分角落時，文化生活與其意義結構將不斷被掩蔽或遺忘。自然科學的思維方法將成為日常生活的主要邏輯，文化理論的思維方法則變成輔助或次要的角色。科技將文化活動變成商品，生產與消費乃是面對文化生活的主要思考方向。也就是文化歸屬於交換法則，並且這個法則已是不能再被交換的原則[30]。文化生產與再生產因此逐漸依照商品的交換法則，文化的內在價值變成商品的交換價值，一種可以數量化的價值概念[31]。文化本身以及個人主觀性格也就可以依商業的動機再生產，因為生產的邏輯可以塑造消費的特殊性格。在這樣的情況下，前面所言的文化價值與其意義可以如同自然秩序一樣被數量化，事實上就是文化價值與其意義的掩蔽或遺忘[32]。

　　因此當代文化理論的任務，就是透過不同的方法將文化意義揭露在個體之前，而這文化意義與價值的揭露，也正是文化論之所以存在的理由。另一方面，這揭露工作又涉及到符號系統的表現功能以及符號與其意義的歷史性格。但是具有歷史性的文化知識並不是對現實的複本，文化知識所反映的文化秩序乃是在思考中建構而成的。在這過程中，經驗資料透過賦予價值而被掌握。但這不是德文begreifen（掌握）的過程，亦即不是機械性選擇、蒐集以及重複性的解釋。而是德文verstehen（理解）的過程，亦即對意義的erfassen（領會性之抓取）[33]。M. Weber在這裡所提示出來的觀念，用最簡單的話來說就是，「我們只有藉著數學命題、觀察項和以前所建立的法則，才能瞭解自然秩序。換言之，我們必須藉著實驗所證實的命題來說明秩序，我們才能有瞭解的感覺。理解在此是間接的，是以概念或關係做媒介。在

人類行為的領域裡，理解卻可以是直接的與當下的」[34]。

　　直接理解人類的行為必須借助領會性的抓取，這也是我們即將要說明的文化理論方法。這種方法存在的必要性之一，就是上述自然科學方法並不能對人類行為做領會性之抓取，更何況自然科學所面對的自然秩序，早已將人類行為與其價值排除在外。例如Karl-Otto Apel所言，「人文科學乃是在這樣的情況下區分於自然科學，即後者的對象與事實彷彿經由外面進入意識當中，並且以秩序與個別物的方式被給予。相反的，人文科學的對象一開始就是經由內部進入意識，並且作為實在與生動的關係。因此對於自然科學而言，在自然中的關聯（connection）只經由補充性的推論而產生，亦即藉著假設的聯結。而在人文科學中，心理生活的關聯性基本上是作為早就已經被給予的關聯。我們解釋自然，但是我們理解心理生活（We explain nature, but we understand psychical life）」[35]。對於心理生活的領會性抓取，乃是理解，而非解釋。Weber即是將這個可理解性（Verständlichkeit）看作文化理論的基本特性。在這個前提下，相關的問題與回答並不是指涉推論性的假設理論，而是文化價值的歷史複合體，例如國家、宗教、經濟和藝術等等。

　　對於文化理論對象的選擇性建構來說，一般的價值觀念乃是基本的單位。這些價值觀念並無法像自然科學的自然秩序一樣被律則化，因此自然科學中的律則愈是一般或普遍，在文化理論中的內容就愈空洞，價值性愈低。在文化理論所涉及的個別秩序上，因果問題並不是律則（laws）的問題，而是具體的因果關係（relationships）問題。也就是從因果關係來解釋一種文化秩序，而關於因果關係的律則之知識並不是調查研究的目的，只是一種手段而已。因此對現實（Wirklichkeit）的分析，必然涉及到一種形式，而其中的一些因素就構成我們所說的文化秩序，它在歷史上對我們有重大的意義。在這樣的基本前提下，本著作將從二次世界大戰後分段來揭露文化秩序，它們對於我們的理解形式來說具有重大意義。並且在文化個別性的強調上，將以不同的文化政策，間接地體現不同社會型態對這些重大意義的反應，例如德國、英國、法國、歐洲聯盟以及台灣等等。

另一方面，這些價值觀念的總體之所以能構成日常生活的意義系統，也預設了一個比自然科學還寬廣的理性（rationality）概念，即是在人類溝通社團中的相互理解。文化理論建立在對文化秩序的直接理解上，但是對象的建構必然是選擇性的，並且如何成為與經驗資料和論證相協調的科學，則存在著不同的思考角度。因為文化理論概念的構成乃是取決於問題的提出，而這問題的提出則因文化本身的內容而有所不同。在這裡，概念和事實之間的關係包含著所有這些概念建構的短暫性。因此在文化理論中，概念並不是目的，而是達到理解秩序的手段。並且從具體個人的觀點來看，這些秩序是具有意義的。在這同樣的過程中，對於超越自然科學的理性概念，因此存在著不同的定義[36]。只不過這些不同的思考角度，所面對的已經不是上面提及的自然秩序，而是文化秩序。

對於這些角度的討論，這裡暫時將文化理論定義為——揭露藉由符號系統所表達的生活意義結構之科學，也就是以Weber所言的意義概念與可理解性為中心，並且重建不同的相關思維[37]。更重要的是，揭露工作所賴以可能的意義承載與理解媒介將以符號系統來表達[38]。符號與符號系統在不同的社會型態或社會時期，將體現不同的生活意義與價值，要揭露生活意義與價值，就必須詮釋體現它們的符號與符號系統。因為在一個特定社會型態與時代中，能夠從具有某些特徵的社會秩序裡提取一種知識型態或理念型態，以作為調整一定社會關係的準則，可能也已經呈現在生活於那個時代人們的頭腦中。對於存在於人們頭腦中的經驗歷史型態，則必須以心理的、而非以邏輯的條件去理解[39]。因此建立一個具有封閉概念體系的文化理論，基本上並沒有意義。

 文化政策新論

■ 第二節 日常文化生活與廣義的文化概念

就今天的文化理論與政策而言,我們必須將文化秩序以及對它的觀察轉向日常生活中,因為文化秩序一方面已經與其他領域相互重疊與整合,一方面承載文化秩序的語言符號也愈來愈大眾化,例如我們所熟悉的網路符號。如同Weber所言,我們是文化人,有能力和意志對世界採取一個審慎的態度,並賦予世界以一定的意義[40]。或者更精確地說,文化人在一個共同的意義背景中賦予世界一定的意義,而其他人也可以瞭解這個意義。這裡存在著人們早已習慣的日常意義結構,它們透過諸如語言的符號系統而運作。社會行動與社會制度乃是由文化賦予它們正當性,例如經驗知識、抒情活動、宗教觀念以及價值等等,它們一起表現共同的象徵符號系統(shared symbolic systems)[41]。在這裡,象徵符號既是社會關係的媒介,也是人們溝通時的黏接劑。「如果人類行為在任何時間與地方都可以被預設為展示一種系統的特質,那麼這類系統其實在本質上就是文化性的,它們是潛能無限的象徵性宇宙,所有的行為都在這裡獲得意義,而且是同時被自我和他者賦予意義」[42]。系統的特質正是指涉意義的單一性與固定性,系統目標的達成與整合也是由一系列清楚的符號組織所達成。但是,T. Parsons在這裡所處理的象徵符號因此也著重於它的指涉性,Weber所重視的詮釋性以及日常生活與科學活動的素樸性,也不再扮演重要角色。

我們所要揭露的意義是存在於日常生活的秩序中,不論它們的意義是單一或固定與否,而不是存在於系統當中的科學性意義。也就是如同Weber所強調的,文化事件必須在一定的個別具體情況下才具有意義。因此象徵符號應該是詮釋性的,以及可被理解的。如同C. Geertz所言,「文化概念基本上是一種符號性的(semiotic)概念。

我相信Weber所言，人是一種懸浮在自己所編織的意義網絡之上的動物，我把文化看作這些網絡，因此對文化的分析也就不是要尋求法則的實驗性科學，而是發現意義的詮釋性科學（interpretive science in search of meaning）。我所追求的就是這樣的解釋，即對那些表面上難以理解的社會秩序所仔細進行的解釋」[43]。在符號性的文化上發現意義的詮釋性科學，就是我們在上面所定義的文化理論之重要面向——揭露藉由符號系統所表達的生活意義結構之科學。

　　文化並不是因果關係的來源，而是理解性的脈絡。這個大約在一九七○年代以後所產生的文化思維，傾向將文化定義為藉由象徵符號所表現的行動之總體。文化是這樣的一個象徵符號系統，即在人們當中完成強烈的、持續的情緒和動機。也就是在社會現實與行動者之間存在一個共同的象徵符號系統，它們使得行動者之間可以互相理解，並且可以瞭解現實與建構現實。這個Geertz所言的共同中介，事實上就是另一代表人物R. Hitzler用社會的知識儲存（sozialer Wissensvorrat）一詞所表達的，「社會行動的中介，即互動的符號與象徵符號（Zeichen und Symbol），標示實際可能性的實際界線。在文化中所承襲下來的習慣，使得個體在實際被區界出來的現實中，基本上可以沒有問題地行動」[44]。文化作為這樣的集體聯結，可以被理解為社會的知識儲存，但重點並不是個體思考的、感覺的以及行為的內容，而是個體觀點是在哪裡出現的。因為個體乃是出生在一個社會歷史的具體文化當中，他的文化正常來說，一開始乃是一個毫無疑問的事物。對於個體而言是現實的東西，就是在約定俗成（konventionell）上所被認為現實的東西[45]。當行動的可能超出文化定義的現實之外時，它們在社會與意識上就變得撲朔迷離。

　　把文化帶入日常的象徵符號上來理解，事實上總是涉及到兩個層面的問題。首先是透過集體的努力，不斷重複的生活事務在一個社會中將被賦予它的意義，使得本來不具意義的實在轉化成一個具有意義

的生活實在，或者一個想像的世界。同時語言的符號或者所謂的象徵符號將被編排成意義的系統，藉著它們的幫助，一個精神性的溝通將成為可能，以及社會知識儲存被編纂入文化的記憶當中也成為可能。因為文化建立在集體性與溝通的支柱上，所以它將顯現為一個社會的社會性。也就是文化由個別個體的互動所創造，而文化也提供個別個體的認同。因此個人乃同時是文化的主體和客體[46]。但是這裡並不打算強調文化和個體之間的辯證關係，因為文化仍然並不是如同個體一樣的有機單位。這裡所要強調的是，個體互動的確不斷地創造文化，並且個體同時在這過程中，透過符號系統發現自我認同與社會認同[47]。

在這樣的前提下，文化理論將可以有探詢日常符號系統與意義系統的觀察管道，不論是Geertz的深層描述方法[48]或P. L. Berger與T. Luckmann的現象學方法等等。後者對於意義世界（Sinnwelten; worlds of meaning）的分析，正是借助符號系統的中介來進行，在不同的意義世界中，個體從最近的互動者到對世界或宇宙的想像構成了個體的整體日常生活。在這整體中，同時也反映了共同的文化秩序與文化想像。而揭露這共同的文化秩序，因此可以借助符號系統的分析，進一步建構關於文化意義型態的思想藍圖。對於Berger而言，人們所創造的世界之中心就是在社會上被建構起來的意義（socially constructed meaning），人們有必要將他們自己的意義灌注到實在當中。在這個意義上，我們可以將人們的行動理解為意向性的（intentional），也就是直接指向一些事情的意識[49]。但這個意向性並不是孤立的，而是在社會的層面上運作，特別是相互主體之間所能共同理解的意向。只是文化理論必須要在這個社會層面的運作外，關注到主觀的或意向的意義。如同Berger對Weber理論所做的詮釋，「Weber指出，發生在社會的事情也許跟行動者所意味的或意向的有所不同。而對於一個適當的社會學理解來說，這整個主觀的面向必須要被考慮。也就是說，社會學的理解包含對表現在社會的意義之解釋（sociological understanding involves the interpretation of meanings present in society）」[50]。

　　在這樣的前提下，主體上或相互主體上被經驗的意義在社會上建構起來的整體世界，就是文化。沒有個體的意向或主觀意義的行動，也就不存在這樣的文化。作為工藝品的文化，乃是出自於主觀意義的原料。而主觀意義之所以能夠在一個社會上同時被建構成客觀的秩序，最主要的是提供個體意義世界的象徵符號。「一個較大的社會秩序只有經過集體參與於象徵符號，才成為可能」（The larger social order is possible only through collective participation in symbols）[51]。但是這樣的觀點並不指涉一個功能性系統的存在，整合的必要條件不是在制度層面，而是在個人層面或者社會秩序之所以合法的意義層面。因此社會事實上乃是經由這樣的活動來建構，即將主觀上被指涉的意義表達出來。所以對Berger與Luckmann來說，文化理論的基本問題就是「主觀的意義變成客觀的事實是如何可能的？或者用Durkheim與Weber的術語，人的行動（Handeln）產生一個事務（Sachen; choses）世界是如何可能的？」[52]

　　Berger與Luckmann在現象學的取向下基本上認為，自然科學的本質、目的以及方法都不同於文化理論。「對我們來說，比較恰當的方法乃是現象學的分析，它解釋日常生活的知識基礎。一個純粹的描述程序與步驟，雖然是經驗的，但還不是科學。只有當我們也理解一個經驗科學的本質時，它才是科學的」[53]。日常生活的現象學分析就是日常生活中主觀經驗之分析，它並不堅持任何自然科學式的因果或發生假設。這些在日常生活中的日常知識常常被認為理所當然，它們事實上包含著對日常實在的前科學或準科學的解釋。對於這種文化秩序的形式意義，不能像自然科學一樣透過一套分析的規律來獲得。因為在這些形式意義中，價值的取向是最重要的關鍵，它構成基本的文化秩序。如同Weber所說明的，「只有一小部分存在的具體事實由於我

們的價值制約之興趣而受到渲染，因此這一小部分對我們是重要的。
它之所以重要，是因為它揭示了對於我們來說是重要的關係。僅僅是
因為而且是到了情況確是這樣，才值得我們去瞭解它的個別特徵」
[54]。

　　也就是說，文化秩序之所以成為文化秩序，乃是因為它所蘊含
的價值與意義。在日常的生活世界當中，每個人都依照他所關心、興
趣或重視的東西而行動。這也是現象學社會學所描述的日常世界的
「重要性」（Relevanz），「所有經驗與行動都建立在重要性的結構
（Relevanzstrukturen）上……在對於生活世界的描述上，重要性的問
題（Relevanzproblem）也許是最重要並且最困難的問題」[55]。Weber、
Schütz與Luckmann在這裡面臨到的共同問題，對於日常生活中特定的
意義重要性或結構提出一套揭露的方法，而這方法就是我們所稱的文
化理論。

　　文化理論也必須依賴符號與符號系統概念的使用，「符號可以
這樣地區別於其他客觀物質，即符號應該明確地指示在主觀上被表達
的意義。而所有的客觀物質都可以被當作符號來使用，即便它們一開
始並不是這樣被確定的」[56]。表達日常主觀意義的符號乃是形成一個
系統，這系統與日常意義結構或重要性結構具有類似的排列，它們透
過歷史的累積運作在特定的社會秩序當中。重要性的結構更是在大多
數的情況下，透過符號與其系統來體現，這也就是說，透過符號與其
系統的觀察將可以觀看重要性的結構，亦即文化秩序。只不過在這一
點上，我們並不打算將這種諸如語言的日常符號系統還原成更基本的
符碼（code）[57]。因為透過符碼的分析，日常主觀意義將被進一步還
原為結構的抽象性。這對於文化意義的揭露與相關文化政策的制定
將過於抽象，因為文化價值已經被分析所隱藏。但是這樣的符號學
（semiotics）對於我們的研究並不是沒有幫助，在當代虛擬溝通的資
訊社會中，文化價值的確以一種新的型態出現。新社會秩序一方面隱

藏了傳統的文化價值，但是新秩序本身事實上也表現屬於自身時代的文化價值，它有自身的意義與利益結構。在文化理論的立場，這樣的意義和利益結構與先前時代的其他結構作為觀察對象具有同等地位。在U. Eco所代表的符號學傳統中，將文化秩序還原為文化單位，並且符號所指示的內容（Signifikat）就是文化單位。因此尋找一個符號的指示物（Referen）是什麼之嘗試，就是將這指示物定義為一個抽象的量（Größe），而這就是一個文化上的協議。一個表達所指示之內容在這符號學的角度上，就是一個文化單位，它是被定義為編入一個系統的語義單位。這樣類型的單位也可以被當作文化間的單位來觀察，它可以在不同語言符號的使用中保持不變[58]。

當然揭露文化秩序中的價值與意義必須透過揭露本身的特殊方法，但是將文化價值或語言表達抽象為超文化的單位、並且進一步觀看這文化的內在溝通結構，已經排除一個文化所應有的地方特殊性。雖然這裡所說明的文化單位和語言必須被看作社會秩序來觀察，但這社會秩序基本上已經抽象到一個文化間的共同生活秩序。因此這樣的觀察角度預設了一個人類在社會型態中的最大共同點，它是表現在由資訊所架構起來的現代化社會中。在這裡，我們的確可以觀察到傳統的地方文化價值和意義已經逐漸被抽象性的、定義性的文化單位所取代。因此這樣的符號學觀察角度，在我們已經定義的文化理論中，則是具有特殊的研究對象，它可以在共同符號的關心上來解釋屬於當代社會的特殊文化秩序[59]。因此在人類的任何社會中我們可以說，符號所指示的內容之總體就是我們所稱的文化秩序，而這內容總是聯結人們的主觀意義和社會的客觀意義。當然個別的符號總是聯結成一系統，意義與價值因此同時也具有特定的結構。「符號與符號系統乃是客觀明白的事物對象，它超越在此時此地（here and now）的主觀意向」[60]。

語言乃是人類社會中最重要的符號系統，它使得人們可以免

於面對面溝通的限制，甚至承載不同程度的抽象世界，例如科學和宗教等等。更重要的是，人們必須擁有共同語言以便生存於人的共同世界中，因此人們可以在語言的使用中相互理解。對於現象學社會學而言，日常世界最一般和最共同的對象事物乃是由語言的示意（Versprachlichung; linguistic signification）來維持，也就是透過語言的使用或將意義變成語言的過程，社會與文化秩序將取得發展的空間。語言秩序的理解，對於理解日常世界的秩序來說就成為關鍵[61]。因此意義（Sinn; meaning）和符號乃是同時結合在同一個社會過程上的，它們一般來說並不能獨立存在於社會中。在這樣的前提下，符號的詮釋和意義的理解自然地體現在同一個社會行動或觀察行動中[62]。符號系統超越此時此地或面對面互動的力量，將日常生活世界的不同領域串連起來，並且將它們整合成一個具有意義的整體（a meaningful whole）。經由語言或廣義的符號系統，整個世界乃瞬間存在於當下。也就是在社會的領域中，語言在當下的我所形象化的不只是此刻不在我身邊的同時代人，同時有來自於過去或記憶中的伙伴，以及在未來計畫中所想像的同伴[63]。符號系統所承載的意義結構，乃是將過去與未來的面向表現在當下之中，文化秩序因此不是被靜止在某個時間或空間上的秩序，而是表現具有歷史性的意義整體。

因此透過符號系統所傳播的文化意義，乃具有不同時間或抽象層面的內涵，也就是不同的意義世界（Sinnwelten; worlds of meaning）。這裡我們必須在符號（sign）的基礎上說明象徵符號（symbol）的特殊內涵，當然廣義的符號已經包含象徵符號，但是象徵符號在這裡更強調意義的表達性，它甚至可以體現集體的世界觀。在C. S. Peirce的理論中，象徵符號乃是符號的一種類型，它存在於理智將符號聯結於對象的事實上，它藉著一個觀念的聯結來表示出它的對象[64]。當然這裡所強調的是，一個符號與它所要指示的對象是處於什麼樣的關係，因此重點是將象徵符號放在符號的範疇下來解釋。而事實上這裡已經強調出象徵符號的觀念特性，它可以提供人們在抽象與想像的意義世界當中相互地瞭解，也就是在文化空間上相互溝通。但是Peirce並沒有把象徵符號當作它的科學之基本原則，如同E. Cassirer所做的一樣。Cassirer將象徵符號作為文化秩序和文化理論的最基本概念，它是心靈所有建構過程的條件。「象徵符號化的思維和行動是人類生活中最具代表性的特徵，並且人類文化的全部發展都依賴這些條件」[65]。除了語言的世界外，Cassirer認為還存在另一個在意義上與結構上更寬廣的人類世界，這就是由音樂、詩歌、繪畫、雕塑以及建築等等所構成的象徵符號世界，亦即文化秩序的世界[66]。

　　象徵符號世界之所以成為一個世界必然具有它的秩序，但這裡並不強調這秩序如何可能或如何地被建構，它需要一套使用形式概念的理論來說明。這裡以符號和符號系統的中介來揭露文化秩序與其意義，乃是將象徵符號在功能上作為符號的一種擴充[67]。這樣的考量除了避免在方法論上再為本應素樸的象徵符號做抽象之定義外，也因為象徵符號的世界在現代資訊社會中將不容易被觀察出它的秩序輪廓，複製的資訊網絡給予象徵符號所傳達的形式一種前所未有的挑戰。因此可以跨越日常實在領域的任何語言之指示參照（sprachliche Verweisung; significative theme），被定義為象徵符號，而這具有跨越能力的語言就可以被稱為象徵符號性的語言。作為這樣的象徵符號性語言，語言符號所指示的內容在最大程度上遠離了日常生活中的此時此地。對於日常生活的經驗而言，這種內容已經不容易被接觸到。在人類至今的歷史上，宗教、藝術以及科學就是最大的象徵符號系統，但是符號系統除了將人類的日常生活經驗極度地抽離到這些象徵符號系統，符號系統也有能力再次將它們帶回到日常生活上，也就是在日常生活中得到最終的理解和相互理解。在這樣的經驗歷程上，我每天是生活在一個符號和象徵符號的世界中（I live in a world of signs and symbols every day）[68]。因此暫時離開Cassirer，我們聯結Geertz之看法

所強調的，將是象徵符號或至少是象徵符號的要素，它們乃是觀念、態度或者信仰的具體表現[69]。在一個特定的時代或社會中，它們在日常的互動上具有特定的意義結構。因此它們所表現的文化秩序至少不是雜亂無章的，而是具有一定的型態。如同M. Douglas所言，「在一個模式（pattern）中，一個象徵符號只有從與其他象徵符號之關係中，才能擁有它本身的意義。因此沒有一個在模式中的項目可以單獨地擁有意義……一個象徵符號之跨文化的、泛人類的模式是不可能的」[70]。因此涵攝象徵符號的符號必須形成一個系統，也就是這裡所說明的模式。對於社會的事務以及集體的世界觀，符號系統提供了一個重要的安排動力。在這樣的前提下，符號系統對於日常生活的實在或文化秩序的整體，乃是本質性的部分。

　　也就是在文化中，語言或符號系統的性質與功能對於人類的意義來說乃是重要的渠道。但是這不同於建立在結構語言學上的語言理論，後者並不直接強調語言的意義，而是強調可以使字詞具有意義的語言規則、模型和結構[71]。符號以及符號系統因此在展開文化秩序上具有承載的關鍵性角色，宗教、藝術和科學等等所構成的文化秩序，也就必須借助符號以及符號系統來揭露。另外一方面，承載文化意義世界的符號以及符號系統在朝向文化秩序的具體化過程中，必然涉及到所謂的制度化（institutionalization）[72]。文化透過符號的過程在社會當中被建構，並且也透過符號的過程在社會當中被維持。但是文化的社會維持並不是指涉這樣的問題，即社會行動者的行為如何與社會的特殊目標達成一致。因為社會的特殊目標並不是由任何主體或團體所訂定，而是由日常生活的意義結構所隱含。行動者在這意義結構中，並且用這意義結構對於社會已經有特定的認知，它給予任何制度所應有的合法性（legitimation）[73]，文化生活因而有秩序的空間。

　　社會制度將符號系統與其相關的意義系統具體化在生活秩序上，它一方面加強了後者的結構穩固性，並且同時被後者再次地納入符號系統與意義系統當中。因此後者乃是不斷地成長，並且這過程賦予社會制度所應有的合法性。對於文化秩序的解釋和文化意義的揭露，承載它們的符號系統因而扮演關鍵性的角色。這也是我們所定義的文化理論之基本內涵，但是必須再加以補充說明的是，如果我們不從宗教、藝術與科學等活動來解釋社會實在，而是從社會實在本身的存在來說明它的合法性，我們將可以專注符號與符號之間所體現的社會意義與文化意義。而這也將首先借助文化人類學的工作來補充，其次在這符號的過程中，說明知識傳播的秩序以及它所體現的權力關係。因為這些秩序在文化秩序當中將影響到符號系統的具體運作，因此體現了特殊社會型態的意義結構。

　　文化秩序雖然在不同社會型態中具有不同的表現形式，但是在現代化的過程中，也存在文化全球化（globalization of culture）的議題。在科技與經濟力量的推動下，現代化的生活首先發生在世界各地[74]。全球文化[75]使得二十世紀的人擁有更多的共同特徵以及生活秩序，因而在一些層面上可以相互理解。至少諸如麥當勞、巴黎鐵塔等等符號的資訊溝通，在全球社會中可以被大眾所理解，因為文化在這裡不必然地以科技、經濟為承載者，而是自己本身作為符號承載自己，也就是文化領域同時在理性化與自主化。這是一個現代化所帶來的新秩序，並且配合著新的社會結構正在發展當中。在這歷程上，文化專家在符號意義的不斷生產，造成諸如知識、符號媒介等等文化的自主。中產階級也同時走向一個雙重過程，即文化部分領域的獨占、但是又必須向廣大群眾擴散的過程。因此為了瞭解不同的文化生活型態，不能只從被理解為藝術或學術的文化領域來觀察，而必須從相反的反文化方向來觀察，例如豪放不羈的生活、藝術前衛派以及其他的文化運動。但是不論如何，以大眾文化或消費文化面貌出現的秩序，乃是文化活動的主要基調之一。透過固定符號的文化生產，將同時發生在菁英與大眾之間、主流文化與非主流文化之間，而文化的再生產也借助

符號系統而自動運作[76]。

　　但是，除了全球文化是一個有待討論的主題外，地方（local）文化乃是一個同時表現在社會發展的秩序。西方文明首次為世界帶來了所謂的全球文化，但這並不意味西方國家持續控制著它。非西方文化在他們自己的文化型態中再生產擴散而來的西方文化制度，並且對於全球文化提供意義深長的發展[77]。因此文化本身雖然承載著自己，但是文化以及其表現符號並沒有共同的理性內容，而是以不同的生活世界為表現的場所。文化中心以及相關的政治霸權背後，事實上不斷地在解消當中。現代性與後現代性的生活秩序同時表現在同一個社會過程中。

　　因為文化本身的自主以及文化議題的受重視，文化政策在二次世界大戰之後取得了發展的空間。但是在討論文化秩序與對應它的政府角色之前，必須將觀察這文化秩序的基本科學態度做一說明，尤其在面對文化全球化的發展歷程時。也就是文化政策的制定與發展在相當程度上取決於對文化秩序的認知，尤其是來自於科學討論的認知。站在本書的立場，知識乃是一種心智狀態，而不是對現實的複本。文化因此也不是對物質狀態的一種沉澱、反映或超結構的體現，文化秩序因人的意圖而呈現其意涵，也就是人們在互動當中所集體建構出來的生活秩序[78]。對於理解這個日常生活秩序的現實（reality），可以借助語言的理解而完成，而語言在這裡就是廣義的象徵符號體現。日常生活就是擁有語言以及藉著語言的生活（Everyday life is life with and by means of language）[79]。但是語言作為人類社會最重要的符號系統（system of sign），也只是符號系統中的一種。其他尚有視覺上的符號系統，例如姿勢系統、文字系統甚至建築系統等等。這些種種的符號系統共同表現日常生活現實的整體，也就是表現文化的整體。因此文化秩序就在符號與符號系統的運用下被觀察與認知，文化全球化或地方化也就在符號與符號系統的結構變化下被思考[80]。

在對文化秩序的特殊觀察角度下，從二次大戰以來將可以分四個階段來進行說明[81]。首先是「大眾文明」（mass civilization）時期（1945-1965），表達文化秩序的符號系統乃是精神與人格的展現。文化秩序在此時期就是以高等文化的面貌來表現，而高等文化就是生產者的文化，生產者的人格與精神之表現。F. R. Leavis以及其前人M. Arnold是這個面向的典型人物。文化代表的是登峰造極，同時也提供希望、並且揭露人類的潛能。透過反省工業化所帶來的破壞，文化的事業必須要借助本身的政策以及自由式的教育計畫來重新凝聚社會，並且恢復社會、政治與道德生活中最重要的活力[82]。

　　第二個時期為「通俗文化」（popular culture）時期（1965-1985），相對於前面觀念主義式的文化秩序，符號與其系統所表現的並不是精神與個性的意義，而是不同群眾的活動表現。文化政策的制度不再被理解為少數高級文化傳統的特權，特別是被排除在統治集團之外的階級或少數族群，也應該享有完全平等有效的文化活動。因此菁英作為前期的中心概念，必須重新被調整。個人的發展與認同必須來自對文化的積極參與，而不是啟蒙式的價值。R. Williams可以說是這方面的代表人物，我們所面對的是一個充滿意義的世界，不再服從於統治價值的霸權與再生產。也就是符號象徵的體現不再作為社會地位合法化的工具[83]。

　　第三個時期為「消費文化與文化壯觀化」（consumer culture and spectacularisation of culture）時期（1985-1995）。首先，文化秩序由文化的生產者的活動轉向消費者的興趣，因為文化所賴以表達的符號系統逐漸被市場社會所取代。在消費行為當中，不但文化被製成產品，消費者的個性也被形塑。一個由財政、資本、專業以及官僚等等利益形成的中產階級，他們的興趣不但是高級文化產品的非物質性或社會性消費，也包括物質性的消費，例如上百貨公司、吃館子和旅行等等。這同時也是消費市場國際化的秩序，它的力量使得文化消費深

入日常生活之中。而在文化政策的制度上，文化的意識型態者轉型為文化消費的管理者。其次，文化政策除了是經濟發展的參數之外，它也逐漸演變成一種國外或國際的策略。文化秩序抽象為一種平等、包容性的國際符號，例如透過全球衛星系統的運動或其他節慶，將使得國家可以在一些文化領域上進行政策的控制。D. Chaney對這樣的思考有相當的影響[84]。

　　第四個時期為「多重文化」（multi-cultural）時期（1995年之後），人民的文化參與將是文化再生產與意義結構重建的承載者。所有的文化就算不是共生的，也是能夠和平共存的。文化地方化使得不同文化取得重建自己意義的平等空間，文化因此變成一個動態的觀念。全球文化與地方文化的平衡將是政策的焦點所在。以上不同時期並不是截然劃分的，事實上它們乃是交織在同一個歷史過程上，只不過在不同階段有一個較清楚的重點表現而已。它們除了將文化政策在發展歷史上做一交代外，並且藉著不同的文化秩序來觀照不同的文化政策，而這文化秩序又是由特殊的文化觀察立場所揭露出來的。特別在第三個與第四時期的文化秩序中，我們將可以觀察到一個清晰而特殊的文化概念，它們對於我們瞭解台灣社會的未來也將有比較上的幫助。

　　這個文化概念的特殊性可以在歐洲整合的例子中被理解。二〇〇九年六月，二十七個成員國家的文化部認可了一項對文化的策略投資，也就是在歐洲聯盟中加強一個創意的社會以及增加工作機會。文化的投資已經在經濟的動力上進行實質的社會整合[85]。這個歷程最早可以推到一九八三年，歐洲共同體條約第128條首次將文化行動納入共同體的法律系統中，它之前的非正式會議則可追溯到一九八三年十一月二十八日的雅典會議。從這個非正式會議到具體的法律條文，事實上都存在一個共識，就是文化在共同體層面並不是那麼容易被掌握，並且文化活動的支持大多數仍在地方、區域以及國家的層面上。

但是除了尊重文化多樣性以及共同的文化遺產外，共同體層面的重要任務，就是如何讓非文化的政策領域對文化事務產生正面而且是整合性的協調[86]。這是一個近二十年來的重要任務，經濟活動與政治制度的發展，一方面已經體現歐洲人民一個生活關係與秩序的新空間，一方面也同時引起人民對於這個新空間的反省與期待，特別是在經濟發展中如何納入文化創造的考量[87]。換句話說，歐洲聯盟在各個生活制度上的系統整合，事實上已經體現一個在家庭與政治權威之外的互動網絡，它將進一步形成共同的公民社會，以作為政治權威的發展與反省之基礎，而這也將需要更廣泛的社會整合。因為一個適切的政治統治形式之發展與反省，不能只以參與群體的利益或目的為參考點，並且需要擁有最低限度的相互理解與期待。尤其關於整合歷程中重要議題與問題的解決上，需要制度的建立與重建，而這不能只依照市場邏輯來思考，它必須考量文化再生產這一議題的相關方向[88]。因此市場邏輯不能作為歐洲整合的唯一指導原則，但是歐洲聯盟在文化事務的處理上，又不能像過去的國家主義或社會主義國家一樣，具有權力集中的計畫性。其結果將導致文化概念的重新解釋，歐洲聯盟不能再將文化看作概念性的，或著重價值內涵的凝聚，更適切的作法乃是將文化看作一種關係（relation），特別是在資訊科技所構成的網絡生活中。新的歐洲社會空間之所以形成，並不是像過去民族國家一樣擁有共同的傳統、宗教與價值，而將是因為經濟、資訊系統所帶來的關係以及陸續建立的權利系統。因此在這個新的歐洲社會空間中，依市場邏輯所建立起來的相關制度、組織與法律本身，就是歐洲共同體層面的新文化關係，但是市場邏輯並不能侵犯到文化的多樣性和成員國家文化遺產的維護[89]，以及成員國家在文化事務上的決策權，它們是依照輔助原則（the principle of subsidiarity）[90]而運作，並且是符合多數的歐洲民意。

　　在過去民族國家的形成中，權力系統夾帶著文化力量，深入到

以國家為領域的各個社會角落，這是一種體現集中權力的建構。文化在這裡通常被作為啟蒙的理念、意識型態，或者一種與他者相區隔並且排斥他者的邏輯。但是歐洲整合所建構的新歐洲社會並不在這個方向上，因為雖然資訊系統也帶來權力集中的秩序[91]，然而全球化的共同背景仍然顯現出權力的解除中心化以及分散，事實上這是一個屬於當代的文化生活方式，它必須尊重差異（difference），而不是建構具有力量的同一（identity）[92]。因此歐洲整合不可能在文化上建構單一或均一的主流文化，而是必須尊重文化的差異[93]。從文化多樣性概念上所發展出來的生活空間單位，同時就是歐洲聯盟所著重的區域（region）概念[94]，它可以作為歐洲聯盟政治、社會與行政的基本單位，並且不斷調整歐洲結構（structure）的平衡，尤其是在歐洲聯盟不斷擴展的歷程中。當然這是一個相當艱巨的任務，因為文化的差異過於多樣和顯明，將造成相互承認與相互理解上的困難，因而整合進程以及文化再生產的機制並不容易被建立。在這樣的前提下，新歐洲社會空間的特性並不同於民族國家的社會邊界系統。首先是前者的主權必須與建立在文化多樣性基礎上的地方權限達成動態平衡，而不是存在一個由統治階層或菁英團體所表現的社會意義與權力系統[95]。其次，前者的社會空間主要是由資訊系統不斷地瓦解原有成員國家的社會邊界所形成，而不是像民族國家藉由資訊系統來進一步鞏固已經存在的社會邊界。因此歐洲聯盟的社會空間將更富動態性（dynamic）以及想像性（imaged）[96]，它必須透過更緊密與更有效的資訊系統，將不同的文化區域單位聯繫在一起。

在快速和廣泛的整合歷程中，歐盟各個成員國家同時在進行政治、法律、社會和文化各層面的重組和重建。當社會空間與國家空間的重疊性已經瓦解時，其所體現出來的是社會意義系統與國家政治權威的同時弱化，也就是文化所承載的共同凝聚之鬆散。換句話說，新歐洲社會系統在歐洲聯盟這個空間形成時，其所立足的發展歷程在邏輯上就需要一個不同的文化概念，它不再需要以國家和社會的重疊為前提。它是一種關係，特別是一種在不同地方區域之間的聯繫與關係，因此必定伴隨具體化這種聯繫的資訊系統。而資訊系統的建立又必定隨著市場邏輯的運作，因此歐洲聯盟中的文化意義必須是一種被廣義解釋的概念，這也是一個新的文化關係網絡。而這種關係將表現在四個意義當中，首先強調歐洲整合自從一九五〇年代至今的東擴乃是一個過程，一個只有預設逐漸接近人民的過程。其次強調不同群體之間的平等與機會，以及共同體、國家、區域和地方之間的均衡發展。另外也表現出新制度的建立與重建需要不同政策領域之間的協調，也就是文化再生產所考慮的是諸如政治、經濟與社會等等領域之間的調和機制。最後表現出人民與新政治權威和共同體本身之間的參與關係，尤其是一種開放的創造空間與網絡。因此這四個層次的關係意義所體現之社會空間，乃是以問題的解決、創造性以及民主為特性，也就是一種開放（open）的空間，它重視包容（inclusion）與團結（cohesion）[97]。

　　在全球社會中，歐洲聯盟可以說是一個新的社會，一個新的文化。在從這個觀察轉移到台灣社會之前，仍然有必要以過去的一些概念和術語對台灣社會加以描述，以作為本著作繼續討論的先前準備。首先，在台灣社會的現代化歷程中，首先造成傳統鄉村生活空間的解體，進而形成以城市生活為主要的生活型態[98]。在城市生活的空間中，工作關係取代親族生活關係與鄉村生活的人際初級關係，計算理性的思維取代情感的信賴與行為。這個社會變遷的特性即是M. Weber意義之下的理性化（Rationalisierung）。目的理性的（zweckrational）行動，也就是合理考慮目標與手段的行動，在現代社會中大量擴散並取得現代社會行動的主要特性。而哲學的、存在的以及人類的問題被界定在如下的社會領域，即社會能夠而且應該有其他類型或多元行動類型的領域[99]。或者，為了重新思考當代文化的局限性，我們再次界

定一個比較寬廣的理性（Rationalität）概念，以便於我們觀察與思考社會、文化之所以有意義的過程。

在這個視域之下，行動系統與文化的理性化就將不會只在認知工具的面向上被分析，而是也應在道德實踐與美學表達的面向上，整體地被理解與分析[100]。台灣社會文化的功利取向主要即由這目的理性的行動模式所體現，並且是在特定的符號以及藉著特定的符號中體現。這符號的意義所聯結起來的總體，就是文化系統（cultural system）[101]。而標示這當代社會一般的功利文化系統，我們可以藉著消費文化（consumer culture）、媒體文化（media culture）或文化工業（culture industry）等來描述[102]。由此，這裡所要探討的首要問題即是，文化政策與文化機構本身，乃是在這文化系統所表現的程序與關係之中運作，也就是它們即是這主流社會行動的產物，並且事實上也在製造消費性、媒體性的文化工業產品。在這前提下，文化政策一方面要關照這由目的理性所表現的社會文化行為與秩序，它本身如何在上述的其他社會行動類型之可能性，或在一個更寬廣的理性視域中，關照文化的變遷與台灣社會文化可能有的走向。這反省的空間也正是一個文化政策之所以有其實質的社會力量之可能性。

文化政策本身雖然是理論的，但同時是一種揭露，更重要的是一種實踐，它是台灣整體國家發展政策。也就是文化思維以及文化政策必須要與生活現實擁有一定的距離，因而建立批判的可能。它體現了一九九八年我國文化白皮書中所提示的「大轉型」之可能性。這種轉型帶來的，不只是國民所得的量增，而是生活、文化與社會層面的重建。唯有透過這種重建，所謂的台灣主體性才有可能建立起來[103]。其次，一方面在文化政策也作為一種資訊與商品的前提下，它本身的意識型態（ideology）特質[104]也應該進一步地被反省與討論。文化政策在商品的包裝與傳送下，不知不覺地深入日常生活的每一個領域。個體在最後所接收到的已沒有該政策的原意與力量，而大都只是消費的短暫感動與知覺。在這方面,生動與活潑的文化生活也將解除這種種意識型態的禁錮。在這個前提下,民間與政府在制定文化政策的角色,也應該在理論的層面上再次被討論。同時,文化政策的意識型態特質也表現在政黨的黨綱與政策性宣示之中。我們將進一步討論這雙重的意識型態特質以及文化建設理念之間的關係。最後,在上述的前提下,所謂的「文化資產」必須得到新的詮釋。文化資產並不只是在博物館、藝廊或櫥窗之中被理解,而是在活潑的民間多元生活中被理解。事實上,這個反省也體現在一九九〇年以來的社區總體營造計畫上[105]。

文化的意義與政策早已打開固定的空間,並且與觀光、生態甚至醫療等新興領域結合在一起。在社會科學的基本關懷與取向下,文化與文化政策應該脫離於城市博物館的禁錮空間與其消費商業性行為,以及脫離於意識型態的可能空間,以便使文化與文化政策得到更富生命力與更寬廣的理解。在這前提下,「文化下鄉」的概念乃必須再次地被說明[106],因為活潑的文化本來就已是在日常文化生活[107]之中。如何讓這些生動的地方文化成為強而有力的生活方式,並從中理解出台灣社會應該如何建設,以根本地面對台灣社會種種的病態與問題,才是富有力量的文化政策。如果以狹隘的文化視野,強將城市商業化的文化工業運輸到所謂次要文化的地方,不但以城市文化主義的意識型態禁錮了真正的文化,而且其本身也正在製造消費性的、媒體性的文化工業。

文化政策的運作必須建立在一個符合現狀的廣義文化概念。這裡需要一個社會科學和文化理論上的嚴謹工作,它同時反應邏輯和概念上的嚴謹性,以及真實的社會場域。

第三節　文化的社會性與社會的文化性

　　當文化不斷全球化與地方化的同時，文化議題與政策也有著更多的社會性。也就是必須在文化的社會性當中思考一個合理並且可行的文化政策。特別在一九八〇年代之後，文化議題的討論更是多元，並且已經被當作一種可以促進社會與經濟發展的資源來看待。雖然社會學理論的建構不一定要與文化範疇有所聯繫，但是在今天我們愈來愈發現，對於經濟、政治與社會活動的觀察與解釋，放到文化領域當中，是可以得到新穎的成果。它有著幾個重要現象，首先是社會學家開始以文化因素來解釋現代化、政治民主以及國際關係等等議題。其次，經濟的分析更重視許多複雜的決定性因素，它們在過去大部分被略過，例如同樣的價值觀在不同國家可能會有不同的經濟成就。第三，經濟發展所帶來的社會結構之變遷，例如城市化或者教育的普及等等。整體所帶來的文化改變，一般而言是有助於民主的發展。最後，文化是我們社會生活中最有活力的成分，它的力量超越了技術本身。不再像過去那樣把文化看作是制定規範，相反地，它的想像力變成社會發展的動力。社會不僅僅是被動地接受創新，還為新事物提供生意興隆的市場。文化變成了一種合理合法、對新事物永無休止的探索活動。

　　上述的現象將在本著作當中陸續被說明，它們同時也是本著作的推論基礎。在進行這些說明之前，這裡再進一步補充它們在理論上的根據。這裡所稱的文化理論，就是揭露藉由符號系統所承載的生活意義結構之科學。也就是對於文化價值與生活秩序所賴以運作的主觀個人意義和客觀社會意義，可以經由觀察表現它們的符號與符號系統來理解。在社會生活當中，文化活動具有它的秩序，符號系統首先因而具有它的社會性[108]。符號系統所表達的象徵內容將使得這個集體區別於其他集體，這個小團體或個人區別於其他小團體或個人。換句話說，符號系統或風格將使得不同的社會生活具有邊界[109]。而這裡所具體表現的重要內容之一，就是知識的專業性擁有以及權力的特殊關係。它們將在一定的社會時期或社會型態中主導特定的文化型態與意義結構，它們本身一方面乃是後者的具體內容，同時也可以是後者的反省者與批判者[110]。因而對於文化建設的政策制定，它們也將扮演重要的角色。但仍需要進一步說明的是，這些專業知識和權力秩序在不同社會中與符號系統的可能關係，也就是說前者如何透過符號系統來表現，並且表現的形式在不同的社會生活型態中也是不同。在這樣的思考中，意識型態只是專業知識與權力秩序的一種特殊表現，亦即專業知識與權力秩序並不一定要以意識型態的秩序出現。

在文化理論的傳統中，將符號系統放入社會生活中並且承載起文化意義，這是一個自F. Saussure以來，經由C. Lévi-Strauss所確立的思考路線，所有文化秩序的性質主要都是語言學的[111]。語言或符號系統並沒有生物學上的必然性，就其象徵內容而言也是任意的[112]。因此人類文化的事實在溝通結構中似乎創造了不穩定的可能性，這也造成另外一種思考的方向。意義似乎由任意的符號所建構，但是一個人如何知道其他人在世界當中如何實際地建構事物？這個問題與答案並沒有在事物的本質當中被給予。因此對於符號科學的研究工作，存在著保留的態度[113]。當事物是人們在互動當中所建構起來時，它一方面是借助符號系統的承載，另一方面它的本質同時也是在這互動結構或符號結構中被確定。因此由事物的本質來討論意義的不穩定，基本上忽略了事物的形構以及符號的功能。不可否認的是，符號所表達的對象內容與該符號本身並無必然關係，也就是任意的。但是符號與符號必然形成一系統，並且這系統所體現的意義結構並沒有任意的或非任意的之問題，它就是一個特定生活秩序的具體表現。只不過在現代資訊社會中，承載日常生活秩序與意義的符號系統乃是較為不穩定，而這

也是後結構主義在文化議題上的特殊思維。

　　這裡所說明的文化理論乃是關注承載日常意義的符號系統，因而與後結構主義的思維並不相同。對於後者，意義並不是立即出現在符號中，因為一個符號的意義在於這個符號所不是的某一事物，也就是它的意義總是不存在於符號之中。所以封閉的意義系統在這裡已經不再存在，取而代之的是一個充滿無限可能性與替代物的開放領域，不再對主體提供任何確定性，除了文化慣例的虛假以外。對於現代社會的文化秩序，這是一個深刻而富有見解的說明，因為現代社會的運作原則的確建立在差異（difference）多於同一（identity）上。在差異的序列下，社會充滿不確定性，而個體也較為空虛。但這不是文化的空虛，因為這樣的生活方式本身就是一種文化的內容，現代文化型態如同以前文化型態一樣具有它的內容。因此在這裡所說明的文化理論立場上，差異（difference）不能被抽象為文化生活的基本原則，因為建立在區分（difference）概念[114]上的符號系統，仍然承載著特定型態的同一意義結構。對於Saussure而言，符號的任意性並不是意味著符號本身的選擇完全交由言說者來決定，而是意味著符號本身與它所表達的對象內容之間不存在自然的聯繫。事實上，在社會當中被使用的每一個表達中介，都必須以約定俗成的集體行為為基礎。Saussure符號學的主要觀念因此強調的是，不同符號相應不同的概念，並且組成一個系統。在Lévi-Strauss的相關文化理論中，這樣的思考方向被清楚地表現在二元對立（binary oppositions）的結構中。但是如果將這二元對立的基本思考放在本質的或原始的位置上，將有形上學的或思辨的偏見之疑慮[115]。文化理論所要建立的研究自然不是形上學的或思辨性質的。

　　因此承載文化意義的符號系統將不再有形而上學的或後設的前提，除非在分析上將它們進一步分解。我們承認後結構主義者在分析現代社會與文化上的傑出貢獻，但是在揭露文化意義的工作上，我們要說明的不是後設的意義，而是日常生活的意義。在另外一個代表人物M. Foucault的理論中，文化領域也是透過一個象徵符號系統所構成，但是它的意義乃是經由權力的運作所建構出來，並且權力與知識乃是處於一種無窮的重複循環中。每一知識都必須借助這樣的溝通、記錄和累積等等系統才能被形成，即本身是一種權力的形式，並且在它的存在與功能上聯結於其他的權力關係。相反地，所有權力必須借助知識的提取、挪用、分配以及保有才能被運行。因此並不是知識在一邊而社會在另外一邊，而只是知識／權力的基本形式而已[116]。「權力（power）是無所不在的，並不是因為它包含每一事物，而是因為它來自任何地方……權力並不是一種制度，一個結構，或一項所有物。它是在一個特殊社會中，我們給予一個複雜策略情境的名稱（name）」[117]。也就是說，權力乃是同時運行在相互主體性的關係以及被客觀化的制度上。權力本身最初包含一個力量關係的多重性，它內在於空間中，但不是制度本身。Foucault在象徵符號系統背後所放置的知識與權力概念雖然具有深刻的見解，但是與日常生活的權力和知識概念具有相當大的距離，而後者正是符號系統所承載的日常文化秩序與文化意義。

　　文化政策所要履行的也是特定文化意義型態的揭露，而不是文化秩序背後的抽象原則。權力的拉丁文字源是dominus，意思是具有抑制能力的主人。在一般文化理論中，權力的行為者可以是個體、群體、社會範疇，或抽象的社會或文化機制等等。而它的形式包括心理暴力、經濟制裁、政治力量或美學上的誘惑等等[118]。這裡將權力概念建立在這樣的傳統上，因此並沒有將權力概念抽象到作為符號系統的先在原則。亦即社會結構與象徵符號秩序之間應該存在特定的關係，藉著象徵符號秩序的理解可以說明社會的結構與文化的意義，並且不需要在該符號秩序背後設定本質上的原則。在這個方向上，B. Bernstein的見解乃是具有啟發性的，不同的符號秩序或符碼（code）結構，代

表著不同社會階級或家庭組織的功能。雖然解釋兩者之間的關係具有許多不同的看法，但是這樣的關係基本上就是文化理論所專注的對象。較為複雜的句法、豐富的語言形式以及較為清晰的意義等等，所體現的社會結構往往是高層社會，相反的則是低層社會[119]。一個人在社會化的過程中，的確透過語言的學習而擁有建構不同意義世界的能力。而特定的社會化場所，例如農村、城市、工人家庭或書香家庭等等，也給予此人獲得這個能力的限制，因為這個能力的不同，而有社會互動能力與世界想像空間的差異。Bernstein在這裡將這個限制大略地劃分為高層與低層社會，但是在本文上面所交代的論證取向中，人們借助符號系統自然地擁有不同的意義世界，而在這不同的意義世界中，事實上已經存在著個別的限制。本文所關注的並不是這個限制的實質內容，因為這個限制在理論上將不容易被區界出來。

　　意義世界在特定社會或特定時代中的型態，可以提供文化政策在制定上的思考趨向。在這一點上，P. Bourdieu的文化場域（field）觀念可以是一個具有建設性的思考方向。不同時代的知識分子之所以可能持續地溝通，乃是因為在社會上被集體建構出來的意義世界具有持續詮釋的過程，或不斷在社會互動當中被再生產，用Bourdieu的術語就是文化場域的再生產。「在所有的情況下，任一特定時期的思想模式，唯有依靠學校系統，才可全然地被瞭解；唯有學校系統才可以透過教育實踐，來建立與發展這些思想模式，成為一整代人們共享的思考習慣」[120]。特定的溝通形構與模式反映了特定的社群存在，這個共同的意義世界一方面由符號系統來承載，一方面特別地透過教育系統來具體化。也就是在共同的思考習慣與教育系統下，文化與社會也表現出特別的秩序與模式。在這樣的前提下，在由語言和權力等象徵性文化中介所展現的運作過程中，分析行動和實踐透過象徵性文化中介所可能展現的象徵性實踐之運作邏輯，就是Bourdieu的理論重點[121]。因此社會只是一套幻覺的表層結構，象徵性實踐邏輯所揭示的，乃是存在於深層結構層次中的真實關係。透過這種深層結構的揭露，文化系統中原本似乎相異的成分，事實上擁有異體同形的關係。「在文化活動中，客觀化（objectivation）或外在化（extériorisation）的過程是和內在化（intériorisation）的過程，同時以同質的結構實現的。人的象徵性實踐所固有的上述雙重性意義結構，一方面是同象徵性實踐的文化性質，特別是同象徵性實踐中的語言使用特徵緊密地聯結，另一方面則是與象徵性實踐中的行動者之生存心態（habitus）特徵緊密地相聯結。這就是說，首先，人類象徵性實踐中的文化特質，特別是語言，這個人類特有的象徵符號體系之介入，使行動者的行動和社會兩個層次都賦有語言所貫注的象徵性結構及運作模式」[122]。

因此在一個特定的社會世界中，語言或符號系統承載著特定的文化結構同時表現在個體與社會之中。借用政治經濟學的術語，符號系統所表現的溝通中介可以是一種文化資本，它藉由繼承或投資而轉移，並且使人們獲得教化。因此上述的教育系統對於Bourdieu而言，就是一項分配與肯定社會特權的工具。但是這並不是意識型態上的功能，而是生存心態的整體表現。教育系統乃是藉由特別賦予價值的符號及其表現的風格來傳遞文化資本。只不過生存心態在文化秩序上所聯結的乃是一種文化無意識（cultural unconscious），它指的是一個任何文化生產的先決條件，一個在日常生活當中被各社會層面所默許的先在基礎。因此當所有成員都是經由文化，並且是在文化當中才意識到現實，那麼他們必然會在不知不覺當中被迫接受既有的權力關係。在這個文化無意識的前提下，在包括所有符號系統的文化中，所有的社會成員都主動參與了這些系統的創造與表現性的重建，並且他們在從事這些行為時，也都自認為處於一種自由與中立的情境[123]。因此這種權力關係在這裡並不是在意識型態的意義上來理解，所以也並不需要被當作虛假意識來批判。而是特定的權力關係所體現的就是特定的文化型態，雖然這裡存在著建立在文化無意識之上的封閉性格。在這

樣的前提下，社會成員參與文化的過程以及文化再生產的過程，則是著重在複製與模仿的面向上。並且文化的不斷再生產也持續引起原有文化場域的變化，雖然這樣的過程缺少批判式的詮釋面向。分析日常的符號系統在這裡所揭露的也是日常的意義結構，只不過它帶有文化無意識的特色。另一方面，帶有批判與重建取向的文化再生產概念，對於當代社會的理解與文化政策的制定，則是具有不同的啟示與貢獻。

　　本章在文化議題與政策所做的理論說明，對於我們以後章節將有很大的幫助。文化概念與政策的思考必須相當謹慎，因為它們具有相當多的取向，並且變化非常快速。特別是本書將文化政策作為國家整體的發展政策，這需要更嚴謹與更深入的理論基礎。另一方面，這個議題和取向對於台灣社會而言，更是嚴肅與基本，它可能是重建台灣社會的契機，也是凝聚台灣社會的新力量。在這個領域之外，我們似乎很難找到凝聚台灣社會的動力。

註　釋

[1] A. Giddens著，周紅雲等譯，《為社會學辯護》（北京：社會科學文獻，2003），頁208。

[2] Z. Bauman著，張君玫譯，《全球化》（台北：群學，2001），頁72-73。

[3] R. Cohen和P. Kennedy著，文軍等譯，《全球社會學》（北京：社會科學文獻，2001），頁481。

[4] E. P. Odum著，王瑞香譯，《生態學：科學與社會之間的橋梁》（台北：啟英文化，2000），頁10-15。

[5] E. P. Odum著，王瑞香譯，《生態學：科學與社會之間的橋梁》（台北：啟英文化，2000），頁19。

[6] T. W. Luke, "Simulated Sovereignty, Telematic Territoriality: The Political Economy of Cyberspace", in M. Featherstone and S. Lash (eds.) Space of Culture (London: SAGE, 1999), p.27-48.

[7] D. Bell著，趙一凡等譯，《資本主義的文化矛盾》（台北：久大桂冠，1989），頁38-39。

[8] M. Poster, *The Mode of Information: Post-structuralism and Social Context* (Cambridge: Polity, 1990), pp.6-9.

[9] E. Cassirer著，關子尹譯，《人文科學的邏輯》（台北：聯經，1990），頁1-2。

[10] 例如，十九世紀的德國著名物理學家H. L. F. von Helmholtz就認為，一旦把一切自然秩序都化約成簡單的力，而且證明出自然秩序只能這樣來加以簡化，那麼科學的任務就算終結了。而這樣的思考方向，基本上也是代表當時主流的物理學思考方向。而在更早的牛頓力學中，研究行星的運動可以從測量它的位置和速度開始。只要通過觀測推算出行星的一系列座標值和動量值，就可以將觀測結果翻譯成數學。這樣的數學系統所架構出來的即是自然。A. Einstein和L. Infeld著，郭沂譯註，《物理學的進化》（台北：水牛，1985），頁40。W. Heisenberg著，仰哲出版社譯，《物理學和哲學》（新竹：仰哲，1988），頁15。

[11] 科學工作在於用我們所掌握的語言來提出有關自然的問題，並且試圖從我們

隨意部署的實驗得到答案。特別是在量子理論中,機率函數本身並不代表事件在時間過程中的經過,它只代表一些事件的傾向和我們對這些事件的知識。而這傾向所構成的總體就是一種可能性的自然世界。W. Heisenberg著,仰哲出版社譯,《物理學和哲學》(新竹:仰哲,1988),頁16。

12 C. G. Hempel, *Philosophy of Natural Science* (New York: Prentice Hall, 1966), p.21.

13 W. Heisenberg著,仰哲出版社譯,《物理學和哲學》(新竹:仰哲,1988),頁40。

14 I. Kant, *Metaphysische Anfangsgründe der Naturwissenschaft,* Kants Werke IV (Berlin: Walter de Grugter & Co., 1968), Einleitung.

15 I. Kant, *Kritik der Urteilskraft* (Hamburg: Felix Meiner Verlag, 1993), pp.300-301.

16 張世英主編,《黑格爾辭典》(長春:吉林人民,1991),頁247。

17 A. Schmidt著,沈力譯,《馬克斯的自然概念》(台北:結構群,1989),頁59-97。

18 C. G. Hempel, *Philosophy of Natural Science* (New York: Prentice Hall, 1966), p.12.

19 E. Cassirer著,關子尹譯,《人文科學的邏輯》(台北:聯經,1990),頁122-123。

20 C. Jenks著,余智敏等譯,《文化》(台北:巨流,1998),頁80。

21 R. Schroeder, *Max Weber and the Sociology of Culture* (London: SAGE, 1992), pp.133-134.

22 K. R. Popper, "Die Logik der Sozialwissenschaften", in T. W. Adorno, u.a., *Der Positivismusstreit in der deutschen Soziologie* (München: Deutscher Taschenbuch Verlag, 1993), pp.103-124.

23 在這一點上,L. A. White的看法是可以被接受的。但是將文化以超機體的形式獨立於個體之外並作用於個體,在本文中將不是主要的論證方式。L. A. White認為,人類通過符號能力的運用而使某類秩序成為嚴格意義上的超生物學的或超軀體的存在。語言、信仰、風俗、工具、住所和藝術品等等,通稱為文化。文化是通過社會繼承機制而流傳,在這意義上,文化是超生物學的;文化獨立於任何個體並從外部作用於個體,在這意義上,文化是超機體的。每一個體生存於文化環境之內，同時也生存於自然環境之內。個體所生存於其內的文化包圍著他並制約著他的行為。本文所在的立場也認為文化對個體的行為將產生限制，但同時也提供行動的資源。並且不論是限制還是資源，對個體產生影響的並不是作為一超機體的文化，而是文化中的意義與其結構，它們存在於個體的行動中。對於這意義結構的揭露，也就成為文化理論的主要任務。L. A. White著，曹錦清等譯，《文化科學：人和文明的研究》（台北：遠流，1990），頁120。

24 A. Einstein和L. Infeld著，郭沂譯註，《物理學的進化》（台北：水牛，1985），頁166-169。

25 I. Newton微積分中所含的極限思想到了一八二一年，法國數學家A. -L. B. Cauchy將之建立在算術化的基礎上，因而也擺脫了幾何直觀的局限。極限是一種方法，可用以計算函數的變化率，或在整個分析中用來逼近一個真實量。也就是和一個無限變化過程相聯繫。馮契主編，《哲學大辭典》（上海：上海辭書，1991），頁760。對一個對象的逼近，在非自然科學的思維方式中，只可以是一種哲學上或美學上的直覺。對這種直覺的說明，也刺激相當多的人文思考，例如I. Kant所謂的逼近物自身、F. Nietzsche與存在主義者的逼近死亡等等。而將這種直覺用一固定的方式來表達，也是思維所希望追求的，它首先為自然科學所表現。在這種極限概念的應用下，雖然新舊引力理論的結果十分接近，但是它們所架構的自然世界型態事實上已經有所不同。電磁場的場（field）概念並不是傳統的事物概念，而是一種關係（relation）的概念，它並非由小塊所拼組而成，而是一個由力線的全體所組成之系統。系統中不同概念之間的聯繫非常緊密，以致我們一般不能改變任何一個概念而不破壞整個系統。產生新舊解釋系統的原因，乃是科學中的進展不能總是通過用已知的自然律來解釋新秩序的辦法來實現。在一些情況下，被觀測到的新秩序只能用新概念來解釋。這些新概念又能聯結成一個閉合系統，並可用數學符號來表示。在新系統儘量能包含舊系統所觀測的秩序之前提下，前後一致的和系統不自相矛盾的數學表達，以及適合於描述更廣闊的經驗，乃是最基本的要求。

26 M. Mulkay著，蔡振中譯，《科學與知識社會學》（台北：巨流，1991），頁136。

27 科學活動必須使自己適應於實在的結構，L. A. White這樣的看法，基本上同
時反應了自然科學與文化科學的共同活動特性。也就是按照實在的結構來設
計科學的工具，安排科學的技術，以便使我們有效地理解實在和掌握實在。
但是對於我們所要說明的文化科學而言，實在的理解與掌握緊密地聯結於實
在的建構。換句話說，對於實在的理解事實上與對實在的建構乃是同一過
程。實在於科學活動中乃是一種心智建構的產物，而不是現實的摹本。自然
科學與文化科學在這方面的基本差異，事實上也存在於L. A. White進一步的
看法中，但是本文並不認為文化乃是獨立於社會的互動之外，而是社會互動
的具體表現。他說，物理學家都知道得出解釋物理秩序所必需的公式和命題
之最有效的方法——一定是用理想狀態來代替真實狀態。但文化學家認識到
只有當他把文化要素從人類有機體的腺體、肌肉、神經等等中脫離出來，彷
彿它們有自己生命似的，這樣才能把文化秩序當作文化秩序來加以解釋。L.
A. White著，曹錦清等譯，《文化科學：人和文明的研究》（台北：遠流，
1990），頁95。

28 P. Alasuutari, *Researching Culture: Qualitative Method and Cultural Studies*
(London: SAGE, 1995), pp.36-37.

29 W. Dilthey, *Der Aufbau der geschichtlichen Welt in den Geisteswissenschaft*
(Frankfurt am Main: Suhrkamp, 1993), pp.101-102.

30 M. Horkheimer and T. W. Adorno, *Dialektik der Aufklürung* (Frankfurt am Main:
Fischer Verlag, 1969), pp.160-164.

31 這些交換法則在文化再生產上形成所謂系統的（systemic）形式，也就是
社會生活在同樣的過程上被結構化。如同A. Giddens所言，在社會的分析
上，相類似的社會實踐跨過時間與空間的距離，並且形成系統的形式。
A. Giddens, *The Constitution of Society: Outline of the Theory of Structuration*
(Cambridge: Polity Press, 1984), pp.16-18.

32 掩蔽真正的文化價值或意義，在文化研究的部分討論上可以是意識型態
（ideology）的討論。在一般的討論上，意識型態的概念可以有五種不同的
內容。首先是由特殊群體所編構出來的觀念整體，它是具有系統性的整體。
例如一些像勞工黨的特殊職業群體與其特殊的觀念等等。其次為例如Marx所
言的虛假意識，並不是人的意識決定他們的存在，而是人的社會存在決定他

們的意識。第三則將焦點移向展現一個特殊的世界想像上，例如電視影像或小說等等，它們所體現出來的社會乃是一個充滿衝突的生活。第四為法國馬克斯主義者L. Althusser的概念，他認為意識型態不是一個簡單的觀念整體，而是一個物質上的實踐。最後為R. Barthes的文化理論，他認為意識型態主要運作在內涵（connotations）的層面上，其次為其中還夾帶著無意識的意義。J. Storey, *An Introduction Guide to Cultural Theory and Popular Culture* (New York and London: Harvester, 1993）, pp.2-6.。對於揭露文化價值與意義，本文並不打算依循著意識型態的討論，因為意識型態本身也具有文化價值與文化意義，它因此也是有待揭露。它縱使以上面五種面目的任何一種出現或存在著，它也是日常生活的一部分，只不過的確具有它的一些特性。本文所重視的是，如何將人們在日常生活中所習以為常的文化價值與意義揭露出來，不論它是意識型態的或不是意識型態的。

33 M. Weber, *Wirtschaft und Gesellschaft* (Tübingen: J. C. B. Mohr, 1972), p.4.。理解的層面也可以有下列三個方向：在個別情況中實際被表達出的意義；在社會學大眾觀察中被表達出來的平均或近似的意義；以及在科學中被建構的純粹類型之意義等等。

34 R. Aron著，齊力等譯，《近代西方社會思想家：涂爾幹、巴烈圖、韋伯》（台北：聯經，1987），頁212。

35 Karl-Otto Apel, *Understanding and Explanation: A Transcendental-Pragmatic Perspective* (trans. by G. Warnke) (Cambridge: The MIT Press, 1984), pp.3-4.

36 在資本主義經濟活動、資產階級私法與行政官僚權威的發展之前提下，Weber的理性（rationality）概念首先要說明這樣的事實，即一些屬於理性決定的社會領域逐漸擴充，以及工具行動逐漸滲入生活的其他領域。建立在這樣的理性事實之上，Weber也有了他的理論方法與鋪陳。但是這樣的看法並不一定被其他理論家所完全承接，例如Habermas進一步認為，以生活世界（life-world）為中心的溝通理性，才是面對現代世界的恰當方向，社會理性乃是諸如科學、道德與美學的理性面向之平衡與和諧。這些不同於自然科學的理性概念將在往後的章節中繼續被討論。R. Roderick, *Habermas and the Foundations of Critical Theory* (New York: Macmillan, 1986), pp.136-138.

37 但是我們希望文化科學是一個可以進行經驗研究的學科，因此在未來的相關

論述上並不必然地將自然科學排除在外。事實上，Weber的理解概念與方法也沒有將社會科學與自然科學做嚴格的劃分。在早期，他重視個別行動者的動機。但在晚期的著作，例如《經濟與社會》一書中，他以四種不同的社會行動類型，將行動者的動機之不同意義做出分類。後者必須以社會科學家所使用的範疇為基礎，並且兩者都需要客觀或經驗上的證實。R. Schroeder, *Max Weber and the Sociology of Culture* (New York: Macmillan, 1986), pp.134-135.本文在相關思維的討論上，將借助其他文化理論家來共同完成建構文化科學的任務，並且依照這個建構來揭露二次世界大戰以來具有較大文化意義的階段，以及反應它們的文化政策。

[38] 符號系統（Zeichensystem; system of signs）的用法在Weber的理論中尚無清楚的含義，但在語言就是最重要的符號系統之前提下，Weber也認為語言的總體使得相互間的理解（Verstehen）變得更為容易，也就是使得所有社會關係的建立變得更容易。M. Weber, *Wirtschaft und Gesellschaft* (Tübingen: J. C. B. Mohr, 1972), pp.22-23.

[39] M. Weber著，黃振華等譯，《社會科學方法論》（台北：時報文化，1991），頁108-109。

[40] M. Weber著，黃振華等譯，《社會科學方法論》（台北：時報文化，1991），頁94。

[41] T. Parsons, *The System of Modern Societies* (Englewood Cliffs: Prentice-Hall, 1971), pp.3-7。 Parsons在這裡將Weber的主要文化概念——宗教價值擴充到共同的象徵符號系統。在這系統中還存在著認知的象徵符號（cognitive symbols）、道德與評價的象徵符號（moral-evaluative symbols），以及抒情與欣賞的象徵符號（expressive-appreciative symbols）等等。對諸如罪惡、憂患和生命的限度之關注，並非指涉超自然秩序，而是指涉人類使用象徵符號去描繪它們的傾向。這些作為文化秩序，其本身並不是終極的實在。

[42] C. Jenks著，余智敏等譯，《文化》（台北：巨流，1998），頁102。

[43] C. Geertz, *The Interpretation of Cultures* (New York: Basic Books, 1973), p.5.

[44] R. Hitzler, *Sinnwelten: Ein Beitrag zum Verstehen von Kultur* (Opladen, 1988), p.73.

[45] R. Hitzler, *Sinnwelten: Ein Beitrag zum Verstehen von Kultur* (Opladen, 1988),

p.74.

46 K. P. Hansen, *Kultur und Kulturwissenschaft* (Tübingen und Basel: Francke Verlag, 1995), pp.212-213.

47 對於文化的參與式觀察，最主要表現在美國的社會學中。其中新芝加哥學派也是代表之一，這裡所提出的正是G. H. Mead的基本看法。對於Mead而言，意義乃是隱含在社會行動的結構中，而這將強調社會心理學的重要性，也就是以社會的經驗與行為過程（social process of experience and behavior）為起點。每一人群將被接入這過程中，並且精神的發展以及個體的認同和認同意識也依賴於這過程。G. H. Mead, *Mind, Self & Society* (Chicago and London: The University of Chicago Press, 1962), pp.81-82.這個看法對於我們來說是有啟發性的，因為社會的經驗與行為過程就是透過他所說的符號系統來運作。人們的意識、對世界的看法，或不同的意義世界（worlds of meaning）也是建立在這符號的過程上。本文也將繼續借助Mead的看法來做相關的說明。

48 Geertz俗民論（ethnographic）的描述方法具有三個特徵：首先它是解釋性的（interpretive）；其次可以解釋的東西就是社會對話；最後為解釋存在於試圖從即將消失的機會中搶救社會對話已經訴說的內容，並且將它固定在清楚的術語中。C. Geertz, *The Interpretation of Cultures* (New York: Basic Books, 1973), p.20.這種從實際參與日常生活的社會對話而發展出來的解釋方法，乃是從互動的符號歸納並分析出它的社會意義。雖然這種素樸的直接觀察方式是一種深刻的方法，但是對於揭露較大的社會生活或歷史上的社會階段之型態，則是缺少諸如Weber的思想藍圖。我們基本上假定某一社會或歷史階段是具有特定的意義型態，它是可以透過符號系統的詮釋而被揭露的。這樣的方法對於文化政策來說也是較為恰當，因為文化政策的任務，正是要將某一社會型態的意義結構反映給某一社會型態的人。

49 R. Wuthnow a.a., *Cultural Analysis: The Work of P. L. Berger, M. Douglas, M. Foucault and J. Habermas* (London and New York: Routledge, 1984), p.25.

50 P. L. Berger, *Invitation to Sociology: A Humanistic Perspective* (Garden City: Doubleday, 1963), p.263.

51 R. Wuthnow a.a., *Cultural Analysis: The Work of P. L. Berger, M. Douglas, M. Foucault and J. Habermas* (London and New York: Routledge, 1984), p.26.

[52] P. L. Berger and T. Luckmann, *The Social Construction of Reality* (New York: Anchor Books, 1967), p.18.

[53] P. L. Berger and T. Luckmann, *The Social Construction of Reality* (New York: Anchor Books, 1967), p.20.

[54] M. Weber著，黃振華等譯，《社會科學方法論》（台北：時報文化，1991），頁89-90。

[55] A. Schütz und T. Luckmann, *Strukturen der Lebenswelt, Band 1* (Frankfurt am Main: Suhrkamp, 1994), pp.224-225.這個看法來自於E. Husserl的觀點，日常世界的實在在我們面前所顯現的總是黑暗背景中的明亮區域。視野（Horizont）是整個經驗聯結或系統在當下的表現，相反地，當下的表現事實上體現整個經驗的聯結整體。日常世界的知識乃是透過「重要性」（Relevanz）而被編排的，一部分經由直接的實際目標所給予，另外一部分則是經由社會的情境所給予。

[56] P. L. Berger and T. Luckmann, *The Social Construction of Reality* (New York: Anchor Books, 1967), p.35.

[57] 接著上述日常生活中的重要性（Relevanz）結構，符碼在這裡的功能也扮演類似的角色。對於從可能事實的連續體當中所剪截出來的片段情境，符碼扮演選擇的角色並且將它們確定成一個單位，這單位對於我們所興趣的溝通來說是重要的（relevanz）。在這樣的過程中，符碼擁有狹義的內容，即將一開始具有同樣機率的東西做一限制，並且建立一個關於它們一再重複的系統，以及完成一個象徵符號上的確實聯結。這是一個句法（syntaktisch）上的規則內容，符碼單純地是一個可以編碼性的系統，而這系統也是其他人所稱的結構（Struktur）。一個結構是一個模型，它經由簡化的程序所構成，而這簡化程序使得從一個個別的觀點來統一不同的秩序成為可能。符碼的廣義內容則是在語義的（semantisch）規則上，即在句法的規則基礎上構成一意義的系統。U. Eco, *Einführung in die Semiotik* (München: W. Fink, 1994), pp.57-64.

[58] U. Eco, *Einführung in die Semiotik* (München: W. Fink, 1994), pp.74-75.

[59] 例如在由資訊所架構起來的大眾溝通社會中，大眾溝通（mass communication）乃是區別於其他社會制度，並且表現出現代社會的特性。社會符號學家K. B. Jensen將大眾溝通定義為制度的生產以及意義的創造，它

們經由一個社會中的文化實踐所產生。大眾溝通之所以區別於其他社會制度的基本理由，就是符號學的過程（semiotic process），符號學的過程乃是由技術、經濟以及特殊歷史情境中被組織起來的要素等等所規約。「廣義的符號學概念需要一個符號的類型學（a typology of signs），也就是在人與他的自然環境和文化環境的互動中，所有的符號都屬於一個一般的範疇。而在當代文化環境中，大眾溝通乃是一個主要的符號學實踐」。本文在強調文化秩序與意義結構的型態之前提下，也就是承載它們的符號系統在特定的社會中具有它的特殊性之前提下，符號的類型學將是可以接受的。在本文未來的敘述中，將進一步說明它的重要性。K. B. Jensen, *The Social Semiotics of Mass Communication* (London: SAGE, 1995), p.11, 58.

60 P. L. Berger and T. Luckmann, *The Social Construction of Reality* (New York: Anchor Books, 1967), p.36.

61 文化的律則基本上就是以語言的秩序（或廣義的符號系統）來展開。這樣的看法存在於不同的社會科學思維中，但是如同本文已經說明的，本文基本上不打算將文化擴充到意識型態的討論上，因為意識型態本身就是一種特殊的文化秩序。在這個環節上，文化秩序也並不需要以無意識的主題來解釋，雖然S. Freud與J. Lacan的心理學傳統具有優秀的符號分析能力。語言符號所涉及到的實在，在心理分析的觀點上乃是一個內在的實在（innere Wirklichkeit），這不同於我們所說明的實在概念。並且因為意義的結構基本上是以運作在社會層面上的意識為出發，不論是個別的意識或共同的意識。無意識的理論或秩序因此也必須回到日常的文化秩序當中才可以被理解。以上所說明的典型可以在L. Althusser理論中發現，他說，「文化的律則首先作為語言被引進，但是不能被語言所窮盡……我們必須處理意識型態的形構……而這是一個歷史唯物主義的任務」。L. Althusser, *Lenin and Philosophy and Other Essays* (trans. by B. Brewster) (London: New Left Books, 1970), p.211. A. Lorenzer, *Sprachspiel und Interaktionsformen: Vorträger und Aufsätze zu Psychoanalyse, Sprache und Praxis* (Frankfurt am Main: Suhrkamp, 1977), pp.38-57.

62 但是在我們前面所提及的Mead理論中，符號是可以區分於意義，因為意義存在於自然中，而符號是人類的遺產。當然這是Mead行為主義對意義概念

所下的特殊定義。「意義可以藉由語言符號在它最高級與最複雜的發展階段上被描述或解釋，但是語言從社會過程中只能選出這樣的一個情境，即邏輯上或內在關聯上已經存在的情境。簡單來說，語言象徵符號乃是一個可以指示意義的姿勢」。「在一個人的有機體之姿勢，以及這個有機體所跟隨的行為之間，存在著一些特殊的關係，而意義就是在這關係領域內發展……」G. H. Mead, *Mind, Self & Society* (Chicago and London: The University of Chicago Press, 1962), pp.75-81.

[63] P. L. Berger and T. Luckmann, *The Social Construction of Reality* (New York: Anchor Books, 1967), pp.39-40.

[64] C. S. Peirce, *Collected Papers* (eds. by C. Hartsherne and P. Weiss), vol.1 (Cambridge, 1973), p.169.

[65] E. Cassirer著，《人論》（上海：上海文藝，1985），頁35。

[66] E. Cassirer著，羅興漢譯，《符號、神話、文化》（台北：結構群，1990），頁106。

[67] 如同上面的說明，將象徵符號在功能上當作符號的一種擴充，基本上並不同於Mead的行為主義取向。Mead從姿勢、發音的姿勢、符號、象徵符號到語言，都是建立在對一個刺激的共同反應之基礎上。這樣的取向將符號與符號系統徹底地避開以觀念或意識為出發的解釋，但是文化的價值也同樣地被避開，因此本文一直以來只是承接Mead將文化秩序帶入象徵符號性的社會互動來解釋，而將社會互動以行為主義的觀點來說明則予以擱置。他認為，「一個象徵符號傾向於在個體本身和其他人中引起一連串的反應，並且這個反應在指向一個字的同一性上，同時是一個刺激也是一個反應」。參見 G. H. Mead, *Mind, Self & Society* (Chicago and London: The University of Chicago Press, 1962), pp.71-72。

[68] P. L. Berger and T. Luckmann, *The Social Construction of Reality* (New York: Anchor Books, 1967), pp.40-41.

[69] C. Geertz, *The Interpretation of Cultures* (New York: Basic Books, 1973), p.91.

[70] M. Douglas, *Natural Symbols* (New York: Vintage Books, 1973), p.11.

[71] R. Wuthnow a.a., *Cultural Analysis: The Work of P. L. Berger, M. Douglas, M. Foucault and J. Habermas* (London and New York: Routledge, 1984), p.37.

[72] 在符號系統的運作中,最重要的是個體的期望在互動上可以得到預期的滿足,甚至它們有時也必須被認為是合法的。在此,符號之間所形成的秩序就是社會中的制度。

[73] 在這裡本文首先同意Parsons對制度概念的深刻分析。在一個特定的社會型態中,一個人所習以為常的期待一方面可以被認為是合法的,一方面可以表現在行動上,而這整個過程所體現出來的秩序就是制度。也就是行動者的角色是在制度的模式當中被定義的,而Parsons同時認為基本的社會系統要素對於這定義乃是扮演理論分析上的關鍵角色。對於這樣的理論分析,本文將用來理解當代社會的主要行動模式,並反應當代文化秩序的功利性與程序性。但是在我們定義的文化科學中,這樣的理論分析主要重視系統的分化以及子系統之間的關係,以至於將文化價值與文化意義放入分析的角落。T. Parsons, *Essays in Sociological Theory* (New York: Free Press, 1964), p.231.

[74] D. Chaney, *The Cultural Turn: Scene-Setting Essays on Contemporary Cultural History* (London: Routledge, 1994), pp.126-127.

[75] 但是全球文化(global culture)的概念仍存在一些爭議。其中一個主要焦點乃是全球文化不像國家文化、傳統文化或地方文化一樣,提供文化上的認同意義。也就是傳統的認同活動在全球文化上並沒有得到切實的轉型。B. Axford, *The Global System: Economics, Politics and Culture* (Cambridge: Polity Press, 1995), pp.158-159.

[76] M. Featherstone, *Undoing Culture: Globalization, Postmodernism and Identity* (London: SAGE, 1995), pp.15-17.

[77] T. Spybey, *Globalization and World Society* (Cambridge: Polity Press, 1996), p.7.

[78] C. Jenks著,俞智敏、陳光達、王淑燕譯,《文化》(台北:巨流,1998),頁78-97。

[79] P. L. Berger and T. Luckmann, *The Social Construction of Reality* (New York: Anchor Books, 1967), p.37.

[80] 這裡主要是參考U. Eco的看法,整體文化在溝通的觀點下可以更深更好地被觀察。這裡的溝通乃是以符號和符號系統所建構的人際網絡。也就是所有的文化秩序乃是屬於符號學的律則(semiotische Gesetzen)。U. Eco, *Einführung in die Semiotik* (München: Wilhelm Fink Verlag, 1994), pp.32-36.

81 這四個階段的說明主要參考M. Volkerling的理論，加以重建而來。M. Volkerling, "Deconstructing the Difference-Engine: A Theory of Cultural Policy", *The European Journal of Cultural Policy,* Vol.2, No.2, 1996, pp.189-212.

82 J. Storey, *An Introductory Guide to Cultural Theory and Popular Culture* (New York and London: Harvester, 1993), pp.21-33.

83 C. Jenks著，俞智敏、陳光達、王淑燕譯，《文化》（台北：巨流，1998），頁152-157。

84 D. Chaney, *Fictions of Collective Life: Public Drama in Late Culture* (London: Routledge, 1993).

85 The European Commission, *Culture* (URL:http://ec.europa.eu/cultuer/news, 2009.06).

86 A. Forrest, "A New Start for Cultural Action in the European Community: Genesis and Implications of Article 128 of the Treaty on European Union", *The European Journal of Cultural Policy,* Vol. 1, No. 1, 1994, pp.11-20.

87 文化與經濟議題並不必然處於矛盾狀態中，文化多樣性對於經濟的理性化也許是障礙（obstacles），但它同時也是以科技為基礎的市場之成長資源（resources）。P. Schlesinger and G. Doyle, "Contradictions of Economy and Culture: The European Union and the Information Society", *The European Journal of Cultural Policy,* Vol. 2, No. 1, 1995, p.37. 在本文的解釋中，將可以觀察到歐洲聯盟在文化事務的思考上，有很大部分乃是將文化作為非文化事務建設的資源，或者相反也是。

88 歐洲人民注意歐洲聯盟並得到相關消息，大部分乃是透過媒體來進行。就這個資訊科技的相關議題上，歐洲聯盟已經不只在經濟的利益上思考媒體事業的經濟重組，而且也在文化與政治的層面上考量。例如一九九三年關稅暨貿易總協定（GATT）的談判，歐洲聯盟將視聽勞務排除在GATT之外的理由，並不是經濟的利益，而是文化的考量。P. Schlesinger and G. Doyle, "Contradictions of Economy and Culture: The European Union and the Information Society", *The European Journal of Cultural Policy,* Vol. 2, No. 1, 1995, pp.30-31.

89 除了這是上述所言的基本權力內容之外，市場邏輯本身也不能產生屬於歐洲共同體的文化資產（asset）。在一九九六年四月十七日執委會所通過的報導"1st Report on the Consideration of Culture Aspects in European Community Action"中說明，現階段並不存在共同體共同遺產的概念，文化資產仍是在某一成員國而不是在另一成員國中，這一事實仍是決定性的因素。

90 王玉葉，〈歐洲聯盟之輔助原則〉，《歐美研究》，第30卷，第2期，2000，頁1-30。

91 M. Featherstone, *Undoing Culture: Globalization, Postmodernism and Identity* (London: SAGE, 1995), pp.15-33.

92 L. Ward, "Identity and Difference: The European Union and Postmodernism", in J. Shaw and G. More (eds.), *New Legal Dynamics of European Union* (Oxford: Clarendon Press, 1995), pp.15-28.

93 如果存在著歐洲的主流文化，那麼它所指的可以是一種傳播文化（culture of communication）或家庭文化（home culture），大部分人的大部分休閒時間都花在相關的活動上。而這些活動所傳達的知識與訊息，就是表現差異的最重要與最開放之內容。本文所說明的文化多樣性也是主要表現在這些相關活動中。J. M. Guy, "The Cultural Practices of Europeans", *The European Journal of Cultural Policy,* Vol. 1, No. 1, 1994, pp.1-3.

94 The European Commission, *Opinion of the Committee of the Regions: Culture and cultural differences and their significance for the future of Europe,* 13 March 1998, Brussels (URL:http://www.cor.eu.int/coratwork/comm7).

95 新的歐洲社會空間至少必須強調一個歐洲社會模式以及社會權利，而不是像過去民族國家一樣強調經濟發展以及階級利益，甚至在開始實行社會福利政策的時候。M. Roche, "Citizenship and Exclusion: Reconstructing the European Union", in M. Roche and R. van Berkel (eds.), *European Citizenship and Social Exclusion* (Aldershot: Ashgate, 1997), pp.3-22.

96 R. M. Unger, *Social Theory: Its Situation and its Task* (Cambridge: Cambridge University Press, 1987), pp.18-20.

97 E. Meeham, "Citizenship and Social Inclusion in the European Union", in M. Roche and R. van Berkel (eds.), *European Citizenship and Social Exclusion* (Aldershot: Ashgate, 1997), pp.23-34.

98 城市化毀損了傳統社會鼓舞親族居住一起的居住規範。謝高橋，〈台灣家庭

生活模式的變遷〉，載於馬以工編，《當今婦女角色與地位》（台北：國際崇她社台北三社，1989），頁55-56。而傳統的中國農業社會即是以這居住規範與生活空間為主的社會，一個具有宗祠的鄉村實際上就是一個獨立的政治、經濟與社會生活中心，也即是文化表現的生動、歷實場所。Marcel Granet, *Die chinesische Zivilisation* (München: R. Piper & Co. Verlag, 1976), pp.21-22.

99 R. Aron, *Main Currents in Sociological Thought II* (trans. by R. Howard and H. Weaver) (USA: Doubleday & Company, Inc., 1970), p.222. 在社會的理性化之中，目的理性的子系統乃不斷地產生。也就是資本化企業的型態與現代國家的行政。在此，需要被解釋的事實並不是經濟行政的目的理性，而是它們的制度化（Institutionalisierung）。J. Habermas, *Theorie des kommunikativen Handelns,* Band1 (Frankfurt am Main: Suhrkamp, 1995), pp.299-306.

100 這也是J. Habermas社會哲學的主要工作。在此，他借助達成互相理解的行動（verständigungsorientiertes Handeln）、由符號所結構的生活世界（symbolisch strukturierte Lebenswelt）與溝通理性（kommunikative Vernunft）等概念來做分析與重建的任務。J. Habermas, *Theorie des kommunikativen Handelns,* Band2 (Frankfurt am Main: Suhrkamp, 1995), p.449.

101 Talcott Parsons, *The System of Modern Societies* (New Jersey, Prentice-Hall: Englewood Cliffs, 1971), pp.4-6. 文化作為一個由規範、價值與表達符號所組成的總體，在一個社會中對社會行動起著結構的作用。對於Parsons而言，文化的要素在本質上必須沒有矛盾地互相關聯在一起。

102 對於這些問題取向與理論，本文將再做進一步的討論。

103 一九九八年文化建設委員會「文化白皮書」(URL: http://cca.gov.tw/intro/yellow-book/1-1.htm）。線上檢索日期：1998年11月11日，頁3

104 這個意識型態（Ideologie）的用法與理解，主要乃借用Th. W. Adorno與M. Horkheimer的理論。意識型態並不只是指涉國家的統治機器或政黨的理論政策，而是在現代社會中，所有塑造全體的與僵硬的同一性（Identität）之制度與政策，均是應該被批判的意識型態。M. Horkheimer and Th. W. Adorno, *Dialektik der Aufklärung* (Frankfurt am Main: Suhrkamp, 1986).

105 在詮釋學（Hermeneutik）的傳統中，Gadamer的理論雖然與上述的Habermas

理論有所爭論，但是不論是在遊戲（Spiel）或批判（Kritik）之中，文化均不能被禁錮在固定的空間而與歷史斷裂。對於 Gadamer，一個博物館乃依特定的嗜好或者作品學派的區別來蒐集展覽品，事實上，這隱藏了作品本身成長的事實。作品離開了與生活的所有關聯，同時我們也把它框架成圖畫並將它懸掛起來，作為標本被瀏覽以及作為商品被買賣。Hans-Georg Gadamer, *Wahrheit und Methode* (Tübingen: J. C. B. Mohr, 1960), pp.2-10.

106　例如，我們在李亦園與杭之的一段對談中，亦可看出同樣的意見。杭之說，「這些年各縣市蓋了不少的文化中心，但蓋好後裡面沒有『文化』，於是就有所謂文化下鄉的提議，把各地文化中心當成台北文化的分站，以為台北都會那種依賴性的、有洋味的文化可以下鄉，而無視於鄉野的文化需求，也無視於台北都會依賴文化和當地文化的扞格不入……由於藝術教育的不健全，台北文化又有濃厚的依賴、移植性格，只是跟在西方或東洋藝術潮流之後，因此所謂的專業人才，如果沒有深厚的文化素養，可能只是這些潮流的販賣者而已，更等而下之的，是這些潮流之表象的買辦而已。我以為就文化層次來說，台灣實際上存在『兩個台灣』：台北的台灣、台北以外的台灣。」李亦園也說，「文化不僅是活的，而且是由生活中體驗，自然形成的，一味以反自然的形式主義出發，採取由上而下的強迫手段，想要塑造合理的文化，我想是很困難的……官方文化機構應該儘量『不管事』，提供經費，全力支持文化界的前瞻性思維及作法」。〈文化建設走了幾階？──李亦園、杭之對談〉，《立法報章資料專輯》，第51輯，1995，頁6-7。

107　「日常文化」（die alltägliche Kultur；the everyday culture）所隱喻的乃是我們總是已經習慣的生活秩序與共同的符號意義，藉著這些，我們基本上也無疑問地互相溝通與理解。它們是所有知識與科學（當然也包含政策）之所以成為可能的基礎與前提。在本文中，我們藉著「日常文化」隱喻活潑的民間多元生活，並顯示與「文化下鄉」的對立性。「文化下鄉」作為一個文化政策，乃必須以「日常文化」為前提，縱使不論這政策的正確性與否。而本文的用意，也是藉著兩個隱喻的對照來論證文化政策應有的反省取向（如以上的正文所說明者）。而日常生活與文化的概念主要由現象學社會學（die phänomenologische Soziologie）、俗民論（Ethnographie）等所

代表。P. L. Berger and T. Luckmann, *The Social Construction of Reality* (New York: Doubleday, 1966). C. Geertz, *The Interpretation of Cultures* (New York: Basic Books, 1973).

[108] 在符號學的主要創始人F. de Saussure以及C. S. Peirce的基本看法中,符號生活都必須要在社會生活當中被理解,也就是從語言的結構性回到社會性中被理解。林信華,《符號與社會》(台北:唐山,1999),頁3。

[109] 在M. Douglas的文化人類學中,生活的邊界與象徵符號的邊界乃是存在於日常生活當中。但是一個符號並不能單獨存在並負起這任務,例如「髒」將在象徵符號系統當中與「乾淨」聯繫在一起。也就是生活的邊界首先由符號系統所形成的邊界來表現,例如她所舉出的「弄髒、不潔」(pollution)符號乃是一個危險的類型,但必須在結構的、宇宙的以及社會的界線清楚被定義的地方才會發生。M. Douglas, *Purity and Danger* (London: Routledge, 1966), pp.128-136.這裡所說明的邊界就是我們在上面所論及的意義世界與其不同層次,它們在日常生活中總是已經被人們習慣地接受並使用。它們透過語言或符號系統表現在具體的文化生活中。

[110] 當然這是在個體主體或相互主體的層面上發生的。

[111] C. Jenks著,余智敏等譯,《文化》(台北:巨流,1998),頁234。這裡所翻譯的語言學並不是在科學上所發展的現代語言學,而是Saussure意義下的符號學,也就是研究社會生活中的符號生活。而這符號生活最重要的要素就是語言。

[112] 對於Saussure而言,語言的能指和所指之間乃是一種任意的關係。在一個社會中,整個被接受的表達方式,原則上乃是建立在一個集體習慣之上或規約習慣(la convention)之上。F. de Saussure, *Cours de linguistique générale* (Paris: Payot & Rivages, 1995), pp.100-102.

[113] R. D'Andrade, "Three Scientific World Views and the Covering Law Model", in D. Fiske and R. Schweder (eds.), *Metatheory in Social Science* (Chicago: University of Chicago Press, 1986), p.31.

[114] Saussure的區分概念對於後結構主義來說,特別是J. Derrida的理論,已經不足以用來討論有關表意(signification)的問題。C. Jenks在這裡引用L. Carroll的看法,深刻地說明Saussure的區分概念如何變成延異概念。「它合

併了相異（differ）和延拓（defer）這兩個字的意義。首先，它認為遊戲與差異乃是優先於現存（presence）與非現存（absence）。其次，它強調在差異中必然有一種與現存的關係，這種現存總是被延拓到未來或者過去，但卻又不斷地被召喚。現存和非現存一樣，都是差異的本質」。C. Jenks著，余智敏等譯，《文化》（台北：巨流，1998），頁237。

[115] P. Alasuutari, *Researching Culture: Qualitative Method and Cultural Studies,* (London: SAGE, 1995), pp.65-66.

[116] M. Foucault, *The Will to Truth* (trans. ed. and by A. Sheridan) (London: Tavistock, 1980), p.131.

[117] M. Foucault, *The History of Sexuality* (trans. by R. Hurley) (London: Allen Lane, 1979), p.93.

[118] J. Fornäs, *Cultural Theory & Late Modernity* (London: SAGE, 1995), p.59.

[119] B. Bernstein, *Class, Codes and Control,* vol.1 (London: Routledge & Kegan Paul, 1971), pp.12-25.

[120] P. Bourdieu, "Systems of Education and Systems of Thought", in M. F. D. Young (ed.), *Knowledge and Control* (London: Collier-Macmillan, 1971), p.192.。間接引自C. Jenks著，余智敏等譯，《文化》（台北：巨流，1998），頁215。

[121] 透過高宣揚的理解，P. Bourdieu把他自己的思考模式稱為一種「相關性的科學哲學」（une philosophie de la science relationnelle）。這種相關性首先是指社會結構與心態結構的相關性，特別是兩者間的共時雙向重複運作而造成的極其複雜之可能性網絡。其次強調社會運作和行動者實際活動的相關性。以及行動者生存心態(habitus)、社會場域和資本之間在上述雙重關係網絡中的相互緊張關係，使現代社會中的社會結構、行動者及其生存心態、場域和資本，都隨時處於由關係網絡所構成的活動位勢中。第四、個人和社會的各個方面都有「被結構化」和「向結構化」的雙重變化，它們乃是被歷史所決定的。最後，強調任何區分和被區分的象徵性意義及其結構，從而凸顯現代社會結構運作及其研究本身的雙重反思性。高宣揚，〈魯曼、布爾迪厄和哈伯瑪斯現代性比較〉，《社會科學理論與本土化研討會論文集》（嘉義，1999），頁344-345。

[122] 高宣揚，〈魯曼、布爾迪厄和哈伯瑪斯現代性比較〉，《社會科學理論與本

土化研討會論文集》（嘉義，1999），頁365-366。

[123] C. Jenks著，余智敏等譯，《文化》（台北：巨流，1998），頁216-222。

第二章

文化與政策的聯繫

在社會科學中，關於政策的討論相當多元，也有不同的取向。一般而言，政策涉及到政府、機構或個人為實現目標而訂定的計畫以及相關程序。這個目標在文化領域是什麼？答案會比其他領域還來得複雜與抽象。在不同時代和社會型態中，當文化與政策互相聯繫時，對文化的看法通常也存在著明顯的差異，甚至是由政策所塑造出來。在進入本章主題之前，這裡有必要將文化概念帶入科學領域來做初步的解釋。一方面對過去文化一詞的用法加以詮釋和解構，一方面為未來新的文化概念做準備的工作。而這整個過程同時牽涉到我們所關心的文化理論之發展，它將提供文化政策在理論上與邏輯上的基礎。這個解釋工作雖然相當的基本和理論，但是鑑於過去文化和文化政策的高度政治關聯性，為了一方面迴避或避免未來意識型態的直接糾葛，一方面準備文化和經濟在新關係上的邏輯論證，它仍然是相當重要。更重要的是，為了將文化政策從消極的資產保護或展演轉移到積極而整體的社會重建，在全球化與國家角色變化之背景中，也存在新的社會或文化理論之必要性。

首先，文化一詞是相當多義而廣泛，文化秩序的範圍因而也很難清楚地被區界[1]。而這同時也意味著，觀察文化秩序的立場與科學在共識上乃是相當薄弱的。這不同於觀察自然秩序的自然科學，自然秩序的範圍在高度的定義性上容易被區界。而在十七、十八世紀西方自然科學發展時期，文化概念也正好與自然概念有所分別。文化基本上乃是人類附加於自然之物，不論所附加的是在自己身上或其他對象上。也就是自然乃是人天生與俱的一切，以及未經人為的外在事務，而文化則包括人的意識和自由行動之一切成果[2]。不論這結果是作為社會系統或象徵符號總體，它既不是自R. Descartes以來自然科學所專注的廣延實體（res extensa），也不是現代自然科學所賴以運作的數學結構。自然秩序與文化秩序之間存在著根本的區隔，對於以自然科學的方法來觀察文化秩序，在二十世紀已經有了實質上的與方法論上的困難。

但這並不是說文化秩序的觀察本身已經建立一個系統性的科學，或者一個具有共識的文化理論。它仍是一個有待建立共識的學術領域。例如M. Weber認為，文化科學所處理的並不是整個社會實在（soziale Wirklichkeit），而是關於文化人（Kulturmenschen）的社會生活[3]。但是其中的文化人以及社會生活之意義，則是Weber方法論所架構出來的特殊意涵，它們並不同於其他理論的立場。另一德國社會學家G. Simmel的文化理論就不是要建立一個綜合性的文化科學，而是對於文化與文化形式的解釋，乃是要面對資本主義現代性所帶來的文化變遷與其相關問題[4]。

　　但是不論在觀察文化秩序的方法上有所差異，文化秩序不同於自然秩序這一觀點則是存在共識的。對於自然秩序與文化秩序的觀察因而存在著方法論上的基本區隔，但這並不意味著自然與文化兩者必須要被截然劃分。自然與文化的關係並不是「非此即彼」的關係，而是「不僅而且」的關係。它們不是相加或相減，而是互動[5]。自然和文化兩個概念在個別情況下不能擁有明確的意義，而是在互相的區分（difference）中可以得到明確意義的可能空間。而這個區分的基本原則可以是具有意義的價值，在一切文化秩序中都體現出某種為人所承認的價值。由於這種緣故，文化秩序或者是被產生出來的，或者是即使早已形成但被故意保存著。相反地，一切自行生出來或成長起來的東西，卻可以不從價值的觀點加以考察，也就是自然秩序與價值並沒有聯繫[6]。

　　而當自然或自然秩序與價值有所聯繫並對人們產生意義時，它們就不再是自然或自然秩序，而是文化秩序。因此揭露（entdecken）日常生活中富有意義的價值，應是文化理論以及文化政策的基本任務，而不是歸納文化生活中的特殊現象並創造出規則，當然更不是用這些規則來框架日常的文化秩序與文化生活。文化秩序和文化生活的實在乃是由意義的解釋，以及人們在日常生活中所習以為常的解釋規

則所構成。這些解釋與規則並不一定會在規範上對個體造成壓力[7]，但總是構成人們之間的互動基礎與資源。因此文化研究以及揭露的工作就必須注意這樣的事實，換句話說，並不是所有的文化活動都藉著規範的解釋才有意義。人們在活動當中所遵循的規則基本上可以有兩種，一為強迫個體依照規則行動的社會規範，也就是調節性的規則（regulative rules）。另一為個體藉以互相溝通的構成性規則（constitutive rules），它們存在於日常生活的各種互動結構上[8]。當我們的研究是放在揭露日常文化的意義結構，而不是將焦點縮小到這意義結構的規範性質上時，構成性規則自然已經包括調節性的規則。構成性的規則不以調節性規則為對立的對象，這同時意味著我們將文化活動與意義還原到最日常的一般生活結構上。在這日常的生活結構上，共同的意義結構透過符號系統的承載，在歷史的進程中被人們的互動所制度化。但是在不同的歷史階段以及不同的社會型態中，符號系統所表現的文化意義，在意識的反省上也具有不同的型態[9]。這些型態一般上促使個體的主觀日常行動，也表現一個特定的客觀生活秩序。我們將透過幾種不同的理論方法來揭露文化的意義型態，而這揭露也將是具有科學性質的文化政策所必須加以思考的。

　　就T. Miller與G. Yúdice而言，文化政策指的是以體制的支援來導引美學創造力和集體生活方式，是一座連接這兩方面的橋梁[10]。這看起來是技術幕僚的工作，但美學創造力和集體生活方式是什麼，以及如何連接它們，為什麼要連接它們，這都涉及到對文化的基本看法以及政策的目標。像對藝術創造活動的補助，補助哪些藝術，就涉及到一個社會的結構以及它在全球潮流中的銜接狀況。或者像以前時代中對某種藝術的禁制，通常也涉及到那時的社會與政治結構，而這些結構又反應當時的世界視域。所以文化與政策的關聯在當今全球社會中，本書將把它當成對於整體社會與國家的發展政策。在這個取向上，重點已經不只是對特定的藝術或美學活動採取支持或禁制這一件事情，而是引導出一個可以讓各種藝術美學活動的創作可能與空間。而這種空間性和可能性的存在緊密聯繫一個尊重差異與多樣的社會結構，它建立在對權利的基礎並且對社會具有較高的認同上，這是一個較為廣義的文化政策，對於台灣社會而言也是相當重要。

　　本章依循這個思考方向，先探討文化與政策的不同聯繫，它通常涉及到社會發展的不同階段。對於它們所關聯的不同文化概念，在第一章中已經有初步的討論，這裡可以把它當作進一步討論文化與政策聯繫的基礎。在不同階段的社會發展中，文化與政策的聯繫形式就是文化政策的發展脈絡。

第一節　政策所處理的文化概念

　　文化作為一個社會的意義系統，一開始就是人們生存的日常生活空間，大家在裡面成長、工作以及互動。當這樣的文化被當作一個議題和政策的對象時，文化已經不只是一個社會生活的意義系統，它還是一個被揭露或建構的場域。就台灣社會而言，過去威權時代把文化與政策結合在一起時，就是在建構一個中國文化，在策略上不准說台語、制止特定的藝術活動和教育制度的灌輸等等，就是表現當時的文化政策。這裡對文化是有著特定的看法和立場，並且有效地與政策相聯繫。在討論政策與文化的聯繫形式前，我們先以一個圖來說明在社會變遷中，文化意義的幾個主要發展方向。

　　圖2-1中的三個變遷方向，表現著從十九世紀至今社會生活型態的基本發展，新的意義系統讓我們對文化有著不同的看法，同時在文化領域給予決策的導向。這些細節將在第三章中進行詳細的說明，這裡勾勒出它的基本方向，有助於我們理解政策所處理的文化概念有何根本的變化。首先是文化的意義系統從當初社會菁英的思辨變遷到日常

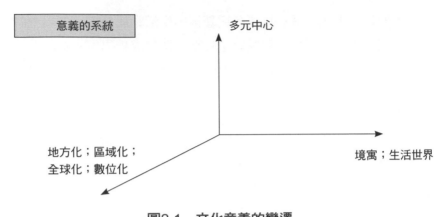

圖2-1　文化意義的變遷

資料來源：作者整理。

的生活世界來。對於什麼是文化或者文化的解釋，那時候一方面是在抽象的理論系統當中進行，一方面主要是歐洲大陸國家擁有解釋權。在二次大戰之後，這兩方面的現象同時漸漸消失，文化愈來愈轉向日常生活以及它的在地性。到今天，只有日常生活世界才擁有文化的開放與多樣性。其次，在這樣的轉向中，過去詮釋文化的單一中心很自然地變成多元中心。過去一個哲學家或統治者就可以詮釋甚至定義那個社會的文化意義，到今天同樣也漸漸消失。在台灣社會中，今天已經沒有一個人或團體可以定義台灣文化是什麼，它最多只是一種講法。台灣社會正由各種講法互動著，而台灣文化也在這多元中心的互動中被體現。圖中這兩個方向的變遷同時也表現著第三個現象，就是文化意義系統不斷全球化、區域化和地方化，同時更加借助數位化的承載。在科技的持續發展以及跨國界組織與溝通的加速下，我們將可以觀察到一個特殊的現象，即現代社會生活在各個層面上的相互依存和彼此相關聯，它同時是一種跨國界的現象。在目前的術語用法中，這個現象就是用來描述如此複雜相關體（complex connectivity）的全球化[11]。

這裡並不是說真的存在全球化或全球文化在理念上所指涉的對象，而是強調在我們生活處境中，一些清楚並且需要被我們揭露的變化與秩序。這樣的立場同樣適用於本著作對十八世紀以來社會生活的觀察，資本主義以及後來社會主義式的生活秩序都是在比較上有清楚的差異，並且擁有它們獨特的秩序。另外例如現代主義與後現代主義的社會與文化生活，事實上也並沒有清楚的界線，但是它們擁有自身的形式與秩序，至少我們不是說真的存在一個所謂的現代主義或後現代主義社會。因此在這樣的立場上，我們所使用的文化概念將依現象的獨特性而有所更新，並且一方面揭露個體當下的社會處境，一方面對於過去傳統文化概念以其理論進行解構。以這樣的文化理論科學為出發點，所謂的文化政策也將有新的內涵，下文除了交代以往文化政策的內容外，也將同時聯繫文化概念與文化政策的變化。特別是在全球化的社會與文化秩序中，因為國家框架與角色的變化，我們需要一個新的文化和文化政策概念。

　　不論如何，文化乃是作為社會行動的產物，同時在意義上也限制著未來即將發生的其他社會行動[12]。它給予社會行動一個可以被理解與溝通的意義，但是在特定的意義背景當中，它同時將這社會行動具體化在社會互動的過程中，並且與其他社會或群體的行動區別開來。因此，對經濟和政治等社會行動的理解必須以對文化的理解為前提[13]。但是在社會科學的反省中，文化常又以廣義的社會性行為或行動模糊地來定義。這一方面暗示文化這個符號的不清晰性與多義性，另一方面也暗示文化秩序在科學活動上的複雜性。因此，關於文化的反省與文化政策的制定，也存在著相當大的思辨與討論空間。然而，在當代社會科學所反映的世界觀中，文化的思考也如同其他現象的思考，存在著一些基本的關懷重點與討論取向。它們反映了二十世紀社會特有的性質與趨向，並且體現了不同文化區域的共同文化政策轉向。

　　在文化科學與理論的討論中，這裡暫時歸納幾種對文化的不同看法，讓讀者可以有初步的想像空間。首先，文化作為一個認知的（cognitive）範疇，文化是一個關於人類成就或解放的心靈狀態，代表者為K. Marx以及法蘭克福學派。其次，文化作為一個更加集體的（collective）範疇，文化包含一個社會中的智性或道德發展狀態，代表者為C. Darwin以及其學派。第三，文化作為一個描述的與具體的（descriptive and concrete）範疇，在任何一個社會中，文化在此被認為是藝術或智力的共同軀體，這也是文化這個字的一般用法。最後，文化作為一個社會的（social）範疇，文化被視為人們生活的總體方式，這觀點主要存在於社會學與文化理論之中[14]。這些看法表現在圖2-1中的不同位置，對於它們的修正也陸續出現在不同的向度當中。當它們與政策聯繫在一起時，對於社會整體將有不同的實踐方式。

　　當政策與文化聯繫在圖中不同的階段位置時，文化政策的型態就有基本上的不同。但一般而言，文化政策可以藉由它的領域（field）內容來定義它的特殊性。也就是關聯於政府在處理下列活動所採取的角色，即人類工藝品的創造、生產和維持，當然也包括這些活動的過程[15]。在歐洲各國，這些活動通常意指文化遺產，例如歷史紀念碑、考古遺物、博物館和建築；印刷品與文學，例如書籍、期刊與圖書館藏；音樂與特殊藝術；視覺藝術，例如圖畫、雕刻、版畫和照片；以及視聽活動等等[16]。我們可以將這些活動與過程看作一種特殊的秩序[17]，但是它們也只是整體文化秩序的一部分，並且是某一特定社會型態的表現。一方面，被當作文化秩序來觀察的對象，可以因主體所在的生活世界與動機而有所不同，例如西方國家擁有不同文化觀察的傳統。他們對自然、世界與文化本身的不同理解，體現他們不同的生活意義結構。他們以不同的旨趣將世界轉換為一連串的象徵符號體現（symbolic representations），而這體現本身也正是改變世界的方式。並且這生活的意義結構與符號結構本身，又可以是文化的真正意涵。

另一方面，文化秩序在歷史的進程中也不斷體現不同的型態，也就是不同的意義與符號結構，因而來自於不同生活世界的觀察動機也不斷發生變化。在這樣的前提下，政府所面對的文化領域內容必然處於變化之中，也就是文化政策並不是一成不變。在這樣情境下，相較於其他公共政策，文化政策具有高度的抽象性與詮釋性。

在不同生活意義的結構中，文化與政策的聯繫形式並不相同，特別是在不同的學術和社會的傳統上。**圖2-2**正是歸納西方國家在社會的變遷和發展歷程中，文化政策所以思考的基本學術邏輯。

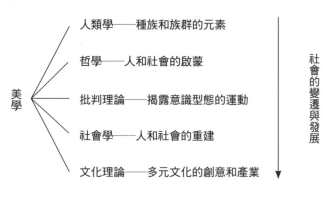

圖2-2　文化與政策的關聯（一）

資料來源：作者整理。

當我們把文化秩序在邏輯上表述為一種美學活動時，文化所包含的不只是藝術的創作品，它還包含整個社會的創作取向與環境，以及整個社會的制度建構。最初是與人類學的聯繫，在這裡區分藝術創作以及文化的標準，乃是建立在種族和族群的區隔上。例如在過去日爾曼民族的世界觀中，藝術與文化的巔峰就是在他們自己的社會中，其他社會嚴格說來並沒有藝術或文化。其次，當美學建立在哲學的思維上時，不只是一個藝術創作，甚至一個人的教育或教養，一個社會的

成長，都建立在一個藍圖當中。西方啟蒙時代所表現的藝術活動以及
整個策略，就是在教養一個人與社會，沒有經過這個教養的人或社會
並不是文明的人或社會。當然這套藍圖也不斷向歐洲之外的其他地區
擴散。接下來，當資本主義與其商業機制迅速擴展在日常生活的每個
領域時，美學活動變成一種批判性格。商品滲入生活的每個角落，其
實就是商品滲入我們的文化中，文化被商品化，也形成所謂的文化工
業。這樣的文化工業對於一個人或社會的養成呈現一種扭曲的狀態，
其實也就失去了真正的藝術或美學力量。以批判理論為形式的美學企
圖找回一個人或社會的藝術創造力量，文化政策對於過度商品化的社
會採取保留的態度，甚至是實踐理念的社會運動。在二次大戰之後，
西方各國正值重建的時代，美學在個人心理一直到社會整體的層面
上，也是表現著重建的取向。這是一個重建的年代，過去屬於菁英理
念的文化，現在逐漸與經濟等其他領域相互結合，一起融入社會的重
建。這是美學與社會學聯繫的時代，也是文化政策開始變成社會整體
發展政策的起點。這個起點一直到今天都還持續著，也就是美學的創
造活動與經濟有著更深的結合，這個結合在更深更廣的層面上一起面
對著社會新興的問題，同時在理論上體現文化理論的發展。

　　圖2-2中所表述的社會變遷與發展正是我們所說的全球化歷程，而
文化與政策的聯繫同時在解除中心化。如同美學活動不斷離開菁英的
思維，進入社會整體的生活，它在決策的權力上不斷分散與分權，一
直到今天表現著社會治理的形式，這一點在未來的章節中會進一步說
明。圖2-3初步將這一層面的變化做出說明，文化與政策的聯繫隨著社
會全球化逐漸走向管理和治理的形式，而不是過去的統治形式。換句
話說，我們今天已經不可能以文化政策來統治社會，而是管理或治理
社會，特別是在藝術創作以及社會認同的面向上。

　　文化決策不斷在解除中心化，我們可以在歐洲國家當中觀察到。
像一九八○年代的法國文化政策可以說是扮演一個保護者（patrons）

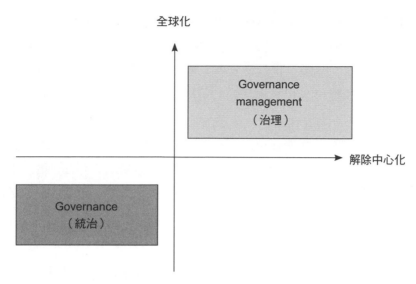

圖2-3　文化與政策的關聯（二）

資料來源：作者整理。

與演出者（impresarios）的角色，不像美國政府乃是扮演一個操作者
（manipulator）與管理者（regulator）的角色。因為法國政府首先增
加大眾對於藝術的參與，將文化民主化。而這也造成地方文化活動與
預算增加，以造成解除文化中心化的效應。其次，文化政策透過鼓勵
人們參與文化組織與活動，以對抗社會的孤立，也就是減低社會的異
化。另外，文化政策並不是限制在藝術當中，而是也補助法國大眾文
化的生產，以抵抗來自外國的競爭。例如法國的電台應該限制美洲大
眾音樂的播放。最後，法國文化政策傾向保護與擴展高級文化（high
culture）等等[18]。除了法國文化政策的例子外，德國文化政策也有明
顯的變化。在德國的智識傳統中，文化（Kultur）一詞代表人類成就
的頂點，也就是人類創造活動中的非凡成就。Kultur並非包含所有人
類在象徵性上的體現，而是指藝術、文學、音樂及個人完美極致的精

華層面。但是在當代的德國社會中，文化政策也逐漸轉向美國式的市場操作與管理當中。例如文化主要涉及到文化的配置（Kulturelle Einrichtungen）問題，也就是一些影響日常生活與人民休閒型態的事務。文化配置提供人民積極活動的可能性，以及消費文化配置產品的可能性[19]。

　　文化與政策的聯繫在不同的社會中有著不同的形式，今天一些比較傳統的國家甚至有著差異相當大的取向。這裡主要說明的是資本主義所帶動的先進國家，特別是它們在社會變遷上的特性。台灣也是在這個範圍裡面，雖然台灣有著自己特殊的問題。

■ 第二節　文化秩序的觀察與文化政策的發展

　　在上一節所說明的社會發展以及相應的文化變遷中，生活的領域被分化（differentiated）成互相衝突的不同範圍，因為不同階層的衝突性利益促成日常生活中不同的世界觀，並且這世界觀又限制了信仰與價值系統可能的發展方向[20]。在系統理論的術語中，這不同的範圍即以子系統來描述，而總體社會漸漸分化成子系統（sub-systems）的趨勢，即是觀察社會變遷的最一般的假設。社會學在這T. Parsons的理論傳統上，就被定義為一種科學，它試圖發展一個關於社會行動系統的分析（analytical）理論，以便使這些系統能在共同理論的單位與架構下被理解[21]。而系統的概念意味著，所有系統的部分乃是互相依賴，每個系統元素的變化均直接或間接影響到系統的其他元素，並且改變系統整體的狀態。不論在為了達成目標、整合功能或危機處理的子系統中，文化系統作為一個符號總體，一方面使得這些社會行動成為可能，另一方面也使它們成為可理解的現象。在這系統的運作中，不同階層的利益與世界觀也得到其表現的場所。

因此，現代工商業社會的社會行動也在一個特定的系統中運作與被理解，並且是在一個特定的文化系統下被賦予意義。台灣社會在經濟的持續發展中，首先所顯示的乃是傳統生活空間的解體，傳統價值規範的遺忘，並讓位給以工作關係與消費關係為主的系統生活，並且人們正不斷地被安置與孤立在逐漸複雜化的子系統。表現這生活與行動型態的文化系統，首先乃是一種消費性的文化（consumer culture）。媒體資訊的過度生產所引起的文化過度超載，導致意義世界的內在破裂。文化的內在邏輯被生產與消費的機制所割裂。而新的文化媒介乃不斷地在以市場為導向的消費文化事業中被發現[22]。媒體（media）文化乃是影像並且是聲音與光線所組成的文化方式，「媒體文化是工業文化，它被組織在大眾生產的模式中，並且乃依據類型、符碼與規則等等原則，為了廣大的觀眾被生產。因此，它是一種商業文化的形式，它的產品乃是為了追求私人利益的商品……媒體文化的目標是廣大的觀眾，因此它必須捕捉流行的主題或事件，也就是，它乃是高度主題化的並且生產當代社會生活的難以理解性」[23]。

　　因而在這以快速生產與消費為主幹的生活方式中，日常文化不是被遺忘，就是偶爾也被生產成文化的製品而被消費。消費並不只是一種滿足需要的過程，它是一個活動的系統化模式，或者更清楚地說，「消費，在它是合乎意義的範圍內，是一個操縱符號的系統化行動」[24]。而人們也就自我組織在它們的商品之中，個人聯繫於社會的傳統關係已經改變。新產品必須被生產，乃是社會控制之所以運作的前提[25]。在這已取得總體性與普遍性的社會機制中，文化商品的現實性乃是一種頑固的社會控制，也就是一種文化工業的生產事實與生活方式[26]。面對這樣的文化型態與系統性的生活，並且我們事實上就生活在此空間的前提下，我們的自我反省與文化的建設，在當今的文化理論中至少有兩個思考方向。首先，追求目標和消費的社會行動雖然是現代社會的世界性文化，但其具體的內容在台灣社會與其他社會，

則因不同的文化社會情境而有所不同。這事實即反映了對於社會行動的理解，不能只局限於以追求目標為主的系統性行動。社會行動的意義（Sinn; meaning）乃由行動者主觀地給予，而這主觀的意義總體即是活生生的日常文化。在具體的歷史情境，理解個體賦予對象或事件的意義，則正是文化理論的任務[27]，因而也是文化政策應有的基本認識。在這個基本認識之下，目的性與消費性的行動以及生活秩序，只是日常文化在現代社會中的一種特殊表現，並且它也逐漸獨立脫離於日常文化，甚至回過頭來壓制日常文化，也就是將日常文化殖民化[28]。

　　文化政策在此的基本任務，至少是在日常文化的背景上，刺激民眾認識到這個特殊的歷史情境，進而對於民眾本身，才有批判社會現象與文化生活的可能。人民因而才能擁有文化的氣度，因為他們自我展現了文化力量。文化政策在這方面所能取得的成就，除了在長期地鼓勵刺激民間的溝通與反省外，至少不能忽視這個歷史與社會情境的理解，而盲目、無知覺地沉淪於消費和功利的狹隘行動與文化生活中。文化政策本身如果是這功利的文化生活產品，則可能讓人民永遠無法甦醒。在這個面向上，我們的文化政策觀看到了台灣社會的休閒化、媒體化、國際化與專業化的趨向，而其文化的建設正好是增建博物館、強化新聞資訊在休閒文化的功能、加強文化輸出與翻譯工作，以及文化建築場所的專門化等。在一九九八年，我國的文化政策雖然在國際觀上有進一步的發展，也就是積極推動「文化產業化」與「產業文化化」的理念與政策。在這個觀點上，文化產業包括古蹟、資訊、出版、傳播事業、工業設計、時裝設計以及地方特色產業的開發等。因此，其邏輯的結果就是文化建設應該整合經濟發展，進而促成文化與產業的相互轉換與提升[29]。但是我們所忽略的是，當巴黎、倫敦正值這個發展的時候，他們也同時發展新的文化思維與文化政策，重新思考文化與產業之間的關係。文化的產業化只是一個過程，而非目的或結果[30]。這些建設根本上也體現上述文化情境反省之需要，即本身乃面臨轉化成為消費性系統行動的界線，也就是自己正在製造文化商品，並且在文化的理想與文化的消費之間來回。

其次，我們就將社會（society）理解為一個社會系統（a social system）並且只由溝通所組成，它只能藉著溝通本身來生產溝通[31]。這也包括社會理論與政策本身的溝通，而文化政策的制定與溝通本身，即在社會之中，生產新的溝通。在這個視角上，傳統社會到現代社會的轉型，乃被理解為以階層為主的社會系統分化形式到以功能為主要形式，並且這轉型主要藉著溝通媒介在不同符號（symbol）的分化之中完成。這個變遷破壞了傳統的生活秩序，取而代之的是，像經濟、政治、科學與法律等系統，它們需要高度的系統自主性。在這過程中，溝通的社會再生產必須透過社會主題（Themen）的再生產而運作。這主題乃在社會之中自我地組成，並且在具體的溝通過程中被快速的理解。這主題的儲存（Themenvorrat）即是 N. Luhmann 所言的文化（Kultur）[32]。社會溝通的主題在系統不斷地分化之中被儲存，同時也在社會系統的複雜性（Komplexität）中被儲存。也就是文化的理解乃在逐漸的分化之中，愈來愈複雜[33]。而每一元素不再清楚地與其他元素相聯結，它們所呈現的複雜性強迫我們做局部而不清楚的選擇。選擇的強迫即是偶然性（Kontingenz），而偶然性即是冒險（Risiko）[34]。

同樣地，文化政策在政治系統複雜性的運作中，也是一種冒險。如果文化政策是繁複的與干預的，它除了沒有意識到這冒險的特質外，事實上也強力地增加文化系統的複雜性，而使人們更加無法瞭解文化的真正意義。因此，文化政策應該像李亦園所言，官方文化機構應該儘量「不管事」，提供經費，全力支持文化界的前瞻性思維及作法，官方只要以提供美好的文化發展環境為職志即可。例如在近幾年來所蓬勃發展的文史工作室，就是一種較自發性的文化活動。他們在

日常的生活當中扮演一個文化催化劑的角色。他們本身就是一種文化環境（Umwelt）。也就是，在文化的反省上，我們應該意識到文化的主題乃是日常世界自我的發展。而這世界（Welt; world）即是所有意義反省的根源與總體[35]。在這系統理論的前提下，文化的意義並不是文化政策本身所賦予的，文化的意義存在於系統的不斷運作這件事情本身之中。

另一方面，在這日常生活的世界中，也存在政治系統對文化議題賦予特殊意義的部分，它在K. Mark以後也陸續被特殊的見解所揭露。這個特殊意義的賦予和堅持，在一般的討論上有時就是以意識型態（ideology）來表述。相對於日常文化，在不同的社會中，文化一詞可以被理解成資產階級和政黨的生活方式與世界觀，或者是整個社會的統治機制與秩序。在此，為了還原到日常文化，這些文化的概念與事實乃必須被當作意識型態來反省。這個反省對於我們理解台灣的文化政策，也具有啟發性。文化政策一方面應避免作為文化商品而成為具有物質文化勢力的意識型態，另一方面也應對於它自己捲入統獨意識型態之爭而有所警覺。文化使得世界成為有意義，並且它本身也是意識型態的一個關節（articulation）[36]。當文化狹隘地被理解成藝術、文學等活動與結果，或消費性的文化供給與需求，則文化在歷史中，不是只有反映特定階級或團體的生活意識與方式，就是具有消費能力的人群所擁有的生活權力，或文化早已消融於便宜的大眾文化消費之中而成為商品。對於青年Marx，意識型態乃是對立於真實的生活（das wirkliche Leben）[37]，也就是對立於我們所言的日常生活與文化。當台北生活世界裡的文化專業人才，以及這些群體所共有的文化生活方式，要下鄉到其他地方時，此時的文化正體現特定群體所擁有並習以為常的生活方式，它抽象成不同於其他地方文化的生活方式。而這具有上述所言意識型態特質的生活方式，則是由專業的理論派別或大眾流行的需要所決定。「假如所謂的專業人才只是就他偏差的文化認知去推展（或移植）台北這樣的文化，這可能又是一種形式主義，必然和現實嚴重的脫節」[38]。

　　這涉及到對日常生活秩序和變化所採取的立場與態度，特別是較具有價值堅持的政治理念或所謂的意識型態。我們在未來章節的論證中，基本上並不從這第二層次的立場來推論文化政策，但它們畢竟也是重要變項之一。例如建立「台灣文化」、「中原文化」或「新中原」等等，都是這第二層次的現象，甚至包括所謂的「文化大國」。「文化大國」的遠景可以說是過去台灣文化政策的主要藍圖與口號，在近年來文化建設更是結合「綜合國力」的概念，它們是隨著「經濟大國」的成就與反省而來的國家建設。而台灣在資本主義的生產制度中所取得的經濟成長與奇蹟，也正是一個社會取得其現代化與理性化的重要過程。在這過程中，文化建設所扮演的角色是促成社會的加速理性化與系統化，並因而加速固有文化生活方式的遺忘或在理性化的趨勢下，仍然能夠讓大眾至少感受到民間與日常生活的文化力量。在這個反省的前提下，我們將看到「文化大國」的政策內容雖然已站在可以觀看到社會轉型的視角當中，但同時也暗示了日常文化的逐漸遠去，以及隨之而來的社會失調與價值規範的混亂。

　　綜合上述消費與意識型態的特性，文化作為一種意識型態成為所謂的文化工業（culture industry）。在文化工業之中，商品原則成為主要的原理，它不只生產美學產品，它還生產我們的個性（personality），以保證商品能永遠地被購買。文化的商品化過程就是較高文化墮入物質文化的過程。如同性（sex）一樣，文化愈來愈容易弄到手（accessible），但是在一個墮落（degraded）的形式中。對這些特定和抽象生活方式的反省，即是回歸到**圖2-4**的表述。

　　在此，文化政策本身也碰觸到了對這些特定的生活方式之反省。在這樣的現象中，存在一個基本邏輯，文化以及其建設在極端的例子上可以作為完全的手段，例如經濟發展或者政治迫害。而在光譜的另

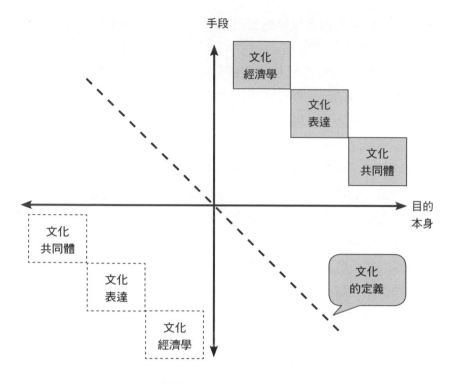

圖2-4　文化決策的方向

資料來源：作者整理。

一端，文化以其建設也可以當作自身的目的，例如建立一個特殊的文化生活方式或共同體。存在於這兩端的文化定義與政策，則可以用文化表達（cultural express）來概括。關於這樣的描述，則可以暫時用**圖2-4**來說明。

　　此外，台灣在經濟的發展過程中，統治的合法性不斷大眾化、公共行政系統理性化、現代菁英的產生以及知識能力與大眾溝通逐漸普及。這些變遷事實上也造成權威、人格與文化上的震盪，為了解決這些政治文化問題，尋求一個新的符號框架（a new symbolic framework）以回應並主導這些問題，則成了不同政黨與團體為了鞏固或追求本身利益的必要力量與武器。這個符號框架即是在這個意義下的意識型態，它對於社會的條件與方向做出經驗上的要求[39]。在此，文化的觀念系統乃是根植於特定社會結構上的團體或階級[40]。不同政黨的文化政策因而有其發展的理由與方向。首先，傳統國民黨的文化政策即是以統一的中國為口號，「而統一的中國，必然指文化的中國，而中華文化博大深厚，其人文精神正可補偏救弊，矯正當前個人主義與功利思想籠罩的社會病態，政府二十餘年來倡導中華文化復興運動」[41]。在最近的政治生態中，統一中國不再是國民黨明顯的文化口號，取而代之的是建立大台灣。「而營造二十一世紀中華民族在台灣的文化格調，以及建立國人對自己文化的自信心，更是經營大台灣的根本之計。文化格調的形塑，除了吸取外來文化之長處外，更應該重新重視固有優良傳統的承襲與傳揚……人民才會更有尊嚴、更有信心來建設自己的家園──大台灣」[42]。其次，民主進步黨的文化政策則是以「族群關係」以及「國家認同」的訴求作為其基本取向。台灣並無所謂的「省籍問題」，而只有「認同問題」，也就是在做「中國人」或「台灣（國）人」之間抉擇的問題[43]。他們一反國民黨長期以來以「中華文化復興」作為文化政策的原則，因為一個大中國，一個「真正中國」，和同為一個「中華民族」的夢，在國際情勢的轉變與台灣人民的獨立願望中成為荒謬虛構。所以，除了有原住民的各種自救式運動外，還有尋根式的台灣本土文化運動和主張台灣獨立的政治運動。在一九九八年民主進步黨縣政白皮書中，這個理念轉化成族群文化的建立。「族群文化的宗旨是以台灣文化的主體成分來看待，而非以所謂『地方文化』的地位來處理，經由各族群的文化活動展現與教育內容的改善，來去除族群歧視與不平等的對待，進而加強整體民眾的族群認知與多元融合的公民觀念，培養欣賞並尊重異文化的胸襟」[44]。在這背景下，民進黨的文化政策的基本主張乃為，「建立一新的現代化國家為理想。為了達到此一目的，民主進步黨認為應尋求

具有開創精神的民族主義，以此為基礎發展具有健康內涵之現代國民意識，建立一個多元融合與平等的社會，以建立一新的現代化國家」[45]。

　　政黨擁有其自己的政策，在民主國家中乃是政黨政治與責任政治的具體表現。關於文化建設的政黨利益，在專斷的政黨程序與開放溝通的制度中，有其不同社會性與歷史性的表現。在政黨競爭之中，文化也有其相對的成長空間。開放社會的文化力量乃擁有批判政黨意識型態的潛力。相對地，政黨意識型態的大眾化與多元化，也是台灣社會是否為一個開放與多元文化的社會之關鍵。在現代社會中，政黨的專斷所指的已不是在階級結構或意識上所表現的優勢，而是在所謂的大眾文化中展現一個獨白而非溝通的啟蒙者角色[46]。在台灣的政黨政治發展經歷上，不論是文化大國或建立在民族主義之上的文化政策，所面臨的都是民間生活與日常文化，並且遺留有威權與封閉性格的啟蒙色彩。他們所用的術語符號與民眾的生活經驗存在著一些距離，民眾在日常生活中，大都並不瞭解他們的符號架構，也不知如何參與這些符號的產生。事實上，當民眾在大甲媽祖出巡所參與的精神生活，並沒有「中華文化復興」或「民族主義」的符號與意識。他們所處的文化世界因而也不同於政黨文化政策所獨白出來的「文化世界」。當然，政黨可以說明他們的「文化世界」正是要帶領民眾走向一個更有精神文明的生活，但是這樣的理念與說明，最後仍然必須回到日常生活文化與秩序之中，才能真正地被理解與接受。在政治學的運作中，即是必須被公民社會所影響或選票所檢驗。總之，並不是政黨不能有符號框架或意識型態，而是他們在現代社會中必須互動於民間生活，文化政策的理性討論也才有檢定其有效性的基礎。而我們的反應也已不是對於特定政黨的特定意識型態有所批判，而是對於文化的秩序與日常意識（Alltagsbewuβtsein）的分割有所揭露，進而使人民在日常生活中，對這個生活情境有所知覺[47]。

■ 第三節　當代文化政策的主要導向

　　綜合上述的發展背景，今天的文化政策已經不同於以往的時代，並且還在持續發展當中。不過大致上而言，一九七〇與一九八〇年代以來，國家在文化活動與文化決策權力（decision-making power）方面，不斷地解除中心化（decentralization）。也就是原本以國家考量為中心的文化政策，逐漸轉向一個被解除中心以及社會文化取向的文化政策（a decentralized and socioculturally-oriented cultural policy），當然這也是體現近半個世紀以來人類社會型態的基本轉向。國家在這裡所扮演的角色大都是財政的分配與管理，而真正的主體是區域和地方，也就是社會文化的活動本身。

　　特別是在經濟發展的動力下，這樣的文化政策導向正在加劇發展。對於文化商品的看待，在今天更著重在創意與就業的思維上，同時把過去的人的本質轉化成文化權利的落實上，如同**圖2-5**所表述的。

　　從第一章到這裡的討論中，我們在文化理論上可以整理出關於文

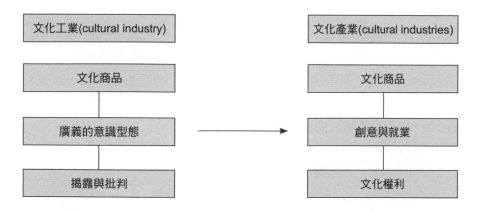

圖2-5　文化與經濟的關聯

資料來源：作者整理。

化政策導向的邏輯和範疇架構。一般而言，人們透過符號與符號系統進行社會的互動和溝通，並且透過它們的抽象表現能力，構成一個具有意義的文化網絡。但是在二次大戰以來的全球化過程中，符號媒介以及溝通型態擁有不斷更新的形式與內容，而這也體現當代社會在文化生活上的不斷變動。當然這個變動與更新並不具有截然的劃分點，而是在相對的區分上可以有不同的分析階段。在分析的基點上，符號與符號系統在社會的溝通中乃是可以被相互理解，也就是符號系統使大部分的社會溝通成為可能。但符號是在什麼樣的秩序下具有意義並且可以被理解呢？符號意義的傳達者與接收者之間的形式為何？以及由此所體現出來的文化型態之具體內容又為何？**表2-1**將符號的這三個基本提問與文化政策導向相互連結。

　　但必須加以說明的是，從認識論到指涉對象、指涉對象到文化生活型態，以及文化生活型態到文化政策導向之間，並不存在必然的內在邏輯，亦即這並不是一種後設或先在論證的安排。況且如同我們已經說明的，每欄的四個不同階段之要素並不存在邏輯上的必然劃分，而是同一整體過程在不同階段上相對清楚之體現。例如在文化生活型態一欄中，多元文化的內容事實上也包含大眾文明、通俗文化以及消費文化等生活型態的內容，只不過在該階段當中具有相對上較清楚與重要的表現。同樣的理由，文化參與導向的文化政策事實上也包含市場消費、文化民主以及觀念啟蒙的政策內涵，只不過在該階段上乃是

表2-1　文化政策導向的變化

認識論	指涉對象	文化生活型態	文化政策導向
字詞（word）	個體行動者	大眾文明	觀念啟蒙導向
文本（text）	大眾行為者	通俗文化	文化民主導向
背景（context）	市場消費者	消費文化	市場消費導向
痕跡（trance）	溝通虛擬者	多元文化	文化參與導向

資料來源：作者整理。

表現文化政策的主要特徵。在這樣的基本前提下，符號以字詞為主要的表現場所，在對比的區分上，其指涉對象可以是個體行動者；以個體行動者為主體的生活可以以大眾文明來描述；而大眾文明時期的文化建設思考在歷史的觀察下，可以歸納為一種觀念啟蒙的導向。

　　這是一種對於過去或正在發生的文化秩序做觀察與分析的結果，這個安排形式的主要目的，乃是一方面賦予文化政策在不同文化型態中主要的決策導向，另一方面乃是將它們帶入本書所交代的文化理論之推論中，以完成二次大戰以來對於文化政策的反省與構思。也就是並非單純地羅列不同時期的文化政策內容，而是以符號系統與其所承載的文化秩序來放置文化政策的決策導向。但是文化事務的建設與決策本身之目的是否有清楚地反應上述關係，這裡存在關於決策程序的不同見解。但是這裡在觀察過去或現行的文化秩序與政策時，並不採取目的論的取向，因為如同我們已經說明的，文化生活型態與文化政策導向之間並不存在必然的內在邏輯。

　　透過理解特定社會與時期的符號系統來揭露文化秩序的意義，並不表示該符號系統與文化意義在理論或邏輯上擁有必然的聯繫。而是在一個特定的社會中，某一文化的意義型態通常是由某一符號系統來表現，而在對比的觀察與分析中，本書將它們放在相對的歷史位置上。在四者之間並不存在必然內在邏輯之前提下，首先說明符號在認識論上的位置，其主要目的就是體現本書文化科學的基本立場。文化生活之所以有特定的型態，乃是因為表現意義的符號具有特定的系統內容，或者符號傳達者與接收者之間的不同模式。也就是在理論反省的立場上，有必要在認識論的範圍中，對符號之所以能傳達意義的可能性與範圍做一初步的交代。如同一些理論家所言，人類的溝通乃是藉著表達行動而完成，這些表達行動乃是作為信號（signals）、符號（signs）或象徵符號（symbols）而運作。這也涉及相當廣闊的理論討論或認識論上的基本討論[48]。在不同社會時期或社會型態中，廣義的

符號所指的都是可以傳達訊息的承載者。只不過這個承載者之所以能承載意義，在理論的思考中擁有不同理由，而這理由更可以體現出不同的社會型態。

在後面章節的論證中，我們將文化政策的導向傾向放置在第四個型態中來推論，即文化參與的導向。並且是在重新論證文化與經濟、科技的關係，以及在建立權利系統的前提下，將文化政策廣義解釋為對文化共同體的參與，也就是國家整體發展上的政策。這個型態同時也包含前面三個導向之內容，即它需要與市場邏輯有更和諧的關係、同時強調在參與的過程中建立民主的程序與機制，以及包含重視權利概念的理念等等。但問題是這種型態所處的社會是一種高度科技發展的資訊社會，符號的傳達者與接收者擁有較高的虛擬性。也就是社會互動的背景已經不再像過去一樣可以清楚被解讀或綜觀，而是一些高度複雜事件的出現與消失，如同上表認識論一欄中的痕跡所隱喻的。所以參與這一件事情已經不容易以民眾軀體的面對面互動來表現，社會互動和參與的媒介擁有更多的科技與符碼，它們在個體之間不斷地游動。因此，廣義文化政策所希求的參與和認同都具有較高的不穩定性，並且在建立參與的程序和認同的空間之主要任務外，對於共同生活的未來實質內容或型態，並不能具有規約的作用。

為了要說明以上的環節，本書首先將這符號系統的特性分成空間、權利與認同三個要素，來推論廣義文化和文化政策的概念。在空間要素方面，人類社會互動的空間因為科技與經濟發展的關係，事實上不斷在擴大當中，例如從過去的小村落到當今的全球社會。這些社會互動空間擁有不同的溝通和符號系統，個體也擁有不同的權利和認同內容。而當社會秩序逐漸由這網絡來架設，符號與實在之間就不再具有差別，原有在民族國家中的傳統與記憶逐漸變成由差異來識別的檔案[49]。總而言之，在全球資訊化的過程中，逐漸淡化的民族國家邊界以及最重要的資訊科技發展，都對於傳統與記憶背後的中心有所瓦解，特別是西方啟蒙時代以來的思維中心及其所塑造出來的主體概念。

　　不論如何，從最初的城市生活到現在的全球生活，雖然生活逐漸系統化並且遠離土地，但是鼓勵個體積極參與共同體，卻是文化認同與個體認同的訴求，而這也不斷地涉及到共同體成員以及公民權的重建。在權利要素方面，十七世紀以來的城市發展以及後來十八世紀末的法國大革命皆著重於此，然而二十一世紀共同體成員以及公民權的人權基礎乃是對前者的一種重新建構。當前者歷經國家與民族國家的現代化發展歷程，而逐漸產生社會與文化上的不平等以及殖民主義的矛盾時，它面臨了一些不同的修正思維與方向[50]。尤其是在全球化的現代社會中，人類的溝通網絡逐漸突破民族國家的原有界線，並且民族國家也已無法單獨解決一些個體權利的問題，例如金融問題、少數族群問題、生態問題以及治安問題等等，原初人權的概念因而面臨重新建構的需要[51]。這個新的建構方向已經逐漸遠離民族的要素，並且單純以個體基本權利如何在全球化的社會中受到保護與維持為考量。換句話說，公民權最初與民族性與族群性的緊密聯繫，在後民族的（post-national）與多元族群的現代社會中已經鬆解。現在公民權在民族性與族群性之外找到新的運作空間，並且逐漸單獨運作，而這空間就是以新的人權概念為基礎。在認同要素方面，上述權利內涵所表現的也正是一種多元與自主的生活多樣性。而由傳播科技以及地方化本身所體現的，基本上並不是一種以尋求集體認同為方向的社會型態，頂多是一種多重認同的社會現象。

註　釋

[1] 對於R. Williams而言，「文化是英語當中最複雜的兩三個字之一……部分原因乃是因為它的內在歷史的發展，在許多的歐洲語言當中。但主要原因還是它被應用在許多不相容的思想系統當中，並且都是作為重要的概念」。關於德文Kultur的意義，文化乃是在社會科學的使用中，一個重要、但是不清楚的概念。在社會科學的理解中，文化首先可以是一個社會的行為建構之總體，而這總體乃是經由象徵性的符號傳給下一代，並且在工具或產品當中得到它的型態，在價值的想像與觀念中被意識到。其次，文化可以是每個社會群體在行為建構上之總體。或者是一個社會在符號型態上的總體，例如宗教、藝術以及知識等等，它們相對於它們物質上的配備，也就是所謂的文明。在這個意義上，文化的意義可以被當作文化批判來應用。第四，文化在心理學取向的概念中可以是本能滿足在社會上所產生的形式。最後，對於一些文化人類學的主張，文化的概念等同於社會結構或社會系統。而在中國古籍中，文化的含義是文治和教化。基本上這樣的文化概念乃是政治與人生哲學的範疇，它不同於社會科學所面對的文化秩序。C. Jenks著，余智敏等譯，《文化》（台北：巨流，1998），頁8-9; R. Williams, *Keywords* (London: Fontana, 1983), p.87; W. Fuchs u. a. (Hrsg.), *Lexikon zur Soziologie* (Opladen: Westdeutscher Verlag, 1978), p.437。馮契主編，《哲學大辭典》（上海：上海辭書，1991），頁269。

[2] W. Brugger著，項退結編譯，《西洋哲學辭典》（台北：華香園，1976），頁140。

[3] M. Weber, *Gesammelte Aufsätze zur Wissenschaftslehre,* (5th edn) (Tübingen: J. C. B. Mohr, 1982), p.180.

[4] D. Frisby and M. Featherstone (eds.), *Simmel on Culture* (London: SAGE, 1997), pp.5-7. Simmel將文化表達為一個兩個面向的過程。一方面，生活的能量與興趣是藉著「客觀文化」的形式（forms）來定義與塑造，文化形式的世界以及它們的工藝品乃獨立於人的存在之外。另一方面，文化形式以及它們的工藝品被整合到個體的「主觀文化」上面來。主觀文化就是個體的個人文化，或者個體作為文化人的生活。Simmel將文化人的焦點擺在他所謂的主觀文化

上，與Weber所重視的行動主觀動機都強調了文化人的主觀性。建立在主觀性之上的生活型態或者習慣對於P. Bourdieu而言，更可以區分不同的社會群體。文化在這裡乃是人們可以用來建構他們自己世界觀的符碼或框架，並且關聯於生活和社會的地位。也就是擁有較高社會層級的人可以有更多的文化資本，或者擁有更多更廣的符碼訊息。不同於Weber與Simmel，他在當今後工業社會的型態分析上較重視文化的群體關係。P. Bourdieu, *Distinction: A Social Critique of the Judgement of Taste* (Cambridge: Harvard University Press, 1984).

[5] K. P. Hansen, *Kultur und Kulturwissenschaft* (Tübingen und Basel: Francke Verlag, 1995), p.26.

[6] H. Rickert著，涂紀亮譯，《文化科學和自然科學》（北京：商務印書館，1996），頁20-21。

[7] 在Parsons的社會理論中，文化系統透過意義的提供控制著社會系統，因而也間接控制行為的有機系統。也就是文化系統的價值被制度化在社會系統的結構中，因此也間接被內化在個體的性格中，以及經由它們在規範上的強制性規約個體的活動。但是制度化與內在化並不必然地將文化價值和意義變成規範，因而還存在非規範性的共同文化意義結構，它們在日常生活中也提供個體相互理解之基礎。T. Parsons, *The Social System* (New York: Free Press, 1964), pp.4-8.

[8] P. Alasuutari, *Researching Culture: Qualitative Method and Cultural Studies* (London: SAGE, 1995), pp.30-31.

[9] 德文Gestalt（型態）概念乃是由不同元素或環節所組成的構造，但不是作為這些成分的單純總和而被知覺，而是作為一個整體，也就是透過特殊的排列與互相影響而成的結構性整體。每一個元素必須要在這整體當中才可以得到個別的意義，例如語言的元素或系統中的元素等等。因此如果我們從語言或系統等等的角度來觀察文化秩序，文化個別的現象不論是透過語言或符碼的承載，都在特殊的型態中才有意義。

[10] T. Miller與G. Yúdice著，蔣淑貞等譯，《文化政策》（台北：巨流，2006），頁1-2。

[11] J. Tomlinson著，鄭棨元等譯，《全球化與文化》（台北：韋伯，2001），頁2-3。

[12] A. L. Kroeber and C. Kluckhohn, *Culture: A Critical Review of Concepts and Definitions* (New York: Vintage Books, 1963), p.181.

[13] 對於M. Weber而言，社會行動應該（soll）是這樣的行動，即依據由行動者所給予的意義（Sinn）被關聯於其他行為。而這意義的總體表現也即是文化。M. Weber, *Wirtschaft und Gesellschaft* (Tübingen: J. C. B. Mohr, 1980), pp.1-3. Weber認為文化科學的目的，也即是理解與解釋擁有文化意義的社會實在（soziale Wirklichkeit）。客觀的文化科學知識如何可能以及富有意義的行為如何是人類本質的屬性等問題，就成了Weber首要說明的主題。R. Schroeder, *Max Weber and the Sociology of Culture* (London / California: SAGE, 1992), pp.141-154.

[14] C. Jenks, *Culture* (London / N.Y: Routledge, 1994), pp.11-12.

[15] C. Gray, "Comparing Cultural Policy: A Reformulation", *The European Journal of Cultural Policy,* Vol. 2, No. 2, 1996, p.215.

[16] Commission européenne Direction générale, Ministére de l'Education et de la Culture, Espagne, Ministére de la Culture, France, *Statistiques de la culture en Europe,* la Documentation francaise, Paris, 1997.

[17] 本書將文化帶到科學活動的最根本空間──日常的生活世界。在這空間中，人民習慣地面對日常生活的所有對象，並且可以互相瞭解對方，也就是大家擁有一個共同的意義結構。相對於自然科學的立場，這生活世界中的基本關係並不是因果關係，而是動機的關係。主體藉由經歷一些東西、在生活當中意識到一些東西、他主觀上認為實在的或者美麗的東西，在日常生活中有所動機。也只有經過這動機，文化的對象才表現意義與價值。E. Husserl, *Arbeit an den Phänomenen* (hrsg. B. Waldenfels) (Frankfurt am Main: Fischer, 1993), pp.189-194.

[18] D. Crane, *The Production of Culture: Media and the Urban Arts* (London: SAGE, 1992), pp.153-154.

[19] 對於德國人，最重要的休閒型態就是運動。C. Jenks著，俞智敏等譯，《文化》（台北：巨流，1998），頁20-21。J. W. D. Schuster, "The Search for International Models: Results from Recent Comparative Research in Arts Policy", in J. W. D. Schuster a. a. (eds.), *Who's to Pay for the Arts? The International*

Search for Models of Arts Support (New York: American Council for the Arts Books, 1989), p.31.。

[20] R. Schroeder, *Max Weber and the Sociology of Culture* (London / California: SAGE, 1992), pp.144-150.

[21] T. Parsons, *The Structure of Social Action,* vol.2 (New York: Free Press, 1968), p.768.

[22] M. Featherstone, *Consumer Culture and Postmodernism* (London / New Delhi: SAGE, 1991), pp.33-36.

[23] D. Kellner, *Media Culture: Cultural Studies, Identity and Politics Between the Modern and the Postmodern* (London / New York: Routledge, 1995), pp.1-11.

[24] J. Baudrillard, *Selected Writings* (ed. by Mark Poster) (Cambridge: Polity Press, 1988), pp.21-22.

[25] H. Marcuse, *Der eindimensionale Mensch: Studien zur Ideologie der fortgeschrittenen Industriegesellschaft* (Darmstadt/ Neuwied, 1967), pp.7-9.

[26] T. W. Adorno / M. Horkheimer, Dialektik der Aufklärung (Frankfurt am Main: Suhrkamp, 1986), pp.50-52.

[27] 這基本上是J. Habermas的理論立場。他所用的人文科學（die Geisteswissenschaften）一詞的英譯為文化科學（the cultural sciences），它通常被用來對立於自然科學（Naturwissenschaften）。J. Habermas, *Erkenntnis und Interesse* (Frankfurt am Main: Suhrkamp, 1973), pp.204-233. R. Wuthnow, *Cultural Analysis* (London / New York: Routledge, 1991), pp.192-211.

[28] J. Habermas, *Theorie des kommunikativen Handelns,* Band 2 (Frankfurt am Main: Suhrkamp, 1995), pp.171-293.

[29] 一九九八年文化建設委員會「文化白皮書」（URL: http://cca.gov.tw/intro/ yellow-book/1-1.htm），1998/11/11。

[30] K. P. Hansen, *Kultur und Kulturwissenschaft* (Tübingen und Basel: Francke, 1995), pp.1-12.

[31] 這基本上是N. Luhmann的理論立場。本文選擇它與Habermas理論一起檢討我們的文化政策的用意，乃是一方面兩者在當代的社會理論中，是主要的代表人物並且處於不同的立場，他們的爭論多少可以反映當代社會科學的現

實，但本文限於主題的關係，在此並不繼續加以討論，讀者可以參考*Theorie der Gesellschaft oder Sozialtechnologie,* (hrsg. von F. Maciejewski) (Frankfurt am Main: Suhrkamp, 1975)。另一方面，縱使是相當不同的理論立場，我們在此對於文化政策的反省，均可以得到類似的參考點，即日常文化應鬆綁於政府的僵硬和系統計畫行為。N. Luhmann, *Soziale Systeme* (Frankfurt am Main: Suhrkamp, 1988), pp.551-592.

32 N. Luhmann, *Soziale Systeme* (Frankfurt am Main: Suhrkamp, 1988), p.224.當這作為文化的主題為了溝通的目的（Kommunikationszwecke）而被保存時，他稱之為語義學（Semantik）。

33 N. Luhmann, *Gesellschaftsstruktur und Semantik,* Band1 (Frankfurt am Main: Suhrkamp, 1993), pp.17-35.

34 N. Luhmann, *Gesellschaftsstruktur und Semantik,* Band1 (Frankfurt am Main: Suhrkamp, 1993), p.47.

35 N. Luhmann, *Gesellschaftsstruktur und Semantik,* Band1 (Frankfurt am Main: Suhrkamp, 1993), p.105.

36 D. Chaney, *The Cultural Turn*: *Scene-setting Essays on Contemporary Cultural Theory* (London / New York: Routledge, 1994), pp.18-25.

37 P. Ricoeur, *Lectures on Ideology and Utopia* (ed. by G. H. Taylor) (New York: Columbia University Press, 1986, pp.21-102.

38 這為杭之的看法，參見〈文化建設走了幾階？──李亦園、杭之對談〉，於《立法報章資料專輯》，第51輯，1995，頁7。

39 C. Geertz, "Ideology as a Cultural System", in *The Interpretation of Cultures* (New York: Basic Books, 1973), p.232. 這是一個與上述意識型態定義有所不同的理論取向。K. Thompson, *Key Quotations in Sociology* (London / New York: Routledge, 1996), pp.65-70.

40 Geertz認為在意識型態的社會決定論上，基本上有利益理論（interest theory）與變形理論（strain theory）。本文的主題主要關聯於前者。C. Geertz, "Ideology as a Cultural System", in *The Interpretation of Cultures* (New York: Basic Books, 1973), pp.201-207.

41 郭為藩，〈為邁向二十一世紀的文化大國而規劃〉，載於行政院文化建設委員會編印，《文化視窗》，2000，頁94。

42 中國國民黨中央委員會政策研究工作會編印，《文化政策、民俗技藝、美學教育》，1996，頁1。

43 民主進步黨中央黨部，《政策白皮書（說明篇）：多元融合的族群關係與文化──民主進步黨的族群與文化政策》，1993，頁2-3。

44 一九九八年民主進步黨縣政白皮書（URL:http://www.dpp.org.tw/special/53c2.htm）。

45 民主進步黨中央黨部，《政策白皮書（說明篇）：多元融合的族群關係與文化──民主進步黨的族群與文化政策》，1993，頁76-77。

46 J. Habermas, *Theorie des kommunikativen Handelns,* Band 2 (Frankfurt am Main: Suhrkamp, 1995), pp.516-522.

47 J. Habermas, *Theorie des kommunikativen Handelns,* Band 2 (Frankfurt am Main: Suhrkamp, 1995), p.522.

48 關於這些術語的使用，主要涉及到C. S. Peirce、F. de Saussure、E. Cassirer、L. Hjelmslev、C. Morris、R. Jakobson以及R. Barthes等人的相關論證。E. Leach, *Culture and Communication: The Logic by Which Symbols Are Connected* (Cambridge: Cambridge University Press, 1976), pp.9-11. 林信華，《符號與社會》（台北：唐山，1999）。

49 我們討論到符號與資訊所構成的網絡，將使認同不但以他者（the other）為內在的條件，並且在差異（difference）的原則下不斷使認同形象化。另外一方面，結合上述啟蒙主體、相互主體以及後現代主體的不同環節，也將討論J. Baudrillard以形象與真實的關係所架構出來的三個歷史階段：首先，形象（image; Bild）只是一種偽造（counterfeit），真實的自然乃是如實地存在。其次，形象乃是真實的來源，也就是語言產生真實，並且在相互主體的創造中擁有社會的實在。第三，也就是所謂的後現代社會中，語言和真實之間的區別消失了。在語言中的真實與非真實已經不再成為焦點，現在關注的是一個在真實之上的東西（hyperreality）──一個自我指涉的符號世界（a world of self-referential signs），也就是他所隱喻的擬象（simulacra）。M. Poster (ed.), *Jean Baudrillard: Selected Writings* (Cambridge: Cambridge University Press, 1988), pp.4-8.

50 對於自由主義傳統而言，國家並不是民族或文化精神的體現，而是為個體的
需要和利益服務的建構，而這也是一個個體與生俱來的基本權利。因此國家
的權力必須要有限制，它並不是由主權者來自由定奪，而是依每個個體所擁
有的基本權利來衡量。在這前提下，整體的利益只能透過個體追逐他們自己
本身的利益而被達成。除了這些基本觀點存在著爭論之外，現代社會所面臨
的恐懼與焦慮──例如治安、生態、社會關係的混淆──也被歸結到自由主
義所強調的市場機制和個人主義之上。參見A. Lent著，葉永文等譯，《當代
新政治思想》（台北：揚智，2000），第一章。

51 S. Castles and A. Davidson, *Citizenship and Migration: Globalization and the
Politics of Belonging* (London: Macmillan Press, 2000), pp.103-128; T. Bridges,
The Culture of Citizenship: Inventing Postmodern Civic Culture (New York: State
University of New York Press, 1994), pp.159-168.

第三章

文化的全球化與地方化

　　在說明文化的基本看法以及文化與政策之所以聯繫的背景與邏輯之後，本章將進一步討論今天文化政策所在的社會結構，也是本書對於台灣社會所要討論的重點。我們將不是討論台灣過去的文化政策，而是今天以及未來可能的趨勢。而這主要的社會結構就是全球化與地方化，它對於今天台灣文化與其政策的理解具有關鍵的角色。

　　文化生活一方面不斷在全球化（globalization），一方面也不斷在解除中心化（decentralization）[1]。也就是傳統文化的中心價值以及它的組織整體不斷地流失與鬆散，資訊與科技將世界原有不同文化生活圈的界線逐漸淡化。在沒有清楚而穩固的文化價值之前提下，文化政策不能只有現代性的性格，或者不能以單一的價值來建設整體社會生活，而文化相關的統治權力也逐漸失去中心的地位。但是全球化是一個正在進行的過程，它一方面能進展到什麼程度仍舊是一個有待討論的問題，一方面它乃是與地方化（localization）同時表現在同一個過程當中[2]。因此文化理論雖然建立在這樣的發展過程中，但是它所揭露的文化意義必然會具有地方的文化特色。也就是透過符號系統來揭露文化意義，一方面有它建立在全球性的一般意義，也具有建立在地方生活上的特殊文化意義。因此文化理論在德國、法國、英國與台灣社會中的具體活動將有所不同，文化政策也必然擁有不同的內容。因此文化理論乃是從全球化與解除中心化的土壤中發展而來，這裡尤其將二次世界大戰作為這個過程的起點，而這也是配合西方主要國家文化政策的發展時間。在這過程中，我們仍然可以初步地將它劃分為幾個不同社會型態來理解，但這並不意味在這些型態中具有清楚的界線，或者它們在思辨上的確擁有清楚的實體性，而是在分析的敘述上，一種有利於說明的策略。而將這不同社會型態的文化特性與其意義反映出來，正是當代文化理論與政策的任務。而在二次大戰之前的文化反省與政策並不在本書的討論範圍內，一方面因為文化反省具有高度的規範性與哲學性，另一方面文化作為一個在理論與政府政策上的議題尚不清楚[3]。

　　而仍然有待說明的是，這樣的文化理論所擁有的具體方法是什麼，也就是我們如何透過符號系統來揭露具體的日常生活意義與其結構。在全球化的過程中，不但是日常生活發生了改變，這個溝通中介也發生了改變。全球化如同現代化一樣需要技術的進步，但是人們創造科技以突破原有的民族國家或大陸的界線，必須有一個更根本的動力。這個動力使個體從家庭空間不斷向外界移動、認同空間不斷擴大與複雜化，使人類社會從部落社會不斷向現代社會移動。這動力就是人類的外在化（externalization）本能，它使制度化（institutionalization）成為可能，也就是使社會成為可能[4]。外在化過程進入二十世紀末的資訊社會時，制度化的成就也就愈大，因為外在化所具備的科技擁有愈來愈高的空間穿透力。也就是在制度愈來愈一致的人類社會中，一方面人們所用的溝通工具必須愈來愈一致，另一方面人們愈來愈遠離傳統生活價值並且具有一般的共同價值[5]。而外在化最主要並且是最本質的要素就是語言或符號系統，換句話說，外在化乃是藉著語言或符號系統並且在語言或符號系統當中（with and in languages or systems of signs）進行著。而根本的是，這個符號系統本身也不斷在制度化當中，並且是隨著科技的進步而改變，例如從電報、電視、收音機、錄音帶、電視、衛星、電腦、光碟、傳真機到多媒體溝通[6]。

■　第一節　現代化與文化的全球化

　　今天對於文化理論與政策的討論，基本上都起始於現代化或現代性（modernity）這樣的一件事情。在現代性的起源時代中，人類社會最重要的轉變，就是大家可以在公共領域進行社會的改造或建構，這

個工作在這之前並不可能，並且是由少數菁英在封閉空間所決定。文化的詮釋或再生產已經是在社會的互動和溝通當中進行，而現代性所揭示的，就是一個可以在理性上相互溝通並且落實到制度的未來性。文化再生產基本上是一個文化意義不斷詮釋的過程，但是不是一種不斷複製的過程，則必須繼續加以討論。關於這個問題，首先涉及到現代性與後現代性（post-modernity）的不同思考方向，它們典型地出現在當代一些思想家，特別是J. Baudrillard與J. Habermas的相關理論中。但是在文化理論的立場上，不論是在文化上具有批判或詮釋力量的符號系統，還是不具有這些力量並且表現文化複製商品的符號系統，都承載著特定文化型態與文化意義結構。不論是過去傳統社會結合道與理的八卦圖像，或是現代社會中唾手可得的八卦複製商品，都具有它本身所承載的意義。

　　符號與符號系統的性質和功能已經有所變化，但是在這兩種不同符號系統之間並不存在截然的界線，如同現代性與後現代性事實上也不存在截然的分野一樣。只不過對這些文化現象具有反省的現代主義者和後現代主義者，的確對符號的性質具有不同的見解，例如後現代主義者Baudrillard認為符號只是模擬（simulations），我們事實上與大量的符號共存，並且是無意義與奇觀式的符號。在這樣的社會型態中，個體只是一個純粹的影幕，也是一個接收所有內外在影響的網絡中心。例如藉著電視的影像，我們自己的軀體以及周遭的總體變成一個控制的影幕[7]。符號就是實體本身，它並不體現實體或所謂的真實意義。但是現代主義者，諸如Habermas，則認為符號事實上體現現象背後的意義，不論這意義是日常的或被扭曲的[8]。這裡的爭議首先涉及到意義（Sinn; sens; meaning）概念的不同使用，對於現代主義者或它的傳統而言，意義概念的確聯繫於邏輯、可能性或者日常生活的溝通概念等等[9]。它們可透過符號來承載，也可以透過本身來自我運作。但值得注意的是，揭露符號所指涉或承載的意義並不一定是所謂的原型、原本或本真的，而可能是它所體現的日常生活意義，不論這意義在理論的反省上是正常的、扭曲的或後設的。麥當勞的標誌只是單純地表現現代社會生活的意義，並且已經表現這意義，而它背後所隱藏的原型意義以及被扭曲的，可能則是另一層面的理論反省。所以後現代主義者所擔心的意義概念不應該是直指原型、原本或本真的概念，而是一種由日常生活結構所體現的意義。如果是後者的話，後現代主義者就不能說符號本身是無意義的，因為它就是表現一種符合特定社會型態的意義概念，縱使這社會型態是後現代主義者所描述的後現代社會。

因此在本書所說明的文化理論立場下，透過符號結構的理解來揭露社會的意義結構，並不限於現代主義者和後現代主義者的爭論，而是一種對文化現象鋪陳實際理解和實際研究的取向。在對日常生活意義做實際觀察的文化理論中，另一方面也必須接受現代性與後現代性的基本區別，因為它們的確體現出不同的社會型態。文化理論本身並不具有規範性的取向，不論這規範是由主體來運行或由相互主體來運行。意義概念所表現的只是特定符號所指涉的對象，以及它所相關的特定社會型態[10]。對於這個對象以及社會型態的反省與批判，則是文化哲學或特定文化理論的工作。例如揭露麥當勞符號的日常意義，只不過是讓人們知道原來他所生活的環境是這個樣子，而不是那個樣子。台北的麥當勞、東京的麥當勞與巴黎的麥當勞，基本上具有非常類似的生活型態，而人們也可以知道原來他所生存的世界是全球性的。但是透過符號系統對文化意義結構的揭露本身，是不是就是一種反省與批判，則是一個相當複雜的問題。也就是這裡所說的文化科學與文化哲學或特定的文化理論之間，是否存在清楚的界線，則是一個有待思考的問題[11]。

當然這也關係到聯結文化理論的文化政策所應該扮演的角色，換句話說，可以是解釋者的角色，或者是引導者的角色。如果是後者，

那麼一個國家的文化當局就必須擁有強而有力的批判與詮釋力量。例如它如果認定麥當勞文化是一種膚淺與急切的商業文化，則可能立法禁止麥當勞的行業。但是因為批判或詮釋總是部分性的[12]，在尊重多元文化的社會型態下，這樣將特定的部分作為文化建設的方向將是不適當。但這並不表示在以前的社會型態中不存在這樣的角色，因為以前社會具有相對上較完整的整體倫理生活[13]。如果是扮演解釋者的角色，則存在是由主體或相互主體來解釋的問題。在強調民主參與的社會型態中，解釋必須由參與者之間的互動來體現[14]。但是這種體現本身代表的是意義的複製還是意義的批判，則已經超出文化理論應有的任務之外。在傳統的封建或近代社會中，解釋者的角色往往與引導者的角色重疊在一起，因為扮演解釋的往往是社會少數的菁英，他們也往往是引導社會的少數群體。例如近代中國與日本的數次維新，就是少數菁英對當時社會文化做一詮釋批判，並以法令制度重新規劃未來社會文化的走向。如果將它們也說成是文化政策的話，那麼這文化政策將是具有強烈現代主義的特色。

因此透過具有特定型態的符號系統來揭露特定的文化型態與其意義，重點就在於社會參與所傳達出來的日常生活意義，不論是觀察者的參與或社會大眾的參與。並且在這裡並不預設理論的框架來保證所傳達出來的詮釋力量或批判力量，文化理論的任務只是將人們所處的社會情境表達出來，至於隨後的結果將在人們的互動中進一步被觀察與反省。也就是透過語言或符號的力量，將P. Bourdieu所言的生存心態表達給人們的意識。因此建立在這樣文化理論上的文化政策，在邏輯上已經排除了規範並導向社會的任務，而這是符合一個多元文化社會的邏輯。但是這樣的文化理論並不認為符號是無意義的，縱使在人與人之間所流動的符號相當空洞，它們畢竟也體現了特定社會型態下的生活意義[15]。但這裡需要進一步闡釋的是，揭露的代理者不可能在任何時期的社會型態中，都具有同樣的社會地位與世界觀，也就是代理者在不同的社會型態中乃是有自身的利益、知識與理解角度。在多元文化社會中，尊重差異乃是代理者所必須反應的。在愈傳統的社會中，代理者所表現的統治個體或群體取向就愈強，並且也是愈單一與同一[16]。

　　另一方面，在人類共同生活秩序不斷現代化或全球化的歷程中，不論是以共同情感為特徵的共同體形式或以追求目標利益為特徵的社會形式，都必須要在各種理由上合理化個體的需要和權利系統。尤其在今天物質流動最為劇烈的全球社會中，個體需要和權利系統的滿足更扮演凝聚共同生活的重要因素。人類的需要系統在主觀與客觀層面上得到法律形式，最重要的涉及到基本權利的設置與發展，特別是一方面關於保證私人生活與個體自主，一方面保證溝通與結社制度的權利上。在十八世紀初期，這些基本權利的設置得到了在國家之外的發展空間，即由工業化所帶動的公民溝通以及商業制度的設立。商品的交流以及社會的勞動不斷由國家的領域取得自身的運作空間，公眾社會（Öffentlichkeit）在公民社會的這個發展階段中，逐漸接收了政治功能，特別是在共識與政策的形成上給予一個不同於國家的資源[17]。公眾社會的出現一方面使得公民的權利得到發展的空間，一方面也使得重新定義共同體成員身分成為可能。在公眾社會的早期發展階段，商品的生產和交換的機制逐漸破壞封建社會的法律制度與社會秩序，特別是傳統的階級特權。但是它也促成了私有財產制度，以及新的特權階級和新型的資本主義生活方式。傳統階級的瓦解以及新階級的出現，必然涉及到個體權利的轉變，以及在政治秩序上社會群體的新基本界線。Rousseau與Kant時期的獨立個體，現在乃是可以參與市場交換的權利者，並且可以訂定由市場邏輯所支持的契約。人類的需要系統在這裡主要以公民權利（civil right）的形式，逐漸對比於國家的政治系統。而如同前面所言，這種公民權利同樣地不僅只是賦予個人，例如財產權利與契約權利，而且也包括集會、結社或運動等等的公共

權利[18]。

　　但是當國家空間與邊界擁有模糊的趨勢時，公眾社會以及所發展的權利系統自然必須面臨重建的工作。這是往地方性思考的邏輯，也是台灣社會所強調的社區概念與策略。社區總體營造的過程可以是共同體化（Vergemeinschaftung）的過程。共同體化指涉一種社會關係，在這種社會關係中，社會行動的態度依賴於參與者在主觀上所感受到的伙伴關係（Zusammengehörigkeit）。它相對於這樣的社會關係，即社會行動的態度依賴於在動機上是目的理性的利益比較或利益聯結[19]。這種社會關係因而是為了達到特殊目標的人為組織，它就是社會（Gesellschaft）。但關鍵是，社區策略並不是要將利益聯結扭轉為伙伴關係，更不是要降低利益聯結，而是希望在地方的共同生活上更清楚建立權利概念與系統。這是一個必要的思考，尤其在充滿符號的資訊社會中。

　　在文化的全球化歷程中，我們不難發現大家的溝通方式有了很大的改變。在今天，人類的溝通方式愈來愈遠離面對面（face-to-face）的情境，並且一方面在最大的限度上透過科技作為溝通的中介，一方面溝通的對象可以匿名化到根本不知道是誰以及數量是多少。符號在符號系統當中不斷透過差異（difference）而被編碼化（codification），因此符號所承載的意義與指示的對象就不斷地模糊。而這個發展的邏輯可能性終點乃是符號本身就是意義以及它所要表示的對象，符號透過彼此之間的單純差異來作為人與人之間的溝通中介。這是一個根本的發展方向，但是分析這樣的符號特性在特定的社會時期如何承載起特定的文化意義，乃是一項需要龐大實證資料的工作。這裡在理論建構之初以及說明文化政策之任務下，並不把焦點放在這樣的工作上。而是在二次大戰以來全球化與編碼化的歷程上，依符號所承載的意義與指示的對象不斷模糊的程度，或符號透過彼此之間的單純差異，來作為人與人之間的溝通中介之程度，將這段時間

在分析上區分為幾個相對清晰的社會型態與溝通型態。也就是透過這
樣的分析區分，可以對比出不同的溝通型態與符號型態，乃是體現不
同的文化生活型態以及文化政策的類型。在這樣的前提下，社會溝
通的場所與符號理解的型態自從二次大戰以來，可以明顯地從字詞
（word）、文本（text）、背景（context）演變到痕跡（trance）等四
個類型。而符號所表達的對象也分別從個體行動者、大眾行為者、市
場消費者發展到溝通虛擬者。在這樣的隱喻邏輯下，這四個類型所體
現的不同文化生活型態，分別是大眾文明、通俗文化、消費文化以及
多元文化等。它們在文化決策上的理性形式也可大約在四個時期中有
不同的表現，如**圖3-1**所說明。

　　在以橫軸為制度化和系統化，縱軸為創造性的座標中，首先表示
在制度化和系統化愈高的社會型態中，文化決策理性就擁有愈低的創
造性。並且依照理性創造性的高低，文化決策的模式在時間上可以分
為反思辨解、解除中心和大眾、工具計畫以及參與的等等[20]。但必須
強調的是，以上四種類型事實上都是重疊在一起的，只不過某一類型

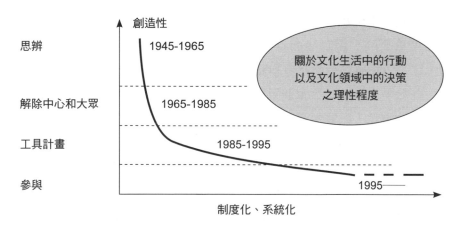

圖3-1　文化決策的理性形式

資料來源：作者整理。

在不同的時間具有較有力的表現。並且從二次大戰以來的四個時間區段也是大致上的區隔，它們會因作者的不同立場而有所不同。

　　以上可以看到，當初人們在公共領域透過互動來組織社會的現代性，已經有相當大的改變。現在仍然有著聯繫於現代性的公民社會，但是它在資訊社會中已經減弱了力量。文化的決策雖然必須建立在公民社會的基礎中，但公民社會的多元化與其力量的減弱，事實上也讓文化決策呈現一個最新的狀態，因為一方面文化決策已經相當程度脫離了過去的菁英團體，現在又減弱了來自公民社會的有力支持。

第二節　文化的解除中心化與地方性

　　公民社會的力量以及商業機制的網絡，使得文化決策不斷離開過去單一而有力的中心，這同時表現著文化的社會性是一個重要的觀察取向。在這個取向上，文化政策的思考也將建立在文化的社會性上。這是地方性（locality）重新展現力量的空間，其實它就是我們在台灣日常所說的本土化。文化社會性與地方性的瞭解，對於台灣社會而言是相當重要的，因為後面我們將看到這樣的文化政策是台灣所需要的，它是重新凝聚台灣社會的整體策略。

　　在日常生活中，大家並不會主動去理解文化是什麼或者文化決策會一直地方化。大家每天的生活都是習慣性的，只有科技的進步會讓大家察覺到，但這也不是科技理論，而是科技的產品。在現代大眾資訊的社會中，技術（technology）的進步總是意味著我們在自由的目標上又有所進展。但是，這同時又意味著自由的喪失。媒介愈是擴大，雖然透過它們可以突破更多時間空間的限制，但我們也愈依賴於它們的成就[21]。個人被安置在經濟的龐然大物與社會的機器之中，而大眾媒體就是適應社會需要的技術制度。科學技術可以滿足我們想要去知道文化事物的需要，但是直到藝術、詩歌、宗教、音樂與其他文化創造性的東西，取代作為科學的不變對象而成為活生生的經驗時，真正的任務才產生。這也是文化所要表達的意義[22]。藝術和文學等文明事物，也將被技術的原則以及大眾媒體的機制安排在固定的空間，並成為沒有時間性的死文物，當然這些東西不能代表文化，甚至不能被稱為真正的文化。「其實，古蹟，乃至故宮的國寶，若不經現代社會生命的再詮釋，充其量也只是死的文物」[23]。在這些隱藏於技術背後的文化事物之中，語言符號的成長使得文化具有生命力與時間性，它們事實上也提供技術科學發展的可能性。而技術科學的術語以及用途，最終也必須回到這日常的語言符號中才能為人所理解。這由符號所體現的意義網絡（webs of significance）即是C. Geertz所稱的文化[24]。

　　文化理論與政策的任務並不是尋求法則的經驗科學，以及用這些技術法則意識型態地到鄉下強行輸送文化工業商品，而是解釋地讓人民知道什麼是他們所擁有的日常文化意義，以及民間文化的情境。近幾年來，台灣也興起了不少新興的文化生活圈，例如大都會生活文化圈、一般城市文化圈，以及學生、農林漁牧等文化生活圈。在這些文化圈當中，他們已經有相互理解的文化秩序與意義。文化的反省可以使他們理解到他們本身的生活意義。而文化生活圈的形成正是表現地方文化或日常文化的迫切需要，在其中，他們有自己的溝通符號網絡。相對於這些具有生命力與時間性的符號文化地帶，我們在一九八二年所公布的「文化資產保護法」對於文化則有不同的見解。因為它建築在技術科學的，因而也是抽象的文化概念之上。它所包含的文化資產，有古物、古蹟、民族藝術、民俗有關文物與自然文化景觀等等，它們具有歷史、文化和藝術的價值。保護這些資產免於因文明建設所帶來的破壞，乃是文化理論所理解的最基本要求。但是，在這法規中，上述政策的系統性與意識型態，乃是我們在文化理論的反省中所必須面對的。透過這些反省，我們也將看到文化會因這法規而

有生命力的希望。否則，不同的結果將會如同尹建中所言：「在法規中側重具象實體事物，輕忽與教育的結合，不注重『民間傳統』（亦可稱常民文化傳統）、疏忽對知識傳統（亦有人稱之為大傳統，而與常民文化，即小傳統有所對比）之介紹、研究、發揚、賦予新意義，輕忽對其他強勢國家『知識傳統』的探討，在這種情況下的文化發展與建設，只會出現事倍功半的現象」[25]。偏重科學技術的「文化資產」局限人民對真正文化的體驗，如同上述具消費性與系統性的科技文化概念必須被放到更寬廣的理性概念一樣。

　　近幾年台灣興起的藝術中心或創意文化園區，雖然與上述的文化資產已經有所區隔，但仍然沒有接近文化的社會性與地方性。當文化資產的觀念必須被重新反省，並成為日常文化的活力與張力時，園區的「中心」概念，也從建築物轉移到各地方的日常文化以及體現這文化的空間。這樣的轉移當然是一個觀念上的轉變與過程，它深深影響到文化建設的藍圖。台灣社會在邁入二十一世紀之際，生活世界也逐漸受到歐美社會的影響，也就是歷史上或傳統上的各種「中心」都在被解構當中。文建會在民國九十七年到一百年的創意文化園區推動計畫當中，希望建設硬體及軟體營運，從環境整備、產業發展及市場行銷三方策略推展，建構完善的園區設施及文創產業引入機制，活絡體驗經濟交易，提升文化消費力[26]。這樣的文化策略已經很接近當今文化理論所體現的文化政策，也就是在文化產業的基礎上進行文化的再生產。對於台灣社會而言，這是相當重要的。但需要思考的是不論文化創意或消費，都需要尊重多元與多樣的社會空間，台灣目前在這方面有著更為根本的問題。在這個面向上，文化政策在促進創意文化產業的同時，也是整體國家發展政策。

　　在前面兩章的討論中，其實我們已經看到「中心」的遠離。這幾年生活環境博物館（Eco-museum）理念也是反映這個趨勢，它就是沒有固定的中心，積極地將變化中的社會文化直接展示在參觀者面前，使他得以親身體驗。最後，我們必須強調，在日常文化的前提下，沒有所謂的「文化中心」。更重要的是，對文化的建設與政策制定也不能有「中心」，因為它們應該開放於社會，並且以無中心與平等的日常溝通為前提。同時，對文化與文化政策的反省，在理論的自我批判上，應該也沒有「中心」[27]。既然沒有這些「中心」，也就沒有所謂的「下鄉」。在一個開放的社會，所有的理論均應該再被反省與批判，文化政策理論的解除中心化，正是給予文化本身一個最大成長的空間，因為這就是文化生命力的具體展現之一。

這是一個坐落在全球化趨勢中的現象，不過必須強調的是在人類社會中，文化作為一個科學思維的主題並沒有很久的歷史[28]，文化作為一個政策的議題更是二次世界大戰之後的事情，而專司文化政策的行政機構也是在六〇年代後才在世界各國陸續成立[29]，對於學術機構設立文化行政訓練中心或相關組織則是在八〇與九〇年代間[30]。文化從最抽象的生活方式到一種事業與行政之轉變過程，事實上與全球化和其同時發生的地方化表現為同一個過程[31]。在這過程中，作為社會基本生活秩序的共同體（community）擁有不同的表現方式。而對於這些表現方式，文化與經濟之間的關係演變則扮演重要的樞紐。另一方面，文化與經濟之間的張力最主要也表現在對共同體的認同以及文化商品之間的互動[32]。因此不同的共同體表現方式具有不同的文化經濟關係，而這也體現認同（identity）在地方或全球方向上的變化，並且擁有不同的文化政策思考方向[33]。這裡在這個以全球化為前提的生活秩序與其變化上，觀察台灣文化政策的發展方向，並且提出初步的相關建議。尤其關於地方認同的思考上，地方政府所承辦的社區總體營造事務、地方文史工作室的發展以及具有地方特色的獨立文化建設，乃是具體的觀察對象。

在台灣社會的全球化過程中，以上所言的文化相關發展表現得比西方國家來得晚。雖然在一九七七年的十二項建設中，各縣市的文

化中心因其中的文化建設項目而開始陸續設立，但基本上乃是教育系統下的措施與制度[34]。一九八一年在行政院之下設立文化建設委員會，但並無基本的文化法規與統一的政策。而這也反應出缺少來自民間社會的共識與力量，直到一九九六年前後，社區總體營造、地方文史工作室以及地方政府文化局的設立等等，提供了這方面的資源，而這也是地方化的體現。只不過在這短短的幾年中，文化的相關發展的確快速地進入地方生活中，但文化建設的內容與文化政策的制定應該是什麼呢？台灣社會事實上不斷全球化，但台灣社會擁有的地方特質是什麼呢？以及地方文化政策可以塑造什麼認同形式？這裡以當代的文化政策思維和以上所言的基本前提為出發點，本書將反省的方向初步地定位在社會文化生活的永續性（sustainability of the sociocultural life）、社會公民權（social citizenship）[35]以及投資與管理文化（investing and managing culture）等三個重點上[36]，以期說明台灣社會的共同生活秩序與地方認同，以及以它們為基礎的文化政策導向。而它們所共同聯繫到的是文化事務與決策的地方化這一命題，在此先以圖3-2來做暫時的說明。

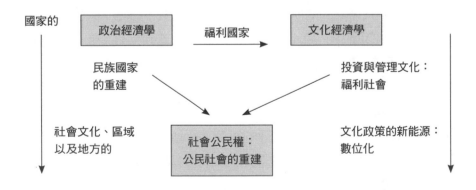

圖3-2　文化事務與決策的地方化（自一九七〇年代以來）

資料來源：作者整理。

其中的基本邏輯牽涉到兩個現象，就是國家在全球化的現象中關於政治、經濟、社會與文化各層面上的變化，以及文化與經濟的新關係。文化理論中的一些概念也在這現象中面臨轉變的可能，因此也存在本書所使用的新文化和文化政策概念。

■ 第三節　文化網絡與共同體的發展

在文化的全球化與地方化中，我們的生活空間發生了清楚與持續的改變，這也是城市化的過程。現在全球人口已經超過六成的人居住在城市當中，很多城市的人口都已經以千萬在計算。城市生活劇烈改變我們的文化網絡，以及我們所關心的共同體議題。

城市的發展對於文化與其決策具有關鍵性的位置，這裡對於城市發展先做初步的說明。在社會的早期發展階段中，人口與工業兩方面開始取得長足發展的可能。人們透過他們的需要而形成的聯繫取得了普遍化，並且滿足這些需要的手段與程序也普遍化，因此財富的累積擁有了人類歷史上的新形式[37]。在十八世紀初期，除了科學與技術得到更密切的相互發展外，在世紀的中期前後，民間成立了許多促進公益與鼓勵貿易的學會。它們擁有來自貴族和平民的會員以及充足的資金，並且發展的興趣相當多元，例如機械、化學商品、農業以及殖民地的自然資源等等[38]。由於這些需要的普遍化以及民間組織的發展，人民事實上逐漸生活在系統性的溝通與交往制度中，它們不同於原有國家的制度秩序，並且逐漸獨立於國家政治力量的控制之外。相較於其他世紀，貨幣的普遍使用以及城市的擴展將使得這樣的情況更清楚地表現出來，並且讓它們取得加速發展的空間。貨幣流通乃是一切財富的來源，十八世紀初期的商業活動乃是歐洲近代最活躍的世紀，它擁有相對穩定的貨幣制度。在世紀中期的倫敦，更擁有已經被廣泛使

用的支票。「對於十六世紀的大多數人來說，如果說貨幣已是一種只有少數人弄得清楚的鬼名堂，這類沒有貨幣外型的貨幣以及這種與書寫攪和在一起、彼此混淆不清的銀錢遊戲，更加難以理解」[39]。阿姆斯特丹在十七世紀初所設立的證券交易所以及巴黎隨後設立的證券交易所，在十八世紀初期也成為一種商業的普遍行為。它們所表現的投機行為以及計算的累積活動，使得該城市更具現代資本主義的特性，商人之間所流通的已經不是貨品，而是抽象的數字財富，它更便於抽象的制度系統[40]。相對於世界其他區域，歐洲城市享有較高的自由，並且在一些範圍裡可以左右整個國家。在歐洲殖民時代來臨之前，城市與其周邊的鄉村就存在著類似的關係，他們的共同經濟政策通常也在城市的溝通中成形[41]。在這樣的情況下，歐洲近代城市的興起與資本主義的發展，事實上表現在同一時間過程中[42]。表現貨幣與交易制度的商店在十八世紀初期不只征服城市，而且也擴散到其周邊的鄉村。例如小酒館兼營小額借貸，也是集體娛樂的組織者，它在教堂之外表現了該鄉村的另一個中心。商店所交易的商品更是以大型集中的方式放置於倉庫，例如來自中美洲的棉集中於卡迪斯，來自於巴西的棉集中於里斯本，印度的棉集中於利物浦，法國葡萄酒集中於德國的緬茵茲等等[43]。這些累積起來的財富一方面體現了交易活動的長期需求，一方面也逐漸給予這些城市發展現代資本主義的空間，他們所建立起來的交易制度必須被國家的法令制度所保障，而事實上具有財富的商人也促使國家在這方面的立法行為。因此我們可以這樣說，十八世紀初期商業與金融活動的增強以及中末期的工業革命，使得城市作為工業與商業生產中心而發展，尤其快速增加的人口大部分也集中在城市。人們在城市的溝通制度中得到新的權利，他們的認同取向也發生了改變[44]。

　　公民權（citizenship）一詞在這種新社會背景中得到最符合原意的表現，公民（citizens）的拉丁字源civitas乃是意味城市之成員，來自於cité的法文citoyen，也是意指在城市之內享有特定權利的市民[45]。而市民當中的資產者（bourgeois）乃是新興的社會特殊階層，他們在法律上除了擁有因商業化所帶來的新權利外，在城市中也擁有新的階層位置、並且是具有體面的人（honorable homme），也就是擁有財富以及諸如門面臨街的住宅。他們不是律師、檢察官、醫生或者農人，而是具有累積之本的商人[46]。傳統的貴族階層在不擁有商業權力的情況下，將失去他們在社會現實上的地位，雖然在法律的地位上仍然是貴族。這些發展對於既有傳統權力結構的衝擊乃是根本而潛在的，它們在市民擁有新權利的來臨之前，已經創造了它的可能性空間，也就是一個新的共同體型態以及新的社會層級關係。在這新的公眾社會中，道德概念一方面在個體的獨立性上取得實際的基礎，一方面也逐漸弱化為市民對公眾社會的參與上[47]。

在這資本主義社會發展的初期，公眾社會的形成並不是發生在西方的每一社會中，新興的城市也並沒有取代國家。除了諸如義大利、荷蘭與德意志等等的商業城邦外，其餘擁有範圍廣闊領土的國家仍然處於中世紀封建社會的漫長轉變中。當然這只是歷史時間的差異，後者仍然逐漸走上資本與城市的發展進程。另一方面，雖然在資本主義的陸續發展過程中，國家畢竟取代了城市而成為政治社會生活的中心，但國家也不能完全脫離城市而生存。「城市即便作為城邦國家而衰落，它仍舊占據重要地位……國家的命運將與城市的命運不可分：葡萄牙的財富集中在里斯本，荷蘭的精華全在阿姆斯特丹，而英國的霸權就是倫敦的霸權」[48]。因此雖然過去我們思考公民權都在國家的框架之下，但它的本意除了是生活於城市中的居民之種種新權利外，它所體現的還是一種新的生活秩序與社會型態，一種不同於缺乏個體自由的封建社會型態。雖然今天我們思考公民權這個概念也已經又逐漸跨出國家的框架，並且進入全球的（global）空間，但正確地說，這過程乃是人類社會從城市、國家到全球空間的連續發展，在它們中

間並不存在清楚的界線。紐約這個城市從二次世界大戰之後，既是國家也是全球中的霸權，它的秩序乃是在特殊的商務金融以及科技網絡結構下取得的，而這也是自從十八世紀初以來，人類社會不斷累積並突飛猛進的結果。

在這連續發展的過程中，政治社會的運作機制所要體現的，已經不能只是以道德和自由為訴求的社會契約，或者是良知責任的內在聲音，而逐漸是保護並維持社會的交換系統[49]。也就是說，這已經建立的城市市民溝通本身取得了運作的可能性，並且與國家處於既競爭又依賴的狀態。商業金融社會的發展本身就是挑戰傳統封建國家的權威，只不過以一種潛在漸進的方式進行社會階層的重組。但是它也必須依賴國家的相關法令制度，特別是在金融制度的建立上，否則城市內以及城市間的商業活動將無法得到最終的穩固基礎。在十七世紀中期，英國與法國都還沒有集中的、完全屬於國家的財政機構，大部分金融事務乃是由包稅人、金融家以及官吏執行。在這種情況下，國家向倫敦市場求助乃是平常的事，如同法國國王向巴黎市請求幫助一樣[50]。但是因為在國家法治系統下發展信貸系統的迫切性，財政機構的國有化也發生在十八世紀初期的英國金融革命中。在這以城市為中心逐漸轉向以國家為中心的國有化過程中，掌握英國國家經濟命脈的倫敦商業界仍然是最主要的推動者。因此我們可以發現，新公眾社會的成形，一方面必須來自以個體獨立與自由為基礎的日常生活秩序，同時逐漸以國家的組織制度為成長框架。在這樣的環節上，雖然政治制度是以維持交換系統為主要的目的，但是國家並不是個體利益所結合的最後目的。成為國家的一員，個體不只得到保障需要和利益的法律發展空間，更為根本的因為國家的客觀性而得到本身的客觀性與倫理性[51]。

因此共同體成員身分從以城市為框架到以國家為框架，已經產生了實質的改變，這也意味著公民權利的概念得到新的發展可能性。另一方面，從此以後所發展的社會科學，也幾乎是以國家為框架來說明政治、經濟、社會或文化等等的現象，直至全球化的今天才有所改變[52]。對於希臘的Aristotle，國家在邏輯思維所完成的人類宇宙概念中，的確也是一個重要的場所，並且超越單純的政治。但是在我們上述的年代中，國家的意義已經不是來自於邏輯的思維推論，也不單純是自然法的承載者，而是以個體、社團組織與其交換秩序為基礎的統一政治社會[53]。道德同時也不是在邏輯上達到它的完整性或者因自然律則而實現，而是在一個政治共同體的現實當中達到它的完整性，也就是真實的倫理生活將重心從個體轉移到政治共同體[54]。政治共同體因此是社會性實踐行動的一個必要條件，並且當我們共同商議什麼樣的社會形式、法律、制度以及價值將是共同體的組成要素時，政治共同體才被完成，同時我們也已經形構一個新的集體意志、新的社會認同，和價值與制度關係。這樣的政治共同體並不是一個烏托邦，因為它不依賴現存社會與政治秩序的瓦解，而是一個大家共同為社會與政治秩序所建立的新空間，並且唯有參與這樣共同體的建構，個體才是具有自我意識的行為者[55]。

換句話說，在政治共同體或國家中，作為公民的個體擁有平等的權利，因而自由也才能真正地被實現，特別是關於所有權的相關權利[56]。現在個體自由的正當性已經不是作為個別資產家的私人利益與主觀選擇，他們經由經濟系統與社會關係與法律制度，只能間接地促進共同倫理生活的利益。現在政治自由的正當性就是共同倫理生活的善或者公共生活的善，而具有自我意識和自我決斷的公民，乃是因為自己的關係而促進共同倫理生活的利益。因此公民在國家中的權利，一方面以公民社會所形成的公共性和溝通為基礎，或者公民社會所形成的新公共性和溝通形式，給予公民在城市或國家中擁有新權利的可能空間。但另一方面它們已經不同於公民社會中的權利，因為法律上它們得到了普遍性與系統性，不論這普遍性或系統性是整體意志的表

現，或者只是特殊階級的意識型態。在上述的前提下，個體作為共同體的成員這件事情已經從倫理性轉向政治性，也就是從公民社會的空間轉向國家的空間。而個體的權利也依同樣的邏輯從市民的（civil）轉向政治的（political）權利，並且個體的自由與道德也在參與政治共同體中取得實現的確切可能性[57]。

　　參照F. Tönnies的語言，這些權利的表現同時意味著，社會參與的形式逐漸不以共同體（Gemeinschaft）關係為基礎，而是以社會（Gesellschaft）關係為基礎。也就是說，個體作為共同生活秩序的成員，不再只以共同體（Gemeinschaft）為框架，而是同時以社會（Gesellschaft）為框架[58]。首先必須加以說明的是，Tönnies的共同體意涵主要以家庭、村落以及地方等等的生活空間為主要的表現場所，也就是上述的倫理共同體。而社會的意涵在本文以上所討論的內容中，乃是指涉城市或國家為主的生活空間，也就是上述的政治共同體。因此社會乃是以共同體為前提而建立起來的系統性生活秩序，同時又因其普遍性與抽象性而不同於共同體。當個體不只是家庭、村落以及地方等等空間的成員，而同時是城市以及國家的成員時，他們的權利因其普遍性與抽象性，就逐漸不以倫理共同體為基礎，而是以政治共同體為基礎。換句話說，當人類生活秩序逐漸以政治共同體的形式來取代倫理共同體的形式時，公民權因而也取得發展的空間，例如市民的權利、政治的權利以及後來所發展的社會權利等等。當城市因商業與交換行為而發展時，作為市民的個體在城市中擁有基本的自主權與財產權，而這也已經隱含了作為公民的個體在國家中所擁有的選舉、結社與參與政府中央組織等等權利。

　　另一方面，公民權在城市或國家中的發展也逐漸以維護個人目的為主，不論這個人目的是公民社會中的特殊性或者是國家中的普遍性。這也意味著政治社會的發展逐漸以維護或建立交換系統為主要任務，因為個人利益已經相互運作在交換系統當中。因此當商業的交換行為與資本的累積促使共同體的形式逐漸從倫理的轉向政治的同時，公民權也逐漸取得發展的空間。但這轉向並不是截然放棄前者，而是以前者為基礎的連續發展過程。倫理共同體中的血緣、地方性與精神要素並沒有在新的形式中消失，而是作為城市與國家的構成基本要素，因此公民權的內涵也具有血緣、地方性與精神等要素，它們在後來的民族國家中扮演重要的角色[59]。在使得這個西方現代性由早期階段過渡到二十世紀初期的成形階段中，十八世紀末葉的工業革命和法國大革命是不可或缺的環節。工業革命的關鍵在於市場系統的擴展，以及社會結構經濟部門隨之而來的擴大分化。如同前面所說明的，市場系統的發展依靠法律和政治的保障，以及使得商業得以擴展的財產權和契約之法律架構。另一方面，在國家意識的架構內，法國大革命所要求的社會生活，乃是包括所有法國人並廢除特權人士的特殊地位，也就是以公民為中心概念。法國大革命的三大訴求——自由、平等、博愛——奠定了現代社會生活的新概念。自由與平等象徵著對政治權威主義和特權的不滿，博愛則指涉人民歸屬的關係，同胞就是社會生活的根本象徵[60]。在這轉向中具有清楚變化的，是這過程本身以及公民權的表現形式逐漸理性化，它同時體現傳統封建社會的式微以及現代社會系統的興起。也就是個體行為的動機逐漸以達到目的為考量，並且因此而來的人際關係也變得更合乎規則（Regelmä igkeit）和連續性，這些現象也就是發生在上述城市興起的同時。可以計畫性的利益考量逐漸取得主要的互動空間，而不是傳統的、感情的風俗秩序[61]。

　　在這樣的前提下我們可以看見，公民權的發展需要一種新的社會型態為背景。如同Weber所言，雖然在十八世紀末法國大革命之前，歐洲的一些城市已經有小規模的公民權，但是強大的公民權仍然需要國家作為基礎。它依賴從國家到地方、地方到國家的行政層級系統以及其直接的命令，它的普遍性與有效性逐漸以是否可以維護集體交換

系統為判準[62]。但必須再次強調的是，作為政治共同體的國家，雖然取得公民權在法律上的形式發展空間，但是公民權的最後根源並不只是來自於國家，也來自於民間結社與溝通的公民社會，後者更是公民權可以得到進一步發展的根本動力。如同Habermas所言，形成於現代世界的公民社會，一方面滿足於需要系統的分化，一方面是個人特殊性與普遍性的統一。作為一種不同於家庭生活的新生活型態，開啟了資本主義的社會形式以及官僚階層的社會制度，它們雖然在國家的法律形式下運作，但確是一種對立於國家與經濟系統的生活領域[63]。

　　因此作為政治共同體的國家，在十八世紀雖然擁有逐漸完善的行政與法律系統，但是它也以新的形式來體現原有的地方性與共同情感。它就是民族（nation）的形式，政治共同體以一種民族國家的方式來表現。十七世紀以來的歐洲民族國家之產生，其基本原因除了上述交換與科技的系統化之外，更直接來自於它所促成的宗教分裂以及其所需要的集權權威。在同樣的發展方向上，宗教與民族籍別的差異更是歐洲社會分割成地域政治單位所仰賴的基礎。一六四八年所訂立的西發里亞（Westphalia）條約——結束三十年戰爭，促成荷蘭與瑞士獨立——雖然不是宣告國家或帝國的產生，但是它賦予政治組織系統一個法律的（juridical）地位，清楚說明了國家的權利與義務，尤其奠立國際法的基礎，並且因此重建世界秩序的觀念和現實[64]。因此，個體作為政治共同體成員的條件在這環節上增加了民族這個框架，公民權的爭取與維持同時也涉及到民族這個要素。

　　共同體成員與公民權的概念和議題，事實上已經和民族性（nationality）和族群性（ethnicity）的現實交織在一起，而正是在這個聯結上，公民權的訴求與發展已經結合於文化的議題，共同體也成為一種文化現象[65]。因此，當文化思維與政策強調人民參與共同的生活秩序時，公民權也將是個方向和主題[66]。但這並不是十八世紀末到今天都不變的邏輯，當民族國家不再是人民生活的唯一框架，或者民族國家之間的界線已經模糊以及族群多元發展時，公民權將在這個全球化的現實上逐漸擺脫民族性與族群性的原始關聯，並且在文化建設上具有新的內容與定義。換句話說，現代公民制度的發展，促成了民族性與族群性成為凝聚社會生活之基礎。在早期現代社會中，凝結力最強的基礎在於宗教、民族和疆域等三個因素與民族性相互契合之處，但在完全發展的現代社會中，由於共同的公民地位就為國家團結提供了充分的基礎，因此諸如宗教、民族與疆域等因素都可以分歧，例如在瑞士。但是在可能的邏輯上，多元狀態的基礎如果太劇烈而導致尖銳的結構分裂，公民和國籍制度將促使社會生活瀕臨危險[67]。

　　另外，十八世紀末的歐洲國家當中，其所新興的民族國家並不是擁有相同的發展型態。例如誕生於法國大革命的新民族國家，如同其誕生於英語國家一樣，主要是一種以習慣法（common law）以及公民權為基礎。用本文所參照Tönnies的用詞，這種共同生活型態已經偏向Gesellschaft（社會），也就是不以家庭、村落以及地方等等生活空間為主要的表現場所，而是以城市或國家為主的生活空間。在這新空間中，法律必須公平地保證全民的幸福，並提升他們的德行。以這種型態所體現的民族國家主義可以說是一種領土的民族國家主義（territorial state-nationalism）[68]。但是在中歐及東歐所產生的民族國家主義，並不能與其既存的國家形式相合，由於民族國家主義之時代剛開始的時候，這種政治模式在日爾曼人、義大利人以及斯拉夫人之中都沒有看到，因此前政治和前理性的基礎成為表現民族國家的另一種生活型態，並且具體地形塑了公民權的特殊內容。這些基礎就是母語、民俗傳統、共同的繼承或民族精神，也就是Tönnies所言Gemeinschaft（共同體）之主要內容[69]。以這種型態所體現的民族國家主義，可以相對地稱為民族語言的民族國家主義（ethnic-linguistic nationalism）[70]。因為他們將政治標準放在傳統的紐帶上，所以日爾曼人、義大利人以及斯拉夫人在建立民族國家時，總是堅持使用相同

的語言，或聲稱來自相同祖先的民族應該建立一個政治國家（political state）。

　　國家不再是個人依據一般原則為了相互的利益結合而成的法律社會，國家現在變成了自然以及歷史的原初現象，遵循著自己本身的法則而行[71]。在這兩種民族國家主義之間的確存在著截然不同的世界觀與政治哲學、並且擁有各自不同的公民權內涵[72]。但是作為理論的區分，它們各自並不曾在現實的社會中存在過，如同本文所已經說明的，從公民社會返回自身的社會契約所體現的，已經不只是個體的特殊或普遍利益，而且還有他們在國家中所取得的整體性與客觀性。透過它們的中介以及個體的參與，個體可以獲得自我的認同和集體的認同。因此理性化的過程應該是，相互利益結合而成的法律社會本身就是自然以及歷史的原初現象，並且在這自然以及歷史的原初現象中，透過個體的參與將建構出新的法律社會。也就是人本來就是誕生在一個特定的法律社會中，並且學習與遵守其中的法律制度，在後來特殊事件的相互參與中，也進一步地重建或更新法律社會。在這前提下，區分兩種不同國家民族主義的要素——領土與語言——事實上並不曾分離過，而這也是符合人類社會歷史的現實。因此當民族國家取得發展的空間時，民族這一概念對共同體成員以及公民權產生了重新建構的空間，但是不同的民族內涵和定義也將產生不同的建構空間。在理論上，一個民族是否為一個國家的充分條件或必要條件，事實上存在著不同看法，尤其在後民族國家的當代社會中。個體參與共同體的身分因此也存在著多種可能，它可以是以單一民族、多重民族甚至是超越民族的全球觀點為框架[73]。

　　因此，以鼓勵參與共同體的文化政策在時間的序列上，事實上也不斷有不同的內容和形式。在A. Smith對民族的定義中，民族乃是一個垂直整合並且在領土上移動的群體，他們擁有參與共同體的權利，以及擁有關於一個或一個以上集體特徵的共同情感，並且依照這些要素可以和其他類似的群體區分開來[74]。這樣的定義基本上符合法國大革命以來的民族國家狀況，只不過對於英法國家更強調參與共同體的權利和相關法律，對於德國和義大利則強調諸如語言要素的共同情感[75]。但基本上，領土都是他們重要的構成要素，並且nation依此區別於ethnie，一個nation為一祖國（homeland），也就是被承認的空間與生態基礎。但是ethnie並不需要這個領土要素，就可以維持他們共同文化特徵和歸屬情感[76]。因此民族國家主義可以不是族群性（ethnicity）的一種特殊形式，它只需要領土以及在參與過程中被制定出來的法律體系就可以產生，例如英國和法國[77]。而德國和義大利的民族國家主義雖然與族群性較為密切，但是否必須由族群性來推演，則涉及族群性、種族與種族主義的相關定義。

在這個社會背景下，公民權基本上乃是隨著民族國家與民族性一同發展，也就是民族性在公民權的發展上給予一個限制[78]。但是民族性對於公民權來說並不是積極的條件，因為在政治與社會的現實上，擁有相同民族性的個體並不一定擁有平等的權利。另一方面，公民權一開始與族群性並不是有相當強烈的聯繫，民族與國家的框架遠比種族血緣的框架來得清楚。在現代化的過程中，族群性逐漸在國家系統化的力量當中弱化。但是當民族國家在全球化的過程中，不斷向超國家與次國家讓渡它的權力時，來自不同族群所要求的權利平等之訴求，也不斷地產生並得到認可或諒解。這是一個逐漸超出國家與民族性的發展，共同體成員以及公民權逐漸以人權（human rights）為參考點。十七世紀以來的城市發展以及十八世紀末的法國大革命，基本上也是以人權為基礎的個體自由為前提，然而二十一世紀共同體成員以及公民權的人權基礎，乃是對前者的一種重新建構。當前者歷經國家與民族國家的現代化發展歷程，而逐漸產生社會與文化上的不平等以及殖民主義的矛盾時，它面臨了一些不同的修正思維與方向[79]。

尤其是在全球化的現代社會中，人類的溝通網絡逐漸突破民族

國家的原有界線，並且民族國家也已無法單獨解決一些個體權利的問
題，例如金融問題、少數族群問題、生態問題以及治安問題等等，原
初人權的概念因而面臨重新建構的需要[80]。這個新的建構方向已經逐
漸遠離民族的要素，並且單純以個體基本權利如何在全球化的社會中
受到保護與維持為考量。例如在歐洲的公民權中，已經排除了民族的
要素，雖然對非歐洲公民仍有諸多限制[81]。換句話說，公民權最初與
民族性甚至族群性的緊密聯繫，在後民族的（post-national）與多元族
群的現代社會中已經鬆解。現在公民權在民族性與族群性之外找到新
的運作空間，並且逐漸單獨地運作，而這空間就是以新的人權概念為
基礎。不論如何，從最初的城市生活到現在的全球生活，雖然生活逐
漸地系統化並且遠離土地，但是鼓勵個體積極參與共同體都是文化認
同與個體認同的訴求，而這也不斷地涉及到共同體成員以及公民權的
重建。

　　共同生活空間以及社會認同的變化，對於文化政策來說也是主
要的議題。在藝文活動的贊助或支持中，看起來單純是靜態的行政作
業，但實質上涉及到共同生活空間與社會認同的要素。特別在城市生
活以及逐漸重視權利的全球社會中，文化政策不應該只是靜態的行
政，而是建構一個多元多樣的社會空間，並且在這裡面並不支持或禁
制特定的藝文取向。

第四節　文化行政與政策的地方化

　　二次世界大戰之後，政府介入公共生活的合法領域逐漸深入
國家社會的文化生活，其主要的特徵與目的可以說是來自國家的
意識型態，以及社會上、政治上或策略上的優先考量[82]。文化從作
為建立民族國家的意義基礎，作為福利政策的訴求，以及國家經濟

與地方經濟的發展素材，到作為國家邁向全球社會的重要線索，一方面文化政策以及相關組織不斷地建立，一方面文化專業或行政人才也作為一種新興的職業而產生[83]。在這個發展過程當中，尤其在一九七〇與一九八〇年代間，國家在文化活動（cultural activities）與文化決策權力（decision-making power）上，不斷地解除中心化（decentralization）。也就是原本以國家考量為中心的文化政策，逐漸轉向一個被解除中心的以及社會文化取向的文化政策（a decentralized and socioculturally-oriented cultural policy），當然這也是體現近半個世紀以來人類社會型態的基本轉向[84]。國家在這裡所扮演的角色大都是財政的分配與管理，而真正的主體是區域和地方，也就是社會文化的活動本身。不論是在經濟的考量、媒體的宣傳或社區意識的建立上，關於共同體的文化生活，大眾應該有決策和執行上的影響力。而這也是大眾參與共同體並取得成員身分的最積極表現[85]。

　　台灣社會自從一九八〇年代以來至今，基本上也是坐落在這樣的發展方向中，雖然這裡並不假設這樣的方向有其內在的發展邏輯。台灣社會在這方面的發展，事實上並不如北歐國家或一些西歐國家來得早，但是同時也具有本身的特殊性。也就是如果將台灣文化政策做階段性的區分，那麼將是從以國家為主體轉變到以人民參與為主體的過程[86]。其中所強調的人民參與，更是聯繫到中國傳統鄰里組織觀念的社區主體。而這種在全球社會中的地方文化事務之決策，事實上涉及到相當新型的整合任務，作者參考了相關著作的見解，將它以**圖**3-3來說明。

　　台灣社會在全球化的趨勢中所體現的地方化，就是由建立在國家的政策網絡轉變到建立在社會文化的政策網絡之過程。這個過程一方面加深了社會系統（system）的深度與廣度，但是同時也給予重建共同體（community）的新空間，這個新空間正是由地方化所加深的[87]。事實上，每一個社會階段都給予重建共同體的可能性，只不過將因該

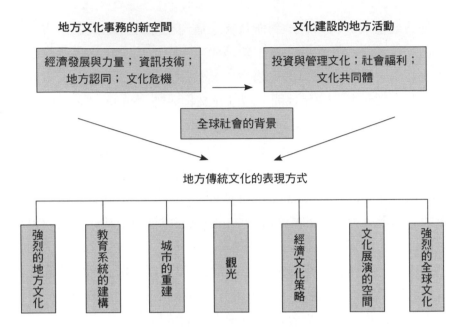

地方文化事務的新空間　　　　　　　文化建設的地方活動

經濟發展與力量；資訊技術；　　　　投資與管理文化；社會福利；
地方認同；文化危機　　　　　　　　文化共同體

全球社會的背景

地方傳統文化的表現方式

強烈的地方文化　　教育系統的建構　　城市的重建　　觀光　　經濟文化策略　　文化展演的空間　　強烈的全球文化

圖3-3　全球社會中的地方文化政策

資料來源：作者整理。

社會的系統化程度之不同而不同。在現今逐步邁向資訊社會的台灣而言，重建共同體的手段已經不可能以親近土地的原始方式來進行，而必須以人們所熟悉的溝通手段與中介來重建人們所已經創造出來的東西，也就是參與社區的共同事務。例如對一個社區整體的重建，二次世界大戰後可以以民族主義的相關方式來進行，但在資訊化已經漸漸普及的台灣社會，全球文化的考量以及全球的共同溝通方式，就是重建社區的重要資源與手段之一。但可以看見的是，在不同社會型態中可以存在共同的東西，就是重建共同體的必要性。對於這個必要性的認知已經涉及到社區意識，「如何在快速變遷、價值混淆而傳統包袱沉重的社會中，培養出愛鄉土、重文化的社區意識，並由此建立一個生命共同體，是社區意識的主要內涵」[88]。在這傳統的社區意識中，廟宇的確是文化與社會生活的重點，但是如何以廟宇為中心來重建社區生活，則在不同的社會系統化程度中，擁有不同的表現方式。在以經濟系統為主的社會型態或階段中，廟宇將以觀光和就業考量作為重建的基本方向。在以資訊系統為主的社會型態或階段中，廟宇則將借助資訊網路以及虛擬空間作為承載的中介。但是不論如何，台灣社會的全球化與地方化，在一九九〇年代已經形成凝聚社區意識和營造社區的社會現象，並且已經逐漸深入地方的文化思維中。但值得關心的是，重建社區生活和凝聚社區意識並不是文化政策的全部。在文化政策的發展中，它的計畫重點可以是以經濟為方向，可以是管理文化，更可以是最初的國家意識型態[89]。

　　文化的決策除了不再有單一的中心之外，其實也已經不只是在中央政府。文化行政與政策必須在一個國家當中形成一個網絡，這個網絡反應社會的多元和多樣。台灣需要的是一個真正相互尊重的社會，這需要文化政策上的努力。在社會的全球化下，地方政府逐漸取得文化建設的必要性與正當性。歐洲除了聯邦國家，例如德國、比利時、奧地利以及瑞士等等，具有地方文化政策的傳統外，其餘國家在一九七〇年代以後才有地方文化事務的自主權[90]。台灣社會則是在一九九〇年代中期以後才有發展的空間，當然同時也具有本身的特殊性質。在一九九八年的文建會文化白皮書中，文化建設中程發展方案的內容明顯地反應了這個空間的建立。其中前三項分別為創造地方多元文化空間，均衡城鄉文化差距，促進地方文化發展；整合地方文化資源，展現地方文化特色；以及培養社區自主，展現社區生活機能與活力[91]。在這個新空間建立的過程中，地方文化意識必須有基本的建構程度，但這是否必然地反應在地方文化事務的決策權力上，或者兩者之間是否存在特定的邏輯關係，則是依不同國家而不同。就一九七〇年代的法國與北歐國家而言，地方文化事務的決策權力不斷提升之原因，主要並不是來自地方文化意識的壓力，而是來自帶有社會福利

建設的經濟活力[92]。就台灣社會而言，在文化事務決策上並不存在中央－地方的對立或轉移，因為一方面中央尚無統一的文化決策法規與權力，另一方面地方興起的文化活動基本上也不是來自於清楚的地方意識[93]。因此地方文化事務在法律、制度、行政與組織上的建構，既不來自對立於中央的推力，也不是來自地方意識的動力，那麼重建社區生活與建構地方文化行政就必須有新的能源，它可以是結合經濟、政治、族群與權利等不同認知的地方認同。

　　社會認同首先聯繫於社會期望以及權利。台灣人民在文化上的認同，顯然一方面逐漸期望地方化或社區化，一方面文化認同的內容已經不是對特定意義的單純意識，而是涉及到具體的文化建設，也就是結合經濟、政治與族群等等因素的權利思考。這個權利思考就是人民參與社區的新動力，因而也是重建共同體和凝聚社區意識的新動力。在這個參與社區的過程中，人民不但陸續重建本身的文化生活，同時也建構共同的社區認同以及同時產生的自我認同。但是建立在社會期望與權利基礎上的認同，是不是必然會與所謂「台灣人的認同」或「新台灣人的認同」緊密地結合呢[94]？這將涉及到地方文化建設是否必須強調後兩者的認同內容之問題。以這裡的立場為出發點，這個問題應該轉換成這樣的陳述，即建立在社會期望與權利基礎上的認同，可以提供所謂「台灣人的認同」或「新台灣人的認同」之可能性空間，但是前者不一定要以後兩者為前提或發展的目標。另一方面，建立在社會期望與權利基礎上的認同，基本上是一種多元認同（multi-identity）的形式[95]，也就是在社會系統不斷分化與重疊的過程中，關於人際關係上的期望或制度組織上的權利，不可能只是框限在特定的層面上。當然這同時也是傳統封閉社會逐漸瓦解的過程，過去穩固的單一認同，在全球化與地方化的影響下，得到了新的認同空間（spaces of identity），它同時交織在地方、國家、區域以及整個世界上。這樣的多元認同空間一方面加強了地方文化行政的力量，一方面也使得各層級的文化事務工作互相交織在一起，並且是交織在經濟、政治與社會等等政策的網絡中[96]。

　　一般來說，在後工業的台灣社會當中，原本建立在中國意識與中國文化的集體認同，一方面因為消費性的社會型態，一方面因為國家功能與公民意識的改變，逐漸轉變為尊重個人、文化或族群之間的差異，也就是差異（difference）變成生活方式的基本機制之一。人們在權利的維護與實踐過程中，建立起錯綜複雜的自我認同與群體認同，而這又是內容空虛與充滿焦慮的認同[97]。本來國家與民族因素將是填補這空虛的意義系統，但台灣在國家與民族上又存在著另一層面的模糊與空虛。因此相較於其他社會，在新台灣人的多重認同中，差異將扮演更深刻的角色[98]。也就是新台灣人的多重認同大多數不是來自主體或相互主體間對特定意義與價值的掌握，而是更多地來自與他人單純的差異，例如身分、消費或語言的差異。而這些差異在商業化的社會中存在著變動性，因此認同事實上並不穩定而且充滿焦慮。

　　因此，重建共同體、社區生活以及多元認同空間的社會現實，使得地方文化決策與行政取得了正當性與迫切性，而這同時也是夾帶觀光和就業等經濟建設、政治建設與社會建設各方面的思維。對於台灣社會而言，這樣的文化政策同時必須處理到社會與文化認同的議題，在後面章節中將以「台灣境寓」（Taiwan Milieu）這個空間，來反應文化決策的多元和多樣必要性，同時告訴我們自己就是台灣人。這個論述不同於過去建立在對立和族群上的理由，而是真實反應台灣目前的社會。它有機會為台灣人民重新找到凝聚的新力量和新基礎。

註　釋

1 在西方社會的發展過程中，中心化（centralization）是主要的特徵，特別是將世界的中心放置在歐洲。並且這中心的意涵從宇宙、社會、政治、經濟、文化一直到個體的理性。當然自從十九世紀中葉以後，這樣的狀況已經有所改變，社會等等的生活變成多元，個體的理性也不再只強調主體性，這過程是一種解除中心化（decentralization）的過程。但必須強調的是，兩者都不曾把對方完全壓制，並且事實上都同時存在於一個社會生活和個體理性中。

2 雖然全球化是一種解領域化（deterritorialization）〔有時用解地方化（delocalization）一詞〕的過程，它表示高度的人員、物質和資訊流動，也就是它們從地理空間中解放出來的現象。個體的向外離心力也是達到人類歷史以來的最高程度，但是在個體仍然活動於地方之前提下，這樣的趨勢一直都是有所限制的。並且在國家權力某些程度轉向地方，以及地方經濟力量的影響下，將焦點再轉回到地方也是正在發展的現象。

3 文化作為一個政策議題乃是二次世界大戰之後的事情，而專司文化政策的行政機構也是在六〇年代後才在世界各國陸續成立。

4 P. L. Berger and T. Luckmann, *The Social Construction of Reality* (New York: Anchor Books, 1967), p52.

5 T. Parsons and N. J. Smelser, *Economic and Society* (New York: Free Press, 1965), pp.47-49.

6 T. Spybey, *Globalization and World Society* (Cambridge: Polity Press, 1996), p.110. 科技一方面深深地改變人類事物發生的範圍，一方面使人類在更短的時間與最有效率的方式上做更多事情。科技建立了地方、國家與國際共同體的互相依賴性。J. Rosenau, *Turbulence in World Politics* (Princeton: Princeton University Press, 1990), p.17.

7 J. Baudrillard, "The Ecstasy of Communication", in H. Foster (ed.), *Postmodern Culture* (London: Pluto, 1985), pp.133-134.

8 F. Webster 著，馮建三譯，《資訊社會理論》（台北：遠流，1999），頁305-310。

9 意義翻譯成德文可以是Sinn和Bedeutung，兩者的內容同時包含在英文meaning

之中。不過本文所強調的意義乃是德文的Sinn，它可以有以下幾種不同的內涵。首先，例如「雪是黑色的」這一句話雖然可以是錯的，但是具有意義（sinnvoll）。但「雪是質數」這一句話乃是無意義的，因為它在陳述邏輯上並無對錯可言。其次，陳述的內在邏輯結構（例如主詞與賓詞之間的關係）必須要在符號邏輯下被研究。在這裡，意義乃是在語義的語言系統當中被決定。第三，在古典的實用主義中，一個思想的意義從來不是實際現在的，而只是可能性的。也就是只有在行動的實現化過程中，才是可以想像的。第四，在符號互動理論中，意義乃是作為溝通的關係被理解，並且將行動的不同階段帶向一整體。第五，在理解的社會學中，社會學乃是一種行動的科學，也就是一個行為依照它的意義指向另一行為的整體關係。最後，在功能結構理論當中，意義乃是作為一理解領會的形式，也就是複雜性的簡化形式。W. Fuchs u.a. (hrsg.), *Lexikon zur Soziologie* (Opladen: Westdeutscher Verlag, 1978), pp.694-695.本文文化理論所關聯的意義概念主要是第四種的符號互動理論，即意義乃是作為溝通的關係被理解，並且將行動的不同階段帶向一整體。

[10] 如同S. Hall所言，文化本身就是一種表意的實踐，而意義就是這種表意實踐的決定性產物。表意在人類社會中通常藉語言或符號系統來達成，並且一方面體現特殊社會型態的表達方式，一方面體現表意所要傳達的對象。而這也是符號學創始人C. S. Peirce所擁有的基本看法，文化選擇了一些現象並且將它們作為符號來提出。因此在這樣的觀察角度下，符號與其所承載的意義如果有規範取向的話，也是來自日常生活所已經存在的規範。在全球化的過程中，這種情況已經明顯地逐漸減少。S. Hall, "Cultural Studies and the Centre: Some Problematics and Problems", in H. Hall a.a.(ed.), *Culture, Media, Language* (London: Hutchinson, 1980), p.30; U. Eco, *Einführung in die Semiotik* (München: W. Fink, 1994), p.30.

[11] 在Weber的傳統中，文化科學的基礎乃是建立在這樣的事實上，即人類乃是作為文化人（Kulturmenschen）而存在著。並且這樣的文化科學並不涉及到社會實在的整體，而是文化人在現代社會生活中的一些面向。文化科學以特殊的思維架構來說明這些面向中的因果關係，但並不涉及到作為整體的社會實在之內在邏輯，也就是不涉及到特殊的文化哲學或理論。後者如Marx說明

文化作為上層制度以及它在改變上的內在可能性，這裡存在著一種關於人的生活之基本價值關懷。建立在這種關懷之上的文化論述，往往具有強烈的規範取向。而文化科學與特殊文化哲學之間的界線在不同的觀察角度中，則存在不同的劃分法。例如在U. Eco的角度中，Marx的理論不但確立了文化的對象乃是依符號學的原則而運作，並且也確立在一般的符號學系統中，每一個文化事情都可以成為符號的能指和所指。他並進一步論證，在文化科學中，溝通的律則就是文化的律則，文化可以在符號學的觀點下被充分地研究。因此在價值不斷相對化的現代社會中，並不存在一個固定的標準來區劃文化科學與文化哲學之間的界線，而是依賴觀察的角度。U. Eco, *Einführung in die Semiotik* (München: Wilhelm Fink Verlag, 1994), p.38; M. Weber, *Gesammelte Aufsätze zur Wissenschaftslehre* (5th edn) (Tübingen: J. C. B. Mohr, 1982), p.180.

[12] 這是一個詮釋活動的根本性質。對於Weber的文化科學而言，知識是隸屬於科學家對實在所提出的問題之下，因此新的問題將推演新的知識與科學的性質。對於H. G. Gadamer而言，詮釋活動如同F. D. E. Schleiermacher所言，每一部藝術作品從其原來的規定出發就是部分地可理解的。F. D. E. Schleiermacher本人則認為在一個個別文字當中，部分只能從全體來理解。為了掌握全體而進行的個別詳細理解，乃是一件草率的閱讀。R. Aron著，齊力等譯，《近代西方社會思想家：涂爾幹、巴烈圖、韋伯》（台北：聯經，1987），頁211。H. G. Gadamer著，吳文勇譯，《真理與方法》（台北：南方，1988），頁235。F. D. E. Schleiermacher, *Hermeneutik und Kritik* (Frankfurt am Main: Suhrkamp, 1993), p.97.

[13] 這種倫理生活甚至被Hegel認為具有它本身的實體。倫理生活就是共同體的生活，個人作為共同體的成員乃是一個道德的人。因此個人的實體性或普遍的本質就是由共同體的生活來規定，個人只是作為一種偶然的東西與共同體生活發生關係。在這樣的理解角度下，個人的詮釋或批判只是直接反應整體的倫理生活。在這整體性中，共同生活的發展方向具有它已經存在的規範性。G. W. F. Hegel, *Philosophie des Rechtes* (Frankfurt am Main: Suhrkamp, 1993), § 145-146.

[14] 在現代社會中，參與者之間的互動聯結公民社會重建的問題。從資產階級社會出發到民主的公民社會，必須一方面依賴保障彼此感情與獨立性的新權

利措施，一方面也必須依賴溝通與結合（communication and association）。
而這奠立基本權利的計畫就是一個關於公民社會政策的最重要任務之一。
在這公民社會中的政治參與，就是保障彼此權利以及尊重多元價值的基本
前提。J. Cohen and A. Arato, "Politics and the Reconstruction of the Concept
of Civil Society", in A. Honneth a.a. (ed.), *Cultural-Political Interventions in
the Unfinished Project of Enlightenemnt* (Cambridge: The MIT Press, 1992),
pp.138-139.

[15] 對於C. S. Peirce而言，符號的邏輯乃是直接體現不同的社會生活型態與世
界觀。他首先透過符號的分析，說明日常溝通的符號學分析特性。在符號
關係的三個關係項中，即實際的對象（das reale Objekt）、物質的符號本
身（das materiale Zeichen an sich）以及解釋意義（Interpretanten），作者
與解釋者同時關聯於一個溝通上的直接對象，使得(一)作者試圖透過符號
的表達標示這個對象，以及(二)在這符號被表達之前，解釋者已經擁有了
關於這個對象的任何知識種類，並且(三)兩個溝通伙伴同時也知道，這個
符號乃是表現一個對象的特殊方式。依照這個溝通的環節，建立一個自然
的哲學理論，對於Peirce而言乃意味著，將語言的表達形式當作一部分的
經驗過程來理解。意義乃經由經驗的連結而自我確立，但並不成為一個在
己的表達（Ausdruck an sich）。也就是個別的事物乃經由語言的行動被表
現。言說行動（Sprechakte）並且依賴於情境（Situation）。這也是Peirce實
用主義（Pragmatismus）在符號上的應用，它是一個符號學—邏輯的方法
（semiotisch-logische Methode），以便解釋對象性思維的智性意義以及它所
相應的社會型態。Helmut Pape, "C. S. Peirce (1839-1914)", in von T. Borsche
(hrsg.), *Klassiker der Sprachphilosophie: Von Platon bis N. Chomsky,* (München:
C. H. Beck Verlag, 1996), pp.307-324.

[16] 如同A. Gidenns所言，人類生產社會，但是他們必須是在歷史所限定的場所
當中行動，而不是在他們自己所選擇的條件下。也就是人類代理者的領域
乃是有所束縛的界線（The realm of human agency is bounded）。這樣結構性
的社會型態一方面給予代理者行動的資源，一方面給予代理者行動上的限
制。A. Giddens, *New Rules of Sociological Method* (London: Hutchinson, 1976),
pp.159-160.

[17] J. Habermas, *Strukturwandel der Öffentlichkeit* (Neuwied: Hermann Luchterhand Verlag, 1962), p.88.

[18] T. H. Marshall, *Reflections on Power* (Cambridge: Cambridge University Press, 1969), pp.141-142.

[19] M. Weber, *Wirtschaft und Gesellschaft* (Tübingen: J. C. B. Mohr, 1980), p.21.

[20] 事實上這裡涉及到相當嚴謹的學術論證，因為討論的範圍以及作為預備資料的性質，關於其細節將不再繼續加以陳述，它們需要以專著來交代。

[21] Hans-Georg Gadamer, "Culture and Media", in *Cultural-Political Interventions in the Unfinishes Project of Enlightenment* (eds. by A. Honneth et al., trans. by B. Fultner) (London: The MIT Press, 1992), pp.171-184.

[22] Hans-Georg Gadamer, "Culture and Media", in *Cultural-Political Interventions in the Unfinishes Project of Enlightenment* (eds. by A. Honneth et al., trans. by B. Fultner) (London: The MIT Press , 1992), p.186.

[23] 「文化既是一個社群長期形成的生活方式……其具體表現則為各類型的文化生活圈及其彼此的關係」。目前我國文化建設的藍圖事實上已經表現相當程度的文化反省思維。〈文化建設走了幾階？——李亦園、杭之對談〉，於《立法報章資料專輯》，第51輯，1995，頁6。

[24] C. Geertz, *The Interpretation of Cultures* (New York: Basic Books, 1973), pp.3-5.

[25] 尹建中，〈文化資產維護觀念的評估〉，載於邵玉銘主編，《理念與實踐：當前國內文化發展之檢討與展望》，（台北：聯經，1994），頁51。

[26] 文建會，《創意台灣、世界發光——文創二期計畫》（URL:http://cci.cca.gov.tw/page/p-04.php.no5, 2009）。其中規劃有五大園區，即華山、台中、花蓮、嘉義與台南等園區。

[27] J. Derrida對邏輯中心主義與民族中心主義的批判與解構。J. Derrida, *Grammatologie* (übersetzt. von Hans-Jürg Rheinberger und H. Zischler) (Frankfurt am Main: Suhrkamp, 1994), pp.16-48.。

[28] 在本世紀文化科學（Kulturwissenschaft; science of culture）產生之前，縱使文化哲學也是從十八世紀以後才成為一門特殊的學科而加以討論。它與人類學、倫理學、神學，以及形上學具有緊密的聯繫。H. Schaller, *Die europäische Kulturphilosophie* (Freiburg: K. G. Herder, 1940).

29 M. Volkerling, "Deconstructing the Difference-Engine: A Theory of Cultural Policy", *The European Journal of Cultural Policy,* Vol. 2, No. 2, 1996, pp.194-200.

30 P. Mangset, "Risks and Benefits of Decentralization: The Development of Local Cultural Administration in Norway", *The European Journal of Cultural Policy,* Vol. 2, No. 1, 1995, pp.77-80.

31 因為科技與經濟結構的發展，全球化的確是一種新的現象。但是它可以達到什麼程度，以及國家生活的界線可以模糊到什麼程度，乃是有待討論的議題。但更重要的是，全球化的過程為地方帶來了新的壓力，因而為地方帶來新的成長空間，它們在原有的國家框架內並不容易存在。G. Junne, "Integration unter den Bedingungen von Globalisierung und Lokalisierung", in J. Kohler-Koch (hrsg.), *Europäische Integration* (Opladen: Leske+Budrich, 1996), pp.513-530.

32 經濟活動作為共同體的最基礎活動，它所帶動的所有制度性意義結構（包括經濟制度本身）可以稱為文化。雖然並不一定要像馬克斯主義一樣，將這結構歸入上層階級的活動和意識型態。但是在現代化的過程中，經濟活動深入每個生活角落中，其所造成的現代諸種社會問題與生活適應問題，迫使人們思考經濟建設是否應該有界線，或者文化生活是否應該擁有一較自主的空間。如果沒有，那麼文化作為商品就不再是問題；如果有，那麼強調共同體的生活以及認同的內涵就是經濟活動所應該讓渡出來的。七〇年代之後，經濟與文化之間的和解事實上乃是各國政府所必須面對的問題。B. H. Trine, "Measuring the Value of Culture", *The European Journal of Cultural Policy,* Vol. 1, No. 2, 1995, pp.309-322.

33 在一些理論的思考上，認同的空間乃是隨著不同文化生活型態的變化而變化，並且它們也標示出不同文化政策的討論秩序。例如從一開始的單一文化（monocultural），到多元文化（multicultural）、國際性的（international）以及全球性的（global）。但是在本文的立場中，認同一直以來都是多元的，只不過在現代化的過程中表現出它的國際性與全球性。並且在國際性與全球性中，並不存在截然的界線。Volkerling, "Deconstructing the Difference-Engine: A Theory of Cultural Policy", *The European Journal of Cultural Policy,* Vol. 2, No. 2, 1996, p.193.

34 各縣市文化中心的組織法源主要是根據「教育部建立縣市文化中心計畫大
綱」以及「社會教育法」。在行政人事方面，也是由教育部管轄，包括
建築、設備、編制員額及經費等，其後再轉移至各縣市政府。透過教育
系統來進行文化建設並非不可以，而是文化建設在此尚無主體性。參見
行政院文化建設委員會《文化白皮書》（URL:http://www.cca.gov.tw/intro/
yellow_book）。

35 英文Citizenship一詞，德文為Bürgerschaft、法文為citoyenneté。一般翻譯為公
民權。作者在其他著作中為了將它聯繫於與國家概念對比的公民社會概念，
並且將它的意涵從政治的規約擴充到社會生活的秩序上，即社會生活也將表
現一個具有共同意義結構的生活共同體。公民（citizens）的拉丁字源civitas
乃是意味城市之成員，來自於cité的法文citoyen也是意指在城市之內享有特
定權利的市民。但是中文「市民權」一詞在一般的字義上又容易被誤解為只
是一個城市的成員，因而喪失了它的德文原意以及與國家和地方的關係。因
此作者在其他地方也嘗試將Citizenship翻譯為「共同體參與權」，以忠實地
傳達十八世紀以來個體權利在社會變遷上的起源和反應，並且較符合現代社
會與社會理論所強調的共同體概念、權利的積極性和參與性。但鑑於字數較
長，不符翻譯的慣例，因此在本著作中統一地將它翻譯為「公民權」，以供
對話。

36 這三個方向乃是作者觀察歐洲國家從七○年代以來，文化政策不斷地方化所
表現出來的基本特徵。它們也不是截然的劃分，並且有些內容是重疊的。未
來的章節將詳細地說明其細節，在此可先參考林信華，《邁向一個新的歐洲
社會》（台北：五南，1999）。

37 G. W. F. Hegel, *Philosophie des Rechtes* (Frankfurt am Main: Suhrkamp, 1971),
§ 243。

38 A. Wolf著，周昌忠等譯，《十八世紀科學技術和哲學史》（北京：商務印書
館，1991），頁582-586。社會科學的活動也取得了相當大的進步，特別是研
究個體在共同社會環境、語言以及法律中生活的心理因素。其次在人口統計
的技術和經濟現象的系統性研究上，政治經濟學成為這個世紀的一門活躍的
科學。這些研究提供了來自學術社團的政策性建言，它們不同於傳統國家的
貴族意見，甚至它們促進公民社會中的商業制度與利益行為。

[39] F. Braudel著，施康強等譯，《十五至十八世紀的物質文明、經濟和資本主義》，第一卷（北京：生活、讀書、新知三聯書店，1992），頁559。

[40] 表現抽象的數字財富之另一個重要制度可以說是銀行，銀行在歐洲存在的歷史可以說相當長久，但在十八世紀，歐洲整個商品交易似乎被活躍的信貸和貼現活動所操控。阿姆斯特丹、倫敦、巴黎和日內瓦表現歐洲銀行有效統治的四角聯盟。F. Braudel著，施康強等譯，《十五至十八世紀的物質文明、經濟和資本主義》，第二卷（北京：生活、讀書、新知三聯書店，1992），頁423。

[41] 特別是最本土的市集形式隨著城市的擴大而擴大，它們不但數量增多，而且規模不斷發展，以至於狹窄的城區容納不下。因此在城外設置新市集就成為發展的重點，新市集並不取代舊市集隨著市區擴大，城牆不斷往外移，城市與其人口也不斷地擴大。更重要的是，在這城市商業活動當中，一方面城市引入了大量的鄉村人口，另一方面也使市集的交換行為逐漸地專業化，例如商場（halle）的設置。而這種交換的逐漸自由化，對於貨幣或新的流通渠道具有更迫切的需求。商場是一個交易多元化的場所，不僅是農產品和工業品、地產、貨幣，還有人力等等。另外一方面，金錢也迫使商店或商場劃分出不同的等級，最上面是幾個專門從事貿易的富商，最下面是例如賣油布的小店主。例如巴黎從一六二五年法令到一七七六年八月十日的敕令，最體面的行業有六個：呢絨業、食品業、錢莊業、首飾業、雜貨業，以及皮貨業。在馬德里，高居首位的五大行業在十八世紀起著舉足輕重的作用。倫敦有十二個大行業。在義大利以及德意志的自由城市，大商人實際上已成為貴族，他們掌握著治理大商埠的權力。F. Braudel著，施康強等譯，《十五至十八世紀的物質文明、經濟和資本主義》，第二卷（北京：生活、讀書、新知三聯書店，1992），頁1-50。

[42] F. Braudel著，施康強等譯，《十五至十八世紀的物質文明、經濟和資本主義》，第一卷（北京：生活、讀書、新知三聯書店，1992），頁608-610。

[43] F. Braudel著，施康強等譯，《十五至十八世紀的物質文明、經濟和資本主義》，第二卷（北京：生活、讀書、新知三聯書店，1992），頁80。

[44] 這裡最主要涉及到的是以城市生活為中心的階級現象，它影響到個體社會活動的限制與框架以及個體權力的發展，因而也逐漸形成新的認同空間。例如

德文的資產階層或市民階層Bürgertum就代表一個新的認同符號。

[45] B. S. Turner, "Contemporary Problems in the Theory of Citizenship", in B. S. Turner (ed.), *Citizenship and Social Theory* (London: SAGE, 1993), pp.9-10.而德文Bürger在Hegel以後（特別是Marx以後）與公民社會（die bürgerliche Gesellschaft）的概念緊密地聯結在一起，它一方面表示具有獨立經濟能力的個體，一方面也是具有教養的道德個體。在這之中，城市與國家的截然區分已經不是要被強調的重點。

[46] F. Braudel著，施康強等譯，《十五至十八世紀的物質文明、經濟和資本主義》，第二卷（北京：生活、讀書、新知三聯書店，1992），頁529。

[47] 在這裡，政治社會乃是保護個體財產以及維持個體財產交換關係的設計。也就是政治社會乃是維護與促進交換系統的設計，它較擁有法律與政策的工具特徵，而不是道德特徵。A. Black, *Guilds and Civil Society in European Political Thought From The Twelfth Century to The Present* (New York: Cornell University Press, 1984), pp.153-163.

[48] F. Braudel著，施康強等譯，《十五至十八世紀的物質文明、經濟和資本主義》，第一卷（北京：生活、讀書、新知三聯書店，1992），頁610。

[49] 這個交換系統所包含的，事實上是我們今天所用「社會」一詞所包含的整體，也就是十九世紀中葉以後社會科學所面對的社會秩序之整體。從十七、十八世紀資本主義發展以來，如何維持這個秩序乃逐漸成為社會科學理論與政策的重心。

[50] F. Braudel著，施康強等譯，《十五至十八世紀的物質文明、經濟和資本主義》，第二卷（北京：生活、讀書、新知三聯書店，1992），頁579。

[51] G. W. F. Hegel, *Philosophie des Rechtes* (Frankfurt am Main: Suhrkamp, 1971), §258.

[52] I. Wallerstein a. a., *Open the Social Sciences: Report of the Gulbenkian Commission on the Restructuring of the Social Sciences* (Oxford: Oxford University Press, 1996), C.3.

[53] 對於Hegel而言，國家由家庭與公民社會所組成。個人因為他本身的特殊技藝，成為法人組織的成員，因而也是公民社會的成員。公民社會作為一種法人組織性質的聯合，乃是通過成員的需要、保障人身和財產的法律制度，

以及通過維護他們特殊利益和公共利益的外部秩序而建立起來的。國家因為公民社會的基礎而回到自身的客觀性時，這些聯合同時也達到它最高的客觀性與普遍性。G. W. F. Hegel, *Philosophie des Rechtes* (Frankfurt am Main: Suhrkamp, 1971), §157.

54 C. Taylor, *Hegel* (Cambridge: Cambridge University Press, 1975), pp.365-385.

55 J. M. Bernstein, "From Self-consciousness to Community: Act and Recognition in the Master-slave Relationship", in Z. A. Pelczynski (ed.), *The State & Civil Society: Studies in Hegel's Political Philosophy* (Cambridge: Cambridge University Press, 1984), pp.32-39.

56 作為一個理性的、道德的以及倫理的個體之自決，自由在國家或政治共同體中得到完全的發展。Z. A. Pelczynski, "Political Community and Individual Freedom in Hegel's Philosophy of State", in Z. A. Pelczynski (ed.), *The State & Civil Society: Studies in Hegel's Political Philosophy* (Cambridge: Cambridge University Press, 1984), pp.71-76.

57 在T. H. Marshall的理論中，個體在英國社會所擁有的新權利，從十七世紀的市民或法律權利（civil or legal rights）（例如財產權等等），轉向十八世紀與十九世紀的政治權利（political rights），這乃是伴隨資本主義以及議會民主的發展，它們包括選舉、結社、參與政府中央組織等等權利，以及二十世紀因福利國家的發展而來的社會權利（social rights）。T. H. Marshall, *Class, Citizenship and Social Development* (London: University of Chicago Press, 1977), pp.1-22. 個體的公民權利到政治權利的發展，也許在時間的區分上並不是那麼清晰，也就是兩者在同一時期或同一社會型態中產生，A. Giddens就是採取這樣的觀點。兩者乃是社會被剝奪者為了爭取他們的利益時所產生的，在這樣的抗爭運動中，財產的利益與結社、選舉的利益並不是那麼容易被區分開來，甚至同時夾帶在同一個抗爭運動中。A. Giddens, "Class Division, Class Conflict and Citizenship Rights", in *Profiles and Critiques and Social Theory* (Cambridge: Polity Press, 1982), pp.170-180. 在本文上述的立場中，首先同意兩個不同的權利內容常常是同一社會現象的不同表現而已，但是個體因為交換系統的擴大逐漸從城市生活擴展到國家的政治社會時，在一般的社會現象上，市民的權利的確更清楚地表現在政治權利上，但是這並不排除在一些社

會現象上，他們會更清楚地表現在諸如財產權的公民權利上，因為此類權利
並沒有消失，而是以不同的形式更強烈地在後來的資本主義社會中被要求。

[58] 本文在此參照F. Tönnies的相關術語，其目的並不是要將他的理論與Hegel的
理論做一整合或比較，而是在不混淆術語用法以及指涉對象為相同的前提
下，未來將連接Weber與Habermas的相關論證。在一八八七年出版的《共同
體與社會》一書中，Tönnies認為共同體在參與的人群當中，依賴於他們本能
的樂趣（instinktivem Gefallen）、習慣所限制的適應、聯繫於觀念的共同記
憶。並且在發展的歷史上，比因目的而建立起來的社會型態還來得早。而這
也通常以家庭、村落以及地方等等的型態來表現。相反地，社會產生於多數
個體在思想上與行動上的計畫性（planmäüg）協約。這些個體從特定目的的
共同影響，意圖達到一個個人的利益。它們主要以城市以及後來的民族國家
為表現的主要形式。F. Tönnies, "Gemeinschaft und Gesellschaft", 3 Auflag., in
Soziologische Studien und Kritiken, Bd.1 (Jena, 1925), pp.42-50.

[59] F. Tönnies, "Gemeinschaft und Gesellschaft", 3 Auflag., in *Soziologische Studien
und Kritiken,* Bd.1(Jena, 1925), pp.50-90. 在Weber社會學的立場，可以透過
民族（Nation）概念來理解倫理共同體這一術語。M. Weber, *Wirtschaft und
Gesellschaft* (Tübingen: J. C. B. Mohr, 1980), pp.242-244.

[60] T. Parsons著，章英華譯，《社會的演化》（台北：遠流，1991），頁
200-206。

[61] M. Weber, *Wirtschaft und Gesellschaft* (Tübingen: J. C. B. Mohr, 1980), pp.15-16.

[62] C. Tilly, "The Emergence of Citizenship in France and Elsewhere", in C. Tilly (cd.),
Citizenship, Identity and Social History (Cambridge: Cambridge University Press,
1996), pp.227-231.

[63] J. Habermas, *Theorie des kommunikativen Handelns,* Band 2 (Frankfurt am Main:
Suhrkamp, 1995), p.486.

[64] A. Rapoport, "The Dual of the Nation State in the Evolution of World Citizenship",
in J. Rotblat (ed.), *World Citizenship: Allegiance to Humanity* (London: Macmillan
Press, 1997), pp.99-100.

[65] 在這十八世紀末所體現的新社會現象中，民主國家主義（nationalism）正是
反應這社會現象的生活型態，它後來也從西歐強大地影響到世界的其他區

域。它將文化民主化，例如在團體對生活的自決、國家之現代科學和科技的
進步、民族的語言和傳統，置於在此之前通行於世的世界語言（在歐洲為拉
丁文以及之後的法文）和普遍傳統（基督教或伊斯蘭教）等等現象上。因此
民族國家主義驅散了歐洲中世紀、啟蒙時期和回教地區文化上的一體性，
轉而支持各個民族國家獨特的民族文化和語言。並且，在這十七世紀以來
已經開啟的理性時代裡，民族國家需要一種理性的組織，這是一種在古代
的部落和城邦中不曾存在的組織。它將所有各階級的人民聚合成一種國體
（commonwealth），和文化上的共同伙伴。幼獅文化事業公司編譯部主編，
《觀念史大辭典——政治與法律篇》（台北：幼獅，1987），頁61-62。

66 公民權在這裡給予文化權和文化「政策」一個正當性的基礎，並且以參與的
角度，讓文化事務由社會互動本身來決定，而參與這種形式的社會互動將是
個體的一種權利。在這前提下，國家在文化議題上制定相關政策也具有積極
的正當性。

67 T. Parsons著，章英華譯，《社會的演化》（台北：遠流，1991），頁216。

68 英國作為歐洲第一個民族國家，基本上是一個多重民族的國家。威爾斯在
一五三六年加入英國，蘇格蘭在一七〇七年，而愛爾蘭在一八〇〇年加入英
國，它們具有差異的宗教和語言傳統，甚至對主權國家的不同見解。這樣的
一個多重民族國家乃是建立在一種人文主義的理念上，它強調每個自由與獨
立的個體參與集體決策過程的生活形式。它所涉及的民族國家主義因此不是
藉由倫理或種族的術語來定義，而是藉由宗教與政治的價值來定義。另一
方面，在法國大革命之後，新的民族概念隨之而產生，並且文化的同質性
（cultural homogeneity）也變成民族國家的必要先前條件。當然這樣的同質
性並不曾真正存在過，因為這也是知識分子和少數政治家所訴求的觀點，但
是它畢竟是民族國家中的一個重要元素。事實上在一七八九年時，一半居住
在法國的居民不會講法文，甚至在一八六三年有20%的人口不會講所謂官方
領域的法文。因此法國並不是在自然中建構起來的，而是一個人為的政治建
構，並且是將權力集中化的政治建構。這個一七八九年的人為政治建構因此
是人類社會朝向現代公民權的轉捩點。也就是人民制定他們生存於其中的法
律，而不只是基本法或憲法。公民權在這個環境下首先是公共意志的主張，
以及是一個關於人民法律權利的目錄。換句話說，對於法國公民而言，並不

以社會或家庭的共同根源來強調共同關係,而是政治——法律上的權利。因此一七九三年的法國憲法當中規定,任何同意法國政治協定與配置的人都可以成為法國公民。在這背景下所形成的現代公民權因而較不強調每一個個體成員的根源。T. K. Oommen, *Citizenship, Nationality and Ethnicity* (Cambridge: Polity Press, 1997), pp.137-145; N. Piper, *Racism, Nationalism and Citizenship: Ethnic Minorities in Britain and Germany* (Aldershot: Ashgate, 1998), pp.52-89; S. Castles and A. Davidson, *Citizenship and Migration: Globalization and the Politics of Belonging* (London: Macmillan Press, 2000), pp.33-39.

[69] 並不存在真正的Gesellschaft 或Gemeinschaft,因為作為科學的術語,它們只是出自於F. Tönnies的理念型(當然還有其他作者,例如Weber或Habermas等等),它們幫助我們觀察和反省特殊的現象。只不過存在於東西歐國家的這些差別,在本文所關注的議題上,可以透過這個對比的概念來凸顯出來。

[70] 德國與義大利一樣,將公民權與民族性融合在一起,並且以血緣定義民族性。民族(Nation)一詞通常與另一字Volk同義,表示內在的統一以及人民的精神。德語更被看作是原初語言(Ursprache),也就是一種純粹、沒有混合的語言。雖然德國的民族意識比英國形成得晚,但是它卻更接近於種族主義(racism),或者是族群的民族國家主義(ethnic nationalism)。它們在德國近代哲學中存在著蹤影,並且也具體地表現在二次世界大戰中。T. K. Oommen, *Citizenship, Nationality and Ethnicity* (Cambridge: Polity Press, 1997), pp.143-145; N. Piper, *Racism, Nationalism and Citizenship: Ethnic Minorities in Britain and German* (Aldershot: Ashgate, 1998), pp.55-57.

[71] 幼獅文化事業公司編譯部主編,《觀念史大辭典——政治與法律篇》(台北:幼獅,1987),頁64-66。

[72] 最典型的差異表現在自由主義與社群主義(Communitarian)之間,後者強調社群、國家或民族應該被當作分析的主要焦點,而不是個人或建立在個人基礎上的自由與價值。C. Taylor, "Cross-Purpose: The Liberal Communitarian Debate", in N. Rosenblum (ed.), *Liberalism and the Moral Life* (Cambridge: Harvard University Press, 1989).

[73] 以當代多元文化的角度來說,一個民族甚至只由共同領土和溝通(communication)來定義。甚至宗教在這裡並不是構成民族的前在條件,它

與民族性並無充分與必要的關係。參見T. K. Oommen, *Citizenship, Nationality and Ethnicity* (Cambridge: Polity Press, 1997), pp.3-22。

74 A. Smith, *Theories of Nationalism* (London: Duckworth, 1971), p.175.

75 但這並不指示英國和法國沒有統一的語言,相反地,英文和法文是他們引以為傲的文化和生活方式。只不過在民族國家的建構這個議題上,它不是主要的促成因素,而是被推演出來的因素。雖然是個相當重要的因素,不過相對於德國與德語的關係而言,在比較的理解上成為非必要的因素。

76 A. Smith, *The Ethnic Revival in the Modern World* (Cambridge: Cambridge University Press, 1981), pp.68-70.

77 在不同的見解中,民族國家主義乃是族群性的一種特殊形式,也就是特殊族群認同在國家中的制度化,他們在國家中因確保他們的利益而成為民族性。P. Worsley, *The Three Worlds: Culture and World Development* (Chicago: Chicago University Press, 1984), p.247.

78 在本文的討論中,領土對於Gemeinschaft比對於Gesellschaft更具密切性。在Gemeinschaft中,人與人的相處乃是以面對面為主,它的地方性必須以共同的、直接的生活空間為基礎。在這生活空間中,人與人的感情也是較為直接。在Gesellschaft中,人與人的互動空間逐漸離開地方性,而是在制度所交織起來的系統中互動,他們逐漸突破原有土地空間的限制。在全球化初期之前,領土作為國家的主要空間框架基本上不成問題,但是當科技所促成的全球空間逐漸產生時,領土的概念以及界線也同時發生變化。但是它的變化是逐漸模糊還是更清楚,則存在著不同的看法。清楚的是,網路所構成的溝通世界已經突破國家的領土框架,它自成一個溝通的領域。J. A. Agnew, "The Devaluation of Place in Social Science", in J. A. Agnew and J. S. Duncan (eds.), *The Power of Place: Bringing Together Geographical and Sociological Imaginations* (Boston: Unwin Hyman, 1989), pp.10-12.

79 這首先涉及到自由主義傳統觀點的發展與挑戰。對於自由主義傳統而言,國家並不是民族或文化精神的體現,而是為個體的需要和利益服務的建構,而這也是一個個體與生俱來的基本權利(在本文的討論中,這比較偏向英國與法國的Gesellschaft型態)。因此國家的權力必須要有限制,它並不是由主權者來自由定奪,而是依每個個體所擁有的基本權利來衡量。在這前提下,整

體的利益只能透過個體追逐他們自己本身的利益而被達成。除了這些基本觀點存在著爭論之外，現代社會所面臨的恐懼與焦慮——例如治安、生態、社會關係的混淆——也被歸結到自由主義所強調的市場機制和個人主義之上。對於國家權力解決市場所造成的問題，在現存的社會中，似乎已經存在著信心的危機。因此將公民權的基礎從個體逐漸強調整體、社群、文化等等因素，也是一些不同的思考方向。當然這些思想也有它們的歷史淵源與連續發展，並且比較偏向本文所強調的Gemeinschaft。A. Lent著，葉永文等譯，《當代新政治思想》（台北：揚智，2000），第一章。

[80] S. Castles and A. Davidson, *Citizenship and Migration: Globalization and the Politics of Belonging* (London: Macmillan Press, 2000), pp.103-128; T. Bridges, *The Culture of Citizenship: Inventing Postmodern Civic Culture* (New York: State University of New York Press, 1994), pp.159-168.

[81] D. Smith and E. Wistrich, "Citizenship and Social Exclusion in the European Union", in M. Roche and Rik van Berkel (eds.), *European Citizenship and Social Exclusion* (Aldershot: Ashgate, 1997), pp.227-246.

[82] M. Volkerling, "Deconstructing the Difference-Engine: A Theory of Cultural Policy", *The European Journal of Cultural Policy,* Vol. 2, No. 2, 1996, p.189.

[83] 從事文化建設的專業人員在法律上是否可以成為一種諸如醫師、律師和心理諮詢師等等的職業，乃是文化事業發展的新課題。但是不論如何，訓練文化人才的教育機構、相關的知識以及文化組織，都慢慢地為歐洲社會所接受並形成制度。台灣社會在這方面因為原有法令制度的不完整，尚無具體的發展。

[84] 在當代經驗與方法論的反省上，我們所生存的時代基本上是一個多元主義、解除中心化、全球化和彈性化（flexibilization）的動態社會。傳統以國家為生活中心的社會因為全球化的因素，一些事務已經不能只在國家的範圍內被思考，諸如經濟、金融與文化族群等等。部分的國家傳統權力一方面在全球層面上式微，一方面部分也轉讓給地方政府。這是一個整體社會型態的基本轉型，它也包括文化事務與文化決策的全球化和解除中心化。V. S. Peterson, "Shifting Ground(s): Epistemological and Territorial Remapping in the Context of Globalization(s)", in E. Kofman and G. Youngs (eds.), *Globalization: Theory and*

Practice (New York: Pinter, 1996), pp.11-28.

85 在人類近代史上，人民權利的取得可以是透過對國家或統治階層的集體運動，並且取得該共同體的成員身分（membership）。但是當社會愈來愈多元以及國家的權力不像以前那麼集中時，對共同體的參與就變成人民取得這身分的新方式。當社會或自然資源需要在社區的重建上被公平地再分配時，參與的文化要素就成為成員身分的積極表現。T. H. Marshall and T. Bottomore, *Citizenship and Social Class* (London: Pluto, 1992).

86 參見林本炫，〈對我國文化政策的省思〉，《國家政策雙週刊》，第78期，1994，頁2-3。他將我國文化政策的發展分為三個階段，一九四九年到一九八一年文化建設委員會的成立為第一階段，一九八一年到一九八七年台灣地區解除戒嚴為第二階段，一九八七年至今為第三階段。前兩階段都是以國家為主體，第三階段則具有走向民間、強調參與的基本特色。另外在 E. A. Winckler的區分中，台灣文化政策在二次世界大戰後至一九九〇年基本上可以區分為三個階段：一九四五至一九六〇年為第一階段，國家主義一方面壓制地方主義，一方面限制世界主義的發展。國家為主導的公共文化空間以及網絡乃是文化制度的主要表現形式，文化市場本身尚無自主性與資源；一九六〇至一九七五年為第二階段，國家逐漸開拓正面的國家主義文化計畫、文化市場逐漸擁有自己的角色，以及地方主義開始擁有發展的空間；一九七五至一九九〇年為第三階段，國家擁有更積極的文化計畫並且文化市場擁有更多的自主性。E. A. Winckler, "Cultural Policy on Postwar Taiwan", in S. Harrell and Huang Chün-chieh (eds.), *Cultural Change in Postwar Taiwan* (Oxford: Westview Press, 1994), pp.22-46. 關於不同的政策階段區分，本文並不再加入反省的工作。因為不同社會科學立場所觀察出來的發展路線，自然會有不同的曲線，而其中的方法論論證與對話也不是本文的任務。但是在這些不同的觀察中，具有的共同特徵，就是台灣中央政府所表現的國家文化政策不斷地轉型為以地方、民間和市場為導向的文化政策。這就是本文在上面所說明的人類社會型態之基本轉型，它已經表現在文化事務和文化生活中。

87 透過現代化的過程，經濟事務、政治事務以及文化事務不斷地專業化與制度化，也就是依照程序而行動的生活領域不斷地系統化。尤其在現代科技、溝通技術滲入日常生活的情況下，系統化的腳步更是取得快速的發展，而

這同時也對傳統的生活方式產生瓦解的效應，尤其是對共同生活的認同向度產生混淆的作用。因此在每一個時代的點上，重建對共同生活秩序的認同都是理論反省與特定文化政策的內容。特別在本文所交代的地方化中，系統性的生活方式也進入社區的生活，因而也產生重建社區認同的必要性。而它就是重建共同體之一種新的表現方式，它需要集體的社區參與。J. Habermas, "Jenseits des Nationalstaats? Bemerkungen zu Folgeproblemen der wirtschaftlichen Globalisierung", in U. Beck (hrsg.), *Politik der Globalisierung,* (Frankfurt am Main: Suhrkamp, 1998), pp.67-84.

[88] 莊碩漢，〈社區意識的內涵與實踐——以廟宇文化激發鄉土關懷、凝聚社區意識、創建生命共同體〉，《國家政策雙週刊》，第78期，1994，頁4-5。

[89] 就台灣社會的發展而言，也是如此。二次大戰後至一九八○年代期間，如果台灣具有清楚文化政策方向的話，那麼將是以統一中國為前提的意識型態內容，例如講國語、禁止閩南語或者展覽具有大中國意涵的文藝作品等等。但是在一九八○年代以後，因為社會經濟環境變化之故，這樣的政策內容必須有所轉型。因此文化事務的決策本身雖然有計畫的成分，但是仍然必須以時空環境的允許為前提。

[90] 法國在一九七七年成立文化事務的區域管理處（DRACs），在行政的層面上取代了國家。在北歐國家當中，實質的決策權力也下放到區域或地方所選舉出來的當局中，國家並不能介入特殊的決策。例如挪威從一九七三年開始進行文化事務的地方化，中央的文化部則成立於一九八二年。P. Mangset, "Risks and Benefits of Decentralization: The Development of Local Cultural Administration in Norway", *The European Journal of Cultural Policy,* Vol. 2, No. 1, 1995, pp.67-86.

[91] 周慧玲，〈跨世紀文化發展里程碑——文化建設中程發展方案〉，載於行政院文化建設委員會編印，《文化視窗》，2000，頁44-53。

[92] 法國自從一九八一年以來，社會主義本身就是一種文化政策。也就是因社會福利的具體措施，文化政策成為中央與地方政府所具有的共同政策宣傳。D. L. Looseley, *The Politics of Fun: Cultural Policy and Debate in Contemporary France* (Oxford: Berg, 1995)。

[93] 在一九九○年代中期以後，對於地方自然、人文與藝術事務的意識已經逐漸

取得表現的形式，尤其是在文史工作者的努力與推動下。這些形式所具有的共同特徵就是，在經濟系統與政治系統對地方日常生活的壓力下所產生之危機處理。

[94] 開始於一九七〇年代中期的追求台灣認同，雖然結合著社會運動的歷程，但是地方化的基礎乃是在這過程中漸進地形成的。T. B. Gold, "Civil Society and Taiwan's Quest for Identity", in S. Harrell and Huang Chün-chieh (eds.), *Cultural Change in Postwar Taiwan* (Oxford: Westview Press, 1994), pp.47-68.

[95] 尤其在後冷戰時期以來的全球化國際社會中，國家機器的性質逐漸往國家間或超國家的組織型態發展，階級結構逐漸在知識的社會中朝向專家結構發展，而階級與族群性的關係也朝向多元文化與多元認同的方向發展。這樣的總體發展正是削弱國家的傳統空間，而國家傳統空間的縮小，同時表現人民權利的來源已經有所改變。T. Spybey, *Globalization and World Society* (Cambridge: Polity Press, 1996), p.19.

[96] 認同的概念在全球化的過程中，從民族性的單一認同轉型到多重的認同。全球化並不是帶來統一的世界社會或文化（類似民族國家社會或文化），而是擴大民族國家原有的社會與文化。這個擴大也並不是單向的，而是在一個具有公民參與的互動網絡中進行。事實上在後傳統社會中，存在著大量的跨社會制度、文化與文化生產者，它們不能單純被理解為民族國家的代理人或表現。並且全球是一個所有民族國家與集體必須進入的一個有限空間，他們在這個空間中具有愈來愈緊密的接觸與溝通。地方性（locality）並不是單純地包含在國家領域或全球領域，而是逐漸地迂迴在兩個方向之間。因此地方性概念並不是一個地理上或空間上的概念，而是一個生活方式的概念。D. Morley, "Where the Goal Meets the Local: Notes from the Sitting Room", *Screen*, 32, 1991, p.8.

[97] 人們在現代主義社會的焦慮中仍然具有自我，在後現代主義社會的「零散化」中則不具有自我，自己變成無數的碎片。但是這兩者並不存在截然的劃分，事實上它們同時存在於人們的行為中。我們不能說新台灣人沒有自我，而應該說新台灣人的自我相當虛弱。F. Jameson著，唐小兵譯，《後現代主義與文化理論》（台北：當代，1990），頁208。

[98] 在延異的意涵中，將存在無限的未來可能性。在傳統的認同中，認同的內容

大都是由外加入。在這種情況下，如果排除一切外來性，那台灣還剩下什麼？陳昭瑛認為不必剩下什麼，只留下一片空白最好。在這個答案中，的確存在無限的未來可能性，但同時也存在不穩定性與空虛。陳昭瑛，〈論台灣的本土化運動：一個文化史的考察〉，《中外文學》，第23卷，第9期，1995，頁120-121。

第四章

公民社會與文化權利的發展

在國家邊界日趨模糊的現象中，我們正在思考新的社會契約概念這一件事情，它一方面體現建立個體新權利系統的必要性，一方面涉及到整個公民社會的重建議題。公民社會的重建並不是由國家來執行，而是由團體與個體本身的參與來和國家的新處境達成平衡。並且參與並不是由過去的道德觀念來推導，而是由實質利益和權利的平衡或共識來規約。這裡需要一個對社會整體建設的策略或形式，它將是本書所要推論的廣義文化政策一詞。當然同時需要新的文化概念以及文化權利的構思。

在人類社會發展的歷程中，文化權利是公民權利、政治權利以及社會權利之後的新議題，它當然是因應一個新時代所產生。這個新時代最具體的例子可以說是歐洲整合，我們看到一個偉大工程在進行，但也隱藏了相當深刻的問題。歐洲整合自從一九九二年二月七日所簽訂的歐洲聯盟條約以來，已經有新的任務或者進入不同的整合深度與廣度。也就是歐洲整合必須從經濟系統轉型為真正的政治系統，而後者需要各成員國家之間的文化合作，並且是尊重文化之間的多樣性與差異性。唯有在這基礎之上，政治結構的建立才可以得到各成員國人民的理解，並且在權利系統的建置下，得到來自於社會的正當性與合法性[1]。這就是歐洲聯盟的最終目的，即決策必須盡可能地接近歐洲人民的社會秩序。這個以人民權利為中心的歐洲藍圖，在一九九九年五月一日正式生效的阿姆斯特丹條約中，更是被列為首要目標[2]。如果沒有以人民權利為前提，或者沒有文化間的相互理解與相互承認，一個經濟的歐洲或政治的歐洲只是一個利益和目的共同體[3]。在這個整合的歷程上，二〇〇〇年歐洲聯盟基本權利憲章（Charter of Fundamental Rights of the European Union; Die Grundrechtscharta der europäischen Union）具體化了歐洲理事會一九九九年基本權利會議之共識。基本權利憲章第22條說明歐洲聯盟應該尊重文化、宗教和語言的多樣性（cultural, religious and linguistic diversity），則是落實基本人權中的平等內涵[4]。

　　但是尊重文化多樣性的這個基本權利，對歐洲整合所具有的意義以及如何落實，將是一個有待思考的議題，更重要的是不是已經構成諸如公民權、政治權以及社會權等等的權利形式[5]。尊重文化多樣性必須透過所謂的歐洲文化合作（European cultural cooperation）來完成，並且文化權利必須採取一種較為寬廣的意義來理解，也就是它的內容在邏輯與實際上並不是朝向法律意義的方向來思考，而是如何建立給予個體文化創造與社會互動能力的制度性空間。它是一個培養人民參與社會與文化共同體能力的過程，並且被參與的文化事務將是多元的，以及與非文化事務相聯繫[6]。因此，文化在歐洲整合上的合作必須採取一種較為寬鬆的政策意義，或者以一種結合經濟、教育、社會和區域政策等等的方式進行合作，以便在尊重文化多樣性與差異性的前提下，取得彈性而多元的發展空間。這是一種建立在文化權利上的文化整合，在消極的的意義上，它乃是建立歐洲人民交往或互動的質料空間，例如制度、法律程序、科技網路和文化電子傳播等等。它為歐洲整合提供了範圍最廣的文化概念意義，例如科技就是文化（Technology is culture）等等的訴求[7]。在積極的意義上，它提供行為者（agency）的職能（competence），包括人民個體參與社會與文化生活的能力。它也為歐洲整合提供了解釋最廣的文化概念意義，例如作為職能的文化（culture as competence）訴求。而這兩個層面的意義，事實上也常常結合在「學習積極公民權」（learning for active citizenship）的共識中[8]。

　　這個背景對於我們瞭解建立在文化權利上的文化政策，是相當重要的要素。對於不同團體或族群藝文活動的保護或促進，今天已經不只是純粹美學上的判斷，它更涉及到權利的議題，特別在原有國家生活有所劇烈變化的全球社會中。當這些活動聯繫到產業的領域時，其所涉及到的範圍更是複雜，這也必須在公民權的架構當中一併被思考。

■ 第一節　社會契約理論與公民社會的重建

　　在上述的基本背景中，我們暫時可以有這樣的觀察結論，即在全球化的歷程中，歐洲整合乃是體現一個新社會空間以及新的文化關係（new cultural relations）。並且文化整合涉及到歐洲公民權的發展，以及成員國家和歐洲聯盟文化建設上的相互承認與理解。也就是文化間性（Interkulturalität）體現人民個體與歐洲聯盟機制的權能範圍，並且提供認同發展的能量。這樣的結論對於台灣社會未來的出路，事實上具有相當重要的參考指標，因為它以最符合個體利益和最為中性的議題，迴避了國家主權的爭議，並且提供國家未來發展的最寬廣空間。而到目前為止，台灣社會事實上也選擇了社區這一方向來進行地方與整體生活的重建，它的最基本前提也是促進個體權利系統的發展。

　　在公民社會的發展歷程中，文化的決策從國家中心轉向它的社會性。現在歐洲聯盟雖然是國家之間的整合，但整體公民社會的力量是目前所欠缺的。一般而言，社會運動可能改變政治社會秩序以及相關的權利規定，但是對於大部分人的成長過程而言，學習如何在這語言系統和政治社會秩序中行動是最重要的過程，特別是關於社會生存的基本能力以及特殊的權利與義務內容。這些能力與內容可以是決定權力的背景因素，或者獲取權力的中介[9]。在人類社會中，國家機器體現了政治社會秩序最主要的權力形式。因此國家機器首先安置了人民社會化的基本空間，但也存在因人民而改變的可能性，也就是以人民的需要系統為變動的基礎。

　　人民需要系統的變動同時也體現共同體成員定義和公民權內涵之變動，通常以法律的形式來表現。除了經濟的需要以及政治的需要外，人民的需要系統應該也表現在下面三方面中，即文化再生產（例如思想、言論以及溝通上的權利等等）、社會整合（例如結社與集體運動的自由等等）和社會化（例如隱私權的保護、社會基本知識的權利等等）[10]。這些權利也正是構成一些理論家所稱的公民社會之基本要素，即多元性（plurality），包括家庭、非正式群體和志願性團體等等的多元與自主，容許生活形式的多樣性；公共性（publicity），即文化與溝通的制度；隱私權（privacy），即個體自我發展與道德選擇的領域；以及合法性（legality），也就是一般法律和基本權利的結構，它們從國家或經濟活動界定多元、公共性和隱私權等等。因此重建公民社會意味的將是在經濟與政治的需要外，積極定義共同體成員之權利，並且從政治領域擴展到社會領域和文化領域。我們可以同意這也是一種選擇的過程，在這些不同領域的複雜情況中，將權利變成一種較有秩序的系統[11]。但不論重建公民社會是一種有計畫的理性事業，或一種偶然的系統建構，個體與社會一方面乃是處於不斷互相影響的變動過程中，另一方面，權利從政治領域擴展到社會領域和文化領域，也是一種已經發生或正在發生的社會現象，在這裡並不需要以未來為基點的理性計畫為唯一的思考方向。

在人類社會的發展歷程中，這些需要系統開始在主觀與客觀層面上得到法律的形式，乃是十八世紀初期前後的事情[12]。而在這些環節中，我們可以觀察到的發展基本動力，仍然是分工的現象，特別是需要的滿足與維護之細緻化。對於Hegel而言，勞動中普遍而客觀的東西乃是抽象化的過程，抽象化引起手段和需要的細緻化，從而也引起生產的細緻化並產生分工。生產的抽象化更使勞動愈來愈機械化，最後機械更是取代了人而勞動[13]。這樣的過程基本上就是現代化的基本內在邏輯，抽象化與機械化的基本過程，就是依賴經驗知識、推測能力以及由它們所組織起來的工具性程序之過程，這些使現代的資本主義社會成為可能[14]。另一方面，這個過程使得自從啟蒙時代以來所發展的現代性（modernity）更為具體化與一般化。但是社會分工的過度

細緻化或現代性的過度發展，則使得社會充滿了不確定性與不穩定性[15]。

　　換句話說，思考公民社會與國家的關係，一開始乃是作為社會建構者或設計者的理性行動，但在現代化的過程中，它因過度複雜的社會網絡而變得愈來愈偶然。在需要強調共同體凝聚力和人民權利意識的時代環境中，我們所採取的態度應該是如何呢？當人民在特定時刻意識到共同體與權利的需要時，人民將進行選擇，不論是積極的參與還是被動地接受。但可以知道的是，對於未來將產生什麼影響或發展，或者未來個人與社會生活將會是什麼，則已經不是理論或政策可以思考或者應該思考的。在這個基本前提下，如果加強人民對共同體的意識乃是文化政策的一部分，則文化政策的具體內容將有巨大的轉變。從一開始具有意識型態性質的計畫、並希望一個充滿人性或正義的社會型態之來臨，轉變成對現有社會生活秩序的管理[16]。社會生活雖然具有秩序，但也是一個充滿錯綜複雜的可能性整體。因此，人民的集體參與和管理變成決定社會未來是什麼的基本機制與程序。

　　但是在現代化開始之初，或者社會的運作尚以主體或相互主體能力為主要的能量時，主體乃是在複雜的社會情境中創造簡單性，而不是在環境中被迫簡化複雜性。也就是可以以未來的思維來觀察與建構社會，而不是以現在的思維來說明社會。在這個階段上，Weber或Habermas所說明的理性化（rationalization）過程，似乎較具有解釋上的適切性，也是作為現代分工過程之初的一般解釋[17]。如同 Habermas 所言，「生活世界的理性化一方面使得自主的子系統之分化成為可能，同時也開啟一個公民社會的烏托邦視野，在其中，形式上被組織起來的資產階級（Bourgeois）行動領域〔經濟（Ökonomie）以及國家機器（Staatsapprat）〕，構成私人生活（Homme; Privatsphäre）與公眾社會（Citoyen; Öffentlichkeit）的後傳統生活世界」[18]。而公眾社會乃是合法的秩序（legitime Ordnung），溝通的參與者在這秩序中調整著他們對於社會群體的成員資格（Zugehörigkeit zu sozialen Gruppen），並由此保障社會的團結（Solidarität）。而在私人生活的領域中，個性（Persönlichkeit）就是某個主體在語言和行動上的那些資格與能力（Kompetenzen），也就是說，由於這類能力和資格，某個主體取得參與相互理解過程的功能，並在其中確定了他本身的身分和特徵。更重要的是，所有這些現象都在作為知識儲存（Wissensvorrats）的文化中得到理解與詮釋。因此生活世界的理性化所開啟之公民社會，將提供人民調整與共同生活秩序的關係，以及他本身的身分和特徵。就廣義上而言，公民社會的開展或重建將提供共同體成員的認知空間[19]。

　　因此在這新的生活世界當中，誰是共同體的成員或者誰享有某種權利，已經不是由國家或政治機器由上而下地規定，而是由具有合法性的公共領域來建構。當然人類社會並不是一開始就有這樣的情況，而是涉及到整個生活方式、社會型態或政治共同體等等性質的發展，或者生活世界不斷理性化的過程。在這過程中，首先可以清楚地觀察到的是，希臘城邦（city-state）以及民族國家（nation-state）兩個共同體性質的清楚差異，以及它們對於公民權利與資格的定義[20]。在城邦共同體中，公民資格就是城邦統治集團的特權地位，公民地位只限於審議和行使權利方面的有效參與。在民族國家共同體中，公民資格的基礎乃是可以通過選舉過程的行政政治權利，並且有時擴大到選舉程序所架構的政治權利之外，也就是權利和參與的範圍事實上逐漸擴大到整個社會中。但這並不就是體現一個公平與正義的社會，因為權利的內容在邏輯上已經隱含不平等的社會現實[21]。另一方面，權利的內涵通常也以法律的形式來表現（例如拉丁文ius以及德文Recht乃同時具有法律和權利的意義）。也就是權利概念必須在特定的法律概念或體系中被規定，後者也是政治制度的客觀形式之表現。而聯繫希臘城邦以及民族國家兩種共同體形式的最根本法律概念，即自然法概念

或體系就是有關權利的一套見解，基本上不只是一套有關法律的理論[22]。

　　自然權利在社會契約（social contract）的概念下，一方面聯繫到個人主義的力量，一方面調和了國家義務與個體權利的張力。個人在社會契約中並不是放棄他所擁有的全部自然權利，只是放棄那些為了整體社會利益的部分。因此國家作為道德的集體意志得到它的運作基礎，個體權利也以人的世界作為成長的空間[23]。就形式而言，社會契約乃是個體意志的表現，它根據自然法而建立一種相互的義務關係。就實質而言，社會契約的內容就是個體之自然權利，它被用以交換同等或更大的社會價值[24]。在這社會契約的基本前提下，個體成為共同體的成員並且擁有相應的權利。誠如J. Locke所言，「任何人被統一在一個社會中，並且將自然法的執行權力委任給唯一的公民社會」[25]。但不同於T. Hobbes的是，Locke並不主張人們有義務將所有的權利轉移給政治共同體，而是在一些具有壓倒性多數的例子上將權利轉移出去[26]。個體權利在社會契約的空間下，依一定的條件讓渡出去、並因此而擁有集體客觀的公共秩序，也就是以國家為形式的政治共同體。但是不論如何，為了維護共同體秩序的運作，在共同體中的個體如何保存自身的自由，仍是一個有待思考的問題。Jean-Jacques Rousseau在此認為，社會契約構成了自然自由（natural liberty）與公民自由（civil liberty）的交換，後者體現了每一個公民所共有的一般意志（general will）。每一個人因此而成為整體不可分割的一部分，這個整體也就是一種道德性與集體性的聯合。它可以是以城市的形式出現，或共和國、政體的形式出現；在消極上，它對於成員是國家，而積極上是主權，而這成員一般也稱為公民。

　　在公民所共有的一般意志下，公民的行為以正義來取代本能，並且以一種道德的形式來表現[27]。一般意志的設置在邏輯上保證了正義與道德的可能性和正當性，因此也保證了公民在讓渡自然權利之後所擁有的社會權利。但是一般意志並不是全體公民在需求上的總和，而是表現每個公民的需求和意志。這樣的社會契約思維將自然權利概念更具體地放入有組織的社會中來，也就是一般意志所體現的道德和權利，只有在有組織的社會中才有可能。因此公民的權利以及共同體成員的條件，就以一般意志為最高的前提，邏輯上它們不再由特定的統治集團來規定，因為一般意志的概念已經取代了特殊的菁英理念。但是一般意志在實際的社會組織運作上，預設了政府可以瞭解個人的真正需求、並且滿足個人間的不同需求。這當然是一種不可能被滿足的預設，不論就實際的社會互動或理論的思辨而言。因此Rousseau的社會契約論並不是一種合理化現存社會關係和政治制度的假設，而是提供未來參與政治秩序之實際基礎。也就是經由成員自身在政治義務上的自由創造，來保持政治秩序，而不是透過假設的論證來正當化自由國家的權威[28]。

因此對於Rousseau而言，社會契約的真正意義不是一套解釋現存社會或政治秩序的理論或道德規範，而是表明在公民的理想社會生活中，政治權利由他們本身所創造和同意，並且更重要的是，這些權利乃是內在地關聯於他們的政治判斷與行動。也就是說，公民除了創造這些權利形式與內容外，也可以在社會行動中改變它們[29]。在Rousseau的社會契約理論中，公民的立足點是一個關於個體道德本身的共同體，公民所擁有的權利和遵循的命令並不是來自於他人，而是來自於自己[30]。在這前提下，追求社會正義和利益就是維護個體的正義和利益，反之亦然。然而這需要一種公民宗教（civil religion）作為基礎，也就是一種為政治判斷和行動提供先驗動機的宗教。在這公民宗教中，除了相對於權利的義務可以有合理化的空間外，它更是一般意志具體展現的地方，進而也是整個國家秩序的最後保障。個體有沒有被共同體所接納或者個人權利有無得到適當的發展，個體自由的問題除了是一個中心價值之外，也是一個重要的相關判準。個體透過社

會契約將部分的權利讓渡出來，以保障更多或更基本的權利時，他的
自由應該被放置在什麼位置呢？它可以存在於社會契約的決定中、履
行社會契約的道德中，或者是存在於得到更多基本權利中，存在於免
於他人的剝奪侵略中，或者存在於整個具有秩序的社會生活中等等。
或者與市場機制的關係，仍是具有相當不同的看法[31]。在這個議題
上，相較於Rousseau，I. Kant更強調理性與道德的關係。理性並不是
工具性的（instrumental），而是合乎自身律則的行動中心。依照道德
的行動就是依照律則的行動，依照律則而有義務的行動者就是一個理
性的行動者。理性是超越自然的東西，所有自然中的事務都是依照律
則而工作，只有理性的存在者有能力依照律則的概念而行動，也就是
依照原則而行動。因此社會契約的履行以及個人自由的保存乃是理性
的行動，而同時也是道德的行動。一般意志與公民宗教在這裡基本上
就具有先天的（a priori）性質，並且它在道德的律則下就是純粹實踐
理性的設置[32]。

　　如果不承認我們共同的法律，那麼基本上個體就無法成為一個
道德的存有者，拒絕進入共同的道德秩序中，基本上就是站在共同體
或公民社會之外。這樣的法律制度對於個體的自由乃是這樣的一個限
制，它使得與其他人的自由得到協調[33]。類似Rousseau，Kant在這裡
也是將自由看作是道德的核心。成為善的這一件事情與成為自由的這
一件事情，乃是同一回事，並且都是實踐理性的表現。在這樣的前提
下，國家的任務並不是去斷定誰的生活計畫比較好，而是允許個人在
他們自己的方式下尋求幸福之相同自由[34]。因此理性的實踐在私人與
公共生活、個體與社會之間的差異架起了一道橋梁，個體的權利與正
義概念（Recht）經由遵循理性命令的自律個體而確保，同時個體的自
律、自由和平等也要在一個由公民所組成的司法共同體中被確保。在
Kant之後，就人類歷史的發展軌跡而言，行動者立足在倫理生活中，
並且因各種因素相互創造出不同的道德形式，而這些道德形式在時間

中又累積成行動者的倫理生活要素。因此倫理生活與道德應是處於相互影響的狀態，也就是公民權利與共同體的司法秩序乃是處於互動的狀態。這樣的見解首先由Hegel理論所闡釋，當然也由後來的K. Marx所鋪陳，而這具體地涉及到重建公民社會之議題，也就是重新整合法律與道德兩個不同領域之議題[35]。因此重建公民社會所意味的將是在經濟與政治的需要外，積極的定義共同體成員之權利，並且從政治領域擴展到社會領域和文化領域。這樣的發展乃是以人民的需要系統為最終的依歸，不論是最初原始的主動需求形式，或者近代被消費所塑造的需要形式。Hegel所處的年代，也正是這些需要系統已經初步在主觀與客觀層面上得到法律形式的年代[36]。

這些討論雖然是過去時代的產物，但在這裡重新提及的理由，乃是在今天的全球社會，特別是在歐洲整合中，過去以國家為框架的政治、社會與文化生活現在正重新被思考，一個不同於國家之內的公民社會是怎麼一回事？這個答案正在改寫國家與民主政治的性質。在這個邏輯上，對於文化與其政策的思考同時是整體政治與社會秩序的思考。這裡已經不是從國家的角度來思考文化政策應該是什麼，而是從文化政策的角度來思考國家應該是什麼。這對於我們台灣社會而言非常關鍵與重要，台灣要在後者的方向上才會有出路，而這也是今天全球社會的趨勢。

第二節　社區的議題與策略

在今天的全球社會中，重新思考公民社會以及它的社會契約理論，正好給予在地方性和社會性中研擬文化策略的正當與合理性。這也是過去社區總體營造在理論上的根據。社區或共同體概念中的權利和參與形式，也是廣義文化政策的重要內涵。藝文活動和作品不是靜

態或死的,它們的生成過程更應是文化政策所要關照的。今天在倫敦會有什麼樣的藝文作品或活動並不是最重要的,重要的是倫敦有著多元與多樣的創意空間。

這個空間在台灣一直是空洞與虛弱的,雖然社區總體營造已經有超過十五年的歷史。一九九四年文建會提出了社區總體營造理念,試圖從文化重建的角度,促進居民的自覺與動員,並且重建人與人、人與環境以及人與社區的新關係,進而帶動地方社區的全面改造與發展。這樣的發展一直到一九九七年,配合這些台灣文化活動的多元化,社區總體營造已經有不同於抽象理念的形式操作模式。第一個操作步驟為建立推動社區文化組織,其次為結合社區組織、地方人士及專業工作者展開規劃工作,最後以社區文化特色切入社區總體營造工作[37]。而操作所依據以及朝向的社區意涵,也在這過程當中逐漸明顯。在二〇〇八年到二〇一一年,又有創意文化園區的計畫,進一步結合產業來刺激文化的創意和消費。這對於過去參與社區營造的動力有著不一樣的思考方向。

源於西文「共同體復興」(Community Renaissance)意義的社區總體營造理念,應該是透過一個具有共識的程序,揭露日常公共生活空間的真實性。對於這個空間真實性,之所以要復興或營造,主要的理由乃是這個空間在現代化和科技化的過程中,慢慢被科技以及功利程序性的社會關係所取代[38]。聯繫於空間概念的社區生活美感,事實上就表現在日常的生活當中。如同M. Merleau-Ponty將軀體(Leib)作為開展審美活動的基礎。審美的空間向度就是在軀體的移動當中自然地展開。在軀體的移動中,空間的知覺與事物的知覺,或者事物的空間性與事物的物性存在(Dingsein)乃是不可分開的問題[39]。我們的軀體並不是在空間與時間之中,而是走入空間(zum Raum)與時間(zur Zeit)。因此由軀體所發起的審美活動一開始就是動態的,並且審美的空間性與時間性也隨之形成,也就是審美的對象世界

也隨之形成。但是知覺的空間性與時間性在現代化的過程當中被科技
（technology）所平面化與單向化。因此社區總體營造所面臨的問題，
就是科技對原有日常生活意義與秩序的破壞，逐漸使人民生活在分割
交錯的系統程序中，也就是生活在以利益和目的為互動基礎的社會型
態中。

　　寓住在空間的整體性生活以及分割於座標空間的孤立生活，基
本上反應了F. Tönnies所區分的共同體與社會概念。共同體在參與的
人群當中，依賴於他們本能的樂趣（instinktivem Gefallen）、習慣所
限制的適應以及聯繫於觀念的共同記憶。共同體作為一個整體，比部
分的總和還要多。並且在發展的歷史上，比因目的而建立起來的社
會型態還來得早。相反地，社會產生於多數個體在思想上與行動上
的計畫性（planmäβig）協約。這些個體從特定目的的共同影響，意
圖達到一個個人的利益[40]。從生活在具有情感的共同記憶，轉變到以
利益為導向的生活型態，就是共同體需要復興的根本理由。在這樣
的理解角度下，社區與共同體兩個術語雖然是英文Community（德文
Gemeinschaft；法文communauté）的翻譯，但是在中文的理解上，具
有極大的差異。共同體並不只是表示公共生活建築或生活領域的社區
意義，它還有集體的歷史意識或歷史記憶的共同情感。「其實這兩個
名詞的源頭，是同為英文的Community，為什麼它到了台灣、中國就
成了『社區』，到了日本變成『共同體』？當然我們懂漢字，所瞭解
的含義與日本人差不了多遠，『共同體』就是一個『社會體』，它的
重點在『人』，我們的『社區』重點在『空間』，在『土地』，所
以當我們在談『社區』時，隨便一指：那個公寓……就是一個『社
區』，若以『共同體』的觀念來講就不同了，恐怕我們很多人都不會
相信這一棟公寓是一個『共同體』……所以從『社區』與『共同體』
這兩個觀念去理解時，呈現出台灣人社會意識之缺乏」[41]。因此在中
文的翻譯方式上，將Community翻譯成社區，自然有一定的意義。但

是如果用中文「社區」的概念直接制訂政策，那麼將有離開它原有西文意義的顧慮。因此本文將社區生活的重建帶回到共同體的意義上，一方面可以瞭解重建共同生活的社會意義，另一方面可以在現代社會的特性上找尋政策制訂的方針。因為社區總體營造的意義不應只是在營造一個社區，而是已經在營造一個新社會。其次，配合社區總體營造的程序性步驟，參與社區總體營造的主體本應是全體居民[42]。但是營造概念不應是少數人的設計（design），而是居民相互主體之間的生活重建（reconstruction）。重建並不是設計中的假設，而是具有判斷與行動能力的主體，在社會互動中借助文化代代相傳的知識解釋並判斷彼此之間的共同點[43]。因此社會發展方向與其相應的真理並不能由少數人所架構，而是在社會互動中由居民所決定。設計（日文翻譯為意匠）是把心中生起的心思和心願，轉化成比如視覺和聲音等的記號，再根據這些記號，利用工具來製作生活用品[44]。

　　但是文化政策所訴諸的理念在現代社會科學中並不適合作為引導者（Platzanweiser），而應是一個解釋者，為居民所生存的周遭環境做出解釋，並使居民意識到這個環境的真實性。當設計發生在居民自主的社會互動生活中時，就是一種生活的重建。當設計只是發生在營造程序步驟中的設計師時，它的結果將只是另一種形式的文化商品，並且正在刺激居民的文化消費。在現代化的過程中，這個文化的生產與消費正是體現傳統生活空間的解體以及傳統價值規範的遺忘。透過媒體資訊的過度生產所引起的文化過度超載，這種消費性文化的現實性將影響意義世界的內在結構。文化的內在邏輯被生產與消費的機制所割裂。而新的文化媒介乃不斷地在以市場為導向的消費文化事業中被發現[45]。因此回歸到與個體利害攸關的社區概念上來，正是台灣社會面對上述問題的一種重要方式。西方社區運動開始於十九世紀末，但直到一九六〇年代，聯合國推行社區發展，才開始對我國產生影響。一九六五年，在研訂「民生主義現階段社會政策」中，政

府將「社區發展」列為十大工作要項之一。一九九二年六月在頒訂的
「台灣省加強社區文化建設工作實施計畫」中，首次將「社區」與
「文化建設」結合在一起。從一九九三年之後，一個新的趨勢正在出
現，也就是邁向新國家的各種政策逐漸出現。在這之前，社區的文化
建設仍然是以如何對應經濟快速發展、國民所得大幅提高所帶來的精
神貧乏問題；在這之後，社區的文化意涵以及社區意識的重要性逐漸
被重視。也就是社區的主體性慢慢取得實現的空間。「社區意識就是
生命共同體」的觀念，逐漸變成一九九〇年代的文化主流價值。在
一九九六年到一九九九年間，更進一步反應在「社區文化」與「文化
產業」的結合，而這也就是「社區總體營造」的工作重點。這重點將
在四個面向上發展，即社區文化活動發展計畫；輔導美化地方傳統文
化建築空間計畫；充實鄉鎮展演設施計畫，輔導縣市主題展示館之設
立及文物館藏充實計畫等等。在這裡我們可以看到，原有生命共同體
或社區共同體的意涵，快速地凝結為以建築空間為主的社區總體營造
計畫。這一方面反應人民一般的需求，一方面也顯示人民社會意識的
缺乏。

　　社區總體營造的過程因此可以是共同體化（Vergemeinschaftung）
的過程。在M. Weber的意義下，共同體化指涉一種社會關係，在這種
社會關係中，社會行動的態度依賴於參與者在主觀上所感受到的伙伴
關係（Zusammengehörigkeit）。也就是共同體以某種共同點為其存有
的基礎，或者由於共同分享、困難和命運而需要保存。純粹感覺性與
衝動性的心態僅足以造成群眾，而產生真正的共同體，則必須承認一
些精神價值[46]。它相對於這樣的社會關係，即社會行動的態度依賴於
在動機上是理性的利益比較或是利益的聯結[47]。這種社會關係因而是
為了達到特殊目標的人為組織，它就是社會（Gesellschaft）。這兩種
社會關係的區分，我們也可以在F. D. E. Schleiermacher的理解當中看
到，「在每一個由外在目的所連結與確定的社交聯繫中，一些東西對

於參與者來說是共同的。這個聯繫就是共同體（χοινωνιαι）；但是當不存在共同的東西時，也就是所有東西都是相互的（對立的），這個就是社會（συνουσιαι）」[48]。在Weber理性化（rationalization）的意義下，依賴於參與者在主觀上所感受到的伙伴關係之社會行動，逐漸轉向依賴於在動機上是理性的利益比較或是利益的聯結之社會行動。也就是社會關係的共同體化逐漸轉向社會關係的社會化。社會傳統價值或情感也不斷地在被遺忘當中。在T. Parsons的理論中，這也是一個現代化的過程。現代化是一個朝向獨立自主部門做分化的過程，並且個體可以在一般的程序上進入共同生活。所以在原有的生活秩序中，社會生活的現象慢慢多於共同體的現象，用J. Habermas的術語，也就是生活世界（Lebenswelt; life-world）的系統化。「只有在日常的生活世界當中，一個共同的溝通環境（eine gemeinsame kommunikative Umwelt）才可以組成」[49]。生活世界是一個已經存在的共同生活秩序之總體，面對面的互相理解或伙伴關係構成它的基本互動關係。因此共同體的意義乃是一個可以提供彼此溝通的共同集體情感與記憶，它相對於功利性、程序性與資訊性的孤立生活。

　　在這樣的意義中，並不存在以空間建築為基礎的社區意義。空間性的建築在被完成時，立刻成為生活世界中的一個成分，它可以成為人民日常生活所碰觸的一個共同事物。但是它對於集體情感或伙伴關係的建立來說，並不必然成為必要條件，當然更不是充分條件。因為集體情感與伙伴關係可以產生於特定社會情境中的時間性和歷史性。在時間性被片刻化、歷史性被凝結化的後傳統社會中，集體情感與伙伴關係只有依賴人民意識到後傳統社會的特質時，才有產生的可能。同樣地，如果我們將社區理解為樓梯間、道路、市場、學校、公園及運動場等，那麼社區對於集體情感或伙伴關係的建立來說，也並不必然成為必要條件，當然也更不是充分條件。目前國內社區總體營造大都採取空間規劃及文化展演活動方式進行。但這並不是說，這些進行的工作對於集體情感與伙伴關係的建立都沒有間接的幫助。我們所強調的是，空間性的建築與社區共同體的建立之間，並不存在充分或必要的邏輯關係。但是在空間的概念中，可以同時存在集體情感或伙伴關係的概念。居民在日常生活中的軀體移動，表現所有意義的結構，包括藝術、文化、政治與經濟活動等等的意義。因此軀體在走向空間時，一方面同時表現所有的情感與記憶，另一方面同時也揭露發展的可能性。如果用物理學、測量學或建築學的空間概念來安排軀體，將割裂軀體的情感與記憶以及未來發展的連續性。所以空間規劃必須回到西文共同體的概念上來，而不是以中文的社區概念來推演。因為軀體所活動的日常世界就是共同體，人們在其中可以擁有情感與理性上的互相理解，並且形成個人與團體的歷史與個性。在這樣的觀點下，日本宮崎清對社區的理解自然較接近西文共同體的意涵，他說：「從每個『社區』固有的歷史中，逐漸孕育而成的『社區的個性』。認為一成不變地拷貝其他『社區』的實踐，就可以實行『社區總體營造』，此一想法實在是極大的錯覺……『社區總體營造』的解答除了存在『社區』中，別無他法。為何會如此呢？因為『社區』乃『歷史』即『個性』」[50]。因此社區總體營造的空間規劃應該激勵居民的軀體移動於社區的日常生活中，以重拾被割裂的情感與記憶。這是社區總體營造的起點，也是終點。雖然這個理想在實踐上並不是那麼容易被完成，但是作為一個文化建設的根本理念，應該對現有的文化現象以及文化建設措施具有批判性的作用。

　　「草根民主最關鍵的元素在於社區參與，沒有社區參與也就沒有『社區營造』……社會運動的力量重新鑄造了新的共同體……社區參與則提供了社會力量，逐步釋放和轉化國家與社會新歷史關係的社會改造過程」[51]。社區總體營造的事業並不是一開始就沒有發展的土壤。只是在這土壤中，社區自主和居民參與的理念並不容易成長與落實，雖然它事實上是社區總體營造的目標。在一個流動性的資訊時代

中，這個理想有跨越到現實的鴻溝，但是它可以作為對現行社區建設的批判性判準。更重要的是，這個理念的落實同時也在影響人的意志以及社會行為，因為「若要將人們的意志轉變為行為，而不侵犯到他們的個人自由，則人們必須參與他們團體的組織與管理」[52]。在居民參與的過程中，如同G. H. Mead所認為的，被一般化的社會態度使得一個被組織化的認同成為可能。而在共同體中，社會態度的一般化正是由特定的行為方式與社會情境所共同促成[53]。在這個過程中，個體也發展出他的個性（personality），並且這個個性與其經驗在形式上反映了被組織化的社會行為。因此社會制度以及個體的認同（identity）就是在社會生活過程中發展起來的，特別是在這個被形式化的過程之顯露上。個人的認同不是在抽象的空間上進行，而是在群體的互動與社會的認同中同時發生[54]。在特定的情境中，個體所表現出來的姿勢同時體現不同的意義世界。在Mead的意義下，也就是人生產自己（man produces himself）[55]。

　　在這不同的意義世界中，人在多重的面向上表現出不同的認同，他因此也生產自己，同時也生產社會。但是不論如何，參與必須要具有動機，它可以是個人利益、現實環境的壓力、文化的理想或者根本是反應一種社會轉型下的新生活方式。因此，社區透過自我組織、自我經營以及自我管理的過程，將反過來促成行政體系的轉型。這樣的社區重建，並不是社區修復（restoration）的概念，後者意味著回歸到一個已經中斷了的出發點。但是社會轉型所帶來的文化變遷並不曾中斷過，甚至不存在清楚的出發點。社區重建事實上也不是復興（renaissance）的概念。復興意味著使一個傳統再生，似乎這一傳統曾被人所拋棄而被歷史所淹沒。但是社區總體營造或共同體的理念，並不是以傳統的再生為訴求的主軸。在本著作的基本邏輯中，可以將社區總體營造的架構以**圖4-1**來詮釋。

　　社區重建應該是對原有生活的解剖，並同時以新的形式來重新組

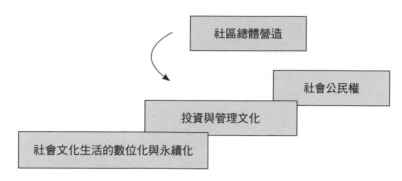

圖4-1　社區總體營造綱領

資料來源：作者整理。

織，而其行動主體就是居民本身[56]。在社區重建的過程中，包含了三個面向的建設，即包含文化的傳送、社會的整合以及社會化（cultural transmission, social integration and socialization）等的溝通工作。並且這個重建需要這樣的制度，即對傳統、社會團結以及認同加以保護與更新的制度。也就是居民以現代生活的方式，透過參與，將文化情感與記憶具體化在社區的生活當中。居民的軀體在空間中運動，同時也將現在與過去、這裡與那裡連結起來，並形成新的生活視域。空間的規劃或設計應該以這樣的重建活動為前提，而不是用空間的規劃或設計來割裂重建的活動。在這裡，「社區」的意義也真實地回歸到「共同體」的意義上。

　　對於A. Giddens而言，社區或共同體這一主旨是新型政治的根本所在，但它不僅僅作為一個抽象的口號。全球化進程的推動使得以社區為重點不僅成為可能，而且變得非常必要，這是因為這一進程產生的向下壓力。社區不僅意味著重新找回已經失去的地方團結形式，它還是一種關於街道、城鎮和更大範圍的地方區域，在社會與物質復興上的可行辦法。特別在比較貧困的社區，培育當地主動性和參與意識的活動能夠產生最大的回報[57]。社區復興政策不能忽視公共領域。一

個開放的領域不論在國家層次上，還是在地方層次上都是重要的，而且它還是使民主化進程與社區發展直接聯繫起來的一種有效途徑。如果沒有一個開放的公共領域，社區復興項目就很容易使社區從大社會中孤立出來，並且很容易走向腐化[58]。

　　社區的重建其實就是整個社會的重建，它是整個社會的縮影，並且是可以具體運作和凝聚相當程度共識的地方。在預防犯罪與消除對犯罪的恐懼上，為了發揮切實有效的作用，政府機構、刑事司法系統、地方組織和社區組織之間的合作關係，必須是包容性的，所有的經濟群體與種族群體都應該被吸收進來。政府和企業應當攜手，以幫助修整破敗的社區[59]。在貧富差距的縮短上，傳統的扶貧項目必須以社區為中心的方式來取代，這些方式不但使更多民主參與成為可能，而且更加有效。社區建設必須重視支援網絡、自助以及社會資本的培育，使這些成為促使低收入社區經濟復甦的重要資源。社區建設的項目主要關注個人和家庭面臨的多重問題，包括工作品質、健保與幼兒保育、教育以及交通等等[60]。對於P. F. Drucker而言，社區更是今天全球社會的希望所在。城市之所以吸引人，完全是因為能讓人擺脫鄉村社區的強制性和壓迫性，但也由於城市缺乏自己的社區，因此帶有毀滅性。今日當務之急，是創造過去從未有過的城市社區，我們需要一個有別於傳統的社區，它必須具有自由和自動的特性，也要讓城市中的每個人有機會創造成就，做出貢獻並且與社區息息相關。只有社會部門，也就是非政府的非營利機構，可以創造我們現在需求的市民社區[61]。

■ 第三節　文化多樣性的空間

　　今天我們所強調的永續發展乃是建立在多樣性（diversity）這個概念上。只有存在多樣性的社會，才會有不斷的創新和整合。多樣的基本意義在於不要想把別人變成跟自己一樣，這樣的狀態在現今的台灣基本上是缺乏的。沒有這樣的空間，縱使只是文化資產的維護，都會有不斷的爭議與對立。

　　台灣社會發展至今，是有機會建立文化的多樣性，只不過需要一個適當的文化政策。回顧台灣社會的發展，人民生活逐漸進入A. Giddens所言的後傳統社會，人們的生活是由資訊所架構出來的互動秩序。資訊是在一個系統當中的基本運作單位，而這系統正是由科技技術所建立起來的現代互動體系[62]。首當其衝的社區生活面臨人口流動、環境破壞等等的壓力，而逐漸在解體當中。處於這樣的社會現實，政府政策在西方社會思潮的影響下，也間接反應對社區生活的重視。台灣社會的現代化除了有全球性的文化特徵外，自然也擁有屬於本身的地方性文化特徵。台灣社會首先也是經歷技術化與理性化的過程，科技串連各個層面的生活。這基本上是一個編排程序、協作與組織的生活方式。台灣社會同時也是一個群體的（communal）社會，其中的社會單位不是個人，而是社群組織；它是科學知識、高等教育與社群組織所構成的世界，而這已經超越協調和層級的節制，並且變成合作與互惠的過程[63]。因此個體由科技所孤立、社群組織因程序而運作，服務變成一項重要的社會行業。這個主要的就業型態夾帶著一種以快樂為主的生活方式，也就是充斥著時裝、攝影、廣告、電視和旅行等等的生活方式。台灣人逐漸追求即將出現而非現實存在的東西，不勞而獲的情緒多多少少取代傳統的刻苦美德。這是一個虛構的世界，廣告標語、信息號碼變成生活所面對的基本知識。人們掌握這些號碼，就能輕鬆理解周遭複雜的世界。

　　因為這種社會型態的發展，台灣資本主義社會中的資產階級和無產階級之區分並不明顯。基本上，從事勞工或服務業的人並不認為他們會長期繼續相同的職業，他們在觀念上與實際上乃是具有相當的流動性[64]。因此在一九八〇年代，台灣經濟的富裕與社會的多元提供了

台灣中產階級孕育的土壤，他們也承載了台灣的社會運動[65]，使得人民的生活世界擴大，因而也加快改變人民原有的認同內容。但是這中產階級對台灣社會並沒有帶來清晰的認同取向，因為中產階級本身的流動性與多樣性，它並沒有凝聚一貫的內在邏輯與價值。就如同葉啟政所言，表面上他們即使具有形成「自在階級」（class-in-itself）的屬性，但卻難以充分凝聚階級意識，而成為「自為階級」（class-for-itself）[66]。他們在經濟成長與社會變遷中所驟得的身分與成就，反倒增加了更多的模糊性。消費的屬性其實也麻醉他們的反省能力，建立在消費能力上的身分認同，事實上是台灣中產階級重要的認同內容之一[67]。身分取向的認同一方面表現了一種特殊的台灣社會關係，另一方面也體現一個更大的個人主義生活方式之背景。在文化族群的議題上，這同時也符應尊重不同文化或族群之間的差異。這是一個多重文化社會的現實，尤其在文化的全球化與大眾化的趨勢中，高級文化與低級文化、文化的中心與文化的邊陲之區分，已經逐漸失去它們的現實性。透過族群的、性別的以及區域的認同，新的文化現象從邊陲挑戰中央，多重文化社會也取得發展的空間[68]。

所謂的多元文化也包含三個層次的意義，即自我認同——各族群的象徵體系是各族群成員自我認同與發展的依據；相互尊重——各族群的文化各具特色，也各能形成族人的生命意義核心，相互的理解、承認成為溝通的必要過程；相互豐富——各族群文化具有特殊的意義系統，彼此意義系統的詮釋與重建將是族群互動的最大意義[69]。在這樣的脈絡下，認同與詮釋的主體明顯與國家有所區隔，也就是社會已經有足夠的力量，使得人民在國家的框架外取得不同形式的認同。縱使不同族群有不同的民族情感，在民族主義也必須自由化的前提下，從主權國家的訴求轉向文化差異性的保障，同時也正是反應多元文化的主張。如同江宜樺所言，「如果這是民族主義在今天唯一能夠被人接受的面貌，那我們得承認民族主義的國家認同觀已經與傳統的民族國家訴求距離遙遠了」[70]。在台灣並沒有深刻的民族主義傳統,以及台灣各個階層在消費取向的空虛之前提下,台灣的民族認同是相當微弱的[71]。

　　尤其在後冷戰時期以來的全球化國際社會中,國家機器的性質逐漸往國家間或超國家的組織型態發展,階級結構逐漸在知識的社會中朝向專家結構發展,而階級與族群性的關係也朝向多元文化與多元認同的方向發展。這樣的總體發展正在削弱國家的傳統空間,而國家傳統空間的縮小,同時表現人民權利的來源已經有所改變[72]。這也是全球公民權發展傾向,至少人民的權利是在多重主權之間所平衡的關係。因此建立在民族性之上的認同與建立在公民權之上的認同,在不同的社會中具有不同的平衡狀態。基本上前者所涉及到的認同是一種排外,並且會產生不平等的認同,後者則是包括一切並且會產生平等的認同。在民族的情感上,自我認同與集體認同是建立在與其他民族的區別上,因此在一些事件上會產生排外與不平等的現象。在個體權利的追求上,認同是建立在人人平等的基礎上。也就是說,「假如民族性與族群性基本上是群體的認同,那麼公民權就是一個個體的認同。但是每一個開放的群體認同(種族、種姓階級、宗教、語言與區域等等)都被訴諸於追求公民權認同的基礎。調和這兩個不同的視野,就是當代世界的持續性挑戰」[73]。而這個挑戰也正是台灣社會所必須面對的。

　　文化一直以來都被當作是一種生活方式或意義的整體表現,它會成為一個議題甚至權利形式,自然涉及到相應一種新型社會的新文化概念。文化作為一種經濟資本或社會資本,三十幾年來存在著不同的見解,特別是在國家邊界不斷模糊的今天。因此這種新文化概念首先不是過去現代性所表徵的理性力量。在人類的不同社會型態中,人們對於組織日常社會生活擁有合乎理性(rational)的希望與能力,在理論的反省上乃是十八世紀之後的事情。這也是所謂現代性

（modernity）的起源，它內在聯繫一個關於理性（rationality）的概念。也就是說，依此邏輯所體現的現代化（modernization）乃是與理性化（rationalization）有深刻的聯繫[74]。當文化與經濟有著更緊密的關係時，新的文化概念同時有著所謂後現代社會的特徵。在所謂後現代性中，合乎理性的社會組織能力現在變成適應以差異為特徵的系統生活。認同或同一最初作為一切思考與行動的起點，經過不同的理論反省將它帶到具有差異的空間。由權利和參與要素所組成的新文化概念，同時包含有現代性與後現代性的特徵。

　　對於上述新的文化概念以及多元文化的新社會，這裡繼續以歐洲聯盟的例子來說明。歐洲聯盟的領土主要特徵就是集中在一個小地區的文化多樣性（cultural variety）。這個特徵使得歐洲聯盟與其他世界經濟體〔例如美國、日本以及南方共同市場（MERCOSUR）等等〕相互區別開來，也就是空間發展政策不能將各個地方和區域認同在歐洲聯盟之內加以標準化[75]。在這個新文化關係的發展中，歐洲聯盟將逐漸從經濟聯盟轉型為環境聯盟和社會聯盟，也就是永續發展將成為歐洲內在結構調整的基本方向。另一方面，納入市場邏輯以及調整歐洲內在結構，文化多樣性並不是朝向極端的文化相對主義發展，進而瓦解歐洲整合的藍圖[76]。相對性的原則並不同於什麼事情都對或者什麼事情都可以不在乎，相對的定律仍然必須在一個作為背景的特有空間裡面展開，民主與基本權利就是這空間的基本軸線。

　　因此文化多樣性所表現的相對性乃是尊重他人的民主，區域歐洲所表現的是如何讓歐洲聯盟決策程序更接近於人民的權利架構[77]。更何況在本文所使用的文化定義下，基本上由經濟與科技所啟動的關係網絡，乃是歐洲人民新的生活空間，而這表現新文化的關係網絡已經在某個程度上，將來自不同文化區域的人民同質化，它事實上不斷地在消除文化之間的差異性。現在的重點已經不是強調保護本身的文化特殊性，而是在這個新的文化關係中，如何利用與開發資源來培養個體適應新生活的能力，以及鼓勵區域文化的創新和活力。而歐洲聯盟所推動的歐洲文化合作，就是在這個積極而廣義的文化概念上推演，它的目標就是在制度上如何讓政治決策接近人民、在職能上如何讓人民有能力接近決策。歐洲文化合作的行為者自然不能只停留在歐洲聯盟的層次，它需要成員國家、區域和地方的參與，甚至在最終的目標上接近人民個體。因此將各個文化區域聯繫起來，將是各種參與的基本前提。除了歐洲人民的自由移動之保障外，區域的聯繫同時也涉及到不同層次的建構。首先是質料硬體的架設，特別是資訊網路科技廣泛地突破區域之間的地理和人文界線，快速地將各個區域與其人民聯繫在一起。而科技除了是一項新的經濟事業之外，它本身就是體現新的文化傳播形式，不論是直接或間接地表現文化活動[78]。其次，面對這個新的互動網絡，熟悉與使用新的科技將是基本的前提，因此教育和訓練本身也是文化聯繫與關係的重要因素。在配合就業的整體考量下，個體同時取得參與區域經濟、政治與社會的能力。尤其落實終身學習的理念與制度，將培養個體不斷適應社會變遷的基本建置。第三，在前二者的基本背景下，地方、區域和成員國當局在制定文化合作政策上，將取得更有力的位置，因為它們整體所表現的知識歐洲（Europe of Knowledge），一方面促成各層面政治當局取得相互協調與尊重的空間，一方面也獲得來自人民參與的動力，政治行動能力之最終取得，乃是來自於人民知識與參與的進展[79]。因此文化合作的決策在歐洲聯盟的層面上，將逐漸取得來自於公民社會的合法性，雖然文化政策在目前仍然是屬於成員國家與其地方的權限[80]。

　　上面三者所構成的整體程序就是歐洲的文化整合。可以觀察到的是，它所表現的就是歐洲整合的基本歷程。在尊重文化多樣性的基本權利下，它更是歐洲聯盟擴展面臨到更多區域差異時之指導原則。之所以會產生這個結論的原理，乃是本文將文化一詞做廣義的解釋，也就是在歐洲整合中，文化一詞並不適合再被解釋為遺產、文物或者單

純的藝術創作和展覽。文化此刻在經濟與社會活動中扮演更積極的意義，它是一種新關係的建置歷程。但是另一方面，它也將文化一詞逐漸地放在一個共同體以及多樣性的基礎上，並強調文化如何在不同事務和不同區域的關係歷程中體現出來。在個體方面，這同時也結合公民權（citizenship）的積極意義，它所涉及到的不能只限於法律框架下權利，不論是公民、政治或社會的權利。它更是一種權能，一種參與共同社會和文化共同體的權利與能力。例如歐洲聯盟「學習積極公民權」（learning for active citizenship），積極公民權的實踐乃是一種批判反省的過程，它並不是事先以規範和價值來規列其內涵，而是不斷地接近地方、區域和國家的生活網絡。也就是在這歷程中，公民權將從新的社會關係中產生。在這前提下，關於歐洲整合的種種行動計畫，都是提供民主與參與的空間（space），主體乃是個體及其權利，而不是最高的政治權威[81]。而文化整合的內在動力就是這個公民權的積極意義，它同時結合經濟與科技的實質活動。在解決市場經濟所帶來的相關問題下，公民權以及對文化整合的參與將表現歐洲整合最基本的目標，即決策儘量地接近歐洲人民。

在歐洲整合的例子中，我們可以瞭解在文化理論中需要存在著更為廣義的文化和公民權概念，而它們在新的歐洲社會中已經有具體的表現。在台灣社會中存不存在這樣的背景呢？首先要說明的是，雖然聯合國人權宣言第27條已經說明，「每一個人有權自由參與社區的文化生活、享受藝術，以及分享科學的發展及其果實」，但並不是每個社會制度與人民都有這樣的空間或認知。也就是當人民對這樣的權利尚無清楚認知時，政府的相關政策就沒有迫切性。但是當社會環境已經使得人民有這認知時，中央或地方政府的文化建設就取得創造這個權利空間的積極正當性，因為它們將得到來自民間社會的支持。尤其是一九九四年前後，台灣各地所體現地方文化活動的新空間，給予各層面的文化行政一個新的內涵[82]。在這個新的空間與內涵中，人民對於地方文化事務的關懷重點可以分為以下幾個面向，也就是社區關懷、人文探索、文物館藏與研究、社區總體營造、原住民族群工作、自然人文生態研究、鄉土文化藝術以及文化資產保存維護等等。

　　這些地方文化組織與活動的發展，一方面使得人民逐漸認知到參與社區文化的基本權利，一方面也與各層級政府的文化政策與行政產生互動的關係。雖然行政院於一九八一年成立文建會，基本上以統籌規劃國家文化建設、發揚優良傳統和提高生活品質為主要政策。但是文化建設的相關法規與措施還分散在新聞局、教育部以及內政部當中，因此文化行政並無力貫徹到可能的地方對象上。到一九九四年成形的社區總體營造，基本上結合社區文化和文化產業的概念，它包括社區文化活動發展計畫，輔導美化地方傳統文化建築空間計畫，充實鄉鎮展演設施計畫，以及輔導縣市主題展示館之設立及文物館藏充實計畫等等[83]。而承載文化產業和社區文化之間的辯證發展仍然是地方文化的力量本身，它不再以國家的框架為行政的中心。例如各縣市主題展示館及文物館藏的設置、美化地方傳統文化空間的設計，以及地方文化產業振興等的政策，都是需要結合社區與地方文史工作室的力量來進行的。另一方面，一九七七年開始在各縣市陸續設立的文化中心，在文化地方化的現實下，也有其轉型的必要性與正當性。也就是從過去將國家或城市文化下鄉到地方的角色，轉變到重建社區、投資與管理地方文化，並且重新建構權利內容的代理者。它一方面不應再以「中心」的形式出現，一方面必須逐漸結合於地方文化行政的整體中。在最初的階段，各縣市文化中心的組織，乃是根據一九七八年及其後續通過的「教育部建立縣市文化中心計畫大綱」、「社會教育法」、「台灣省各縣市立文化中心組織規程」、「高雄市立中正文化中心管理處組織規程」等法規而成立。在行政人事方面，初期是由教育部管轄，包括建築、設備、編制員額及經費等，其後再轉移至各縣市政府。文建會及由專家學者所擔任的諮詢委員，負責中心文化育樂

活動之策劃、推動、協調、輔導及提供補助經費，主要的預算編列以及直接的指揮權則是歸縣市政府所有。因此文化中心的法律規範主要來自於教育部與教育法規，作為地方文化事務機構，它的轉型也就首先涉及到建立基本的文化法規和統一的文化行政系統之問題。這是各縣市政府將文化中心以文化局的名稱來取代時，所面臨到的基本問題。其次，雖然各縣市文化中心大部分具有地方特色的展覽館，但是它們來自於文建會及專家學者的規劃理念，必須與地方文史工作者和民間文化事務相互協調，因為文化不再有「中心」，社區或地方文化建設的認知和需要乃是文化行政取得正當性的基本空間。

台灣在上述文化行政的發展歷程上，公民社會所支撐的地方性逐漸反應在文化決策上。基本上，這個方向正往多元文化的路線上進展，文化的多樣性比起過去的威權時代取得相當的空間。我們可以看見，這個空間的取得必然聯繫於公民社會的興起以及人民權利的訴求，對同一樣文化資產的態度在這個發展當中也不一樣，主要的原因還是社會型態的轉變以及文化權利的重視。現在像對布袋戲或歌仔戲的態度，不再可能由過去的中心來定義，它們在公民社會與文化權利的訴求當中，自然是台灣文化多樣性的一環。只不過台灣文化多樣性的空間還需要更加發展，藝文活動才可能接軌全球。而這又涉及到台灣社會結構的困境，它還需要文化政策的努力。這在後面章節中將進一步說明。

■ 第四節　多元文化與文化公民權

上述所說明的歷程就是二次大戰之後世界進入多元中心的歷程，並且是一個具有愈來愈緊密的網絡社會。在這網絡將全球聯繫在一起的同時，區域與地方的舞台也扮演更重要的角色。在這個發展歷程中，基本上有著幾個特徵，包含整體地考慮我們自己，多元文化與跨民族意識的增長，愈來愈多的社會行動者在他們的日常生活中不斷實施著反思性（reflexivity）以及認同的拓展（broadening）等等[84]。在多元文化這一部分，文化是一個過程，它是社會力量凝聚的結果，而不是像現在與過去一樣成為分裂社會力量的議題和符號。文化一直以來都被當作是一種生活方式或意義的整體表現，它會成為一個議題甚至權利形式，自然涉及到相應一種新型社會的新文化概念。文化作為一種經濟資本或社會資本，三十幾年來存在著不同的見解，特別是在國家邊界不斷模糊的今天。因此這種新文化概念首先不是過去現代性所表徵的理性力量。

　　對於這樣的新文化研究領域，基本上存在著兩個方向，即是著重在資本主義市場機制對日常生活影響的反省上，以及對這個新文化領域的描述。對於前者，在一九六〇年代成立的伯明罕當代文化研究中心有幾個關心的重點，首先是對於大眾媒體，以及探討它如何再生產意識型態與霸權的文本研究；其次，對於日常生活，尤其次文化的民族誌研究。這些研究試圖揭示政治、權力與不平等如何形塑生活風格與流行時尚。最後是對於政治意識型態，以及種族歧視性的國族主義研究等等[85]。另一方面，對於上述新文化領域的描述，文化研究在結合現代化或全球化的邏輯上進行描述的工作。如同N. G. Canclini所言的文化疆域（cultural territory），它意指在文化上，透過人類傳播而建立的地理和符號空間。由於現代化與全球化帶來了「去疆界化」（deterritorialization），因此人們不論前往何處，都會企圖重新建立一個新的文化家園。這些文化意圖和活動組成了「再疆域化」（reterritorialization）的過程。透過聯繫傳統價值、宗教、通俗藝術和語言的方式，傳播媒介能夠協助離鄉背井聚居海外的族群維持、活躍及轉變其文化生活。「去疆界化」的年長者通常會藉著傳統文化素材，來強化他們偏好的生活方式及在新社區當中的社會地位。雖然年

輕人比較傾向形成其「再疆域化」的認同，但他們也可能從傳統中發覺舒適感[86]。

這是一個全球社會世界所體現的超文化（superculture）現象，它超越傳統的範疇，反應全球化與個人化的兩種趨勢。超文化必定是一種此處與彼處、社會與自我以及物質與符號之間的雙面暫時性空間，因為今日的文化是短暫飄浮在當地與全球、集體與個人以及非媒介與媒介經驗之間。它包含普遍性的價值、國際來源、文明、國家文化、地域文化與日常生活等六個領域。「超文化」意味著一種深層的多文化性（multiculturality），卻也反映出跨文化性（transculturality）、不同文化性（interculturality）以及文化混血[87]。

在這個日常生活意義所體現的秩序當中，民族一詞的意義也是研究的重點。在自由主義的民主國家內，多數人的民族建構在下述條件下才是正當的，首先是國家疆域之內的任何人必須能夠獲得公民資格，並且只要願意，他們就能夠成為國家的平等成員。其次，國家成員資格的社會文化條件，即在制度和語言上整合，而不是在特殊習俗、宗教信仰和生活方式的整合。應該有一種多元而寬容的國民身分和國家整合觀。最後，應該允許少數民族從事自己的民族建構，以使他們能夠保持自己獨特的社會文化[88]。這也是文化公民權的意涵，它在全球社會中已經形成一個不可忽視的議題。對於台灣社會而言，什麼是台灣社會的成員，它應該是在最寬廣的意義上被理解。在多元文化的社會中，人民的文化參與將是文化再生產與意義結構重建的承載者。所有的文化就算不是共生的，也是能夠和平共存的。文化地方化使得不同文化取得重建自己意義的平等空間，文化因此變成一個動態的觀念。全球文化與地方文化的平衡將是政策的焦點所在[89]。

在這多元文化的社會空間，文化權利正是社會權利的延伸，文化公民權是社會公民權的深化。文化公民權並不是憑空出現，因此對它的理解可以回到公民社會與社會公民權發展所在的歐洲。從第一次世界大戰以來，西方民族國家在面對市場邏輯與經濟過程所帶來的新興社會問題時，較清楚地以國家的力量來回應相關社會權利的內涵。也就是所謂福利國家或社會國家的發展，國家透過法律制度對經濟社會資源進行符合公平原則的再分配，當然其介入的程度依不同國家傳統而有所不同[90]。這基本上是一個法律機制的建置，並且特別是在回應特殊的社會問題與權利時。但是在市場經濟持續成長與社會問題不斷加重之前提下，國家機器在經濟系統與財政系統的運轉中，必須重新調整面對這些社會問題與權利的方式。而這方式不能只關涉到法律機制，因為後者本身需要在新的社會條件與問題取向上再次地被詮釋。而是涉及到原有以市場經濟為基礎的公民社會之重建，它需要將福利與權利的概念帶到社會的經濟投資與政治參與上來。

　　而這重建的內容所涵蓋的理念與現實，與我們今天所談的文化建設有部分重疊，後者結合全球科技與資訊並且展現出社會科學中的廣義概念。這是一條重建的道路，特別在西方社會民主（social democracy）[91]傳統之轉型中可以觀察到。西方社會民主的思維與運動，基本上是對市場經濟與資本主義社會的一種回應，它一方面轉型於所謂的社會主義（socialism），一方面又主張市場經濟的持續發展。社會主義一詞被標舉為一項政治運動，乃是十九世紀前期所發生的事情，他們主張聯合勞動所得的收穫應由所有生產者公平分享。這不只是經濟的公式和正義的處方，而且更相信大眾有能力克服基本天性的疏離和異化。特別是Marx相信社會主義是歷史發展的一個階段，理想的社會不能事先計畫，而是在革命中興起，並且只有在適當的歷史過程中才會成功。他在共產主義宣言中說明，理想的社會在於創造一個共同體，在其中全體自由發展的條件繫於每個人的自由發展。也只有在這個空間中，人類所擁有的文化生活才不是一種疏離的文化生活，或者意識型態性質的文化生活[92]。當然馬克斯主義在理論上和實務上所涉及的問題，在這裡不再加以詳述，但是至少在第二次世界大

戰之後,他們的理想清楚地必須透過另外一種方式來實踐。

　　首先在戰後到一九五〇年代,德國社會民主黨(SPD)試圖在共產主義與資本主義之間找尋第三條道路,它基本上關聯於所謂的經濟民主(Wirtschaftsdemokratie)、民主計畫以及社會主義化等等概念。但是也避免以國家化經濟出現的國家社會主義,而是在公共領域和社會所有權的不同形式中尋求大型工業的重建,而這需要企業層面的參與和補充,也就是勞工參與和共同決定(Mitbestimmung)[93]。這同時反映出整個歐洲將政治平等的自由教條擴充到社會與經濟領域之現象,也就是社會公民權(social citizenship)的發展。從一九五〇年代開始,勞工階級的社會主義(working-class socialism)逐漸轉變為採取混合經濟、福利國家和凱因斯政策的福利資本主義(welfare capitalism)[94]。特別是在一九六〇年代中,現代性與社會的進步已經取代階級的意識型態。經濟成長首先是一切發展的起點與基礎,公共所有權在新的社會民主概念中也不再扮演核心的概念。平等概念本應意味著透過廣泛的社會政策來挑戰市場的分配機制,而這同時需要國家在經濟與社會的力量滲入。在社會民主還無此能力之前,機會平等是一個可以和市場資本主義相調和的概念。從一九七〇年代中期到蘇聯解體之間,社會民主則受到自由市場哲學的挑戰,特別是新自由主義的挑戰。其中又分為新右派與自由放任論(libertarian)。一九八〇年代以後,社會民主開始關心它以前較不關心的問題,例如經濟生產率、參與性政策、社區發展以及生態問題。它超越資源分配的舞台,開始強調生產的物質和生活組織,以及發達工業社會中消費的文化環境。在這樣的背景下,我們可以大約將社會民主以及它的更新放入**圖4-2**的座標位置中。

　　因此一九八〇年代以後,社會民主的政策逐漸超越資源的分配或福利的提供,並強調物質和生活組織、文化環境上的參與、社區發展以及生態重建,進而轉向資源的永續發展和福利的投資。也就是在國

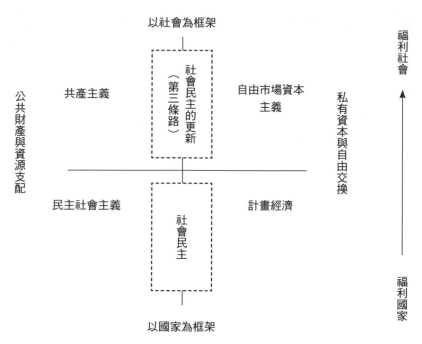

圖4-2　社會民主的理論位置及其發展

資料來源：作者整理。

家政策的制定層面外，同時轉向地方共同體的參與。

　　它所結合的經濟、教育、治安以及生態政策之整體，就是我們今天所說明的文化政策，而參與的過程就是一種文化過程[95]。當然這並不意味在文化理論上沒有參與就沒有文化秩序或生活，而是在當代的開放社會中，參與和地方性體現出最廣義的文化概念與文化現象，它們在社會科學上較能揭露我們社會情境的真實性。在Marx及其社會主義對資本主義社會所揭露的文化特性中，具有所謂意識型態意涵的菁英文化也是一種文化型態，並且擁有相應的文化政策方向。只不過它們被認為是一種合理化菁英統治的決策，也就是關於政治和社會系統背後的意義系統[96]。它們在邏輯上受特定的生產與經濟系統所決定，

因此對後者的批判就是揭露這種文化型態的封閉性，不過他們是透過一種否定資本主義市場經濟的手段來進行。另一方面，在市場及其流通之下，個體在人類歷史上進入形式上的自由與平等，但它們在市場邏輯下同時也是不自由與不平等，因為個體已經被單位化與數量化。因此資本主義社會中的個體權利在社會主義者的眼中，並不是實質的權利。但是在一九五○年代之後，這種否定資本主義市場經濟的方向，在經濟發展的需要、區域與國際金融的快速發展等等力量之前提下，於邏輯與實際上都必須被修正[97]。

也就是如何在資本主義市場經濟的前提下，進行社會資源的公平分配，將是揭露封閉文化以及建構個體權利的基本原則，而這也是社會主義的轉型結果之一，特別是社會民主的發展。揭露單一文化以及建構個體權利，乃是伴隨著社會主義傳統以來的社會正義概念，它聯繫一個重要的原則，即市場邏輯不能是一切思考的起點與唯一原則。當然這是不同於自由資本主義的觀點，他們基本上認為社會正義也必須歸約到市場邏輯的運作，並且在市場邏輯的運作中才可以得到實現的基礎[98]。但是起因於市場邏輯的社會問題是否可以由市場邏輯本身來解決，雖然有不同的見解，但是在實際的觀察上，許多福利國家的傳統已經貫徹了不同的決策系統。在這裡，國家應該對於社會正義的問題有所回應，而這也是體現社會權利的基本面向，國家在個體免於過度商品化上應該具有責任[99]。但是不論如何，市場經濟的發展仍是國家在面對社會正義時的基本動力與能量。

因此這種在資本主義與社會主義之間尋求出路的社會民主，基本上坐落在大眾文化與消費文化的新社會型態中，特別是在一九六○年代到一九八○年代之間[100]。在這期間，社會上更多的人逐漸認為文化活動乃是表現在日常生活以及消費行為中，並且以社會發展為基礎的混合經濟得到國家以及人民的支持。雖然在這以經濟發展為主要訴求的階段，文化活動有被商品化與均一化的疑慮，但是同時也淡化了階級的要素[101]。國家在經濟發展的同時，也逐漸重視經濟與社會的凝聚（cohesion），對於被排除在勞動市場之外的個體，必須透過制度加以重新整合。在國家、經濟與社會三者的關係中，國家則是扮演凝聚的主要機制，國家必須重視經濟發展所帶來的社會問題，並且在制度上安排來自於社會的聲音與力量。現在的問題是，國家的角色可否減弱，並且社會相對獨立地運用經濟力量來解決本身的問題，進而體現新的凝聚意涵。在這問題意識和觀察上，一方面經濟發展與強調個別現象基本上是面對這種文化型態的方向，也就是系統的發展和差異原則相對上成為社會文化生活較為依賴的表現形式。另一方面，國家藉著經濟力量對個體權利的維護，一開始是將對象建立在勞工的概念上，基本上它是經濟系統中的單位，但是也逐漸轉型為建立在權利個體的概念上，它需要較獨立的社會政策來完成。這兩方面的考量與決策在實際上並沒有相互結合，或者更精確地說，兩者尚無結合的背景與空間。

　　在這個基本的邏輯中，經濟發展與社會權利的結合是否可以體現新的社會型態、並且其整體就是一種新型的文化建設，則涉及到這種社會民主的轉型[102]。而其中的重要線索之一，就是國家這個角色的變化，以及相應而來的新文化概念。國家在全球化中的確擁有與以往不同的性質，特別是在歐洲整合的例子上可以較清楚地觀察到[103]。一九五〇年代以來的歐洲整合，事實上需要一個不同於過去存在於民族國家中的文化意義。如同A. Giddens所言，「民族國家的形成始於它發展出明確的邊界（borders），以取代更傳統的國家所特有的那種模糊的邊疆（frontiers）……現在國家再一次擁有邊疆而不是邊界，但其中的原因卻與過去不同。早期國家擁有邊疆乃是因為它們缺乏足夠的政治機器，它們無法使國家的權威直抵遠離政治中心的邊遠地區。當代國家的邊界之所以逐漸演變為邊疆，乃是因為與其他地區的聯繫愈來愈緊密……歐洲聯盟是這方面的一個典型」[104]。但是新的歐洲社

會空間並不是像過去民族國家一樣擁有共同的傳統、宗教與價值，而將是因為經濟與資訊系統所帶來的關係以及陸續建立的權利系統。因此在這個新的歐洲社會空間中，依市場邏輯所建立起來的相關制度、組織與法律本身，就是歐洲共同體層面的新文化關係，但是市場邏輯並不能侵犯到文化的多樣性和成員國家文化遺產的維護[105]。在過去民族國家的形成中，權力系統夾帶著文化力量深入到以國家為領域的各個社會角落，這是一種體現集中權力的建構。文化在這裡通常被作為啟蒙的理念、意識型態，或者一種與他者相區隔並且排斥他者的邏輯。但是歐洲整合所建構的新歐洲社會，不可能在文化上建構單一或均一的主流文化，而是必須尊重文化的差異[106]。換句話說，新歐洲社會系統在歐洲聯盟這個空間形成時，其所立足的發展歷程在邏輯上就需要一個不同的文化概念，它不再需要以國家和社會的重疊為前提。它是一種關係，特別是一種在不同地方區域之間的聯繫與關係，因此必定伴隨具體化這種聯繫的資訊系統，而資訊系統的建立又必定隨著市場邏輯運作。最後，廣義的文化概念將涉及到個體對共同生活空間的感覺、認知以及參與，也就是以尊重文化多樣性的基本權利和區域概念為起點的歐洲整合，在邏輯上聯繫到歐洲空間發展的藍圖。

　　亦即在歐洲整合中，文化一詞並不適合再被解釋為遺產、文物或者單純的藝術創作和展覽。文化此刻在經濟與社會活動中扮演更積極的意義，它是一種新關係的建置歷程，並且需要有能力的個體之參與，也就是廣義的公民權[107]。地方與區域網絡（networks）所承載的文化知識將有助於「文化公民權」（cultural citizenship）的創造，後者可以作為建構一個新歐洲的基礎[108]。然而這個基礎在邏輯上乃是需要對文化以及公民權概念重新做寬廣的解釋，也就是文化公民權所指的意義主要不是在法律上，而是一種過程與實踐上的意義。因此歐洲整合在新文化的視角上，不是由上往下的組成歷程，而是來自多樣文化群體的共同參與和創造。這是社會民主以及福利國家轉型的實際例子，國家、社會與經濟的新關係體現一個較符合現實，並且超越國家框架的新文化概念。對文化多樣性的強調，事實上除了取代原來的文化消費之外，也同時體現文化基本權利以及文化投資的建置[109]。它需要個體更多的參與，以及社區、地方和區域的自主性發展。公民社會的重建除了調整國家、社會與經濟的關係外，在更有效地解決諸如失業、治安、健康、環保和人權的問題中，其經濟、教育或制度上的整體投資直接體現當代文化的生產與再生產[110]。在社會權利擴展到廣義的基本人權上，需要更多來自社會的民主參與力量，以及給予個體消極與積極的行動能力，也就是來自於社會投資的福利。因此福利國家將轉型為福利社會，而它的整體政策將聯繫到新文化概念下的文化政策[111]。

　　當然在邏輯上，新的文化政策並不一定要與福利國家或福利社會有直接的因果關係，而是在全球化以及歐洲整合的觀察下，福利社會給予文化決策的一個重要參照點。全球化以及歐洲整合在邏輯上也不一定與社會民主有所聯繫，而是社會民主的更新可以在全球化以及歐洲整合的觀察中，得到相對清晰的呼應。也就是在全球化以及歐洲整合的歷程中，除了社會民主以及其更新之外，還存在著不同的發展與決策方向。在認同的拓展上，過去單一並且建立在民族主義內涵上的認同，在全球社會中逐漸轉向多元以及建立在權利內涵上的認同。當然這還不是自由主義傳統的權利，而是融合了社群主義傳統的新形式。權利的內涵不是哲學上的思辨，因此也不是被給予的，而是在日常生活當中的文化詮釋。這是文化理論的揭露工作，因而也是結合文化研究的取向。透過這個揭露工作，我們所觀察到的是多元文化的生活秩序，以及區域整合的現象。它體現了超國家的生活空間，在某種程度上，這已經跨出了傳統的民族主義。另一方面，全球社會的網絡促使我們所創造出來的制度更加嚴密，它所形成的系統使得我們的生活愈來愈進入所謂的風險社會。

註　釋

[1] 從近代民族國家發展以來，一個具有法律形式的社會秩序，除了要維護人民的經濟需要（例如財產與勞動的權利）以及政治需要（例如選舉權利與福利權利）外，人民的需要系統應該也表現在社會與文化的領域中。所謂的合法性（legality）就是政治與經濟活動在社會團體的多元性（plurality）、文化與溝通制度的公共性（publicity）以及個體自我發展與道德選擇領域的隱私權（privacy），同時界定這些基礎活動的一般法律和基本權利結構。關於這個合法性整體的理解與描述，在社會科學中常用公民社會（civil society）一詞來說明。因此重建公民社會所意味的將是在經濟與政治的需要外，積極的定義共同體成員之權利，並且從政治領域擴展到社會領域和文化領域。歐洲聯盟乃是這樣的一個最具發展性的嘗試，即在民族國家之上建構公民社會。這種國家權力下放的邏輯，在A. Giddens的看法中，就是以公民社會的重建為前提。而相較於傳統社會契約理論，這更需要個體對共同體的參與。在本文的討論中，共同體成員以及權利的實際內容並不預先地被設定或被規劃，而是正好通過個體的參與來體現。J. L. Cohen and A. Adato, *Civil Society and Political Theory* (Cambridge: MIT Press, 1992), p.346; B. Axford, *The Global System: Economics, Politics and Culture* (London: Polity Press, 1995), p.188; A. Giddens著，鄭武國譯，《第三條路：社會民主的更新》（台北：聯經，1999），頁87-110。

[2] The European Commission, *The Four Major Objectives of the New Treaty for Europe,* 11.1997 (URL: http://europa.eu.int/en/agenda/igc.home/intro/en.htm).

[3] W. W. Mickel, "Kulturelle Aspekte und Probleme der europäischen Integration", *Aus Politik und Zeitgeschichte, B 10/97*, Bonn, 28.02.1997, pp.14-24.

[4] The European Commission, *Intergovernmental Conference (IGC): Institutional Reform to Prepare for Enlargement,* 10.2000 (URL: http://europa.eu.int/igc2000/index_en.htm)。本文同意A. Ellmeier與B. Rásky的見解，在歐洲整合的背景下，文化一詞在歐洲聯盟或歐洲共同體中指涉著所有的東西（Alles ist Kultur），它體現在作為計畫的超國家性（Transnationalität als Programm）中，並且作為一種最廣義的關係（Relation）而被理解。因此本文所敘述的

文化在這裡已經包含宗教、語言以及其他各種互動的關係形式。另一方面，在文化活動與非文化活動之間的界線已經不明顯的前提下，本文所說明的文化概念並不著重價值（value）的理解，而是文化成為相互理解和相互承認的所有制度，這些制度提供歐洲整合在政治與經濟上的進一步合作。事實上，在當今的人類社會型態中，傳統文化的價值概念已經模糊並且多元化，更重要的是社會科學的思考早已避免價值概念的設置。A. Ellmeier und B. Rásky, Kulturpolitik in Europa-Europäische Kulturpolitik? (Wien: Internationales Archiv für Kulturanalysen, 1997), Einleitung.

[5] 在歐洲人權公約中，藝術表達的自由乃是一項應該被保護的文化權利，並且在大部分成員國家中也有法律的保障。但是因為它的抽象性與高度的詮釋性，在文字上並不像財產權或政治權一樣可以清楚地被規定。一方面，國家文化政策的執行辦法在歐洲共同市場的建立上有時也是障礙，因此它們的法律條文化並不是唯一的思考。另一方面，這樣的文化權利基本上不是在個體權利的層面上被理解，而是在群體權利的層面上。並且它更多地以保護（protection）的語言來表示，而不是以權利的語言。J. M. E. Loman a.a., *Culture and Community Law: Before and After Maastricht* (Deventer: Kluwer Law and Taxation Publishers, 1992), pp.4-5; G. Búrca, "The Language of Rights and European Integration", in J. Shaw and G. More (eds.), *New Legal Dynamics of European Union* (Oxford: Clarendon Press, 1995), pp.38-39.

[6] 因此合作（cooperation）的概念乃是著重在過程（process），一個創造個體參與能力空間的過程。而其中與文化領域有著緊密聯繫的，乃是參與（participation）和包容（inclusion）的積極概念。至於合作的內容將依個別事件包含在不同的政策領域中。如A. Raasch所言，歐洲社會結構並不是已經存在著，而是要求互相合作或協商（négocier）。The European Commission, *Learning for Active Citizenship*, Directorate General XXII,04.1999 (URL: http://europa.eu.int/en/comm/dg22/citizen); A. Raasch, "Die Sprachen und die Entwicklung eines europäischen Bewußtsein", *Neusprachliche Mitteilungen*, 45, 1992, p.226.

[7] A. Ellmeier und B. Rásky, Kulturpolitik in Europa-Europäische Kulturpolitik? (Wien: Internationales Archiv für Kulturanalysen, 1997), Einleitung.

8 學習積極的公民權主要不是往種族、民族或是宗教等等方向上推演，而是往經濟、治安、健康或環境議題上發展權利關係。T. Spybey, *Globalization and World Society* (Cambridge: Polity Press, 1996), pp.112-116.

9 這個背景有時被稱為生活形式（Lebensform）（例如L. Wittgeinstein的見解）、生活世界（Lebenswelt）（例如A. Schütz、J. Habermas的見解）或者所謂的結構（structure）。它們除了作為個體行動或社會化的根源與限制之外，更提供個體這方面的實際能力。在A. Giddens的理論中，結構化的過程就包含意義、規範和權力的相互作用。它意味著個體在不同的共同體中將有不同的結構化歷程，也就是有不同的權利與權力關係以及不同的世界觀等等。A. Giddens, *The Constitution of Society: Outline of the Theory of Structuralism* (Cambridge: Cambridge University Press, 1984), pp.24-27.權力與知識在M. Foucault的見解中更是具有一體兩面的基本形式，所有的知識必須在溝通、記錄和累積的系統中形成，而它們都是以權力的形式表現出來。同時沒有知識的分配、獲取和傳播，權力也無法運作。因此共同體中的知識開放程度將影響個體權力的發展進度，或者個體權利將借助知識的獲取而得到維持。M. Foucault, *The Will to Truth* (trans. and ed. by A. Sheridan) (London: Tavistock, 1980), pp.130-132.

10 J. Habermas這方面的見解對於個體權利和公民權是具有啟發性的，文化權與知識權在這裡可以找到理論上的基礎，並且聯繫到最實際的需要系統上。本文在論述公民權的內容與其發展時，將進一步說明它們產生的背景。J. L. Cohen and A. Adato, *Civil Society and Political Theory* (Cambridge: MIT Press, 1992), p.346.

11 N. Luhmann, *Gesellschaft der Gesellschaft* (Frankfurt am Main: Suhrkamp, 1998), pp.44-59.

12 也就是如同Hegel所言的公民社會環節，即需要的系統（通過個人的勞動以及通過其他一切人的勞動、需要的滿足，使需要得到中介，個人得到滿足）；司法對所有權的保障（包含在上列體系中的自由這一普遍物之現實性）；以及警察和同業公會（預防遺留在上列兩體系中的偶然性，並把特殊利益作為共同利益予以關懷）等等。G. W. F. Hegel, *Philosophie des Rechtes* (Frankfurt am Main: Suhrkamp, 1971), §188.

13 G. W. F. Hegel, *Philosophie des Rechtes* (Frankfurt am Main: Suhrkamp, 1971), §198.

14 J. Habermas, *Theorie des kommunikativen Handelns,* Band 1 (Frankfurt am Main: Suhrkamp, 1995), pp.226-228.

15 N. Luhmann, *Gesellschaft der Gesellschaft* (Frankfurt am Main: Suhrkamp, 1998), pp.44-59.

16 在現代社會中，創新（innovation）已經逐漸取代過去社會的發現（discovery），這意味著現代社會已經充滿著人類的各種勞務並且有趨飽和的現象，另一方面更是顯現多元社會中的後現代性，也就是不再預設現象背後的秩序，並且不再以發現它為目的。因此對於現存社會資源的創新與管理，將會比發現新的社會秩序來得有正當性，尤其在文化政策的理念上更具有這樣的討論，因為文化建設也許不是發現一個新的生活秩序，而是管理現有的生活秩序。D. K. Hurst, *Crisis and Renewal: Meeting the Challenge of Organizational Change* (Harvard: Harvard School Press, 1995); P. Dressayre and N. Garbownik, "The Imaginary Manager or Illusion in the Public Management of Culture in France", *The European Journal of Cultural Policy,* vol. 1, No. 2, 1995, pp.187-197.

17 Weber和Habermas作為現代性的維護者，並不是要將人類社會帶回十八世紀時的社會型態，而是在現代化的歷程中，他們一方面強調現代社會的發展邏輯，一方面希望借助這個推動現代社會發展的理性來反省當代社會現象與問題。因此他們對於當今社會的描述，並不像其他社會學家一樣來得集中和系統化。

18 在Hegel的看法中，形成於現代世界的公民社會一方面滿足於需要系統的分化，一方面是個人特殊性與普遍性的統一。也就是雖然在公民社會中每個人都以自身為目的，但是必須以其他人為達到目的的手段。更精確地說，特殊目的通過他人的關係就取得普遍性的形式，並且滿足他人福利的同時，也滿足自己。這樣的理性潛能不可能只以達到目的的行動為主，在Habermas的看法中，它更應是相互理解的溝通行動。作為一種不同於家庭生活的新生活型態，開啟了資本主義的社會形式以及官僚階層的社會制度，它們雖然在國家的法律形式下運作，但確是一種對立於國家與經濟系統的生活領域。如

同Habermas所言，「自從十八世紀以來，在歐洲中產階級（Bürgertum）的自我理解中，已經反應這樣的理性潛能，即達成互相理解的行動傾向，並且具體化在政治理論、教育理念、藝術與文學之中」。J. Habermas, *Theorie des kommunikativen Handelns,* Band 2 (Frankfurt am Main: Suhrkamp, 1995), pp.485-486.

19 J. Habermas, *Vorstudien und Ergänzungen zur Theorie des kommunikativen Handelns* (Frankfurt am Main: Suhrkamp, 1984), pp.594-595.

20 J. M. Barbalet著，談谷錚譯，《公民資格》（台北：桂冠，1991），頁2-3。

21 這涉及到平等概念的討論，因為如果平等是指形式上（例如法律）的同一，在邏輯上每個個體的權利是可以平等的，但是如果平等涉及到實質（例如利益、生活條件等等）的同一，那麼權利在邏輯上就是一種無止境的爭取過程，因為實質的利益和條件乃為有限的。在當代社會的發展歷程中，平等的概念通常被強調在後者上，因此個體權利需要依賴更大的社會整體力量來平衡。

22 A. P. d'Entrèves著，李日章譯，《自然法：法律哲學導論》（台北：聯經，1990），頁57-58。例如C. Wolff所言，「無論什麼時候，當我們說到自然法（ius naturae）時，我們從來不曾指自然的法律而言，而毋寧是指憑藉自然法之力量而自然地屬於人的權利」。但是在近代理性主義之前，自然法象徵著人類價值與基督教價值的基本和諧，這並未主張人的自足性與自主性，也就是並未主張個體為一切法律、權利與準則的終極基礎，而是以宗教或集體文化生活的價值為基礎。雖然在城邦共同體中，權利的概念已經由正義的思想推演而來，但是正義的本質並不屬於人的世界，也不是來自內在的理智，而是來自一個秩序井然、階級分明的世界觀念，它是一個安置個體的宇宙。因此這是一個強調國家義務而不是個體權利的世界，強調自然法而不是自然權利的世界。

23 H. Kuzmics, "The Civilizing Process", in J. Keane (ed.), *Civil Society and the State: New European Perspectives* (London: Verso, 1988), pp.149-176.

24 A. P. d'Entrèves著，李日章譯，《自然法：法律哲學導論》（台北：聯經，1990），頁54-55。

25 J. Locke, "Natural Rights and Civil Society", in M. Lessnoff (ed.), *Social Contract*

Theory (Oxford: Basil Blackwell, 1990), pp.94-95.

[26] M. Lessnoff, *Social Contract* (London: Macmillan, 1986), pp.61-62.

[27] Jean-Jacques Rousseau, "The Social Contract and the General Will", in M. Lessnoff (ed.), *Social Contract Theory* (Oxford: Basil Blackwell, 1990), p.114.

[28] C. Pateman, *The Problem of Political Obligation* (New York: John Wiley & Sons, 1979), p.150. A. Vincent, *Theories of the State* (Oxford: Basil, 1987), pp.112-114. 事實上Rousseau的社會契約論已經顯示，在人類社會現代化的歷程上，公民將權利與需求的基礎逐漸轉向個人將是必然的趨勢（例如由個人或團體間所訂定的契約概念將逐漸形成特殊的社會秩序），它們當然也以國家為最終的法律保障。個人一方面作為主權主體的成員與其他個人處於特定的關係，一方面作為國家的成員與主權也處於特定的關係。個體在這雙重的關係下，作為公民的他們制定了關於他們的法律，並且作為個體的他們同時也遵守這法律。因此個體並不能說是遵守他人的命令，而是遵守自己的命令，特別是透過參與政治共同體的決定本身。

[29] C. Pateman, *The Problem of Political Obligation* (New York: John Wiley & Sons, 1979), p.154.

[30] W. E. Connolly, *Political Theory and Modernity* (Oxford: Basil Blackwell, 1988), p.59.

[31] 這些思考所體現的自由主義傳統及批判，在本文中並不直接處理，但是將間接地簡要說明它們與公民權的發展關係。S. Darwall (ed.), *Equal Freedom: Selected Tanner Lectures on Human Values* (Ann Arbor: University of Michigan Press, 1995).

[32] I. Kant, *Kritik der praktischen Vernunft* (Hamburg: Felix Meiner Verlag, 1993), p.65.

[33] C. Taylor, "Kant's Theory of Freedom", in Z. Pelczynski and J. Gray (eds.), *Conceptions of Liberty in Political Philosophy* (New York: St. Martin's Press, 1984), pp.109-110.

[34] Kant不但給予科學一個形式上的架構，事實上也給予自由政治生活一個形式上的架構。只要個體在這架構中真實地實踐，國家的法律制度將公平地被建立。在這前提下，Kant在他的道德哲學中以意志的自律和自由的普遍律則來

強調公民社會的理想，並且將公民的權利定義為自由、法律平等以及個體
獨立。H. S. Reiss, *Kant's Political Writings* (Cambridge: Cambridge University
Press, 1970), pp.25-26.

[35] A. B. Seligman, "The Fragile Ethical Vision of Civil Society", in B. S. Turner (ed.),
Citizenship and Social Theory (London: SAGE, 1993), pp.151-155.

[36] 倫理生活（Sittlichkeit）與道德（Moralität）的區分在Hegel哲學之後有明顯
的表達，但是在Kant哲學中尚無清楚區分，Kant所重視的是自律的道德。所
謂的倫理生活較接近日常生活的習慣以及其中的善或惡。但是Hegel認為，
懷疑主義者可以懷疑道德，但是他卻無法懷疑日常生活中已經存在的倫理生
活。這樣的說法在本文中較接近將制度帶回公民社會中來理解一事。沒有倫
理生活的道德是不可能的，因為我們不能借助習慣或傳統的分析來揭露一個
人的道德義務。沒有道德的倫理生活並不成熟，因為缺乏自由的形式。當然
道德在社會互動後變成習慣，因而也沉澱在倫理生活中，所以道德與倫理
生活事實上是處於辯證的過程中。P. J. Kain, *Marx and Ethics* (Oxford: Oxford
University Press, 1988), pp.17-19.

[37] 行政院文化建設委員會，《社區總體營造獎勵須知》，台北，1997，頁2-3。
第一步驟又分為強化現有的社區社團以及社區發展協會功能，鼓勵社區居民
自發性成立基金會、相關協會等社區組織等兩項。第二步驟也分為三項，(1)
展開社區資源調查，尋求切入點——社區資源含人、文、地、產、景五大部
分，進行社區居民的文化需求調查。(2)建立社區文化資源資料庫——將社區
歷史、先民事蹟、鄉土文物等整理出版。(3)以新故鄉運動整合社區資源——
推動愛鄉運動，尋求旅居他鄉之本地居民，或移居本社區之外地居民，一起
投入社區的營造工作。第三步驟分為十項。(1)社區環境景觀及有特色的社區
空間之營造。(2)地方特有產業之開發與文化內涵的提升。(3)推動傳統聚落、
古蹟、歷史空間之保存。(4)民俗廟會祭典活動與生活文化的展現。(5)社區
資源之開發與營造（文史、人物、典故遺跡）。(6)推動建立生活價值觀、提
升生活品味及藝術傳承為主軸的終生學習活動。(7)地區與國際文化交流活動
之舉辦。(8)健康福祉與遊憩住宿品質設施之改善。(9)生活的商店街之營造。
(10)社區形象與識別體系之營造（社區之歌、鄉歌、鄉樹……）。

[38] 如陳其南所言，在這個現代科技化的過程中，社區所面臨的問題將是工業

化的經濟型態——掠奪性、標準化與均一化；鄉村人口外移與初級產業的沒
落；自然資源的破壞與環境景觀的惡化；以及國家發展目標的反思——福爾
摩沙美麗之島的復興運動。陳其南，〈社區總體營造與文化產業發展〉，
《「文化‧產業」研討會暨社區總體營造中日交流展論文集》，台北，
1995，頁4。

[39] M. Merleau-Ponty, *Phänomenologie der Wahrnehmung* (übersetzt. von R. Boehm)
(Berlin: Walter de Cruyter & CO, 1966), pp.178-79.這也是E. Cassirer所言的空間
動機（Raummotiv）與事物動機（Dingmotiv）。

[40] F. Tönnies, "Gemeinschaft und Gesellschaft", 3 Auflag., in *Soziologische Studien
und Kritiken,* Bd.1 (Jena, 1925).

[41] 陳其南，〈社區總體營造與文化產業發展〉，載於台灣省手工業研究所編
印，《台灣省鄉鎮長社區總體營造座談會暨實踐營，社區總體營造論文集—
—參考資料》，1997年，頁4。

[42] 參與社區總體營造的可以有社區居民與團體——社區營造的主人翁；專業工
作者——社區工作、文史工作、藝術工作、都市計畫、建築景觀計畫等；行
政體系的文化化——文化視野的基準、文化是地方施政的全部；企業的文化
化——企業的存在、企業的產品，與企業的文化投入；立法者——法令規章
的配合。陳其南著，〈社區總體營造與文化產業發展〉，《「文化‧產業」
研討會暨社區總體營造中日交流展論文集》，台北，1995，頁5。

[43] J. Habermas, *Moral Consciousness and Communicative Action* (trans. by C.
Lenhardt and S. W. Nicholsen) (Cambridge: The MIT Press, 1990), pp.15-20.

[44] 〈社區總體營造手冊〉，《「文化‧產業」研討會暨社區總體營造中日交流
展論文集》，台北，1995，頁30。

[45] M. Featherstone, *Consumer Culture and Postmodernism* (London / New Delhi:
SAGE, 1991), p.33-36.

[46] W. Brugger編著，項退結編譯，《西洋哲學辭典》（台北：華香園，
1988），頁121。共同體所必須承認的精神價值，在宗教價值仍然是社會秩
序的根本前提之時代中，乃是表現在與教會之間的關係上。如同J. G. Herder
所言，「精神的共同體是另一回事，她並不依賴於國家，並且也不由國家所
支持或提供財政。共同體不與他者一起統治，而是單獨統治，因為她是精神

（Geist）」。社會則是與國家有所關係的基督教。在教會統治的制度層面中，社會可以參與國家的統治。也就是「對於所有人與他們自己以及神性的關係中，教會是無條件的社會與共同體」，F. Schlegel陳述這樣的相同理解。O. Brunner (hrsg.), *Geschichtliche Grundbegriffe. Historisches Lexikon zur politisch-sozialen Sprache in Deutschland,* Band. 2 (Stuttgart, 1975), p.821, 831.

[47] M. Weber, *Wirtschaft und Gesellschaft* (Tübingen: J. C. B. Mohr, 1980), p.21.

[48] F. D. E. Schleiermacher, *Versuch einer Theorie des geselligen Betragens* (hrsg. by O. Braun und J. Bauer), Bd.2, (Leipzig, 1913), pp.8-9.

[49] A. Schütz und T. Luckmann, *Structuren der Lebenswelt,* Bd.2 (Frankfurt am Main: Suhrkamp, 1994), p.25.

[50] 宮崎清著，黃淑芬譯，〈展開嶄新風貌的社區總體營造〉，《「文化·產業」研討會暨社區總體營造中日交流展論文集》，台北，1995，頁9。

[51] 夏鑄九，〈社區營造與公共論壇〉，中華民國社區營造學會—各期通訊文章，1998/3（URL:http://www.tacocity.com.tw/cesroc/downlod/）。

[52] C. Pateman著，朱堅章主譯，《參與和民主理論》（台北：幼獅，1990），頁42。

[53] G. H. Mead, *Mind, Self & Society* (Chicago and London: The University of Chicago Press, 1962), p.261.

[54] G. H. Mead, *Mind, Self & Society* (Chicago and London: The University of Chicago Press, 1962), p.268.

[55] P. L. Berger and T. Luckmann, *The Social Construction of Reality* (New York: Anchor Books, 1967), p.49.

[56] J. Cohen and A. Arato, "Politics and the Reconstruction of the Concept of Civil Society", in A. Honneth a. a. (eds.), *Cultural-Political Interventions in the Unfinished Project of Enlightenment* (Cambridge: The MIT Press, 1992), p.132. 高宣揚，《哈伯瑪斯論》（台北：遠流，1991），頁204-209。

[57] A. Giddens著，鄭武國譯，《第三條路：社會民主的更新》（台北：聯經，1999），頁90。

[58] A. Giddens著，鄭武國譯，《第三條路：社會民主的更新》（台北：聯經，1999），頁96。

59 A. Giddens著,鄭武國譯,《第三條路:社會民主的更新》(台北:聯經,1999),頁97-99。

60 A. Giddens著,鄭武國譯,《第三條路:社會民主的更新》(台北:聯經,1999),頁123-124。

61 P. F., Drucker著,劉真如譯,《下一個社會》(台北:商周,2002),頁235-237。

62 A. Giddens, "Living in a Post-traditional Society", in U. Beck a. a. (ed.), *Reflexive Modernization: Politics, Tradition and Aesthetics in the Modern Social Order* (Cambridge: Polity Press, 1994), p.95.

63 這個社會綜合型態可以說是D. Bell所言的工業社會與後工業社會之整體。D. Bell著,趙一凡等譯,《資本主義的文化矛盾》(台北:久大桂冠,1989),頁165-168。

64 T. B. Gold, "Civil Society and Taiwan's Quest for Identity", in S. Harrell and Hung Chun-chieh (eds.), *Cultural Change in Postwar Taiwan* (Boulder: Westview Press, 1994), p.50.

65 張曉春,〈中產階級與社會運動〉,載於蕭新煌主編,《變遷中台灣社會的中產階級》(台北:巨流,1990),頁179-187。

66 葉啟政,〈台灣中產階級的文化迷思〉,載於蕭新煌主編,《變遷中台灣社會的中產階級》(台北:巨流,1990),頁107。

67 基本上這是一個台灣社會的共同現象,人們普遍缺乏具啟發性與反省性來解讀經濟成長的能力,其結果是更助長人成為經濟成長之象徵主角。葉啟政,〈當前台灣社會問題的剖析〉,載於楊國樞、葉啟政主編,《台灣的社會問題》(台北:巨流,1991),頁21-83。

68 J. Storey, *An Introductory Guide to Cultural Theory and Popular Culture* (New York and London: Harvester, 1993), p.193. 一個文化的多元主義社會必然是一個多重族群的社會,原有族群的地域和語文界線也呈現動態的狀況。從美國、加拿大以及瑞士的例子中,我們可以觀察到不同的類型。在美國與加拿大,不同族群(特別是少數族群)可以以他們不同的文化共同體來保護他們的地位之權利,並且也尋求擴大這些權利。而外來移民者也參與在本地主流文化的政治制度中,並且講主流的語言。例如在美國與澳洲,移民者必須學習英

文以獲得公民權利，在加拿大則是英文或法文。因此在一個廣大的英語社會中，存在著具有次文化的族群。而瑞士是一個多重族群的國家，並且瑞士人對瑞士具有共同的忠誠，雖然他們有不同的文化和語言。但是這依附於國家的情感並不是一個民族當中的民族認同，而是一個愛國心（patriotism）的表現。這種情感產生於他們認為瑞士是一個可以承認與尊重他們不同族群存在的國家，而不是因為對於一個民族的共同認同。W. Kymlicka, *Multicultural Citizenship* (Oxford: Clarendon Press, 1995), pp.11-15.

[69] 行政院文化建設委員會，《文化白皮書》，台北，1998，頁26-27。

[70] 江宜樺，《自由主義、民族主義與國家認同》（台北：揚智，1998），頁59。

[71] 吳乃德，〈民族認同衝突和民主憲政鞏固〉，台灣政治學會第三屆年會學術研討會，1996/12，頁21-22。

[72] 在早期現代社會中，民族國家的出現表現了Hegel所言的歷史要求，也就是體現社會整合的一種新形式。在交流與溝通的全球化社會中，必然也會有新的社會整合形式出現。經濟生產、財政金融以及科技技術在國際間的系統化，帶來了一些在民族國家空間之內所不能解決的問題。「全球化過程中的重要因素，乃是來自於社會組織的形象（image），在全球的層面上進入我們日常生活的社會再生產之中」。T. Spybey, *Globalization and World Society* (Cambridge: Polity Press, 1996), p.19.社會再生產是以系統性的方式出現，例如郵政、金融與交通制度的建立，民族國家必須遵照已經建立起來的技術系統。全球化的溝通系統事實上某個程度支配了國家的發展。甚至文化也在全球化當中。但是文化的全球化並不等同於文化的同質化（homogenization），而是全球化包含使用同質化的不同工具，例如軍備、廣告技術、語言支配權以及衣服形式等等。這些工具被帶回到地方的政治與文化經濟當中，並且作為國家主權、自由事業與政治團體之間的多元對話管道。在這之中，民族國家扮演一個歷史上的新角色。A. Appadurai, "Disjuncture and Difference in the Global Cultural Economy", in M. Featherstone (ed.), *Global Culture: Nationalism, Globalization and Modernity* (London: SAGE, 1990), pp.295-310. 也就是一個新的社會整合形式正在區域當中展開。因此歐洲、北美以及亞洲國家正在進行轉型，並且發展超國家組織形式，以及不斷

地要求調整該形式的內在結構。

73 T. K. Oommen, *Citizenship, Nationality and Ethnicity* (Cambridge: Polity Press, 1997), p.21.

74 這樣的起點乃是J. Habermas與M. Foucault所同意的，它一直持續到一九五〇年代左右。J. Habermas, "Modernity versus Postmodernity", *New German Critique,* No.22, 1981, pp.8-10; M. Foucault, *Foucault Live* (New York: Semiotext(e), 1989), p.30; Jean-François Lyotard, *The Postmodern Condition: A Report on Knowledge* (trans. by G. Bennington and B. Massumi) (Manchester: Manchester University Press, 1984), pp.3-4.

75 歐洲聯盟空間發展的中長期趨勢大致上受到以下三個因素的影響，(1)成員國家之間的持續整合與相關合作的增加，(2)地方與區域共同體的重要性以及它們在空間發展中的角色增加，(3)歐洲聯盟的東擴以及和鄰近國家的關係發展等等。The European Commission, *ESDP-European Spatial Development Perspective: Towards Balanced and Sustainable Development of the Territory of the European Union* (Luxembourg: European Communities, 1999), pp.7-8.

76 The European Commission, *Opinion of the Committee of the Regions: Culture and Cultural Differences and Their Significance for the Future of Europe,* 13 March 1998, Brussels (URL:http://www.cor.eu.int/coratwork/comm7).

77 這也是區域委員會在歐洲整合當中對文化意義的基本看法。The European Commission, *Opinion of the Committee of the Regions: Culture and Cultural Differences and Their Significance for the Future of Europe,* 13 March 1998, Brussels (URL:http://www.cor.eu.int/coratwork/comm7).

78 這是歐洲聯盟一直以來的重要政策，例如一九九七年十一月P2P會議所定之「阿姆斯特丹議程」（Amsterdam Agenda），即是探討媒體在藝術與工業整合中的角色，媒體在這裡所形成的文化，基本上是一種由科技所創新的關係。一九九八年十月在所舉行的會議Culture as Competence，則是探討新科技網路的標準化如何與政治、社會與經濟背景相互協調。在將文化定義為職能概念的前提下，其所得的結論就是「科技就是文化」（Technologie ist Kultur）。M. Stikker, "Kulturelle Kompetenz / Kulturen elektronischer Netzwerke", *Internationales Archiv für Kulturanalysen und der Kunstsektion,*

1.2001 (URL: http://www.kulturdokumentation.org/publik_proj/stikker.html).

79 The European Commission, *Towards a Europe of Knowledge, Communication from the Commission,* 3.1999 (URL: http://europa.eu.int/en/comm/dg22/orient/orie-en. htm).

80 在歐洲法院的判決Matteucci（Case 235/87）中，判定文化政策乃超出共同體政策的權限。J. M. E. Loman a.a., *Culture and Community Law: Before and After Maastricht* (Deventer: Kluwer Law and Taxation Publishers, 1992), p.12.

81 The European Commission, *Education, Training and Youth: Learning for Active Citizenship,* DGXXII, 4.1999(URL: http://europa.eu.int/en/comm/dg22/citizen/ citiz-en.htm).

82 行政院文化建設委員會，《文化白皮書》（URL: http://www.cca.gov.tw/intro/ yellow_book/）。廣義的「地方文史工作室」是指，可以從事社區關懷、人文探索、文物館藏與研究、社區總體營造、原住民族群工作及鄉土文化藝術等等的工作團隊。這些工作團隊有些因在人力與財力較為充裕的情況下，向公部門登記立案，通常循下列三種途徑設立，有依「內政部的人民團體法」登記立案者，如：三角湧文化協進會、援剿人文協會……等；有的依「教育部的文教基金會管理辦法」而登記立案，如：財團法人林本源中華文教基金會、財團法人新希望文教基金會……等；或依「經濟部的公司法」立案的，如：南路鷹工作室、台灣美學國際文化事業股份有限公司……等。有些則因人數與經費不足等因素，而未正式登記立案。八〇年代期間，開始萌芽的地方文史工作室只是極少數人的自省行為，希望透過鄉土文化的復興，再創台灣文化的青天。然而，由於早期環境的困厄，成效並不顯著，文史工作者缺乏社會認同，更不要談根本沒有社會地位、未受到重視的地方文史工作室，經常遭到不必要的誤解與刁難。在辛辛苦苦地熬過了許多年之後，政治團體、商業團體，甚至是地方政治人物，突然發現「本土」竟然是重要的新賣點，也開始介入這個「市場」，於是就在民間與政府的雙重動力下，文史工作者、在地工作者、社區主義者……等各種名號紛紛出籠，各種型態、性質的工作室也紛紛誕生。各地的文史工作室在利於發展的環境背景下，由原本屈指可數的數量發展至今日，無論是已立案或未立案的地方文史工作室，總計約有八百多個。這樣的發展歷程，約可分成以下階段說明：(1)蟄伏期

（1957-1988）：據目前所能搜羅到的資料得知，於一九五七年成立的台南市文史協會（曾名為台南市歷史文化研究會、台南市歷史文化協會），當屬台灣地區第一個成立的地方文史工作室。台南市文史協會成立後的五年，即一九六二年，才又有中原週刊社的成立，以後竟又隔了十年，至一九七二年才出現了心雕居。這個時期，在文化上仍以延續傳統中國文化為本，而少著眼於台灣本土文化的研究。(2)萌芽期（1989-1992）：一九八九年以後，政治、社會風氣漸趨開放，連文化也開始呈現多元化，開始有反觀本土文化的聲音出現。在一九八七至一九九二年這一段時間，可說是地方文史工作室的萌芽期，文史工作者開始將所累積的成就展現於外，自辦文化采風、導覽研習及調查等活動。雖然只有四年的時間，但地方文史工作室的成長數卻遠超過先前的三十年。(3)成長期（1993年迄今）：自一九九三年以後，除了文史工作者的研究已漸受民間一般人們的肯定外，加上政府開始重視文化的建設，而且是以展現各地特色為目標的建設方向，因此在政府政策間接的影響下，地方文史工作室也漸漸受到政府單位的肯定。根據目前所獲得的資料顯示，約有三分之二強的地方文史工作室都是在這個時期成立的，每年都有超過三十個地方文史工作室成立，而且幾乎每個月都有新的地方文史工作室成立。由於政府開始實施注重地方文化特色的文藝季、社區總體營造等文化建設政策，再加上在物質生活充裕無虞後，使得更多的人漸注重生活品質，連休閒也追求兼具知識性。然而，本土文化建設政策的推動，除了借助學院裡的學者專家外，便須借助於在地方上長期從事本土文化研究的文史工作者的力量了。因此，在種種條件的配合下，乃加速了地方文史工作室成長，使得有些未命名的工作室開始有了名字。

83 至於社區總體營造的進程可以三為三個階段，(1)第一階段：認識社區，建立社區意識此一階段的工作重點，包括社區資源調查、社區議題或危機意識的引發、動員居民、尋找理念相同的人、尋求政府部門及專業者（或專業團體）之協助及出版社區刊物等，目的是要讓社區居民認識社區、共同關心社區，並提供居民共同討論社區公共事務的機會，進而激發居民對社區的歸屬感和榮譽感，建立社區共同體意識。(2)第二階段：凝聚社區共識，架構動員和參與基礎，規劃發展藍圖。本階段除繼續推動第一階段的工作外，更強調在民眾已建立社區意識的基礎上，加強社區工作經驗交流、擬定系列發展主

題、居民參與規劃、整合社區需求、制訂社區共同願景,形成整體規劃發展藍圖,並尋求政府及民間資源的支持,再結合社區本身的資源,建立社區動員和參與的機制。(3)第三階段:全面主動參與社區公共事務,促成社區總體營造的永續經營。社區總體營造的根本精神在於永續經營。本階段並非社區總體營造工作的完成,而是在前二階段的基礎上,持續發展其他議題,使居民參與成為一種習慣,並將其轉化為民主決定的實質過程,使社區的共同願景,成為推動社區公共事務的指導力量。行政院文化建設委員會《文化白皮書》(URL: http://www.cca.gov.tw/intro/yellow_book/)。

[84] R. Cohen 和 P. Kennedy著,文軍等譯,《全球社會學》(北京:社會科學文獻,2001),頁50-56。

[85] P. Smith著,林宗德譯,《文化理論的面貌》(台北:韋伯,2004),頁202。

[86] J. Lull著,陳芸芸譯,《全球化下的傳播與文化》(台北:韋伯,2004),頁285-286。

[87] J. Lull著,陳芸芸譯,《全球化下的傳播與文化》(台北:韋伯,2004),頁300-305。

[88] W. Kymlicka著,劉莘譯,《當代政治哲學導論》(台北:聯經,2003),頁468-469。

[89] M. Volkerling, "Deconstructing the Difference-Engine: A Theory of Cultural Policy", *The European Journal of Cultural Policy,* Vol.2, No.2, 1996, pp.189-212.

[90] Sozialstaat——自一次大戰以來由私人經濟與國家結合而成的資本主義社會,並且以國家介入危機處理與避免的形式出現。國家並不只是保障經濟過程在其中運作的法律系統,而是經由集體的存有照顧(kollektive Daseinsvorsorge)、社會產品的計畫性分配,來確保經濟過程本身的物質條件。面對資本主義的生產過程,國家在這裡擁有相對的自主性。

[91] 社會民主嘗試調解社會主義與自由政治、資本主義社會。它尋求一種與資本主義調和的方式,保障工人權利,以全民就業的混合經濟來建立的福利國家等方式,建立一個社會化的資本主義(socialized capitalism)。它的發展可以有下面幾個階段。一八八九至一九一七年(第二國際時期):民主社會主義與社會民主交互混用;一九一七至一九七○年:社會民主被視為一種以較

溫和的方式走向社會主義，例如福利國家的建立；一九四五至一九八○年：社會主義不再作為社會民主真正的實際目標，而是作為激勵人民的象徵動機（symbolic motivation）。這一階段與上一階段所重疊的近三十年，顯示社會主義作為目標還是象徵有著相當激烈的爭議，例如英國的工黨；一九七○至一九九五年：自信的缺乏、新右派的勝利、議會政治的受挫、福利危機的出現、凱因斯經濟學的退位、計畫經濟的崩解；一九九五年至現在：社會民主的更新，新執政時代的來臨。

[92] Marxist Revisionism指的是歐洲第二國際（1889-1914），創始者為E. Bernstein。一八九○年德國SPD接受Erfurt Program，樹立該黨以革命的馬克斯主義為意識型態的立場，也提供理論正統性的法規（theoretical orthodoxy）。在英國，因為費邊主義的抬頭，馬克斯主義從未成為意識型態的主導。馬克斯主義到一九一七年（甚至更晚），才受到英國社會主義者的重視。在法國，到一九○五年才形成一個自成一體的社會主義政黨，對改革主義與革命主義的辯論並不限於單一的馬克斯主義團體之內，而是在敵對的社會主義政黨之間。H. Kitschelt, *The Transformation of European Social Democracy* (Cambridge: Cambridge University Press, 1994), C.2.

[93] 在英國的勞工黨，除了一九三○年代短暫的時間外，馬克斯主義並沒有很大的影響。在一九四五年的計畫"Let us Face the Future"中，務實為主要的特徵，國有化與國家經濟的計畫（關聯於費邊主義）成為施政的主軸。因此在理論上或實際上，英國國有化工業政策並不依賴社會主義的意識型態。

[94] F. Archibugi, *The Associative Economy: Insights Beyond the Welfare State and into Post-capitalism* (New York: St. Martin's Press, 2000), pp.1-16.

[95] M. Featherstone, M. Hepworth, and B. S. Turner (eds.), *The Body: Social Process and Cultural Theory* (London: SAGE, 1991), Intro.

[96] 這個意義系統可以是一種嚴密的世界觀、哲學體系或者社會理論，它們或多或少都反應了當時的社會情境，並且可以為部分人所接受。

[97] A. Gamble and T. Wright (eds.), *The New Social Democracy* (Malden: Blackwell Publishers, 1999), pp.32-62.

[98] N. Fraser, "Social Justice in the Age of Identity Politics: Redistribution, Recognition, and Participation", in L. Ray and A. Sayer (eds.), *Culture and*

Economy After the Cultural Turn (London: SAGE, 1999).

[99] J. R. Kluegel, a. a. (eds.), *Social Justice and Political Change: Public Opinion in Capitalist and Post-communist States* (New York: A. de Gruyter, 1995), pp.1-18.

[100] A. Gamble and T. Wright (eds.), *The New Social Democracy* (Malden: Blackwell Publishers, 1999), pp.32-62.

[101] 例如在英國、奧地利以及瑞典，階級在傳統上都是選舉行為的強烈指標。當然在現代化的過程中，階級將逐漸失去它的力量。例如在瑞典，階級的預測值從一九五六的53%降到一九八五年的34%，以議題為主則從23%到57%。英國在一九八〇年代中期以後，議題與意識型態的因素在選舉中已經遠比職業、收入等等來得重要。在奧地利，議題取向與政黨認同也遠比社會經濟和宗教的屬性來得重要。對於法國、德國、義大利，階級在選舉行為上一直以來也是有力量的社會經濟決定因素。但是在一九七〇年代與一九八〇年代，階級也失去了它的基礎。宗教反而逐漸成為選舉行為的強烈指標。法國在一九八六年與一九八八年的選舉中，私人與公家部門勞工則仍有清楚的區分。德國的階級因素降低，宗教因素則仍然持續。在義大利，宗教、階級因素則由左─右的自我安置（left-right self-placement）所取代。在比利時、荷蘭，階級一直都是較弱的因素。在西班牙，階級、宗教偶爾扮演一些角色，不過公民在左─右的選擇上仍是較強。在歷史的回顧與階級術語的區分上，階級一詞首先出現於工業革命期間──一八一五年左右在英國，一八三〇年左右在法國。經濟過程中的功能（function）取代早先含蓄的焦點──社會等級（social rank）和財產秩序系統（hierarchy）。上層階級（higher classes）、中等階級（middle classes）、中間階級（middling classes）出現在一七九〇年代，上等階級（upper classes）出現在一八二〇年代，中上階級（upper middle classes）出現在一八九〇年代，中下階級（lower middle classes）則出現於二十世紀。工業革命：從社會身分（social status）到經濟判準（economic criteria）的轉變（英國）；稍後的法文état到classe；德文Stand到Klasse。K. Marx──雖然一群人也許在生產過程中全部占有相似的地位，有著客觀上相似的生活機會（Klaase an sich），但唯有當他們開始瞭解到他們有著相同的利益時，才能成為一具有自我意識的階級（Klasse für sich），也才是一個能創造歷史的團體（history-making

body）。H. Kitschelt, *The Transformation of European Social Democracy* (Cambridge: Cambridge University Press, 1994), C.2.

102 在一九八〇年代以前，以自由貿易和經濟過程為前提的歐洲單一市場，所訴諸的也是以經濟對象、勞動市場為取向。因此在八〇年代，社會保護在邏輯上主要依賴於職業，而不是公民權利的具體概念。也就是當歐洲共同體只是要維持一個消費聯盟時，社會政策只需要在經濟整合的基礎上來進行。在一九八〇年代中葉，歐洲緩慢的經濟成長、持續的長期失業率、人口老年化，以及提供社會保護的成本大量增加等等問題，迫使歐盟進一步思考經濟與社會之間的關係。歐盟各國的失業率上升的幅度都比美國、日本來得高，歐洲的經濟團結與社會團結更是重要的訴求。對於這樣的現象，一九八四年以後存在一個「歐洲硬化」（Eurosclerosis）的觀點，認為一九七〇年後普遍的高失業率只存在於歐洲。因為相較於美國、日本的靈活勞動市場，歐洲各國勞動年齡、傳統以及條件都不足以應付快速的經濟變遷。在這期間，各成員國家可以說已經同時扮演經濟與社會政策的主要推動者，並且也已經存在著這樣的共識，即一個好的經濟政策對於適當的社會政策而言，可以是一個主要的必要條件；但是對於一個好的經濟政策而言，一個好的社會政策可以是一個有力量的支持者。尤其一九九〇年代以後，一九九三年的歐洲社會政策綠皮書以及一九九四年的歐洲社會政策白皮書，就強調高水準的社會乃是競爭準則的一個關鍵要素，因此確保社會面向就是世紀末可以維持高利益的努力。也就是社會面向逐漸走出經濟思考的框架。這個思考過程同時體現了傳統勞工政策中的勞工漸漸由擁有社會權利的個體所取代，後者不是一個福利的消極接收者，而是一個可以在教育上被投資並且是積極福利的關係個體。一九八九年十二月八日至九日，除了英國之外的共同體會員國在史特拉斯堡的會議中，傳達單一法案中的社會面向，採取勞工基本社會權利的共同體憲章（the Community Charter of the Fundamental Social Rights of Works）。這個共同體憲章對於歐洲社會政策提供了一個較完整的架構，序文中強調社會面向與經濟面向是一樣重要的，並且應儘量地求得平衡。並且在憲章的預備草案中，已經將市民的概念凌駕於勞工的概念（也就是用公民權來定義權利，而不是以勞工的經濟思維來定義權利），雖然在正式的憲章中並

沒有被列入。一九九四年七月二十七日的「歐洲社會政策：一個聯盟的前進道路」（European Social Policy: A Way Forward for the Union; ESP）白皮書依循著這個方向，更進一步地具體化社會政策本身的獨立性。它希望在二十世紀末可以為歐洲的社會政策提供更完整的方向與目標規劃，並且在經濟成長、社會團結、高生活品質的整體方向下，規劃新的歐洲未來。它更超越一九八九年的共同體憲章，清楚地表明「市民的基本社會權利乃是歐洲聯盟的一個構成性要素」。而基本社會權利的保障實質上必須同時依賴社會與經濟的整合，在白皮書當中，社會與經濟整合的關鍵要素仍然是就業。所以整個白皮書根本上也是將焦點放在一個以勞動市場與就業為基礎的途徑上，因此整合經濟政策的工作就表現在「成長、競爭、就業」的標題上。這個連結基本上也是歐洲社會政策的中程具體工作與目標。更重要的是，在這期間生效的聯盟條約所表示的，並不是一個新改革之權利法案，而是藉著超越勞工的經濟權利，建構並擴充公民權的概念。也就是說，雖然它被稱為聯盟公民權，並且使公民更加感覺聯盟的實在性以及屬於聯盟的一部分，它能很恰當地被理解為共同體公民權（Community Citizenship）。一直到一九九七年阿姆斯特丹條約，將歐洲社會政策清楚地表現在第117條到第120條中。第117條第三小段說明，「他們相信，這樣的發展將不只歸因於共同市場的運作，這運作有利於社會系統之間的和諧化。而且歸因在這條約中所被提供的程序，以及接近設立在法律、規則和行政行動中的條款」。因此阿姆斯特丹條約為歐洲社會政策提供一個系統化的法律架構外，也規範了執行社會政策的程序。假如阿姆斯特丹條約的主要目標之一，乃是解決歐洲聯盟條約中的困難問題，則沒有比社會政策領域還要成功的地方。英國政府同意將十一國在馬斯垂克所簽訂的社會政策協議，完全併入阿姆斯特丹條約的主要社會政策章節，也就是TitleVIII。在這條約中，體現了四個主要目標，即(1)將勞工與公民的權利放入歐洲聯盟的中心；(2)排除公民遷徙自由的障礙與加強安全；(3)歐洲將在世界的事務中加強其聲音；(4)加強歐洲聯盟制度的結構，以便充分地擴大歐洲聯盟。未來歐洲社會政策的發展基本方向，可以歸納成三點，即工作、技術、可動性；適應變遷的工作世界；以及一個包容的社會等等。在以上的基本背景下，可以歸納出的政策走向為縮減公共支出增加的幅度、政府為福利的生產者、公共服務的民營化以及收費增加、福利的可能性再分配、福利混合經濟、社區整體發展等等，以個體社會權利為訴求的福利多元主義，即福利社會。

103 林信華，《邁向一個新的歐洲社會》（台北：五南，1999），頁39-82。

104 A. Giddens著，鄭武國譯，《第三條路：社會民主的更新》（台北：聯經，1999），頁146。

105 除了這是上述所言的基本權力內容之外，市場邏輯本身也不能產生屬於歐洲共同體的文化資產（asset）。在一九九六年四月十七日執委會所通過的報告"1ˢᵗ Report on the Consideration of Culture Aspects in European Community Action"中說明，現階段並不存在共同體共同遺產的概念，文化資產仍是在某一成員國而不是在另一成員國中，這一事實仍是決定性的因素。

106 如果存在著歐洲的主流文化，那麼它所指的可以是一種傳播文化（culture of communication）或家庭文化（home culture），大部分人的大部分休閒時間都花在相關的活動上。而這些活動所傳達的知識與訊息，就是表現差異的最重要與最開放之內容。本文所說明的文化多樣性也是主要表現在這些相關活動中。J. M. Guy, "The Cultural Practices of Europeans", *The European Journal of Cultural Policy,* Vol. 1, No. 1, 1994, pp.1-3.

107 歐洲公民權的法律規定已經明定在歐洲共同體法當中，並且作為歐洲聯盟各種政策上的基本方針。也就是歐洲聯盟乃是這樣的一個最具發展性的嘗試，即用社會（Gesellschaft）的方法創造共同體（Gemeinschaft），並且在民族國家之上建構公民社會。歐洲公民權到目前為止可以說是一種特殊的準公民權形式，除了個體可以在歐盟地區自由移動外，有限制的政治權利以及被考慮到的社會權利也正在發展當中。但是這仍然主要為歐盟成員國家的公民而發展，對於外來的移民或長期工作者來說，權利與民主的問題也成為一些議題。因此居住在歐洲聯盟空間內的人口有時被區分為完全的公民（full citizens）、居民（denizens）（擁有局限的公民權）以及邊緣人（margizens）（沒有備案的移入者以及沒有安定法律地位的人）。S. Castles, "Citizenship and the Other in the Age of Migration", in A. Davidson and K. Weekley (eds.), *Globalization and Citizenship in the Asia-Pacific* (London: Macmillan Press, 2000), p.37; B. Axford, *The Global System: Economics, Politics*

and Culture (London: Polity Press, 1995), p.188.

[108] The European Commission, *Opinion of the Committee of the Regions: Culture and Cultural Differences and Their Significance for the Future of Europe,* 13 March 1998, Brussel (URL:http://www.cor.eu.int/coratwork/comm7).

[109] 文化多樣性的基本前提就是各個文化的自主性，對於本身社會共同秩序擁有高度的規劃主權。而在這個自主性中，經濟力量仍是相當關鍵的因素。在這個前提下，文化作為一種資本乃是社會投資的新興產業，也是經濟與文化和解的重要指標之一。A. Peacock and I. Rizzo (eds.), *Cultural Economics and Cultural Policies* (Boston: Kluwer Academic Publishers, 1994), pp.30-55.

[110] 當文化再生產（reproduction）結合經濟因素時，它所形成的制度概念乃是相當廣義的，它的合法性來源也更為廣泛和多元。P. L. Berger and T. Luckmann, *The Social Construction of Reality* (New York: Anchor Books, 1967), pp.47-128.

[111] 這裡所關聯到的邏輯關鍵乃是所謂社會資本和文化資本的重疊，J. W. van Deth (ed.), *Social Capital and European Democracy* (London: Routledge, 1999).

第五章

公民權認同——作為台灣文化政策的基本形式

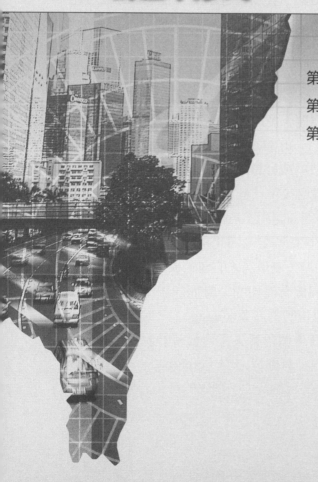

　　在前面章節的論證中，一方面說明當代文化的特性與趨勢，一方面也解釋文化政策的基本發展和面向。這些線索對於台灣文化政策的思考具有關鍵作用。我們不可以用一般西方國家的文化政策來思考台灣的未來，因為文化與其政策本來就有它的特殊性與地方性，更重要的是台灣社會有著非常特殊的處境。對於文化資產或藝文活動的種種態度與立場，在台灣社會最終都會聯繫到一個更廣義的文化與政策思維。這不是把它政治化，而是在廣義的文化與政策取向上整體思考台灣社會的文化結構問題。在這個意義上，文化政策是整體國家發展的政策。

　　因此，我們已經準備了新的文化概念，以及與其相應的權利和認同概念。權利和認同兩個要素一直以來也是公民權概念的重要組成，當我們把廣義文化政策建立在個體權利系統的建構，以及對共同社區生活的參與時，它的基本形式就可以用公民權認同來表徵。尤其在台灣社會中，虛弱的認同一直與族群因素糾纏不清，除了容易被動員與操縱之外，事實上也是台灣社會出路的最大障礙。這首先與前面已經說明的所謂後現代社會有關，認同現象清楚地表現出它的多元性，特別是所謂的多元認同（multi-identities）。在所謂的後現代社會之前，認同不論是以理性啟蒙或社會過程為前提，都體現出相對上的單一特性。其次，在所謂的後現代社會中，difference更是在符號與媒體的發展上得到表現空間。認同不再像過去一樣以未來為時間的基本取向，而是以現在為時間的體驗。因此我們無法確定現實從哪裡開始或結束，這種距離感的消失使得過去的理性或意識力量逐漸失去它的社會背景。認同不再因擁有理性的力量而表現出個人的個性或群體的特徵，而較接近可以複製的形象（image）。台灣社會「維持現狀」的認同取向，可以在這個角度下得到暫時的說明。另一方面，所謂後現代的個體雖然也是有創造力的（creative），但是卻以許多現代主體所不知的方式來展現創造力。理性的自主力量，或相互主體間的互動理解能力，逐漸轉變為由相對隨機元素所組成的複雜結合。更重要的是，所謂後現代認同的內容在以上的基本背景與過程中逐漸地抽象與個體化，其所共有的（gemein、common或together）東西不再像過去一樣，以種族、民族、國家、宗教或文化語言等等為核心，而是在difference的起點下，由權利（rights）與相互參與（mutual participation）的概念來表現。而這也涉及到上述所說明的現代化歷程，以及共同體（Gemeinschaft; community）概念的修正問題。

　　廣義的公民權概念並不只涉及到法律的要素，它更是一種關聯到需要和利益的參與概念。在近代社會以來的政治型態中，人民的需要和利益都是被放置在最基本的推論前提上，不論是以何種形式來表達或體現。但什麼是人民的需要和利益？它可以或應該由誰來保障與維持？等等問題的討論則是愈來愈開放與多義。但不論如何，在這些討論中事實上存在著一些重要的議題與趨向，首先代表這些需要和利益的權利逐漸以多重層次的方式來體現，而保障和維持它們的政治秩序也逐漸多重化，也就是從城市到國家、區域聯盟、全球，甚至再回到地方或社區[1]。其次，關於這些需要和利益的權利內容也愈來愈多元，從最初的財產權、參政權，到兩性平等權、諸如就業等等方面的社會權利、文化權利等等[2]。並且在以上兩個情境下，人民的需要和利益事實上愈來愈抽象，因此也愈來愈容易被塑造。例如財產權的範圍事實上從最初的具體物權，到諸如信用的權利以及環境或文化等等廣義的訴求，都是愈來愈依靠語言的定義並且受語言定義的影響。作為主體的人民在一些情況下逐漸量化和隱形化，他們的權利內容也成為政治系統中的變項。第三，在這個系統化過程中，權利的訴求愈來愈少建築在種族、民族或是宗教等等傳統的因素上，而對共同生活的參與就逐漸成為權利的基礎與發展條件[3]。個體認同（identity）的形式與內容因此逐漸依靠「參與」這個過程來表現，同時與權利形成一體兩面的要素。依照前面的邏輯，認同因而也將是多重的，認同不再具有強而

封閉的界線。因此在這種種因素的影響下，共同體成員和公民權的定義是否必須在傳統社會契約或國家理論之外找到新的基礎，則是一個有待討論的問題。這同時涉及到世界秩序的現存情況，以及個別國家在試圖提升本身的社會生活力量時所考慮的文化建設與政策，因為人民對共同體的參與將是文化政策的起點也是終點。

■ 第一節　全球社會中的文化認同

　　新的文化概念與共同體形式涉及到個體權利系統的建立，以及社區參與的理由。事實上後兩者正是當今社會認同的重要資料之一，也是個人認同的重要場所。本章為了進一步解釋台灣社會的現狀和出路，在此有必要將認同的要素做一清楚的解釋，並且負起將傳統認同概念放入所謂全球社會和新的文化概念中來論證的任務。

　　首先，在台灣現代化的過程中，一方面建立在意識型態上的認同逐漸轉變為建立在權利上的認同，另一方面不同族群也要求對他們認同的承認以及文化差異的接受。這樣的轉變使得人民在國家、文化等等領域上的認同逐漸模糊，並且逐漸多元。具有清楚認同內容的單一文化中心，逐漸分散為邊界不清的多重認同取向，各社群文化在社會互動和參與中取得自己的所在位置。這樣的過程基本上也是一種衝突與對立的過程，它們區隔了不同的群體以及其認同。只不過它們也在現代化、全球化的趨勢下不斷地呈現多元，這同時意味著群體界線的模糊和認同強度的弱化，尤其在一個不習慣認為衝突與對立乃是妥協與整合前提的台灣社會中。因此這裡在認同現象與重建的討論上，主要目的並不是敘述台灣社會的衝突與對立歷程，而是說明群體界線的模糊和認同強度的弱化之原因。因而在未來社會的重建上，試圖以公民權利來強化群體與認同的力量，並且建立良性衝突與對立的政治文化。

　　在新的傳播技術當中，電視、報紙媒體的共同經驗[4]將不同群體聯繫在一起，並且超越原有的物質空間而形成新的生活社團[5]。更重要的是，新生活社團的秩序不再只以共同的相似性為前提，而是同時也以彼此的差異性為前提。也就是認同與差異（difference）乃是同時存在於社會生活當中。封閉的意義系統並不繼續存在，取而代之的是一個充滿無限可能性與替代性的開放領域[6]。因此當人民發現存在著不同文化時，文化的獨占也將終結。但是人們也將因為這個發現，而處於模糊狀態。在以上的前提下，社會中的認同總是同時帶有空虛的焦慮。經由貶低他人來保護認同，而假如要超越認同，則將失去認同以及與他人溝通的立場。也就是認同與差異將緊密地連結在一起[7]。因此認同將是模糊與多面向的，尤其在國家定位以及文化傳統不清楚的台灣社會當中。

　　在台灣現代社會運動與社會意識的增長過程中，建立在封閉意義系統的認同的確轉變為這種模糊與多面向的認同，當然兩者一直同時存在至今，只不過表現的強度有所不同。另一方面，社會意識所帶來的乃是人民對權利的意識與保護，認同雖然是模糊多向的，但是建立在可以確保人民權利的對象上[8]。也就是說關於台灣的認同論述途徑，可以有「民族主義式」的意義系統，它從特殊的歷史經驗與文化生活方式來找尋集體的認同，並藉此塑造台灣民族之主體；以及「自由主義式」的公民參與，自由憲政的體制及其政治和社會經濟的人權乃是整合政治社會內部多元分歧的基礎[9]。而在一個開放的社會中，民族性所涉及到的認同，是一種排外並且可能產生不平等的認同，公民權基本上是包括一切並且可能產生平等的認同。在民族的情感上，自我認同與集體認同是建立在與其他民族的區別上，因此在一些事件上會產生排外與不平等的現象。而在個體權利的追求上，認同則是建立在人人平等的基礎上[10]。但這仍然是一個理論上的區分，在民族主義或民

族性不曾在台灣社會中生根、個體也沒有追求自身權利的習慣之前提下，認同的內容顯得更形空虛與模糊，至少大多數不是建立在觀念或概念上的認同[11]。這樣的認同也較少建立在情感上，而且較容易被複製，因此人民的認同表現較少出現激情，除了在一些重大的事件上。在社會互動的較大震盪上，例如重大的選舉、兩岸互動的變化等等，形象式的認同將找回原本並且帶有情感，也就是意識型態的色彩與族群的差異將相對地具有活力。但這與觀念的民族主義或自由主義式認同仍然有一段距離，只不過將有一些因素被強調出來，例如血緣[12]、語言[13]、省籍[14]或意識型態[15]等等。但是這些因素在日常社會生活中並不常成為生活議題，並且在科技化與全球化的壓力下，這些因素作為原本將更不容易在認同議題上被找回。不過我們仍然同意一種「超越族群的共同認同」之努力，也就是「除了要以地域來定義國家認同，依據住民的身分提供公民權外，更要具體地去找出彼此共同的地方，尤其較正面的共同記憶，而記憶不限於過去，更可以是朝向未來去建構的，比如現在國家的政治、經濟與文化制度」[16]。但是這需要人民互動地參與社群，並且在權利的認知上建立生活與制度上的共識。

在人類社會的現代化歷程中，二十世紀對於個體或群體認同所產生的重要影響之一，就是正在進行的超國家組織或整合，例如歐洲聯盟的發展等[17]。如同J. Habermas所言，歐洲一直到十七世紀時，國家在對領土掌握主權統治的形式下出現，並且在操縱的能力上遠勝於古代的帝國與城邦國家。在十九世紀，更在民主的合法性形式中以民族國家來表現。在二次大戰之後，成為世界發展模本（Vorbild）的民族國家也逐漸轉型成所謂的社會國家（Sozialstaat）。但是在全球化經濟與金融的系統影響下，它的功能又只能提升到超國家化的經濟體系中才能維持，因此超國家的各種組織得到經濟與法律上的發展空間。特別是歐洲聯盟，它不只涉及到經濟的整合，也是政治與社會的整合[18]。因此自從十九世紀中葉以來，社會科學以國家（尤其是民族國家）為框架的認同概念必須重建[19]。原有民族國家不只是政治生活的中心，也是社會生活與文化生活的中心。換句話說，這個具有中心的民族國家邊界（borders）在二十世紀因為上述的因素而有所軟化的現象[20]，尤其是在Jean-François Lyotard所言的社會電腦化（the computerization of society）因素下[21]。到一九六〇年代與七〇年代，民族國家中種種單一和穩固的認同面臨到嚴重的挑戰。在這個所謂的後現代社會中，思考一個後現代的認同概念則成為文化理論的重點工作之一。每一個自我（self）此刻存在於比以前都還複雜和易變的關係組構中[22]，在原有民族國家中以identity為思考基點的自我，現在逐漸依賴以difference為基點的社會關係。

在這種資訊化與符碼化的新語言遊戲中，傳播科技一方面清楚地跨越民族國家的邊界，但是有時候又被拿來維持或創造認同的必要中介。例如在D. Morley 與K. Robins的看法中，如何利用傳播科技創造一個歐洲的文化認同，就是當代歐洲聯盟所必須面對的一個重要議題[23]。但傳播科技所架設的網絡本身是否剛好限制一個共同認同的形成。傳播科技本身所體現的人類互動整體方式，的確不斷地將不同社會的差異帶入均一的狀態，但這首先是各個社會傳統與認同的鬆動，並且在沒有新的共同內涵加以替代的前提下，這種均一所指涉的將是普遍以difference為基礎的共同生活現象與方式。在這樣的均一狀態中，個體傾向只存在於現實，而歷史只是一堆文本或檔案。在這種狀態之前，過去不僅僅過去了，而且在現實中仍然存在。也就是過去意識既表現在歷史上，也表現在個人身上，而在歷史那裡就是傳統，在個人身上就是記憶[24]。

當原有國家之中的共同事務變成文本或檔案時，認同的力量就逐漸失去它的歷史與記憶基礎。在共同的歷史與記憶逐漸喪失時，認同的活動雖然得到解放，但也只能在新的中介上進行，這中介將是多元、跨國界與抽象的。這些中介的最重要承載者就是符碼化的資訊傳

播，而一個被符號與資訊所滲透的社會對於一些社會學家而言，就是所謂的後現代社會[25]。不論個人的品味個性或接近管道有何不同，對於這個符號與資訊所構成的網絡，大眾的經驗已經有共同性。更重要的是，符碼與資訊本身之所以能運作並且有意義，乃是存在於difference所延展出來的秩序網絡中。單獨的符碼或資訊並不能運作並且沒有意義，符碼或資訊之間的差異就是它們意義的來源和運作的基礎[26]。而當社會秩序逐漸由這網絡來架設的時候，符號與實在之間就不再具有差別，原有在民族國家中的傳統與記憶逐漸變成由差異來識別的檔案[27]。總而言之，在全球資訊化的過程中，逐漸淡化的民族國家邊界以及最重要的資訊科技發展，都對於傳統與記憶背後的中心有所瓦解，特別是西方啟蒙時代以來的思維中心以及其所塑造出來的主體概念。

也就是傳播科技以及地方化本身所體現的，基本上並不是一種以尋求集體認同為方向的社會型態，而最多是一種多重認同的社會現實。當然這並不是推論民族國家的力量與邊界將無限制地消退，民族國家將分裂於地方意識的抬頭上[28]，或者推論以民族國家為認同訴求的內容都不再被允許，而只是體現一個重要的現象，即原有在個人或集體中的共同生活內涵一方面逐漸地消逝，一方面也因社會流動性而逐漸地多元化，尤其在民族國家邊界開始軟化時。因此不論是在國家的形式中來演繹認同，或者以國家之間的界線區隔來推導認同，似乎都發生了實質的改變。而這個資訊化歷程首先可以是M. Weber現代化與理性化意義的最新近表現，當然有些看法指向Comte Henri de Saint-Simon所開始描述的工業化或工業社會的發展，但是機械化生產和商品交易乃是共同的根本現象與變遷動力[29]。也就是說，這些力量事實上促使現代自由民主國家的興起，但是隨後又使這個國家邊界逐漸地鬆動。因此在這些科技力量的持續發展過程中，一方面起源於西歐理性概念的現代性逐漸不再以國家為表現的唯一空間，另一方面現代性與現代化也在這樣的前提下逐漸與西歐理性概念有所割裂。如同J. Baudrillard所言，面對傳統文化在地理上和象徵意義上的多樣性與分歧性，來自於西方的現代性則普照全世界並且迫使世界成為一個同質的統一體[30]。換句話說，這是一個以identity為推論起點的生活方式與世界觀，也就是所謂的歐洲中心主義（Eurocentrism）將其他生活方式吞噬的合理化理由。以西方社會或文化標準來同一其他地區的基礎，就是以identity為手段與目標的邏輯中心主義（Logocentrism）[31]，不論它們的形式為何，它們都是Jean-François Lyotard意義下的後設敘述（metanarratives）。

　　以總體知識為進步或自由的表現形式，在當今社會中似乎失去它的力量，我們實際上擁有一些不同生活層面的小型敘述，但是在這些敘述之間並不存在解決它們爭論的共同意見。所以在邏輯上，藉著實踐和語言遊戲的多重性，作為個體的我們並沒有形上學的基礎、中心或統一化的目標[32]。相反地，作為現代主體的個體乃是自我定義的（self-defining）[33]。在這個發展邏輯下，不同階段上的民族和文化雖然必須有所差異，但乃是統一在同一性上的差異。這些差異乃是作為精神或意識同一性的不同環節，並且如此理性主義所表現出來的理性概念，更進一步將差異合理化為現代化的不同進程。建立在這種理性概念上的現代性因此擁有地理上與邏輯上的中心，並且以民族國家為架構的空間。而體現這種現代性的來臨以及發展，通常可以在主體自由的概念上觀察到。也就是說在社會中，每個人對自己利益的合理追求乃是受到民法的保障；在國家中，個體在政治意志的形成上有平等的參與權；在私人領域上，個體有倫理的自律和自我實現，以及它們在公共領域上可以因其文化上的反省而變動。事實上，個體的認同活動也是表現在這幾個方面所構成的整體中，這雖然已經不再是以主體為中心，但仍然是建立在傳統的理性概念上。而以主體為中心的理性概念首先在F. Nietzsche的理論中被深刻地批判，個體的認同活動因此

也得到不同理解的空間，權力意志理論揭露了認知與道德行動主體在認同上的虛幻[34]。

　　在這樣的思考傳統與方向下（特別是在法國思想的氛圍中），建立在現代性與傳統理性基礎上的同一或認同概念，受到了根本上的懷疑。例如M. Foucault在觀察西方由某個中心、本質與目的所支配的總體性歷史時，去總體化和去中心化乃是反應的重心。他的權力概念基本上是分散和沒有主體的，並且構成個人的身體和認同[35]。J. Baudrillard更是認為，權力流動在符號的不確定性與變動性中，權力變成符號並在符號的基礎上被創造出來。符號本身擁有了自己的生命，並且建構一種新的社會秩序。在這秩序中，過去的群體與個人認同統統都已經瓦解，這是一個沒有意義並且只存在碎片的世界[36]。因此，批判穩定的同一或認同，並且肯定差異、尊重差異乃是他們共同的認知。G. Deleuze在慾望的面向下也同意解放在認同狀態下的慾望之流，在摧毀現代認同並且後現代慾望主體被建立之際，隨時改變的多樣性並沒有任何的認同或本質。這種在己差異（difference in itself）的見解，將F. Nietzsche以來的差異邏輯推展到極致[37]。在相同的思想背景中，Lyotard的理論發展雖然從慾望概念轉向語言學的論證，但是不為同一所終結的慾望力量或多樣敘述，也是他始終所重視的議題。所有建立在西方同一或認同概念上的政治社會見解，基本上都是一種不受歡迎的後設敘述[38]。姑且不論他們的理論是否也是一種後設敘述，我們可以觀察到他們的理論立場都是以difference為推論的基點或起點，並且顛覆上述所言的歐洲中心主義和邏輯中心主義，也就是顛覆一直以來以identity為邏輯的理論或生活方式。雖然在國家邊界的消退以及資訊與符號的確已經廣泛滲透的社會中，人類的社會生活方式已經不可能再像以前一樣，擁有穩固的群體與個體同一或認同，但是否存在上述後現代理論者以difference為極致推論的生活方式，則是有待爭論。換句話說，如果將identity當作社會的常態化以及制度和心理的壓迫，那麼他們的顛覆將是符合現代化的現實。但是一個人的歷史、文化、性別、階級與族群因素都已經不存在了嗎？社會與政治秩序都已經失去以它們為基礎的基本界線嗎？顯然現在與過去並不存在理論或實際上的斷裂。

　　因此在國家邊界的消退以及資訊與符號的確已經廣泛滲透的社會中，原有認同的空間雖然已經發生實質的改變，但是這樣的空間基本上仍然存在。例如，已經提及的歐洲聯盟不可能也不需要在社會與文化價值上要求更多的聚合，反而它乃是一個建立在多重民族國家和多重語言的政治系統，目標並不是一個民族國家或者同質的社會和文化[39]。所以目前的問題是在全球化的過程中，全球如果已經存在著共同的東西，那麼它們傾向以difference為運作原理的資訊和符號系統，在這裡並不需要傳統主體與認同的概念，需要的只是符號的傳播者與接收者，而他們都是高度隱形甚至虛擬的。但是這些傳播與符號系統是否也徹底瓦解了原有民族國家中的主體與認同概念，在這裡似乎並不符合事實。在民族國家的政治、社會與文化生活中，認同如果已經不再可能是社會與心理的壓迫機制，而是個體在日常生活的互動中所形成的認知與感情活動，那麼認同活動除了不能被徹底解消外，所謂後現代的認同乃是一種不固定的節期（moveable feast）也是有待討論[40]。在所謂後現代理論家中，F. Jameson似乎在理論的鋪陳上較保留現代性所特有的性質，當然他也同意我們這個社會就是資訊與符號所滲透的社會，以及其所造成的種種不同於現代社會之現象。特別是在政治的事務與議題上，如同G. Lukace一樣，他相信總體性（totality）仍是一個必要的概念與策略。後現代社會只是資本主義發展的一個最新階段，而這發展與階段仍是總體性所延伸出來的概念。對於Lukace而言，被壓迫的階級傾向將社會看成一總體，因為在這前提下，政治鬥爭才不會是片斷的與散亂的。而壓迫他人的階級並不會將社會看成一總體，因為他們把一切都當成手段來分析，所有一切知識與手段被組

織在工具化的系統中[41]。當然這種以階級為核心的馬克斯論述方式在一九六〇與七〇年代可以說已經徹底地被放棄，總體性策略也的確很難在差異邏輯的張力中鋪陳。

　　我們同意主體已經沒有本質上或邏輯上的中心，也不是可以自足的（self-sufficient），因此也不存在一個可以自我定義的認同概念。但是在當今的社會，個體與他人或社會的互動（interaction）仍然是認同之所以形成的場所，只不過互動的形式與媒介愈來愈依賴資訊與符號。這樣的見解並不等同於以下的陳述，即資訊與符號已經反過來將這個場所瓦解掉。因為後面這個陳述基本上也已經將整個社會與政治生活物化（reification）為符號與資訊，如同J. Baudrillard的堅持一樣，符號本身取得了自己的生命[42]。因此這個互動的場所依然為個體認同提供資源與限制，但是愈來愈依賴資訊與符號。在這個立場上，本文仍然以前言所說明的相互主體或社會學主體來聯繫認同的概念，所謂的後現代主體則是這個社會學主體在愈來愈依賴資訊與符號的前提下而產生。因此在邏輯上，我們承認以identity為推論起點，並且把所有的difference又統一在identity之下的命題已經被放棄，但是以difference為推論起點，並且瓦解所有identity形式的命題也是過於虛幻。況且縱使在兩者之間，也不存在截然的歷史斷裂。尤其是在表現最清楚與直接的藝術形式中，本文首先同意N. Luhmann的見解，也就是在藝術系統中並不存在現代與後現代藝術的清楚時代界線。對於前者或後者的標示，則端視誰是觀察者（Beobachter）而定。對於我們今天可以掌握到的經驗而言，他基本上並不反對所謂後現代理論的陳述，但是這些所謂的後現代社會理論是不是一種現代社會理論的新描述，對他而言則是基本上需要思索的問題[43]。另一方面，在Luhmann的整個論證體系中，雖然將個體的認同（Identität）首先排除從外面來規定的可能，並且排除一個可以被我們尋及的認同，也就是排除本文所使用的啟蒙主體之可能性。但是個體必須不斷地回到自己，並且用自己的資源來回答認同的問題。在這同時，個體自己必須創造出認同，並且將自己變成一切事務的尺度。認同在這裡將充滿不確定性和不穩定性，更重要的是變成一種弔詭[44]。之所以會有如此推論上的結果，乃是因為Luhmann也是以difference為推論起點，並且抽空了所有identity形式。「一開始並不存在Identität，而是Differenz」[45]。

　　雖然在新型學科中掌握了當今社會的一些深刻特徵，諸如作為組織理論的生物學、熱力學、神經生理學、細胞理論、電腦理論、資訊理論以及控制論（Kybernetik）等等，並且聯繫傳統的哲學與社會學理論發展出論證細緻的系統理論，Luhmann在認同的議題上如同後現代主義者一樣，忽視了目前仍然存在於社會制度、組織與社區中的多元同質性。因此將identity當作種種difference的觀察盲點，雖然是系統理論中的必然推論，但是也犧牲了identity在過去與現在所扮演的角色。所以所謂的後現代主體應該是社會學主體在愈來愈依賴資訊與符號的前提下而產生，我們仍然有普遍約束性的法律、權利和自由，不然我們將很難理解民主生活與制度的可能[46]。以個體與社會之間的互動來理解認同的社會學主體，基本上也是較符合我們此刻所觀察的社會現實，因為目前的世界各區域或國家的確存在不同的認同議題，它們在日常生活當中不斷地被使用、理解與建構。而這裡所說明的社會學主體，當然不是後現代理論者或Luhmann所批判的啟蒙主體，在這社會學主體的概念中，本文相信世界各地仍然嘗試開發現代社會所給我們帶來的開放性力量，雖然的確愈來愈依賴資訊與符號。所以將現代性作為一種未完成的計畫（An Unfinished Projects）[47]，既不可以也不可能恢復或暗示啟蒙主體和穩定的集體認同，但是它也體現了以identity為邏輯和以difference為邏輯之間的張力。而這張力是較清楚地表現我們所觀察到的社會現象，因為我們的政治與社會生活不可能是一種無政府狀態。因此後現代主義者所揭露的尊重差異和他人的權利，在我們這個世界中已經得到多數人的認知，但這並不是說所有的

同一或認同都已瓦解，而是需要更符合實際的描述，即所有不同之個體與團體的認同都應受到尊重，並且也應該為了鼓勵和豐富那些認同之發展而設計相應的政治形式。

這裡的前提就是本文所一直說明的多元文化主義（multiculturalism）[48]。多樣性（diversity）所指的是認同的複數（plurality of identities），而不是差異原則所宣示（enunciation）之後的結果。個體主義的邏輯雖然要求尊重差異，但是多樣的群體並不是存在於差異邏輯（logic of difference）所演繹出來的系統中，因為多樣的群體早就並且仍舊存在於日常生活當中[49]。而文化的多樣性以及多元的認同，就是大多數國家與上述歐洲聯盟所追求的目標，他們仍然期待可以釋放於社會的創造性力量[50]。多元文化主義在不允許difference瓦解任何社會政治秩序之前提下，可以包含重建一個教育的制度，使得所有的人在決策的過程中扮演有意義的角色。創造這樣多元文化的制度，事實上也重新思考了教育的目標，它使得公民權、社會責任以及民主參與等等變成重要的議題。更重要的是，它確固了複數的文化認同，並且使得個體因其擁有寬廣的知識而可以在主流社會中順利地行動[51]。但是以上所說明的並不同於所謂的認同政治（politics of identity），也就是建構政治與文化認同乃是在日常生活中透過社會互動而發生，當然這有可能存在政治動員或者意圖壓迫弱勢者，但更重要的是，政治動員或者意圖壓迫弱勢者只是在認同建構中的一種可能或因素，並且沒有必然的因果關係。然而現在的問題是，在社會互動中的認同形成是不是一種基於權力的論述（discourse）關係，如同S. Hall將認同政治理解為文化認同將存在於歷史和文化的論述中[52]。這裡甚至可以接受認同的形成存在於一種基於權力的論述關係中，但是縱使如此，認同畢竟仍然存在，任何的權力形式並沒有瓦解認同現象。

任何的權力形式並沒有瓦解認同現象，但這並不是說認同活動一定會和權力概念相衝突，或者存在著本身相當清楚與邏輯一貫的認同現象。認同現象在當代全球社會中可以建立在對共同權利與利益的接受上，但是這些權利也許彼此存在著邏輯上的緊張關係，或者個體對它們的意識與堅持乃是相當模糊。以這種角度來觀察和揭露台灣社會，台灣社會在認同上的真正問題並不是認同的對立問題，因為個體的認同強度在平常並不清楚而且容易被形塑。真正的問題是認同的虛弱和模糊，個體缺少對權利和義務的真正認知，在參與上自然被動而且容易被操縱。首先在現有權利的維護與追求下，大多數的台灣人對台灣抱持著「維持現狀」的態度。這是一個拼裝後的認同態度，因為事實上台灣人對台灣的現狀並沒有清楚認同，包括國家認同與文化認同。台灣傳統文化空間的界線因為全球化的現象而鬆動，並且因全球化所賴以可能的傳播技術而更容易被跨越。這也是一個全球空間的經驗，全球文化的生活方式表現了「形象的文明」（civilization of the image）之特性。實在的東西變成形象的蒼白反應，實在與形象之間愈來愈難區分[53]。如同J. Baudrillard所言，在一個形象的社會中，個體現在只是一個純粹的影幕，也就是一個接收所有影響網絡的中心。藉著電視的形象，我們自己的軀體以及周遭的總體變成一個控制的影幕[54]。這是一個伴隨經濟、文化生產和消費的國際化之過程，國家主權與認同的維持變得較困難，而文化認同一方面被迫走出單一國家，一方面也在形象化當中。但是這並不是一個國家或地方文化的消失過程，因為全球化整體過程必然同時產生地方化的現象[55]。在國家制度與文化意義結構清楚的社會，形象文明的社會仍然存在著詮釋與認同的力量，因為地方化也是一個發展的內在邏輯。相對的，台灣社會不清楚的國家意義與文化意義，將使得台灣社會較無力量來反應形象社會。在認同的議題上，主體與整個社會相對受到媒體工業更多的影響，主體與社會的認同在更大程度上是被塑造的形象。

　　但是這樣的說明並不是排除台灣人民所固有的族群、文化、國

家甚至政黨因素，只是這些因素在後工業的形象社會當中並不容易建立主體性，或者在相互主體性當中被共同建構出來。台灣族群的社會界限基本上是鬆散的，社會和經濟資源對族群的分配，差異並不大。而造成族群緊張關係的政治結構，也正在解體當中。因此我們不禁要懷疑，族群認同是否逐漸消失在台灣社會中[56]。但不論是族群認同或文化認同，將不會消失在任何的社會型態中。而是它的強度與面向會發生變化，或以形象式的方式表現出來[57]。看到台灣的相關符號所產生之情感，或者說我是中國人，基本上並不存在深刻的概念，但是替未來的可能性保留位置。維持現狀的認同也是替未來的可能性保留位置，不論是統一、獨立或視情況而定。這種形象式的認同在媒體工業中有了根本的變化，它變得容易被媒體複製，因此也顯得不穩定與空虛。替未來的可能性保留位置的維持現狀，不論是利益的考量，或是對現有生活的依賴，本應也可以具有認同上的概念或者判斷，但是從電視媒體所得來的台灣現狀認知，基本上是可以不斷複製的形象。形象是現實的複製，它使得主體與現實之間的距離感消失，而這將是判斷能力的減弱，並且是認同力量的消蝕。

　　形象的接收基本上是符號的接收，因此形象式的認同也是符號式的認同。「所謂認同也就是從主體之外移入某些符號結構，形成認知現實的特定方式……如果本土化運動真的是用一種絕對命令來取代另外一種，只有內容的更換而無法在認知方面有所突破，那麼我們自然可以說，本土化的主體性與中原文化的主體性是具有相同性質的對立兩端」[58]。但是所謂的「移入」，可以是主體本身自我的建構或重建，也可以是主體本身單純地接受。對於前者，並不會發生一種絕對的命令來取代另一種的情形，因為概念的轉變在主體的重建過程中，必然同時是一個詮釋的過程，而這也同時包括認知內容與方式的發展。這是一種存在於主體或相互主體間的力量，當這力量被媒體工業所消蝕時，主體就單純地接受外來移入符號。而這就是作為接收外來

影響的影幕中心，其所產生的蒼白認同就是形象式的認同。但是作為
重建的主體與接收的主體自然是一種理論上的區分，在實際的生活上
兩者所表現的力量有所不同。並且主體並不會也不曾空白，除了將空
白的意義放在後設的先在或批判立場上。各個傳統文化空間的界線特
別在全球化的現象中鬆動，並且因全球化所賴以可能的傳播與資訊技
術而更容易被跨越。在實在與形象之間愈來愈難區分的全球空間之經
驗中，形象的接收基本上是符號的接收，多元文化社會因此借助了更
多符號與形象的流動。

　　在一些議題或事件上，原本個別文化傳統中的共同情感與認知並
無法表現出它的力量，而是被一種剪接的認知所取代，也就是原有共
同認知失去它的實在性，而新的認知甚至不需要實在性[59]。在這種前
提下，多元認同也較少建立在情感上，而且較容易被複製。因而認同
表現出較少的熱情，或者常常是冷漠的，除了在一些重大的事件上。
借助更多符號與形象的流動基本上是現代性與其認同所擴充的結果，
也就是一個全球系統的擴展。但是這個過程本身卻也造成現代性與其
認同難以維持，因為原本穩固的中心已經反過來被符號與形象系統所
掏空，而符號與形象系統此刻正在各個多元文化的空間中運作。在這
樣的社會關係中，我們不再需要旅行（travel）去看他人與瞭解他人，
形象充滿了我們生活的空間。現在的問題不是只擁有關於他人的有限
訊息，而是對已經超載的資訊之選擇與管理[60]。選擇與管理已經超載
的社會資訊，的確將所謂的他人放入不穩定的狀態，真正出現在我們
身邊並且可以相互理解的他人事實上已經減到最低。這種出現在所謂
後現代社會的形象將人真的變成單向度（one-dimension），過去的種
種詮釋深度失去了它們的土壤[61]。因此，所謂後現代社會的多元認同
因為沒有詮釋深度的抓力，將更易浮動與不穩定，或者作者習慣所用
的虛弱。

　　這裡所描述的乃是這樣的一般現象，即個體以及其認同的確進入

一種不同於現代性或現代社會的空間，也就是多元的並且是不穩定的
認同。甚至在一些學者的見解中，網路社會的發展的確造成一種嶄新
的生活方式，但是仍然同時存在一些集體認同的表達，例如兩性、宗
教、族群和社會生物等議題上的訴求[62]。但是這種集體認同基本上也
不同於傳統社會中的集體認同，因為這些議題將主要建立在權利概念
上，而不是情感、習慣或價值概念上。因此不論是在現代社會或後現
代社會的生活型態中，認同畢竟是個體在社會生活中所表現的自然活
動，它是一種實踐[63]。只是認同需要共同的意義結構，在所謂的後現
代社會中，認同將建立在由形象所承載出來的多元意義結構中。我們
的確不再能對資訊與符號有所滿意的掌握，甚至我們所寓居的世界就
是資訊與符號。但是認同活動仍然是自然的表現，它必須借助資訊與
符號，而不是瓦解於資訊與符號中。換句話說，符號與資訊乃是當代
個體互動的主要中介，如同過去個體所依賴的口語和文字一樣。這裡
可以借助M. Poster的見解來初步說明，他以互動的中介將社會關係分
為三個類型來描述，首先為口語時代，人們以面對面方式互動，生活
方式也固定不移，符號基本上也是符應這個固定的生活方式。其次為
書寫交換時代，符號具有體現（representation）的特性，個體乃是理
性的並且為自己負責。最後為電子中介時代，符號只是資訊的模擬，
符號與實在的關係並不再成為重點。個體在持續不斷的不穩定狀態
中，遠離了中心、四處分散與多元身分。因此每個人捲進多元認同的
形構中[64]。但必須要再次強調的是，符號只是與實在的關係不再成為
重點，而不是物化為實在。在符號的溝通網絡之外，仍然存在著不同
的生活領域，它們在情感與認知上需要基本的共識與認同。

　　符號的溝通網絡使得時間與空間上的距離感縮短到最小，尤其
在所謂的網路全球社會中。個體在時間與空間上距離感的縮小，必然
導致認同現象的改變[65]。從最初鄉村生活，經過城市生活到民族國家
生活，空間與時間的距離感不斷在擴大，個體認同也不斷擴大甚至穩

定。但是民族國家生活因資訊網絡而向全球生活擴大時，空間與時間的距離感反而縮小，個體認同變成多元而不穩定。其中最重要的關鍵乃是地理的時間與空間距離被無所不在的資訊與符號所填補，這種距離的被填補同時造成認同在深度與廣度上的縮短。首先，這種現象將造成思考社會未來的取向逐漸轉化成維持社會現狀的取向。或者更精確地說，個體對於社會的態度逐漸化約成對現有利益權利的維持或改進，並且是在包括諸如政治、宗教和文化等議題的討論上。在這個前提下，認同現象也將不同程度局限在現有利益權利的維持或改進下。因此維持社會現狀的認知與情感乃是認同之所以虛弱的表現，因為時空間的距離感已經縮小。對現有利益權利的維持或改進本是所謂實用主義（pragmatism）所表現的特徵之一，作為近兩世紀調解主客體間隙之一的實用主義，一方面將實體與知識看作一種在社會過程當中的暫時性見解，一方面在社會行動的形式上將世界看作符號的體現。縱使是所謂的後現代主義者的實用主義（postmodernist pragmatism）之基本推論起點，也是討論的差異，或者是解釋的差異，但不是社會的差異（social difference）[66]。

　　因此沒有任何社會認同的後現代差異並不是實用主義的立場，維持現狀的認同或者時空距離感急速縮小的認同也不是實用主義原本的精神，反而應該是實用主義在上述所謂後現代社會中所表現出來的新形式，沒有距離感的解釋與其差異將表現出更多的妥協與虛弱。所謂的後現代社會雖然是一種新的社會情境，但乃是一個未被適當理論化的社會情境，因為我們不能接受一個全無共識或者認同的社會描述。因此我們的立場可以說是處於現代以及一種新的並且未被適當理論描述的社會情境之間的邊界地帶，在後者之中，認同是多元、不穩定和虛弱的[67]。因符號網絡的承載以及時空距離感的縮小，社會認同的強度因此不斷地在減弱，並且受制於現況當中，但這不能簡單地歸約於差異原則，而是需要一個將社會學主體做適當描述的社會理論。其

　　次，資訊網絡一方面使得世界上其他地方所發生的事情可以被快速甚至同步得知，一方面本身地方上的事情也被提升到同樣的程度。這也為個體對地方事務本身的認知與認同提供一種新的可能與空間，因而地方認同（local identities）將是一種有待觀察的新現象。

　　媒體雖然已經是全球性的，但是它往地方發展或在地方設立組織也是事實，這將直接影響到地方的發展與地方認同的凝聚[68]。全球化背景下的地方認同乃是相異於傳統的地方認同，後者建立在以面對面的、情感的並且有共同文化價值的生活秩序中。前者畢竟是符號與資訊將傳統生活弱化之後，再次以符號與資訊重組地方上的事務與認知，它不再是單一和穩固的，而是多元和不穩定。在這種全球與地方事務的變化過程中，七〇年代以來所發展的文化研究，特別將文化看作個體認同在發展上的一個重要角色，不論是在全球或地方的層面上[69]。也就是為了進一步瞭解當代認同現象，透過媒體與符號概念將認同現象放入文化的空間中，並且是文化全球化與地方化的空間中[70]。所謂後現代主義者對文化的相關解釋並不同於這樣的文化研究，特別是英國與澳洲地區的文化研究。如果我們將社會看作是這樣的個體所組成的，即生活在控制特定地方性的組織化共同體之個體，那麼社會的電腦化雖然是清楚的現象，但是地方性與資訊符號力量將仍呈現張力的狀態。也就是地方和多元的認同在資訊與符號的新承載下，仍然是有待瞭解與觀察的現象，更何況在世界的一些地方仍然清楚存在著具有凝聚與深度的認同現象，例如中東、北愛爾蘭、巴爾幹半島以及未開發國家等等地區。只不過這裡在一般的觀察角度下，對於這些地區並不做詳細的論述，反而在同樣的世界發展歷程上，這些地區的確也逐漸受到資訊符號系統的影響。如同過往的發展一樣，認同現象的內容逐漸抽象化與個體化，也就是以種族、民族、國家、宗教或文化語言等等為核心的內容在一般上逐漸地淡化，並且權利與相互參與的概念對於認同現象所扮演的角色有上升之趨勢。

■ 第二節　共同體的成員與其認同

今天，一個城市的市民同時是一個國家的公民，一個區域聯盟的公民，在較抽象的程度上被強調為世界公民，或者同時也是共同體的居民。這些身分的差異雖然一開始只是空間上的不同，但卻體現不同的政治秩序和個體權利的內涵。這樣的發展基本上乃是在人類社會現代化的歷程上，並且秩序的組成和權利的內涵愈來愈不以傳統的意義與價值結構為基礎。雖然個體並不會時時刻刻或主動意識到這些身分的存在以及實質的差異，而是在傳統社會涉及到關於情感的事件，在現代社會上涉及到權力或權利的事件，才會有所思考與反省。而這些事件的承載者或中介，或者這些不同空間的共同運作中介，基本上愈來愈以科技為基礎以及與之相應而發展的金融經濟體系[71]。民族國家不再是文化科技的根源，而是文化科技的結果。一個民族國家不是經由它的文化來表現自身，並且生產民族國家的文化科技機制不是生產認同或單一的意識，而是在組織上不同的價值、配置和差異[72]。這裡首先發生的是地方生活的逐漸解體，在仍以國家為框架的過程中，科技與經濟快速地提供不同個體的聯繫空間。在科技與經濟的持續發展歷程上，國家的框架不再是個體聯繫的唯一空間。

這個由全球化現象所帶來的新國家情境並不只是在空間與時間上的改變，也是政策議題和權利義務等等的改變，因而也涉及到共同體與其參與權的改變。但是全球化並不是關係到創造一個廣大規模的系統，而是描述社會經驗在地方以及個人背景上的轉型。在這轉型中，有的舊衝突與階層化形式逐漸消失，但也產生了一些新的衝突與階層化形式，例如地方國家民族主義的再生和以資訊科技為主導的層級社會等等[73]。因此它不只是一種國際化的現象，它甚至表現一種全球性的公民社會。當今存在的政府間和非政府間跨國機構，它們事實上牽

制了國家的權力，並且有待建立新的規則與法律秩序。到目前為止，上述的轉型最明顯表現在歐洲聯盟的成長上，歐洲公民權的法律規定已經載明在歐洲共同體法當中，並且作為歐洲聯盟各種政策上的基本方針[74]。也就是歐洲聯盟乃是這樣的一個最具發展性的嘗試，即用社會（Gesellschaft）的方法創造共同體（Gemeinschaft），並且在民族國家之上建構公民社會[75]。換句話說，歐洲共同體與歐洲社會的具體化過程，就是以歐洲為背景的共同體化（Vergemeinschaftung）以及社會化（Vergesellschaftung）[76]。

但這並不是說歐洲聯盟在很大範圍上取代了國家的政策力量，這一方面涉及到全球化以及相應的區域組織決策在民主素質上的爭議，一方面涉及到一些原本在國家內被保障的個體權利是否適合由聯盟來執行。例如社會政策的性質在超國家的組織中並不容易取得它的合法性，因為它在超國家組織中必須由多邊的談判所推動。相反地，在歐洲單一市場的完成以及財政市場的全球化中，國家來執行社會政策並不受到局限[77]。在這樣的基本前提下，全球性的公民社會似乎已經取得了發展的空間，但是在觀察歐洲聯盟發展歷程所產生的困難下，全球性的公民社會要真正地取得實體性，則存在更多的爭論與困難。所以對全球化現象較為適切的描述，如同A. Giddens所言，並不是關係到創造一個廣大規模的系統，而是描述社會經驗在地方以及個人背景上的轉型。這樣的發展已經不只是行政層次的區分或分化，而是權利形式與內容的轉變。在民族國家之上建構公民社會，理論上已經改變了民族國家的本質，因為新的公民社會同時擁有不同的公民權形式，並且在領土和語言的多重性之下擁有新的生活秩序[78]。

另一方面，民族國家之上的公民社會需要更廣大的社會力量作為基礎，也就是說在全球化的過程中，雖然民族國家的邊界有所鬆動並且跨入民族國家之間的整合，但民族國家本身並不是整合的承載者，而是人民與其日常生活本身。因此全球化也提供地方發展的新空間，並且逐漸依賴地方的力量與經營，這包括與人民最為親近的就業、兩性平等、治安、文化與環境生態等等方面。國家之間的整合深度與廣度必須依賴這些地方問題的解決與否，或者個體在這些方面上的權利是否得到保障與維持，更重要的是這兩方面本身的永續發展空間。如同歐洲聯盟執委會對公民社會的看法一樣，民族國家之上的公民社會並不只是組織，而是在地方上所形成的溝通網絡，例如鄉村共同體和地方社會，並且它們並不遵循古老的政治模式[79]。因此在歐洲區域整合的例子上，整個歐洲聯盟如果不再以民族國家為最基本的空間永續發展單位，所謂的領土就以建立在文化多樣性為原則的最小單位上[80]。但是，區域整合的擴大所著重的，應不是成員國家在數量上或面積上的增加，而是地方認同的永續發展空間不斷地取得它的潛能與現實。在這樣的前提下，國家以及聯盟權力必須與地方權力發展出平衡的關係，換句話說，地方所發展出來的權利形式和內容，將牽制國家和聯盟權力的所及範圍，例如文化、生態和治安等面向上的權利。共同體成員的定義空間將在這個地方得到重新定義的可能性。

　　在上述國家權力和個體權利的轉變過程中，人民所實際涉及到的畢竟是一些具體的事情或事件，對於新的公民社會或者共同體的議題本身，乃是意象（imaged）中的事情。這個被意象的社會不同於以往的傳統社會，它強調差異性更甚於相似性，並且體現一個穩定的權力和權利系統[81]。這是一個新的社會生態學（social ecology）的表現，它對於現存秩序同時產生描述與批判的作用，因此在一些國家當中也被作為文化政策的主導綱領。姑且不論這新的超國家公民社會或者地方社會是否已經取得它們的實體性和力量，在人民的意象中，國家已經不是被投射的唯一空間，而是主要以超國家－國家－地方等三角關係所構成的空間。因此公民權不能繼續建立在民族與國家的結合或者領土與歸屬上，而是建立在一個沒有要求共同文化認同的政治共同體上。它不再聯繫於民族性，而是個體的權利和利益，尤其在移民和族

群的議題上[82]。在這個全球化為國家權力下放所提供的推動力和邏輯中，沒有要求共同文化認同的政治共同體需要新的民主形式，例如，地方直接民主與電子投票等促成人民與政府直接聯繫的管道。這種國家權力下放的邏輯，在A. Giddens的看法中，就是以公民社會的重建為前提，包括地方主動性的刺激、社區更新、社會承辦企業、社區為基礎的犯罪預防和民主的家庭等等[83]。而相較於傳統社會契約理論，這更需要個體對共同體的參與。更重要的是，共同體成員以及公民權的實際內容並不預先地被設定或被規劃，而是正好通過個體的參與來體現。

因此，對於共同體的參與已經不限於政治的參與上，而且也表現在社會運動、文化環境以及社區的重建上。它在消極的活動外，更強調積極地投入共同的生活事務，因此認同與權利已經不是消極被規定，而是在積極的意義上不斷成長。當代文化政策的議題也在這裡與公民權的概念聯繫在一起，而在台灣就是所謂的共同體（社區）總體營造策略。在創造與參與的方式下，共同認同的訴求已經不能再像過去一樣成為行動的重心，而是建立在多元文化上的認同政治才是共同體的訴求。只是過度的差異或對立會不會造成共同生活秩序的危機，將是參與者向共同認同移動的可能[84]。另一方面，當國家的框架鬆動時，社會契約的「社會」概念也產生實質的變動，也就是從與國家幾乎重疊的情況同時向上與向下轉變。因此在當今的現代社會中，需要一個新的社會契約概念，權利的讓渡與維護需要參與式的重建。總而言之，當我們將公民權定義在個體參與社會的機會上時，公民權意指的就不只是個體所擁有的權利，還包括這些權利實際被實現的條件[85]。

另一方面，社會認同基本上依賴社會關係的多元性，多元群體的生活也是個體認同的基本空間。而這將包含例如家庭、學校和法律等等的社會化制度，以及重要的他人（significant others），他們乃是不斷在運動與變化當中[86]。雖然這兩方面不斷地受到資訊與符號的轉化，例如社會制度愈來愈符碼化與系統化、重要的他人愈來愈匿名化與虛擬化。而這樣的趨勢基本上是現代化的加劇，並且急速地擴充到全球的過程。不論是傳統的生活世界，或者是原有民族國家的政治和社會秩序，都受到持續而加劇的變動。使用F. Tönnies的語言，這基本上也是從共同體（Gemeinschaft）轉變到社會（Gesellschaft）的過程。共同體在參與的人群當中，依賴於他們本能的樂趣（instinktivem Gefallen）、習慣所限制的適應，以及聯繫於觀念的共同記憶。共同體作為一個整體，比部分的總和還要多。社會產生於多數個體在思想上與行動上的計畫性（planmäßig）協約。這些個體從特定目的之共同影響，意圖達到個人的利益[87]。當然後現代主義者所反省的，不僅是共同體中的同質性，同時也批判社會中因科技、制度所帶來的中心，以及其所殘留的人本主義思維。這個社會的整體也需要一個新類型的認同，如同Mead所言，被一般化的社會態度使得一個被組織化的認同成為可能，並且也因為存在這樣的認同，社會才同時存在[88]。因此如果存在所謂的資訊社會或者符號社會，都會存在相應的認同形式。而在這個所謂的後現代社會中，認同形式將是多元的。文化的多樣性和群體的多樣性已經是被承認的基本現象，而多樣性的前提就是每個個別的文化區域或群體擁有自身的區界，並且每個個體在他的多元社會關係中擁有多重因此也重疊的區界。

　　在從共同體轉變到社會的現代化歷程中，也有所謂認同的危機（crisis of identity）之討論。但這並不同於後現代主義者對認同瓦解的描述，認同的危機所指涉的是原有民族國家認同的減弱，並且出現了一些新的認同（identities），例如關於族群性、種族、地方共同體（local community）、語言以及其他文化上的具體形式等等之認同[89]。危機乃是出現在這樣的邏輯上，即民族國家的認同崩解並且全球並無新的共同認同來取代時。對於這樣的邏輯，存在不同的見解與討論，

但是就這裡而言，認同以多元的形式生動地表現在全球性社會中，則是實際的現象。在現代性或現代社會中，個體一直到Mead的見解中都還是擁有多元、自我反省的認同，並且側重相互間的認可，因此有時也以相互主體來描述。在接受後現代主義者所描述的一些基本面向之前提下，這種多元但相對穩定的認同在所謂的後現代社會中，的確變成多元、但相對不穩定，並且自我反省的相關基調也變得模糊。但是如同上面的論證，也如同D. Kellner等人的見解，認同在所謂的後現代社會中並不曾瓦解或內爆。形象（image）的文化雖然創造高度不穩定的認同（identities），但是也不斷提供個體與群體重建認同的機會[90]。在這裡，我們仍然看見現代性帶給社會正面的內涵。多重認同的社會現象一方面呈現認同在當代社會的表現形式，一方面也較符合現狀地描述認同議題。

在上述現代化的過程以及民族國家邊界的淡化中，同質的大眾消費以及大眾媒體科技扮演著重要的角色，它們一方面的確使得原有的認同產生問題甚至危機，一方面也經營著個體品味、慾望和行為的標準化。對於後者以及相關的社會壓制，後現代主義與所謂的批判理論事實上有著接近的質疑，只不過對於已經產生問題的認同有著不同的回應[91]。一般而言，後現代主義者傾向描述並且保存差異，批判理論者則傾向調和差異並且重建達成共識的程序。這裡並不試圖在方法或理論上調解兩者的立場，對於達成共識的程序也將不給予預先的設定，而只是說明在所謂的後現代社會中，繼續存在著多元的認同乃是較符合理論與現實。現在的問題是，這種多元的認同在社會互動中的確也表現出不穩定的現象。一方面在由多元文化所體現的社會中，各個文化間的差異雖然必須被尊重並且作為政策的前提，但是各個文化的傳統本身或特性的確也不斷地在削弱中。一方面也因為在符號與媒體的承載下，認同表現出距離感在空間與時間上縮短，因此多元將更是容易浮動的多元。當然這是就與後現代生活有關的一般現象而言，存在緊張或傳統仍然穩固的地區則擁有清楚而有力的認同現象[92]。

■ 第三節 建立在參與和權利概念上的認同——廣義的公民權概念

　　因此在反對符號已經瓦解任何形式的認同之說法，以及為本書的廣義文化政策做更進一步推論，對於認同現象必須存在一個合理的解釋。更重要的是，這種解釋對於台灣社會應該要能迴避一些困難與對立。首先，我們認為在利益或權利的意識上，務實的態度會表現起碼的認同內容。例如在族群的議題上，「光有族群認同，而沒有對族群特殊利益的認識，這樣的族群認同只是一個空洞的象徵，就像美國的許多族群。族群認同的焦點只是生活方式的特殊性」[93]。而族群利益在這裡指的是，族群成員是否意識到社會資源分配的不均，包括政治、經濟、文化以及社會的。也就是利的意識乃是認同避免空洞的重要因素，而這利益的意識事實上更涉及到一個憲政體制下所保障的權利觀念。在台灣社會日益國際化、消費化以及媒體化的情況下，如同上面所已經說明的，認同的內容逐漸不以民族性為訴求，而是逐漸以公民、政治和社會等等權利所表明的公民權為重點。在台灣民主化的過程中，人民在獲得這些權利的前提下，擁有認同的實際內容。

　　因此，公民權本身是一種實踐（practice），也就是不同族群在一個國家當中並不是被安排在某個特定的權利位置，而是在參與的過程當中不斷擁有新的權利以及結構[94]。因此在台灣社會發展的歷程中，公民權的實質意涵也不斷在實踐當中有所變化，也就是公民的權利與認同不斷地在改變當中[95]。當然在以台灣為個別國家的訴求上，這同時涉及到一個國家在新的環境中，改變國家共同體與其成員定義的問題，也就是改變國家法律來重新定義公民權的問題。例如英國在

一九八一年的the British Nationality Act法案，法國the Long Commission在一九八七年試圖改革法國國籍意義的討論[96]。當然這樣的發展訴求對於台灣而言充滿著挑戰性與討論的空間。

在日常的文化生活上，個體的情感與認同事實上具有地方的性格，它們在一些議題上將明顯與其他族群或認同有所區隔。尤其在最近這幾年的世界中，不同文化區域之間存在著逐漸增加、蔓延以及持續的緊張，而這乃導因於形成政治、經濟權力和權威的文化資本（cultural capital）[97]。文化資本存在於技術訓練、正式教育、抽象符號知識以及才能的基礎上，它們一方面具有權力與影響力，一方面在勞動的結構中也具有市場的優勢。因此少數族群在相較於優勢族群，因為在教育制度以及行為模式上所表現的劣勢地位與權力，他們發現他們的文化資本是處於不利的狀態。也就是他們意識到文化資源的分配乃是不公平的，而這立刻涉及到利益與權利的區隔。連結於多重文化主義的公民權，就是針對舊有的社會與教育權力關係提出一種修正的方向。它所要求的就是一個尊重差異性的平等空間，而不是排他的傳統空間[98]。台灣在保護客家文化或原住民文化所表現的行動或多或少反應文化利益的維持，但是基本上台灣並不存在較強的文化對立或衝突現象，不論是民俗的或宗教的。因為後工業社會的台灣人民也是追求滿足逸樂的需求，文化深層意義的意識與反省在消費行為當中相當程度地被遺忘。但認同畢竟是個體在社會生活中所表現的自然活動，它是一種實踐，不論是在工業社會或後工業社會的生活型態。只是認同仍然需要共同的意義結構。也就是共同生活秩序的建立，以及共同的法律與道德生活。也就是說，「認同的問題，是現代社會的基本建構原則所凸顯出來的」[99]。而形象式的認同正是凸顯台灣社會的基本建構，一種與現實產生距離縮短的虛弱心靈活動。因為個人的認同不是在抽象的空間進行，而是在群體的互動與社會的認同中同時發生。

公民的自我認同在複雜的環境中，呈現多重認同的狀況，例如地方、城市、區域與國家的認同。「當一個人在自我當中有共同體的共同反應時，他在自我當中也就具有共同體的精神……個體的精神發展也就存在於這樣的事實中，即在複雜的社會互動中，互相組織每一個共同的反應」[100]。也就是台灣人的個體認同型態事實上也是整個社會共同的認同型態，台灣人多重的虛弱認同正是反應台灣社會多元的虛弱結構。因此台灣社會的認同問題基本上不是對立或衝突的問題，而是虛弱模糊的問題。認同的對立可以不是負面的社會現象，但虛弱模糊的認同傾向基本上缺乏參與政治共同體的動力，因而也缺乏真正的民主機制。因而反省的重點就不是擔心對立或衝突，而是如何鼓勵人民重視自己的權利並進而參與社會的公共生活。認同的概念在全球化的過程中，從民族性的單一認同轉型到多重的認同。全球化並不是帶來統一的世界社會或文化，而是擴大民族國家原有的社會與文化[101]。這個擴大也並不是單向的，而是在一個具有公民參與的互動網絡中進行。事實上在後傳統社會中，存在著大量的跨社會制度、文化與文化生產者，它們不能單純被理解為民族國家的代理人或表現。並且全球是一個所有民族國家與集體必須進入的有限空間，他們在這個空間中具有愈來愈緊密的接觸與溝通。他們除了生產一般的現代共同文化外，也會產生一個文化的緊張關係。

　　但是不論文化的接觸是互相理解的或互相排擠的，公民所處的原有地方性不再是我們經驗的最初參照。如同我們已經說明的，透過各種通訊技術，將給予生活共同體一個發展的空間。但是，「地方性（locality）並不是單純地包含在國家領域中或全球領域中，而是逐漸地迂迴在兩個方向之間」[102]。因此地方性概念並不是一個地理上或空間上的概念，而是一個生活方式的概念。公民不斷在他所處的生活情境中重建自己的生活方式，而唯有在這個生動的生活情境當中，公民才可以與共同體真正的共同成長。所以公民在特定生活情境當中的

認同，也是依情境的不同而不斷地重建，並且是多元與多向的重建。公民的認同並不是在真空當中形成的，他必須在與其他人互動的前提下，才能形成自我的認同。所以公民認同必須以社會的認同為前提。而在多元社會與多重文化生活中，公民的認同將也是多重的。也就是「我們歸給個體的所有力量，以及在個體內在所放置（locate）的力量，必須作為一種社會力量。個體力量與認同必須被安置在一個區域或地方的社會活動中」[103]。

「公民並不只是一個法律上的地位，也就是定義在權利與責任的內容上。它也是一個認同的概念，也就是說一個會員在一個政治共同生活體（political community）中的表現」[104]。權利與認同的要素必須在一個地理的背景中被經驗，不管這地理的背景如何被定義。而公民的功能則被完成在多重的空間水平中，例如從地方政府與功能性的利益團體出發到所謂的國際都市[105]。在這樣的前提下，我們同意陳其南所言，「不論是在體制或個人的層次，公民意識必須內化成一種精神和倫理法則，如此所有其他建立在公民成員基礎上的政治體制和社會秩序才能有效地運轉，並自我調整」[106]。這樣的公民意識與認同雖然在後工業的台灣社會中並不容易被強有力地建立，如同上面所說明的。但這也是在一個開放性與消費性的社會中所能掌握的施力點，同時也為台灣社會的出路提供一個較為寬廣的空間。

從上面所敘述的各種現象中，我們可以看見台灣地方文化活動與事務，在九〇年代已經取得制度性的成長空間。在地方文化行政取得來自民間的正當性之同時，地方或本土的認知也具體地反應在教育系統中。並且這已不是單純來自國家或中央的教育理念，而是經過地方化或本土化之文化反省後的教育措施[107]。它的工作基本上不應是由教育系統單獨地來規劃與執行，而應是由文化建設系統來規劃並交由教育系統來執行。但是文化在地方化或本土化的反省與規劃可以是什麼呢？而對於這個問題的回答，也正是可以成為地方文化政策的決策方向。但首先必須再次被強調的是，這反省與規劃的主體乃是已經擁有地方文化力量的社區參與者，也就是在相互主體性（intersubjective）下參與社區重建的行動者[108]。本文以上透過對台灣社會的觀察，在理論反省的層面上，將地方文化建設歸入三個基本的大方向中，也就是地方文化政策的三個基本原則。

　　首先是社會文化生活的永續性（sustainability of the sociocultural life）。如同本文已經說明的，文化生活型態與文化政策本身已經從以國家為中心的取向，轉變到以社會文化為取向。而這也是一個解除中心化或地方分權（décentralisation）的過程，即是地方文化行政的負責對象為地方議會。在法國，它也是一種權力下放（déconcentration）的過程，意即國家在行政的層面上同時被表現在地方[109]。在台灣社會，地方政府文化專職機構必須向當地議會負責，並且應該與中央文化行政具有系統性的聯結。依照同樣的邏輯，縣市政府與鄉鎮政府的關係也是如此，也就是以社會文化為主要型態的文化行政，最終必須回到最素樸的日常生活中來，或者回到以台灣社會流行的術語「社區」中來。在這樣的行政框架中，地方文化專職機構可以將文化當作人文藝術事業來提倡，可以將它轉化為教育系統中的內容，可以將它以展覽系統的數位化為發展，可以將文化以觀光或者就業的考量來建置，可以將它當作一種福利或經濟活動來投資，可以將文化作為生態的發展來安排，甚至可以當作國際交流的媒介。但不論是何種形式，以社會文化為取向的文化政策必須以社區的居民互動來獲得正當性，因為唯有如此，地方文化的特殊性才能被忠實地表現出來，並且在上述不同形式中得到永續發展的基本空間。地方生活基本上是一切發展的最終基礎與泉源，並且也是理解一切發展意義的最終層面。至於要採取哪一種形式或哪幾種形式，則是以地方整體發展和利益為基本考量。台灣社會基本上在九〇年代已經取得這方面的發展空間，如同地方文史工作者所關心的文化事業，例如社區關懷、人文探索以及自然人文生

態等等。但是部分仍然停留在工作者的主觀期許上，上述客觀的文化行政空間，也就是以地方為出發來經營文化的制度性空間，仍然有待被建立。

　　其次為投資與管理文化（investing and managing culture）。在一個初期以發展經濟為目標的社會中，文化與經濟之間的張力必然是一直存在著。經濟的發展如何不對文化有負面的影響，甚至對文化有推動的幫助，乃是歐洲國家七〇年代以來一直思考的文化政策問題[110]。況且台灣社會目前仍依賴經濟的實力來維持國際與兩岸上的影響力，城鄉差距的縮短也首先必須依賴地方觀光或地方經濟作為基礎，社區總體營造更是需要企業家的資金來作為社會投資。因此地方政府如何規劃社區文化建設的投資方向以及文化事業投資上的管理，並且以社會正義為基本的管理前提，則是地方政府文化政策的具體任務之一。在文化經濟學家（cultural economist）的角度來說，文化的經濟價值基本上涉及到兩個主要問題，即對於創新與創造力，文化事業所具有的意義；以及文化事業對於大眾生活品質的重要性[111]。也就是在地方經濟的發展上，這兩個思維將劃出文化活動應有的空間，並且能促進文化活動的廣度與深度。從一九八一年開始，經濟與文化的重新協調基本上成為法國文化政策的主要思考方向，管理文化（managing culture）就是這個思考方向的產物。這需要一種新的溝通方式，將文化事業以當代的手段傳播出去[112]。而這其中首先涉及到基本的物質基礎，也就是數位化的建置。不論是行政系統的數位化，還是文化形式或內容的數位化，例如電子博物館、網路美術館、影音多媒體以及網路劇院等等，都是無法迴避的發展趨勢。但是這樣的文化政策思維並不是要將文化帶入經濟與科技活動中，而是在無法避免的經濟與科技發展下，如何將文化事業以新的形式或內容表現出來，或者創造出文化資產維護的新空間與新形式。因此，地方文化行政將會需要這方面的文化專家以及文化行政人員，對於他們的培養，則又是另一層次的

文化投資。更重要的問題是，文化在經濟科技的壓力下所應有的管理
程度是什麼？或者文化事業可以被數位化到什麼程度？它的程度應該
回到社會文化的具體生活中被決定，意即在參與社區生活的行動者中
相互主體地被決定。

　　最後為社會公民權（social citizenship）。與上述兩項發展具有緊
密的聯繫，並且作為參與社區建設與認同的具體推動力量，仍然是行
動者本身對於權利（rights）的認知。一個對特定權利並無認知的行
動者，最多只能是被動地參與某種活動，同時在另一方面，某個特定
權利的產生也必須具有特定的社會情境作為前提。在人類近代的社會
史當中，因為社會型態的轉變，人民也不斷地在法律制度上得到各種
權利的保障，如公民權利、政治權利和社會權利等等[113]。不同的社會
共同體形式提供了不同公民權的內涵，人民從最早的城市成員，經過
城邦成員、國家成員、民族國家成員到現今趨向超國家成員，都擁有
不同的權利內容。在這權利的擁有與使用過程中，人民對共同體本身
也有不同形式的認同。透過本文所說明的全球化與地方化，人民的權
利與認同內容也不斷地在變化中。而在地方文化的議題與事務上，一
方面應該讓社區居民認知到他們是有參與社區文化活動的權利，也就
是這種認知必須透過地方教育系統或宣傳系統確實地被建立；另一方
面，在地方整體文化的建設上，社會平等應該落實到社區居民上。也
就是社會資源、文化資源甚至自然資源的再生產與再分配，應該照顧
到不同的社區性質以及不同的居民特性，例如農業地區、山地地區、
漁民和少數族群等等的基本權利。經濟建設不容易與社會平等有所協
調，但是文化建設應該以社會公民權為基礎，進行資源的公平再分
配。透過以上兩方面的思考方向，地方文化建設可以取得它最基礎與
最真實的動力，並且同時體現它的目的與意義。

　　尤其在上述民族國家不再是人民生活的唯一框架，以及多元文化
主義所描述的社會現象下，人民的權利與認同逐漸擺脫民族性與族群

性的原始關聯。現代公民制度的發展，首先促成了民族性與族群性成為凝聚社會生活之基礎。在早期現代社會中，凝結力最強的基礎，在於宗教、民族與疆域等三個因素與民族性相互契合之處。但在完全發展的現代社會中，由於共同的公民地位就為國家團結與認同提供了充分的基礎，因此諸如宗教、民族和疆域等因素都可以分歧。當一個人認同於瑞士或者說我是瑞士人，所表現的正是他的權利乃是被保障與維持在社會的法律制度中。而在所謂的後現代社會中，人民的權利地位對於國家與社會認同更是扮演重要的角色，因為多元而不穩定的認同內容逐漸脫離宗教、民族和疆域等因素。社會與個體的認同不能瓦解於差異原則之下，也就是依照T. Parsons的邏輯，多元狀態的基礎如果太劇烈而導致尖銳的結構分裂，公民和國籍制度將促使社會生活瀕臨危險[114]。因此回到個體的權利與強烈的個人主義並不相同，因為社會整體的秩序與個人權利乃是處於緊密的關係當中。如同在英國與法國的傳統中，個體在民族國家當中的權利與認同，乃是傾向建立在個體依據一般原則，並且為了相互的利益結合而成的法律社會基礎上，而不是母語、民俗傳統、共同的繼承或民族精神之基礎上[115]。

　　因此個體權利與法律社會在所謂的後現代社會中，理論上可以作為認同現象的新基礎，只不過它們的確已經由資訊與符號所重新承載。權利必須以法律形式來表現，並且事實上也已經存在於法律體系中，現在重新強調權利一方面乃是表現參與的面向，社會參與並不一定有特殊的內容或方向，但是它至少也提供已經虛弱的傳統價值與文化一個新的重建機會；另一方面也是回應當代社會中新產生的權利議題，諸如治安、生態以及文化上的相關議題等等，它們同時需要來自於個體參與的動力。我們一般所說的公民並不只是一個法律上的地位，也就是定義在權利與責任的內容上。它也是一個認同的概念，也就是一個會員在一個政治共同體（political community）中的表現[116]。權利與認同的要素必須在一個地理的背景中被經驗，不管這地理的背景如何被定義。而個體的功能則被完成在多元的空間水平中，例如從地方政府與功能性的利益團體出發到所謂的國際都市[117]。當然這種表現生活方式的地方性乃是透過資訊技術被重新標示出來，權利與認同已經不可能是全方位或鉅觀的，它們是多元並且常常是微觀的。而這一點也是諸如Jean-François Lyotard等後現代主義者所已經真實地描述出來的，誠如S. Best與D. Kellner的轉述，後現代主義是贊成由參與者所同意之特有規則與命令的異質性、多元性、持續的創新以及實用性的建構，因此是贊成微觀政治。在這意義上，正義因此為一多樣的正義，它必然是地方性、暫時性與特定性的[118]。

　　因此新的地方多元認同以及社會參與所追求的，已經不可能是在現代性中的單一或綜觀真理、正義，社會正義可以因不同的社會參與而被重新詮釋，但是構成認同基礎的並不是這社會正義的特殊內容，而是這社會參與的空間制度與程序，乃是擁有來自於公民社會的合法性與正當性。這樣的見解也是反應近二、三十年來社群主義（communitarianism）的部分看法，參與政治共同體乃是基本的社會互動形式，但是共同體的具體內容是什麼？參與者是否擁有共同的社會政治目標？等等問題，則不在這個形式或程序之中被討論，因為一方面如同前面所述，共同體的傳統具體內容已經逐漸失去它們的地方力量；另一方面共同體這個術語所擁有的動員力量，一部分也是來自它的想像性與激勵性[119]。在所謂後現代的社會中，共同體概念必須擁有新的形式，如果它可以在現代化與系統化的社會發展之後再次被標示出來的話。共同體現在應該是在資訊與傳播網絡之下，一種社會參與的新制度與程序。

　　在資訊與傳播網絡之下，一種關於社會參與的新制度與程序之共同體，可以是一種形式性、關係性的共同地方（topoi），它關係到個體的權利與認同位置，也就是一種公民權的政治（politics of citizenship）[120]。在這種公民權政治中，個體認同是多元的，因為個體

所涉及到的權利內涵一方面並不是常常清晰，一方面也是部分重疊並且不斷在變化與更新之中。個體認同也不穩定，因為公民權也是在地方性與全球性之間來回震盪，而這也將符合上文在較抽象的向度上對認同現象所做的描述。在這個意義上，民主乃是一種涉及形式性、關係性的制度程序，而作為民主實踐的教育，乃是可以使學生重新思考他們在制度、共同體以及社會中的位置，並且仍然在自由、平等與法律制度的理想上重建他們的認同內容。而這制度程序所涉及的，也是多元文化主義的教育以及相關的多元認同現象。因此如同N. Burbules與S. Rice所言，差異之間的對話並不是要消除差異，也不是要將一個群體的意見強加在其他群體之上。

對話使得我們可以理解與合作，並且在一個更寬廣的尊重中保存差異，因此我們並不是因為反對現代性而要否定共同體，而是要在一個更具彈性、較少同質性的基礎上，建立一個後現代共同體[121]。在這種所謂的後現代共同體中，認同已經是非本質、去中心，並且新權利的產生就是作為一個認同的運動（the emergence of the new right as an identity movement），同時具體化公民權政治[122]。因此以地方性概念為基礎的共同體參與，基本上就是新的民主程序，它要求在資訊網絡以及多元文化主義的立場上重建權利與認同。另一方面，新權利以及相關認同的運動在尊重差異的邏輯下，容易呈現建立在形式平等之上的公民權概念，因為沒有一個人或群體可以代替其他人或群體的利益來發言。其邏輯上的結果將造成優勢團體的持續優勢，因為他們的利益在制度的系統運作當中將是社會的最大利益[123]。因此所謂的參與應該是每個群體主張他們的利益，因而也表達他們的認同。參與的過程將不能避免衝突，甚至以衝突的形式為背景，因為衝突在這裡乃是整合的前提。在這前提之上，政治共同體以及個體的權利和認同也將是動態的，也就是它們並不是被給予的，而是在多樣性與衝突背景上的利益互動之過程。在上述的後現代社會中，這動態的過程將透過更多

的資訊與符號來承載，因而也較抽象與不穩定。結合上述兩個命題，
個體的社會行動將傾向是以符號網絡為程序的目的性行為，在這個背
景上，可以存在著個體和社會認同，但是它會是道德性的嗎？在本文
已經說明的後現代社會中，傳統中心與價值鬆動使社會已經不可能有
共同的道德規範，尤其原有存在於民族國家的生活秩序循著資訊網絡
跨出它的界線而往外發展時。因此如果認同還擁有道德的力量，道德
這一術語的內涵必然已經不同於以往。J. Habermas對此擁有深刻的觀
察，道德之產生已經不需要情感、民族文化或者理性律則為基礎，道
德可以是在形式的、參與的溝通當中，因遵循彼此協調出來的共同利
益為基礎，因此這裡所指涉的術語不是Sittlichkeit（倫理生活），而是
Moralität（道德）[124]。

　　因此Habermas所說明的權利與認同現象可以不以民族文化為支
點，而是以公民權為焦點，它必須比法律扮演更大的功能。例如他在
一九九二年的一篇文章中說明，瑞士與美國等多元文化社會的政治文
化本身，就可以作為憲政愛國心（constitutional patriotism）的基礎，
共同語言、族群或文化並不是必要條件[125]。而這政治文化就是遵循
在形式的、參與的溝通當中彼此協調出來的共同利益，也就是本文上
述的參與政治共同體。在上述的基本看法下，我們可以更正確地理解
在全球社會中的認同現象，例如本文已經提及的歐洲整合例子，誠
如P. B. Lehning所言，不同意見經過溝通而達成一致時，這意見對於
溝通參與者，就有道德上的遵守要求以及認同的表態。這共同意見
在制度層面上的具體化，就是法律的建構。因此道德的承諾（moral
commitment）在公民之間發展出一個團結與容忍的意義，並促成共
同的公民權認同，也就是一個共同體的意義（a sense of community）
[126]。只不過這個共同體的意義已經不是與情感、歷史與文化價值所聯
繫的傳統概念，而應該是在資訊與傳播網絡下，一種社會參與的新制
度與程序。在參與的過程中，政治、社會與文化的事務乃是結合成一

整體，因為利益與權利的內涵已經不可能局限在特定的範圍內，因此公民權認同的發展同時體現了政治、社會以及文化等等方面的認同發展。它是多元並且尊重差異，但不為差異原則所消解，它必須借助資訊與符號，但不是沉溺在資訊與符號的漩渦中。

註　釋

1 在全球化的過程中，國家領土與權力的緊密聯結逐漸有鬆動的趨向，而這同
時也牽動個體權利內容變化的可能性，它可能向區域、全球或者地方產生變
化。而牽動這些變化的動力可以有四個方向：(1)全球市場的興起與經濟力量
的跨國合作。(2)超國家組織在國家間的關係和個體權利之調節上逐漸扮演重
要的角色。(3)建立在傳播科技上的全球文化工業之興起。(4)自從一九四五年
（特別自從一九八〇年代）以來，國際遷移的增加。S. Castles, "Citizenship
and the Other in the Age of Migration", in A. Davidson and K. Weekley (eds.),
Globalization and Citizenship in the Asia-Pacific (London: Macmillan Press, 1999),
p.27.

2 這些權利內容事實上也不斷在擴充當中，例如所謂的知識權或環境權等等。
在T. H. Marshall的傳統分析架構外，兩性權和文化權也是除了公民、政治和
社會權之外較多被討論的。成為一個共同體的成員，個體所擁有的權利形
式與內容一方面不斷地多元化，一方面也是交織在一起的。S. Castles and A.
Davidson, *Citizenship and Migration: Globalization and the Politics of Belonging*,
(London: Macmillan Press, 2000), p.20.

3 當然這並不是說種族、民族或宗教因素必然減弱或消失，只不過權利的基礎
不再以它們為唯一的來源，或者權利不再以它們為表現的形式。另一方面，
全球化與地方化（localization）事實上乃是表現在同一個歷史過程中，後者在
一些地區有時所影響的激進主義並不在本文的討論範圍內。但是不論如何，
地方意識的抬頭仍然是以個體的權利為主要表現形式，不論是經濟、文化、
健康或環境上的議題。T. Spybey, *Globalization and World Society* (Cambridge:
Polity Press, 1996), pp.112-116.

4 媒體所架構的共同生活經驗對於傳統生活將形成重大的改變，媒體文化可以
說是工業文化，一個依照大量生產模式，依據滿足接收者的符碼、規則而被
生產的文化型態。因此它也是一個商業性的文化，為更大的接收群眾而被設
計。D. Kellner, *Media Culture: Cultural Studies, Identity and Politics between the
Modern and the Postmodern* (London: Routledge, 1995), pp.1-2.

5 在這樣的新生活社團中，地方性（locality）似乎不再是我們生活經驗的原初

場域，而是在溝通技術當中，直接與他人形成一個心理的鄰居或個人的社團。同樣的道理，認同似乎可以不在地方性中產生。但是本文基本上認為認同必須要在日常生活的互動當中產生，不論這日常生活是全球的或地方的。M. Featherstone, *Undoing Culture: Globalization, Postmodernism and Identity* (London: SAGE, 1995), pp.114-121.

[6] 本文在這裡所說明的意義（meaning）與差異乃是提供日常生活秩序的基礎與運作，也就是把它們當作社會行動的內在機制，而不是抽象系統的基本程序。後者的典型代表N. Luhmann將意義陳述為現實化與可能化的整體。可能的東西將成為現實，而現實的東西又將成為下一個可能。這是一個來自差異的自主性。N. Luhmann, *Soziale Systeme* (Frankfurt am Main: Suhrkamp, 1988), pp.100-105.

[7] W. Connolly, "Identity and Difference in Global Politics", in J. Derian and M. Shapiro (eds.), *International/ Intertextual Relations: Postmodern Readings of World Politics* (Mass: Lexington Books, 1989), p.329.

[8] 這表現了現代公民權的深層意義，它是一種契約的特殊形式。一個國家的人民或行為者擁有公民、政治以及社會上的權利與義務。它表示了人民並不是消極地接收國家權威所給予的地位與認同內容，而是積極地參與政治社群，並同時得到自我的認同與群體的認同。C. Tilly, "Citizenship, Identity and Social History", in C. Tilly (ed.), *Citizenship, Identity and Social History* (Cambridge: Press Syndicate of the University of Cambridge, 1996), pp.7-8.

[9] 蔡英文，〈認同與政治：一種理論性之反省〉，《政治科學論叢》，第8期，1997，頁78。

[10] C. Tilly, "Citizenship, Identity and Social History", in C. Tilly (ed.), *Citizenship, Identity and Social History* (Cambridge: Press Syndicate of the University of Cambridge, 1996), pp.9-11.

[11] 這裡的形象概念可以藉由C. Lévi-Strauss的理論來說明。Lévi-Strauss的形象（image）不是觀念，但是它可以起符號的作用，或者更精確地說，它可以與觀念同時存在於符號之中。「在形象與概念之間存在著一個中介物，即符號（signe）。因為對於作為特殊的語言學範疇之符號來說，它總是能按照Saussure提出的方式來加以規定，即形象與概念之間的一個關係項。在

這樣形成的聯合體中，形象與概念分別起著能指與所指的作用。」C. Lévi-Strauss, *La pensée sauvage* (Paris: Plon, 1962), p.32. 隨著一九四〇年代媒介技術上的大突破，Lévi-Strauss的形象觀念更是依賴於符號，甚至在廣告當中物化為固定的傳達媒介。在以前，形象使得文本更清楚，但是今天，文本填補形象，也就是使它具有文化、道德與想像。以前，存在著從文本到形象的還原，今天存在著從一個到另外一個的擴大。外延（denotation）由照相的相似（the photographic analogy）所組成，而內涵（connotation）現在就是被經驗為與這外延的自然共振。也就是說，我們正在面對一個典型的「文化的自然化」（naturalization of the cultural）過程。R. Barthes, "The Photographic Message", in *Image-Music-Text* (London: Fontana, 1977), p.26.

[12] 依照血緣的差異，台灣族群與認同一般被分為閩南（Hoklo）族裔、客家、外省以及原住民族等四大族群與認同。張茂桂，〈台灣的政治轉型與政治族群化的過程〉，載於施正鋒編，《族群政治與政策》（台北：前衛，1997），頁60-61。

[13] 語言有時被認為是族群最重要的認同象徵，語言也是台灣四十年來社會不安與族群競爭的一個變數。黃宣範，《語言、社會與族群意識──台灣語言社會學研究》（台北：文鶴，1994），頁50-81。

[14] 依照省籍的差異，可以有台灣人和外省人兩大族群。吳乃德，〈省籍意識、政治支持和國家認同──台灣族群政治理論的初探〉，載於張茂桂等著，《族群關係與國家認同》（台北：業強，1993），頁27-51。

[15] 依照意識型態的區分，可以有中國意識與台灣意識的差異。黃國昌，《中國意識與台灣意識》（台北：五南，1995）。

[16] 施正鋒，〈台灣的族群政治〉，載於施正鋒編，《族群政治與政策》（台北：前衛，1997），頁93。

[17] 關於歐洲聯盟中的認同相關問題與發展，其細節參閱林信華，《邁向一個新的歐洲社會》（台北：五南，1999）。

[18] J. Habermas, "Jenseits des Nationalstaats? Bemerkungen zu Folgeproblemen der wirtschaftlichen Globalisierung", in U. Beck (hrsg.), *Politik der Globalisierung* (Frankfurt am Main: Suhrkamp, 1998), pp.73-75.

[19] I. Wallerstein等著，劉鋒譯，《開放社會科學：重建社會科學報告書》（香

港：牛津大學，1996），頁61-83。

20 A. Giddens著，鄭武國譯，《第三條路：社會民主的更新》（台北：聯經，1999），頁146。

21 Jean-François Lyotard, *The Postmodern Condition: A Report on Knowledge* (trans. by G. Bennington and B. Massumi) (Manchester: Manchester University Press, 1984), pp.6-9.

22 英文譯本原文為 "A self...; each exists in a fabric of relations that is now more complex and mobile than ever before." Jean-François Lyotard, *The Postmodern Condition: A Report on Knowledge* (trans. by G. Bennington and B. Massumi) (Manchester: Manchester University Press, 1984), p.15.

23 D. Morley and K. Robins, *Spaces of Identity: Global Media, Electronic Landscapes and Cultural Boundaries* (London: Routledge, 1995), pp.2-5. 在理論與經驗上，本文較贊同例如P. Burke等學者對現代歐洲的研究，他認為現代歐洲發展所體現出來的認同乃是多重的，大眾認同（identities）包括在民族國家、區域、城市、鄉村、公會以及階級等等的身分。因此依照不同的情境與要素，個體或群體對於特定的身分認同可以擁有偏好。P. Burke, "We, the People: Popular Culture and Popular Identity in Modern Europe", in S. Lash and J. Friedman (eds.), *Modernity & Identity* (Oxford: Blackwell, 1992), pp.293-308.

24 在這樣的均一狀態中，如同A. Giddens所言，我們已經發現沒有任何事情可以確切被知道，因為所有前在的認識論建構（formation）都不值得信賴。在F. Nietzsche與M. Heidegger轉向之後，歷史遠離了神學，因此沒有任何進步的觀點可以被防衛。新的社會與政治議題逐漸關心生態事務以及新的社會運動。A. Giddens, *The Consequences of Modernity* (Stanford: Stanford University Press, 1990), pp.45-53.

25 F. Jameson, *Postmodernism or the Cultural Logic of Late Capitalism* (NC: Duke University Press, 1991), pp.38-45. 在這種後現代性的資本主義社會中，一小群消費者的需求可以被廣告所形塑，甚至是個性也可以被塑造。

26 在一般的語言學和符號學中，符號以及所攜帶的資訊意義都是建立在difference的原則上。例如語言學家也是符號學創始人F. de Saussure認為，符號學分析中的最小單位就是符號（sign），它由所指（signifié）與能指

（significant）兩部分所組成。所指就是概念或者意義的部分，能指就是質料的部分，例如發音或圖像。而組成符號的這些元素只能藉著純粹的差異（pure difference）而取得其同一性。研究社會生活中的符號生活（la vie des signes au sein de la vie sociale）就是符號學（sémiologie）。它將告訴我們符號是由什麼構成的，以及受什麼規範的支配。在對於現代文明生活的觀察中，J. Lacan將這樣的分析與S. Freud的理論結合在一起，並認為能指就是意識，而所指就是無意識。一個能指就是表達一個主題的東西，但是關於什麼呢？並不是關於另外的主題，而是另外的能指。也就是依照以下的事實來定義這些主題為能指，即每一個能指乃是互相關聯在一起的。主題因此作為能指誕生在他者的領域當中（in the field of the Other）。兒童在現代文明生活中經由與母親密集、互相界定的關係，兒童首先理解到他本身乃是不同於母親，並且有自己的認同（identity），但卻是一個根本上是疏離（alienated）的認同。它的認同永遠不完整，也就是依賴於他者（the other）。他者（the other）並不單純是一個外在、獨立的，而是認同的內在條件、自我的核心。在我們所描述的後現代社會中，這樣的邏輯可以進一步地推論，也就是在能指與所指之間的一切關係中，比喻性或轉喻性都已經消失，而且表意鏈（能指與所指）完全崩潰，留下的只是一連串的能指，而這也就是單純由difference來展延的生活秩序。E. Grosz, *Jacques Lacan: A Feminist Introduction* (London and New York: Routledge, 1990), pp.50-52; J. Lacan, *The Four Fundamental Concepts of Psycho-Analysis* (trans. by A. Sheridan) (New York and London: W. W. Norton & Company, 1978), p.26; F. De Saussure, *Cours de linguistique générle* (Paris: Payot & Rivages, 1995), pp.32-35.。

27 符號與資訊所構成的網絡將使認同不但以他者（the other）為內在的條件，並且在difference的原則下不斷使認同形象化。另一方面，結合上述啟蒙主體、相互主體以及後現代主體的不同環節，也將討論J. Baudrillard以形象與真實的關係所架構出來的三個歷史階段：首先，形象（image; Bild）只是一種偽造（counterfeit），真實的自然乃是如實地存在；其次，形象乃是真實的來源，也就是語言產生真實，並且在相互主體的創造中擁有社會的實在；第三，也就是所謂的後現代社會中，語言和真實之間的區別消失了。在語言中的真實與非真實已經不再成為焦點，現在關注的是一個在真

實之上的東西（hyperreality），即一個自我指涉的符號世界(a world of self-referential signs），也就是他所隱喻的擬象（simulacra）。M. Poster (ed.), *Jean Baudrillard: Selected Writings* (Cambridge: Cambridge University Press, 1988), pp.4-8.

[28] 基本上社會學所說明的社會乃是由民族國家所定義的範圍，在全球化中，這樣的說明雖然面臨一些必要的轉變，但是到目前為止，民族國家仍然是被參考的架構。況且在典型的歐洲整合當中，國家仍然是主體。J. Habermas, "Jenseits des Nationalstaats? Bemerkungen zu Folgeproblemen der wirtschaftlichen Globalisierung", in U. Beck (hrsg.), *Politik der Globalisierung* (Frankfurt am Main: Suhrkamp, 1998), pp.67-84.

[29] A. Giddens, *Sociology: A Brief but Critical Introduction* (London: Macmillan, 1986), C.2.

[30] J. Baudrillard, *Forget Foucault* (New York: Semiotext(e), 1987), pp.62-64.

[31] 相關的討論在J. Derrida的著作中有深刻的分析。J. Derrida, *Grammatologie* (übersetzt.von Hans-Jörg Rheinberger und Hanns Zischler) (Frankfurt am Main: Suhrkamp, 1994), pp.16-48.

[32] D. Kolb, *The Critique of Pure Modernity: Hegel, Heidegger and After* (Chicago: The University of Chicago Press, 1986), pp.256-261.

[33] 關於這個現代性的根源與其邏輯，請參閱J. F. Rundell, *Origins of Modernity: The Origins of Modern Social Theory from Kant to Hegel to Marx* (Cambridge: Polity Press, 1987), pp.1-13. 另外如同M. Foucault所言，具有邏輯發展的總體歷史敘述把所有的現象環繞在一個中心上，不論是一個意義、原則、精神、世界觀或綜觀的模型。不同於這種現代性，一般歷史則是開展在分散的空間上。M. Foucault, *The Archaeology of Knowledge* (New York: Pantheon Books, 1972), p.10.

[34] J. Habermas, *Der philosophische Diskurs der Moderne: Zwölf Vorlesungen* (Frankfurt am Main: Suhrkamp, 1985), Vorlesung IV.

[35] M. Foucault, *The Archaeology of Knowledge* (New York: Pantheon Books, 1972), pp.8-15; M. Foucault, *Power/ Knowledge* (New York: Pantheon Books, 1980), pp.28-34.

[36] J. Baudrillard, *For a Critique of the Political Economy of the Sign* (St. Louis: Telos Press, 1981), pp.8-20.

[37] G. Deleuze, *Nietzsche and Philosophy* (New York: Columbia University Press, 1983), pp.20-28.

[38] Jean-François Lyotard, *Driftworks* (New York: Semiotext(e), 1984), pp.82-96.

[39] K. Reif, "Cultural Convergence and Cultural Diversity as Factors in European Identity", in S. García (ed.), *European Identity and the Search for Legitimacy* (London and New York: Pinter, 1993), pp.131-153.

[40] S. Hall, "Cultural Identity and Diaspora", in J. Rutheford (ed.), *Identity: Community, Culture, Difference* (London: Lawrence & Wishart, 1990), p.22. 對於同一或認同的瓦解，不固定的節期（moveable feast）在這裡所指涉的，雖然不像法國後現代主義者所主張的那麼強烈，但是它的不確定性和不穩定性也指出所謂後現代主體的內在矛盾、空虛和片斷化。

[41] F. Jameson著，唐小兵譯，《後現代主義與文化理論》（台北：合志，1990），頁113-120。

[42] J. Baudrillard, *For a Critique of the Political Economy of the Sign* (St. Louis: Telos Press, 1981), p.185.

[43] N. Luhmann, *Die Gesellschaft der Gesellschaft* (Frankfurt am Main: Suhrkamp, 1998), pp.1143-1149.

[44] G. Kneer 和 A. Nassehi著，魯貴顯譯，《盧曼社會系統理論導引》（台北：巨流，1998），頁204-216。

[45] N. Luhmann, *Soziale Systeme* (Frankfurt am Main: Suhrkamp, 1988), pp.111-112.

[46] S. E. Bronner, *Socialism Unbound* (New York: Routledge, 1990), introduction; D. Kellner, "Popular Culture and the Construction of Postmodern Identities", in S. Lash and J. Friedman (eds.), *Modernity & Identity* (Oxford: Blackwell, 1992), pp.141-177.

[47] J. Habermas, "Modernity versus Postmodernity", *New German Critique,* No. 22, 1981, pp.3-14.

[48] C. Taylor, "The Politics of Recognition", in A. Gutmann (ed.), *Multiculturalism: Examining the Politics of Recognition* (Princeton: Princeton University Press,

1994), p.42. 載於A. Lent著，葉永文等譯，《當代新政治思想》（台北：揚智，2000），頁188。

49 J. W. Scott, "Multiculturalism and the Politics of Identity", in J. Rajchman (ed.), *The Identity in Question* (New York and London: Routledge, 1995), pp.3-12.

50 「二〇〇〇年多重文化的歐洲」（Multi-Cultural Europe 2000）就是一個討論這個發展的例子，它也在政策的制定上形成重要的參考。這種歐洲建設的藍圖所朝向的是一種多中心、多層次、不穩定並且隨歷史而變動的認同發展，也就是所謂的多重認同社會。T. Turner, "Anthropology and Multiculturalism: What is Anthropology that Multiculturalists should be Mindful of It?", in D. T. Goldberg (ed.), *Multiculturalism: A Critical Reader* (Massachusetts: Basil Blackwell, 1995), pp.408-410.另外就台灣而言，事實上也已經進入多元社會的認知與政策思維當中，例如行政院文化建設委員會的《文化白皮書》說明，所謂的多元文化也包含三個層次的意義，即自我認同——各族群的象徵體系是各族群成員自我認同與發展的依據；相互尊重——各族群的文化各具特色，也各能形成族人的生命意義核心，相互的理解、承認成為溝通的必要過程；相互豐富——各族群文化具有特殊的意義系統，彼此意義系統的詮釋與重建將是族群互動的最大意義。行政院文化建設委員會，《文化白皮書》，台北，1998，頁26-27。

51 R. A. Rhoads and J. R. Valadez, *Democracy, Multiculturalism, and the Community College: A Critical Perspective* (New York and London: Garland Publishing Inc., 1996), pp.45-50.

52 S. Hall, "Cultural Identity and diaspora", in J. Rutheford (ed.), *Identity: Community, Culture, Difference* (London: Lawrence & Wishart, 1990), pp.222-237.

53 R. Kearney, *The Wake of Imagination* (London: Hutchinson, 1988), pp.1-2.

54 J. Baudrillard, "The Ecstasy of Communication", in H. Foster (ed.), *Postmodern Culture* (London: Pluto, 1985), p.133.

55 D. Morley and K. Robins, *Spaces of Identity: Global Media, Electronic Landscapes and Cultural Boundaries* (London: Routledge, 1995), pp.37-42.

56 吳乃德，〈省籍意識、政治支持和國家認同——台灣族群政治理論的初探〉，載於張茂桂等著，《族群關係與國家認同》（台北：業強，1993），頁36。

57 「形象不是概念，但它可以起著符號的作用，或者更清楚地說，它可以與概念同時存在於符號之中。如果概念還沒有出現的話，形象也可以替未來的概念保留位置，並以否定的方式顯示出它的大概……它們已經是可置換的，也就是已經能夠與其他物體處於可能的關係中」。C. Lévi-Strauss, *La pensée sauvage* (Paris: Plon, 1962), pp.30-31.

58 廖朝陽，〈中國人的悲情：回應陳昭瑛並論文化建設與民族認同〉，《中外文學》，第23卷，第10期，1995，頁102-126。

59 C. Lévi-Strauss, *La pensée sauvage* (Paris: Plon, 1962), p.32; R. Barthes, "The Photographic Message", in *Image-Music-Text* (London: Fontana, 1977), p.26.

60 M. Featherstone, *Undoing Culture: Globalization, Postmodernism and Identity* (London: SAGE, 1995), pp.128-129.

61 D. Kellner, "Popular Culture and the Construction of Postmodern Identities", in S. Lash and J. Friedman (eds.), *Modernity & Identity* (Oxford: Blackwell, 1992), pp.146-147.

62 M. Castells, *The Power of Identity, the Information Age: Economy, Society and Culture,* Vol.II (Oxford: Blackwell, 1997), pp.1-3.

63 在G. H. Mead的意義下，也就是人生產自己（man produces himself）。在這不同的意義世界中，人在多重的面向上表現出不同的認同，他因此也生產自己，同時也生產社會。一方面，人是（is）他的軀體，就如同其他動物的有機體一樣。但是另一方面，他擁有（has）軀體，也就是他可以支配他的軀體。人的自我經驗就在兩方面之間的平衡上移動。人從他的軀體中心離開（eccentricity），事實上就是進入不同的意義世界。在之中，人與人有著共同的生活情感與秩序，整個社會制度也因此而建立。P. L. Berger and T. Luckmann, *The Social Construction of Reality* (New York: Anchor Books, 1967), pp.49-50.

64 F. Webster著，馮建三譯，《資訊社會理論》（台北：遠流，1999），頁314-315。

65 A. Rattansi, "Western Racisms, Ethnicities and Identities in a Postmodern Frame", in A. Rattansi and S. Westwood (eds.), *Racism, Modernity & Identity: On the*

Western Front (London: Polity, 1994), pp.32-33.

[66] K. B. Jensen, *The Social Semiotics of Mass Communication* (London: SAGE, 1995), pp.180-185.

[67] D. Kellner, *Television and the Crisis of Democracy* (Boulder: Westview Press, 1990), pp.1-25.

[68] M. Bassand, "Communication in Cultural and Regional Development", in M. Ernste and C. Jaeger (eds.), *Information Society and Spatial Structure* (London: Belhaven, 1988), pp.73-75.

[69] A. A. Berger, *Cultural Criticism: A Primer of Key Concepts* (London: SAGE, 1995), pp.135-165.

[70] 但是文化研究在文化全球化與地方化的空間中也存在著不同見解的張力，例如G. Turner所言，文化研究應該朝外發展，進行國際化，或者介入在地情境，保有文化特殊性，這兩種趨向之間的矛盾甚至對立，至少已經展現在英國和澳洲的研究社群之中。G. Turner著，唐維敏譯，《英國文化研究導論》（台北：亞太，1998），頁298-299。

[71] 例如國家經濟內部的信貸供給已經不受任何民族國家的控制，國際貨幣體系具有某種沒有中央銀行的國內信貸體系特徵。在全球市場與資本國際流動的邏輯下，國家活動的空間已經減低，國家主權所管轄的範圍並不是那麼容易擴展到國際經濟活動上。但是這種經濟、金融全球化的現象是不是已經取得它自身的實體性，則存在著不同的看法。然而大體上而言，全球化的現象的確是一種趨勢，但是否現存社會已經是一個所謂的「全球社會」，則具有較大的爭議。P. McCracken, a. a., *Towards Full Employment and Price Stability* (Paris: Organization for Economic Cooperation and Development, 1977), pp.110-140.

[72] J. Donald, "How English is It? Popular Literature and National Culture", *New Formations,* 1988 (6), pp.31-47.

[73] A. Giddens, *Beyond Left and Right: The Future of Radical Politics* (Cambridge: Polity Press, 1994), pp.4-7.

[74] 歐洲公民權到目前為止可以說是一種特殊的準公民權形式，除了個體可以在歐盟地區自由移動外，有限制的政治權利以及被考慮到的社會權利也正在發

展當中。但是這仍然主要為歐盟成員國家的公民而發展，對於外來的移民或長期工作者來說，權利與民主的問題也成為一些議題。因此居住在歐洲聯盟空間之內的人口有時被區分為完全的公民（full citizens）、居民（denizens）（擁有局限的公民權）以及邊緣人（margizens）（沒有備案的移入者以及沒有安定法律地位的人）。S. Castles, "Citizenship and the Other in the Age of Migration", in A. Davidson and K. Weekley (ed.), *Globalization and Citizenship in the Asia-Pacific,* (London: Macmillan Press, 1999), p.37.

75 B. Axford, *The Global System: Economics, Politics and Culture* (London: Polity Press, 1995), p.188.

76 林信華，《邁向一個新的歐洲社會》（台北：五南，1999），第一章。

77 F. W. Scharpf, "Demokratie in der transnationalen Politik", in U. Beck (hrsg.), *Politik der Globalisierung* (Frankfurt am Main: Suhrkamp, 1998), pp.228-230.

78 S. Castles and A. Davidson, *Citizenship and Migration: Globalization and the Politics of Belonging* (London: Macmillan Press, 2000), pp.2-9.

79 European Commission, *Environment for European: Working in Partnership with Civil Society,* No. 3, July 2000, pp.4-5.

80 European Commission, *ESDP European Spatial Development Perspective: Towards Balanced and Sustainable Development of the Territory of the European Union* (Luxembourg: European Communities, 1999), pp.7-8.

81 R. M. Unger, *Social Theory: Its Situation and Its Task* (Cambridge: Cambridge University Press, 1987), pp.18-20.

82 S. Castles and A. Davidson, *Citizenship and Migration: Globalization and the Politics of Belonging* (London: Macmillan Press, 2000), pp.24-25.

83 A. Giddens著，鄭武國譯，《第三條路：社會民主的更新》（台北：聯經，1999），頁87-110。

84 A. Ashbolt, "Private Desire, Public Pleasures: Community and Identity in a Postmodern World", in E. Vasta (ed.), *Citizenship, Community and Democracy* (London: Macmillan Press, 2000), pp.129-140.

85 Rik van Berkel, "Urban Integration and Citizenship: Local Policies and the Promotion of Participation", in M. Roche and Rik van Berkel (eds.), *European*

Citizenship and Social Exclusion (Aldershot: Ashgate, 1997), pp.185-186.

[86] 在W. James與G. H. Mead理論傳統中，個體基本上乃是作為一個由他的多元社會關係所組構之過程。這樣的命題不會因為不同的社會型態而瓦解，因為社會關係可以擁有不同的形式，包括資訊和符號所構成的系統形式。因此認同也將是多元的、並且不斷在社會互動中因重要的議題調整其內容。

[87] F. Tönnies, "Gemeinschaft und Gesellschaft", 3 Auflag., in *Soziologische Studien und Kritiken,* Bd.1 (Jena, 1925). 在下個章節中，本文也將繼續討論相關的細節以及共同體重建的議題。

[88] G. H. Mead, *Mind, Self & Society* (Chicago and London: The University of Chicago Press, 1962), p.196, 260.

[89] J. Friedman, *Cultural Identity & Global Process* (London: SAGE, 1994), pp.81-88.

[90] D. Kellner, "Popular Culture and the Construction of Postmodern Identities", in S. Lash and J. Friedman (eds.), *Modernity & Identity* (Oxford: Blackwell, 1992), p.22.

[91] R. Antonio and D. Kellner, "Modernity and Critical Social Theory: The Limits of the Postmodern Critique", in D. Dickens and A. Fontana (eds.), *Postmodern Social Theory* (Chicago: Chicago University Press, 1991).

[92] 事實上這些地區在目前的世界中仍然占有多數的人口，他們是弱勢的。當然他們也陸續在現代化中。這些地區大致上可以說是在歐盟、北美以及東亞等三個區域之外的社會。

[93] 吳乃德，〈省籍意識、政治支持和國家認同──台灣族群政治理論的初探〉，載於張茂桂等著，《族群關係與國家認同》（台北：業強，1993），頁37。

[94] J. Shotter, "Psychology and Citizenship: Identity and Belonging", in B. S. Turner (ed.), *Citizenship and Social Theory* (London: SAGE, 1993), pp.126-132.

[95] 甚至在族群性的傳統認同定義上，認同的內容也是不斷處於變化中。如同A. P. Cohen在《共同體的象徵符號之建構》（*The Symbolic Construction of Community*）一書當中所言，認同是不斷在改變當中，而認同與族群性一般也是發跡於地方，並且不斷地朝外發展。因此歐洲共同體在建立之初，並無法得到作為地方主義（sectionalism）的族群性之支持，也就是缺少一種產生情感（sentiments）的方式。當然這種族群性的情感不可能無止境地往外擴

展，它在生物、社會與文化因素的制約下，必然地會平衡於新的共同秩序當中。這具有情感的族群性，Cohen以「鄉村的共同體」（rural community）一詞來表達。它並不是因為像經濟的孤立或蕭條、依附於過去的傳統等等因素而形成，而是在一個維持積極認同的自願過程中而形成。它是一種具有內部分化但是包含複雜性的社會建構，並且透過與外在互動的目的逐漸形成。A. P. Cohen, *The Symbolic Construction of Community* (London: Tavistock, 1985), pp.107-108。

96 C. Neveu, "Is'Black'an Exportable Category to Mainland Europe? Race and Citizenship in European Context", in J. Rex and B. Drury (eds.), *Ethnic Mobilisation in a Multi-cultural Europe* (Aldershot: Avebury, 1994), pp.97-105.

97 T. J. La Bell and C. R. Ward, *Ethnic Studies and Multiculturalism* (State University of New York Press, 1996), pp.95-96.

98 但是對於多重文化、族群關係的研究，目前還未引起太大的注意。在美國的高等教育中，群體認同（group identity）的研究仍是主流，歐洲也有相同的情形。T. J. La Bell and C. R. Ward, *Ethnic Studies and Multiculturalism* (State University of New York Press, 1996), pp.116-117.

99 W. Weidenfeld, "Europa—aber wo liegt es?", in W. Weidenfeld (hrsg.), *Die Identität Europas* (Bonn, 1985), p.14.

100 A. Appadurai, "Disjuncture and Difference in the Global Cultural Economy", in M. Featherstone (ed.), *Global Culture: Nationalism, Globalization and Modernity* (London: SAGE, 1990), p.268.

101 M. Featherstone, *Consumer Culture and Postmodernism* (London/New Delhi: SAGE 1991), p.114. 關於多重認同的生活所帶來的問題，目前存在將它再次帶入連貫的認同（coherent identity）之看法。但是這樣的看法所面臨的問題是，現代性中的個人主義與個人認同的傾向，它們不容易在一些特定的議題上有所連貫。

102 D. Morley, "Where the Goal Meets the Local: Notes from the Sitting Room", *Screen,* No. 32, 1991, p.8.

103 J. Shotter, "Psychology and Citizenship: Identity and Belonging", in B. S. Turner (eds.), *Citizenship and Social Theory* (London: SAGE, 1994), p.127.

[104] P. B. Lehning, "Pluralism, Contractarianism and European Union", in P. B. Lehning and A. Weale (eds.), *Citizenship, Democracy and Justice in the New Europe* (London and New York: Routledge, 1997), pp.107-124.

[105] D. Heater, *Citizenship: The Civic Ideal in World History, Politics and Education* (London and New York: Longman, 1990), pp.318-319.

[106] 陳其南，《公民國家意識與台灣政治發展》（台北：允晨，1992），頁10。

[107] 例如一九八二年開始實行的「文化資產保護法」（二〇〇〇年二月九日修訂）第11條規定古物乃是由教育部來指定；第41條規定教育部得就民族藝術中擇其重要者，指定為重要民族藝術；第49條規定自然文化景觀由經濟部會同內政部、教育部與交通部審查指定之，並依其特性區分為生態保護區、自然保護區及珍貴稀有動物等等。以上三個條文所列舉的對象，就是所謂文化資產的重要項目，但是其認知與決策都是來自中央以及教育系統，明顯地與本文所說明的地方化與專業化有所差距。而在九〇年代中期後，這些來自中央教育系統的文化認知得到新的詮釋空間。未來相關的文化政策法規如何統一在文化專責機構之下，則將以地方文化力量為最根本的後盾。「文化資產保護法」（URL:http://www.cca.gov.tw/law/html）。

[108] 個體如果可以顯現出社會力量，那麼必然是在社會互動當中來進行，也就是這是一種個體與個體之間相互理解行為。「我們歸給個體的所有力量，以及在個體內在所放置（locate）的力量，必須作為一種社會力量。個體力量與認同必須被安置在一個區域或地方的社會活動中」。J. Shotter, "Psychology and Citizenship: Identity and Belonging", in B. S. Turner (ed.), *Citizenship and Social Theory* (London: SAGE, 1993), p.127.

[109] P. Mangset, "Risks and Benefits of Decentralization: The Development of Local Cultural Administration in Norway", *The European Journal of Cultural Policy,* Vol. 2, No. 1, 1995, p.71.

[110] 甚至在歐洲聯盟的基本文化政策上，不只是經濟、而且所有其他行動應該與文化保持良善的關係為原則。這原則以文字行之於歐洲共同體條約第151條時，文化建設取得了法律形式上的發展空間。A. Forrest, "A New Start for Cultural Action in the European Community: Genesis and Implications of Article 128 of the Treaty on European Union", *The European Journal of Cultural Policy,*

Vol. 1, No. 1, 1994, pp.11-20.

[111] T. B. Hansen, "Cultural Economics and Cultural Policy: A Discussion in the Danish Context", *The European Journal of Cultural Policy,* Vol. 2, No. 1, 1995, pp.87-103.

[112] P. Dressayre and N. Garbownik, "The Imaginary Manager or Illusions in the Public Management of Culture in France", *The European Journal of Cultural Policy,* Vol. 1, No. 2, 1995, pp.187-197.

[113] B. S. Turner, "Contemporary Problems in the Theory of Citizenship", in B. S. Turner (ed.), *Citizenship and Social Theory* (London: SAGE, 1993), pp.1-18。

[114] T. Parsons著，章英華譯，《社會的演化》（台北：遠流，1991），頁216。

[115] T. K. Oommen, *Citizenship, Nationality and Ethnicity* (Cambridge: Polity Press, 1997), pp.137-145; N. Piper, *Racism, Nationalism and Citizenship: Ethnic Minorities in Britain and Germany* (Aldershot: Ashgate, 1998), pp.52-89; S. Castles and A. Davidson, *Citizenship and Migration: Globalization and the Politics of Belonging* (London: Macmillan Press, 2000), pp.33-39.

[116] P. B. Lehning, "Pluralism, Contractarianism and European Union", in P. B. Lehning and A. Weale(eds.), *Citizenship, Democracy and Justice in the New Europe* (London and New York: Routledge, 1997), pp.107-124.

[117] D. Heater, *Citizenship: The Civic Ideal in World History, Politics and Education* (London and New York: Longman, 1990), pp.318-319.

[118] A. Lent著，葉永文等譯，《當代新政治思想》（台北：揚智，2000），頁185。

[119] A. Lent著，葉永文等譯，《當代新政治思想》（台北：揚智，2000），頁132-147。江宜樺，《自由主義、民族主義與國家認同》（台北：揚智，1998），頁69-97。

[120] J. Shotter, *Cultural Politics of Everyday Life* (Buckingham: Open University Press, 1993), pp. 200-202。前面所提及的歐洲整合與新歐洲社會的發展，本文並不贊成D. Morley 與K. Robins的看法，即如何利用傳播科技創造一個歐洲的文化認同，乃是當代歐洲聯盟所必須面對的一個重要議題。在同意J. Shotter的基本見解中，本文認為歐洲聯盟所需要的是一種公民權形式的認同

（an identity in the form of citizenship），如同在歐洲聯盟區域委員會新一期的報紙中所言。*The Voice of the Regions,* Quarterly Newsletter of the Committee of the Regions, N.1 November/December 2000, The Commission of the European Union.

[121] N. Burbules and S. Rice, "Dialogue Across Differences: Continuing the Convention", *Harvard Educational Review,* Vol. 61, No. 4, 1991, pp.393-416.

[122] C. Patton, "Refiguring Social Space", in L. Nicholson and S. Seidman(eds.), *Social Postmodernism: Beyond Identity Politics* (Cambridge: Cambridge University Press, 1995), pp.216-249.

[123] A. T. Baumeister, "Multicultural Citizenship, Identity and Conflict", in J. Horton and S. Mendus (eds.), *Toleration, Identity and Difference* (London: Macmillan Press, 1999), pp.87-102.

[124] J. Habermas, *Moralbewußtsein und kommunikatives Handeln* (Frankfurt am Main: Suhrkamp, 1983), pp.169-200.

[125] J. Habermas, "Citizenship and National Identity: Some Reflections on the Future of Europe", *Praxis International,* No. 12, 1992, pp.1-19.

[126] P. B. Lehning, "Pluralism, Contractarianism and Europe", in P. B. Lehning and A. Weale(eds.), *Citizenship, Democracy and Justice in the New Europe* (London and New York: Routledge, 1997), pp.118-120.

第六章

台灣境寓——作為台灣文化政策的新導向

　　我們就是台灣人，因為我們生活在台灣境寓（Taiwan Milieu）當中。台灣社會每天在運轉著，很多人也常進出國門到國外去。現在中國大陸雖然不一定是敵人，但某種程度的確限制我們台灣人作為一個像美國人或日本人的整體生活空間，我們還是要告訴自己和全世界的人，我們是誰。這裡不是要改變現狀，而是揭露現狀，我們不一定要為下一代人放置一條規劃好的道路，但有必要告訴他們是誰。在快速變化的全球社會中，我們需要一個對內與對外都可以凝聚台灣人的新符號，它就是「台灣境寓」。這也是當代文化政策的重要任務。

　　先不要問台灣精神或台灣意識是什麼，我們是台灣人這一件事，應該是最現實和真實的。這不是起源於台灣是個海島[1]，或者血統、語言和信仰等等，而是建立在連結於全球的日常生活秩序。我是台灣人，我從台灣來，這不是最天經地義、再自然也不過的事情嗎？我們總是少了什麼。的確，過去的歷史經驗，國際秩序的現實讓我們少了一些東西。在人類歷史上，台灣社會結構和人民心理結構的確非常特殊。先不論我們瞭不瞭解台灣[2]，在今天二十一世紀的全球社會中，台灣社會到底怎麼在運轉的？追問這個問題，是我們談論國家民主、社會自由以及百姓人權的起點[3]。

　　首先，在台灣社會的運轉中，什麼東西是別的社會也有的，它跟別的社會一樣，並且不可能消失或不見？二十世紀下半葉後的全球社會，這個東西應該是各個社會的運作基礎，並且大家的視野也轉移到這裡，甚至回到這個基礎重新思索國家生活、社會制度和基本權利。在這過程中，我們同時看到國家邊界（borders）的劇烈變化，像歐洲聯盟。先看這個社會運作的共同基礎，再看台灣社會少了什麼東西，應該是台灣人民觀看世界的一個新方向。這個共同基礎就是境寓（milieu）[4]。它不是理論上的歸納，而是一個現實。這個現實一方面是實際存在的東西（Realität），它就像一棵樹存在在那裡一樣。一方面也是一種事實（Wirklichkeit），它被我們建構出來之後存在在那裡

[5]。它不會不見，也沒有人可以讓它消失。在全球社會中，它更是和其他社會連結成一個系統網絡。

境寓milieu是個法文字，由miles與lieu兩個字所組成，拉丁原文是medius和locus，英文為middle與place。境寓在一般的百科全書中有時也被稱為社會環境（social environment），它是人民在其中被教育或生活於其中的文化，以及人民藉以互動的制度[6]。它也是人民之所以團結的最初根源。在每天人與人的互動中，其中間必須有相互聯繫的東西，這個東西的整體就是十六世紀拉丁文medius的英文意義。拉丁文medius的意義在全球社會中反映出非常重要的事實，特別是我們在今天的系統理論中所看見的一樣[7]。當由國家所組成的國際社會轉變成由社會所組成的全球社會時，我們再次發現milieu的重要性。另外，境寓中的關係與聯繫不一定就是和諧的，甚至它就是具有衝突（conflict）的特性[8]。我們常說台灣人是有包容性的，但包容不是表面上的和諧，而是可以在衝突的過程當中互相尊重對方。一個有活力的公民社會和境寓必然不畏懼衝突，相反的，是在衝突中達成真正的共識。

這是一個新的時代，不論是商業上或學術上，大家所關心的事情慢慢轉移到這個日常空間上來。它不是一個什麼新的東西，它就是每天在運作的日常生活（everyday life）。它再真實也不過，我們每天就在這裡生活。它之所以重要的原因，一方面我們的生活世界愈來愈系統化，很多權利必須回到這裡來重新思考。一方面過去在意識或理念中的看法，今天離這個生活世界愈來愈遠，甚至掩蔽了這個生活世界。我們用境寓這個詞來訴說這個生活空間。今天我們生活在台灣境寓當中，因此我們是台灣人。我們不需要用血統、種族、語言或宗教來告訴我們是台灣人，因為這在全球社會中已經不是唯一的[9]。其他國家的人民所瞭解或認識到的台灣人，就是生活在台灣境寓中的台灣人。這樣的台灣人不是意識或理念上的台灣人，而是在全球社會中，

公民身分的新意義。它之所以重要，乃是在於跳脫無謂的意識之爭，找到凝聚台灣社會的真正基礎。

不管我們講或不講，境寓不會突然存在或消失。這裡只是去揭露它而已。特別是我們台灣，遺忘或掩蔽這個境寓的程度是相當高的。我們整天吵吵鬧鬧，剛好忘記我們大家就是台灣人。我們常常忘掉「此刻此地」的真實性。在今天的全球社會中，「此刻此地」正是最真實的，也是境寓最基本的時間向度[10]。這不是說過去和未來不重要，而是它們必須透過「此刻此地」來表現。長期以來，我們不是在過去中清算，就是在未來中爭奪地盤。就算在過去和未來中說服了別人台灣人是怎麼回事，它不會比「此刻此地」的認識來得真實，或來得有力量。現在多數人希望台灣維持現狀[11]，但卻沒有辦法一清二楚說出我們是誰。這與其說是台灣的政治問題或者文化問題，倒不如說我們從來沒有認真回到日常生活中來觀看自己和台灣。在境寓中的「此刻此地」，我們就是台灣人。這不是什麼獨立不獨立，因為它就已經存在在那裡。台灣境寓和中國境寓沒有對不對等的問題，因為都一起存在在那裡了。縱使台灣境寓的結構受到中國大陸的限制，並沒有辦法在法律和政治上像美國或日本那樣完整[12]，這樣的境寓還是存在，沒有任何國家可以否定。所有國家也正在與這樣的台灣境寓交往著。在歐洲聯盟的例子上，我們發現境寓已經與國家一樣重要[13]。甚至回到境寓的空間中，重新檢討國家的性質。因為人民基本權利的訴求，國家生活正在大幅度地改變中。這是境寓結構中的新視野（horizon），它在今天的全球社會中清楚地表現著。換句話說，人們在日常生活中關心和重視的事情是什麼，其實是所有社會與國家運作的基本原理，這個新視野也是一個人民所關切的事情（relevance）[14]。我們所有台灣人的生活都是在這個視野和關切的事情當中運轉著，在這裡，我們有著共同的東西，但也有不同的立場取向。今天這個運轉的主要形式是基本權利。在以前的國際社會中，國家事務是那時候的視野和人民關切的事情，因為強大的國家是主要的世界觀。在今天的全球社會，一個國家邊界已經產生巨大變化的世界中，人民的權利有著更重要的表現。因此，從國家轉移到境寓當中，是一個回應人民基本權利的自然過程。甚至在這個基礎上，再次討論國家的合理性。在台灣境寓中，大家關心的是人民的權利。人民權利受到照顧，大家就會愛台灣，大家就會認同台灣。台灣意識不是不重要，而是離人民日常生活所關切的事情太遠，它不容易變成人民的新視野。從這樣的台灣境寓出發，直接就可以聯繫到台灣的主體性。不管台灣有沒有獨立，這樣的主體性已經存在在那裡。

這是一個接軌全球的新認同形式，公民權認同（citizenship identity）[15]。以人們在境寓中所關心的事情為基礎，人民的各種權利是凝聚大家的議題。如果我們在過去台灣歷史中只有令人惋惜的創痛，如果各政黨有著不同的論述立場，那麼只有人民的權利才是凝聚台灣人的方向。維護台灣人民權利的各種制度不只是最大的公約數，而且是境寓中最真實的運作，這是新的認同，也是新的主體。建立在境寓中的認同和主體與中國大陸一開始就是有差異，因為它是以台灣人民的權利為前提。台灣能不能獨立是未知數，也是一場試驗，沒有任何人有權利把台灣人民放進這個試驗當中。但不要忘記我們是台灣人，不要忘記我們的權利，我們在台灣境寓中生存，我們就是台灣人。

為什麼我們過去沒有注意到這個台灣境寓？因為我們過去遺忘了它。除了國際仍以國家發展為唯一的視野之外，我們台灣人也是陷在意識型態的立場之爭。我們的確沒有認真意識到這個境寓的存在，大家有點像在雲端中競逐自己的地盤王國。在今天的境寓中，同時也表現著全球地方化（glocalization）的現象[16]。台灣境寓一直在全球化，同時也在地方化。這個過程所表現出來的一個事實，就是台灣境寓一直在本土化。一個開放性的本土化[17]。它與包括中國大陸的其他社會

有更多層面的網絡連結，但差異性也更為具體。在全球社會的日常生活中，外國人所認知的台灣境寓與中國境寓本來就是不一樣。他們所從事的各種活動，像旅遊、經商、教育和文化活動等等，就是在台灣與中國的不同境寓中進行的。我們一定要等到台灣獨立，我們才是台灣人嗎？台灣近六成的人希望兩岸維持現狀，他們不是台灣人嗎？我們本來就是台灣人，因為我們生活在台灣境寓當中。如果有人認為是不是台灣人不重要，特別在今天的兩岸關係中，那也是自欺欺人，因為中國大陸的年輕人也已經認為台灣人就是台灣人，只不過他們不希望看到台灣獨立。境寓內部就是開放與多元的，台灣境寓中本來就存在不同的立場與利益。不同時代的台灣境寓會有不同的開放程度。過去的威權時代，台灣境寓不是開放和多元的，但今天不一樣。

當我們的目光回到境寓時，我們將發現沉寂已久的台灣公民社會（civil society）。它在資訊社會中處於非常特殊的處境，它因資訊社會而互動更快速，同時也因資訊社會而削弱力量。但縱使如此，公民社會的重建仍是一項重要事情，它是台灣開放文化與主體性的基礎，同時是體現台灣社會力量的動力。公民身分的最後根源並不只是來自於國家，而且也來自於民間結社與溝通的公民社會，後者更是公民身分可以得到進一步發展的根本動力[18]。換句話說，公民身分最初與民族性甚至族群性的緊密聯繫，在後民族的（post-national）與多元族群的現代社會中已經鬆解。現在公民身分在民族性與族群性之外找到新的運作空間，而這空間就是以新的人權概念為基礎。不論如何，從最初的都市生活到現在的全球生活，雖然生活逐漸系統化並且遠離土地，但是鼓勵個體積極參與共同體都是文化認同與個體認同的訴求，而這也不斷地涉及到共同體成員以及公民身分的重建。在民族性和族群性下思考什麼是台灣人，已經過於貧瘠，並且給予台灣境寓一個不合時宜的限制。也許在中東回教國家或者南半球的發展中國家裡，這仍是境寓中的主流。台灣的公民社會與這些國家存在重大的差別，它的多元性和網絡化已經接軌全球。

過去台灣境寓中的確存在複雜與緊張的族群關係，現在有時也起著重要的影響。過去在威權時代中，人民被教育成是中國人。但台灣境寓中的公民社會不可能是移植過來的，也不可能是被製造出來的。台灣公民社會只有在台灣境寓中才會有土壤，它們一起展現台灣的力量。來自台灣公民社會的台灣人，其中必然包含著中國的因素，甚至是日本、美國、荷蘭或者原住民等等因素。照理講，我們不需要別人告訴我們是台灣人，我們本身就是台灣人。族群政治的運作讓這個最自然的事情變成不自然。如今全球社會中逐漸多元的族群關係，以及更為開放的國家生活，也同時讓我們注意到這個作為自然的事情。族群本來就存在著差異，問題在於有沒有互相尊重。在過去台灣意識的論述中，其實不但沒有互相尊重的族群關係，更基本的是沒有認識到族群的差異。一個嚴肅認識到族群差異的社會，不會出現動員或刺激族群對立的選舉文化。在台灣境寓內部，是可以存在族群差異的。不是要大家一起認同某一族群，而是大家一起認同台灣的制度，一種公民權認同的形式。

在台灣過去的集權和威權的社會中，衝突的性質是要消滅對方，在解嚴之後的社會，衝突的性質表現在政治與社會資源的爭奪上。今天，它最終還是表現在選舉的輸贏上。在這整個過程，我們不曾在衝突中互相尊重，也不容易在衝突中達成共識，這是台灣境寓在今天所表現的特性，也是台灣社會的根本問題。這樣的困境主要還是因為我們不夠真實地回到境寓中來，我們忘了台灣境寓是大家的，我們忘了我們就是台灣人。現在台灣需要一個可以凝聚大家的新符號，一個反應台灣與全球實際結構的符號，這個符號就是「台灣境寓」（Taiwan Milieu）[19]。以前台灣精神和台灣意識這些符號的階段性任務已經過去，因為社會環境已經不一樣。台灣境寓與中國境寓一開始就一起存在在那裡，說實在的，在今天的全球國際環境中，再有力量的政治操

作都不容易改變這個事實。

　　台灣境寓這個符號可以凝聚我們台灣人的真正原因，還是全球社會這個背景的關係。它絕對不是在台灣與中國大陸的關係中才重要，更根本的是在全球社會的結構中，台灣境寓早已存在並且是向世界開放。在很大的層面上，台灣境寓中的網絡是連結於全球社會，包括中國大陸這個社會。在這個境寓的全球網絡中，跟日本人或德國人互動，我們當然是告訴他們，我是台灣人，我從台灣來，不會說我從中國大陸來。同時，其他國家也愈來愈認識到全球風險的問題，認識到國家侵犯人權的行為可能會產生超越國界的影響。高後果性風險的認識，對大多數的人來說可能是焦慮的根源之一。在今天全球化的情境中，境寓包括對高後果性風險的認識，這種認識意味著沒有一個人能夠完全逃出這種風險的範圍[20]。台灣境寓不可能孤立於全球社會的結構，其實也正在履行作為一個境寓的責任，其他社會不斷要求台灣必須履行的責任。

第一節　台灣歷史性與未來性的基礎——台灣境寓

　　台灣社會不能被邊緣化，這是具有高度共識的看法。為什麼會邊緣化？除了沒有經濟、科學和文化的不斷創新之外，用政治力量把台灣社會在全球網絡中畫出局限，應該是可能的意思。這個政治力量的來源可能來自中國大陸，也可能來自台灣本身。今天的全球社會基本上是由全球經濟活動所帶動起來，經濟活動所架構起來的網絡也是最真實和最具影響力。但這並不是說全球在經濟的所有活動上都有一致的標準或規範，每個國家或區域彼此之間也存在著差異，以及相關的經濟協定。在還沒有涉及到政治的活動上，揭露這個網絡以及它的差異性就是台灣境寓。縱使涉及到政治活動，也是在這個境寓的程序中所產生的決策。對於人民權利有所損害的事情，在網絡中應該加以限制，但不可能切斷與其他社會已經聯繫在一起的網絡。

台灣境寓是我們在二十一世紀新的認同形式。我們不再需要用對抗的論述來告訴自己是台灣人，因為境寓已經連結成一個全球網絡，裡面只有差異，沒有像過去的對抗[21]。在過去，我們透過與日本人的對抗，來告訴自己是台灣人，之後所謂的外來政權和中國大陸都是同樣的道理。其實我們一直以來沒有從自己出發，告訴我們自己是台灣人。重建台灣只是一個視野或視域的轉變，並且是將過去與現在的種種資源回歸到日常生活世界或所謂的地方性當中來建構。因此，重建不是在抽象的空間或特殊的政治理念中進行，而是在社會參與中進行。地方性概念並不是一個地理上或空間上的概念，而是一個生活方式的概念。在這種回歸到境寓歷程中，我們將看到一個不同於過去主張的主體性意義。台灣的確需要主體性的展示，為的不是法律主權的宣示，為的是可以告訴自己是台灣人的基本權利。在今天的全球社會中，雖然認同的形式愈來愈多元，但認同的活動主要還是在自己的境寓當中進行。我們科技、資訊或金融等等的層面雖然與美國形成一個網絡，但我們認同的對象通常不會是美國。境寓還是有它的邊疆（frontiers），雖然不是邊界（borders）[22]。境寓中的秩序愈來愈多是由系統（system）所表現，系統在運作的過程中，同時就產生所謂的世界。整體而言，境寓的系統運作自然就與其他社會有所區分，雖然這個區分所形成的界線已經愈來愈不是一種邊界。「台灣境寓」這個新的秩序符號事實上體現了一個歷史的累積，而不是被創造出來，或者從無到有。台灣是一個具有自主法律秩序的社會系統，它訴求主體符號，或者透過一些符號與其他社會區別開來，乃有其必要性，當這個社會系統存在著發展或者生存上的困境時。但重要的是，這些符號的訴求乍看之下乃是非常表面的事情，事實上它是整體社會的體現[23]。因此在邏輯上，這些符號的訴求並不是由一個人或一個政黨所塑

造，也不是在歷史的真空中突然產生，它所擁有的力量乃是來自於它
體現社會整體結構這一事實。

　　二十一世紀的今天，台灣境寓的新視野告訴我們，我們就是台
灣人。台灣境寓是一個連結於全球社會的新空間。過去的法國社會是
在法國這個國家界線內的社會，法國文化就是在這個社會中的文化。
今天，這樣的狀況已經不是事實，法國境寓已經不以這個國家界線為
前提，它的文化早已連結於全世界[24]。生活在法國境寓的人就是法國
人，這樣的法國人跟以前有很大的不一樣，他們的工作和生活跨出了
國家的界線，並且可以遊走在全球當中。境寓是一個開放的生活空
間，法國境寓不需要透過與德國境寓的對立來運作，但它們是有差異
（difference）的。這個差異是社會主體性的原型，甚至是政治主體
性的原型[25]。當美國新總統Obama展現在世界舞台時，正劇烈改變的
是過去以種族、族群或出身來歸屬身分認同的時代已經過去。嘗試用
種族、族群或出身來告訴我們是台灣人的論述，同樣也產生很大的困
難，或者說在今天的全球社會中，這已經沒有必要。在與其他社會有
所差異的境寓中生活，人民主要的認同空間就在境寓當中，我們就是
台灣人。

　　這仍是一個存在主體的世界，只不過並不是單純以過去的國家主
體為中心。境寓在全球的相互連結，同時表現境寓的主體性以及之間
的相互主體性。這不需要政治上的論述，相反的，它正在解構過去大
家已經習慣的政治論述。雖然我們不可能切斷與種族、族群和國家等
等層面的關聯，但重點是不要誤以為這些因素還是唯一的。全球社會
還有更重要的東西，就是網絡、制度和權利。權利和參與程序之系統
化，正是給予國家與政權最大合法性的基礎。因此重建台灣社會的基
本邏輯一開始並不是以國家的定位為前提，而是如何讓個體的社會化
與其基本權利得到符應新社會背景的發展，當然後者在邏輯上還是會
與國家有所聯繫，但已經不是唯一的聯繫，因為有些議題可以或必須

對應於全球或區域生活的發展。這樣的發展邏輯可以說在目前的社會型態中擁有清晰的脈絡，特別是歐洲聯盟與其成員國家的發展。將個體基本權利與社會化從它們的模糊性回歸到多元性與自主性，將是重建台灣社會的基本任務。台灣人的社會化和權利維護就是在台灣境寓當中進行，不會在中國或日本境寓當中進行。

　　因為境寓是與其他社會連結在一起，並且有所差異，所以這裡並不要以對立於台灣的中國大陸為理由，來告訴我們自己是台灣人。在台灣境寓中，我們就是台灣人，這同時在建構一個新的認同形式，它也將填補台灣空虛的焦慮性與歷史性。在這個發展的歷程中，台灣的社會認同將擁有具體化的新可能，縱使是一種多元的認同。一個人可以認同中國，也可以不認同中國，但他都會認同台灣。這個認同台灣社會的新基礎，並不是已經相當分歧的族群或語言，當然更不是早已經被揚棄一個世紀之久的政治理念，而是對民主的參與機制以及適切的權利系統之認可與引以為榮[26]。這樣的認同形式只有在境寓之中才有可能。這也是公民身分（citizenship）認同的意涵，它是符合全球性的一種認同形式。公民身分概念並不只涉及到法律的要素，它更是一種關聯到需要和利益的參與概念。這些需要和利益的權利逐漸以多元層次的方式來體現，而保障和維持它們的政治秩序也逐漸多元化，也就是從都市到國家、區域聯盟、全球，甚至再回到地方或社區上。這些權利一方面跨出民族國家的框架，一方面需要社會力量的更多支持，它們雖然在不知不覺的狀態下逐漸出現，但也在日常生活中漸漸地碰觸到人民的需要系統。關於這些需要和利益的權利內容也愈來愈多元，從最初的財產權、參政權，到兩性平等權、諸如就業等等方面的社會權利、文化權利等等。

　　過去國家彼此區分或差異的要素，例如民族、語言或宗教，的確扮演相當重要的角色，甚至在今天的一些區域中仍然是重要的。在這些區域之外，這些要素不是不見，而是力量在減弱當中。在這樣的

情況下，社會彼此之間的差異就由境寓來表現。同時，境寓之內的生活秩序也是同樣的狀況，過去彼此的差異是由血緣、語言、省籍或意識型態等等所造成，但是這些因素在今天的日常生活中並不常成為生活的議題，並且在科技化和全球化的壓力下，這些因素將更不容易在認同議題上被找回。如果我們認為台灣在最近這幾年的進步並不夠多，甚至是在內耗的話，主要的原因就是沒有認知到台灣境寓的真實性。主要政黨所進行的省籍和意識型態的鬥爭，正好掩蔽了台灣境寓，扭曲了台灣人的意義。主張別人不是台灣人，他的時空錯置至少有二十年以上。把台灣拉回到二十年前的鬥爭當中，台灣當然進步不夠多，當然在內耗，更把台灣人的意義混淆。台灣社會與其他社會有所差異，這是一個事實。這個差異存在於很多層面，從經濟、教育到國家議題等等。我們要加入聯合國或返回聯合國，其實都是要將這個差異更加清晰化[27]。這是一個劃界的動作，但是台灣境寓與其他社會所存在的差異，並不需要這個動作。其實我們不需要這個動作，我們就是台灣人。愈來愈多台灣人認知到，這個劃界的動作充滿了困難與風險。更何況台灣境寓在現代化的過程中，必然伴隨政治權力中心的分權與分散，以及公民社會力量的成長。如果以中心與地方的對比來陳述，這也是地方化的歷程，社會本身唯有取得它的地方性（locality），才能展現真正的實質力量。事實上這個力量本身就是台灣主體的真正基礎與原型，它所表現的不同形式構成台灣社會民意的內容，並且在權力關係中被書寫成不同的政治理念或意識型態。當政治理念或意識型態進一步拼裝成新的主體符號時，事實上總是掩蓋甚至扭曲原本的社會主體。尤其在資訊社會中，資訊符號系統更是加劇了這種情況[28]。

　　在台灣境寓中，我們應該更重視所謂的差異性，而不要強求把大家變成一樣的人。雖然國家認同對於台灣而言是一個相當重要的議題，但也是一個造成彼此割裂的議題。在這樣的處境下，訴諸國家認同就變成一個具有排他性的策略。因為這個排他性，國家認同的議題在選舉動員上才變成可操作性。揭露境寓就是以自由主義為基底的務實思考。這種思考兼顧了自由主義對公民權利的強調以及自由主義本身較少觀照到的現實因素，同時也呼應了台灣大多數民眾在統獨問題上的實際想法[29]。也就是台灣人的個體認同型態，事實上也是整個社會共同的認同型態，台灣人多重的虛弱認同正是反應台灣社會多元的虛弱結構。現在的任務是建立一種新型的「台灣」認同，它取代邏輯上必然會持續混淆或對立的中國與台灣認同，它也是一種公民權的認同形式。這個新型的台灣認同就是台灣境寓所揭露的認同。在今天的全球社會中，我們並不需要緬懷過去國家權力的光榮。以國家為框架來思考台灣的未來，雖然是一直以來的想法，並且也是反映人們已經習慣的生活。但需要注意的是，國家因為在公民之間試圖創造統一與協調，這也勢必否定和壓抑社會的差異。諷刺的是，為了創造社會整體的整齊一致，國家否定社會差異的存在，但又會突出並且污名化這些差異。有趣的是，少數族群在他們被納入法規並受到控制的那一刻起，才真正存在。許多社會科學研究認為國家是中立的，而忽略了人們藉由國家排擠異己的歷史。國家的疆界之所以有意義，是因為假設本國人與外國人之間有根本的差異在[30]。這個假設是由意識在種族、血緣、宗教、制度和文化等等不同因素上所規定。今天，差異不是在意識當中規定，而是由境寓自己所表現。特別是在今天的台灣處境當中，社會的差異與多元是台灣的資產，不幸的是，就是因為國家的議題讓彼此否定了對方。

　　在現代史的發展上，社會彼此之間的差異在民族國家的訴求中達到最高峰。從民族國家的觀點想像共同體，就會把國界想像成一道不可通行的牆，而不是可以穿透的薄膜[31]。但今天的全球社會顯然已經不是這樣的狀況，就像J. Habermas的觀察，他認為政治體的疆界應是流動的，而非固定不變[32]。政治體的疆界只是為了行政因素而設，並

不是用來標示公民義務的終點，也不是防備外人的起點。當然這不是說要把國家生活打消掉，而是在反應國家生活正在發生的劇烈變化。德國人與法國人還是存在清楚的差異，但德國與法國已經在歐洲聯盟當中產生變化，他們國家的邊界在人類歷史上又再度的模糊。在這種情境之下，德國境寓與法國境寓正是真實反應德國人與法國人現在所差異的地方。

　　雖然擁有清晰的國家框架，對於個體權利的保障來說是一個最為直接與具體的思維。但當它變成消耗台灣力量的爭議時，如何在最新的全球處境中找尋其他方向來確保個體權利，則成為必要的思維。台灣社會在全球化的歷程中，必然表現地方化（localization）的現象，如果依照全球化的意涵來理解的話。在社會學的觀察上，地方化一詞乃是我們一直以來所用的本土化一詞之前提[33]。台灣社會目前使用的本土化一詞，事實上必須回到這個基本的現象中來思考，也就是在全球地方化的空間中，回歸到個體權利與其對共同體的參與上來，它們所表現的認同活動一開始並不是以族群、語言或宗教為基礎。在這樣的前提下，本土化與所謂的台灣化、中國化或去中國化等等，在本質上與邏輯上擁有不同的指涉，前者乃是一種正在發生的生活現象，後者則是在這個現象上的進一步反省或推演。從過去發展的觀察上，後者所表現的張力一直以來都是台灣社會分裂的危機，尤其在需要政治動員的事件上。今天我們揭露台灣境寓，就是回歸到這個地方化的日常生活秩序中。台灣境寓一直在全球化，也一直在本土化。在台灣境寓這個地方，並不存在去台灣化或去中國化的動作，可能有的是台灣或中國的傳統正在流失當中。在與中國大陸的交流中，其實也不存在向中國傾斜這一事情，因為它就是台灣境寓的擴展。中國大陸任何統一的方案，都是在消除台灣境寓。在全球網絡中，這是沒有辦法做到的事情，除非是用戰爭的手段。

　　台灣內部有些人擔心持續的兩岸交流會危及到台灣的安全，我們

不能說這是沒有道理的，因為中國大陸的確沒有放棄統一台灣。這裡
需要有對等的主體，它就是台灣境寓與中國境寓。對於我們台灣人而
言，這並不是倒退，而是最符合全球社會結構的揭露。這個揭露對有
些人來說會不習慣，因為大家已經習慣生活在國家主體當中，不論大
家所聽到、看到還是經歷到的。這裡不是要強行改變大家的習慣，而
是在二十一世紀中揭露新的場域。過去構成世界的民族國家，似乎已
經使我們的世界觀以及心理規律都定型了。這是一個社會的結果，並
且是因為民族國家將社會生活的種種事務都納入它龐大的行政體系，
這也是結合著資本主義的商業邏輯在進行。也就是說，整個社會不斷
地捲入資本主義的龐大機制中，民族國家結合資訊社會的特性，社會
互動的移動性與抽象性達到了一個前所未有的高峰[34]。在國家中，空
間的距離與社會的距離乃是等同的[35]。在今天，空間的距離和社會的
距離雙雙跨出國家的框架，並且回過頭來重新思考國家生活的意義。
這是台灣社會的轉機，也是社會科學對台灣人所做的新詮釋。

　　台灣今天具有的是多元族群，但認同問題則是需要進一步的討
論。現在的認同形式也是多元的，一個德國人可能認同他的城市、地
區、德國或者歐洲聯盟。主要的原因是，德國境寓的網絡不斷地擴
大，並且其中的權利議題正是認同的新基礎。如果說這個網絡已經和
全球結合在一起，那也是不切實際，因為認同的界線雖然不再以國家
為唯一的框架，它同時往內和往外擴展，但往外擴展仍然存在一個模
糊但重要的界線。台灣境寓也是同樣的狀況，今天的兩岸關係雖然不
能類比於歐洲聯盟，但生活網絡的擴展也正在進行。在台灣現代社會
運動與社會意識的發展上，建立在封閉意義系統的認同的確轉變為這
種多元的認同，當然兩者一直同時存在至今，只不過表現的強度有
所不同[36]。另一方面，社會意識所帶來的乃是人民對權利的意識與保
護，認同雖然是多元的，但愈來愈建立在可以確保人民權利的對象上
[37]。而在一個開放的社會中，民族性所涉及到的認同是一種排外，並

且可能產生不平等的認同。在民族的情感上，自我認同與集體認同是建立在與其他民族的區別上，因此在一些事件上會產生排外與不平等的現象。而在個體權利的追求上，認同則是建立在人人平等的基礎上[38]。社會正義與集體權利的強調，有助於我們反省一個多元族群國家之「國家認同」該如何經營，而這個理念的落實，則會牽涉到許多既有社會政策在大方向上的調整。但是自由主義把一切問題化約到個別主體基本權利保障之作法，原本就不是正義社會的唯一標準。時代的進展似乎已經達到了重新肯定某種集體人權的時候，只要我們察覺到族群文化認同是有意義的資產，引進某種「以群體為基礎的權利」就成為合理的考慮[39]。在前面所討論的內容中，這個以群體為基礎的權利就是境寓中的權利，自我認同和集體認同一起產生在台灣境寓當中。

我們愈來愈重視境寓中的權利議題，以及相聯繫的認同活動。但不可否認的是，它們愈來愈不穩定，並且不是被規定的，而是需要參與。當我們回到台灣境寓當中時，的確可以找到凝聚台灣的新動力，但仍須注意的是，這種凝聚力已經無法像過去的時代那樣有力。主要原因是境寓中的網絡基本上是由資訊所架構，大量的資訊夾帶著媒體把大家弄得疲累不堪，判斷力和情感變成比較片面和單向。傳統的紐帶一直在鬆散，社會價值的標準也更加模糊，境寓中的凝聚力更需要依靠權利與義務的整合。個體認同並不是在真空中形成，也不會完全消失於真空中。他必須在與其他人互動的前提下，才能形成自我的認同，所以個體認同必須以社會的認同為前提。雖然所謂後現代社會的形象與符號結構，在相當程度上對於社會認同有所削弱，因此個體認同的深度與強度也有所削弱，但是所觀察到的一般現象仍然是多元的社會與個體認同，並且是一種不穩定的認同現象[40]。雖然在這些地方性之中所存在傳統上的共同點已經愈來愈流失，例如宗教、習俗、價值與文化等等，我們所能共有的新形式，首先當然是無所不在的媒體與資訊網絡,以及一個有史以來最沒有阻礙的社會參與空間[41]。但是對於地方的參與如果取得一個新的空間,那麼在這自我與社會的參與和重建過程,不同意見經過溝通而達成一致時,這意見對於溝通參與者,就有道德上的遵守要求以及認同的表態[42]。

　　境寓中的共同體(community)已經有新的解釋,民族國家之前的共同體不是台灣共同體的意義。民族國家之前的共同體建立在情感的基礎上,共同記憶、民族和歷史是大家聚合的動力。在今天的全球社會中,這樣的共同體已經不存在,因為傳統、記憶和情感不是社會運轉的基本動力。現在更多的是制度、權利和系統的運轉,它們是當代社會結合的重要基礎。台灣境寓就是這些要素的運轉,它們的網絡不斷地在全球化。如果我們一定要談台灣共同體,談的也是這個整體制度的維護,以及在這個制度上的文化創新。它的內涵不能事先被規定,當然更不是由某個團體所規劃。台灣共同體處於持續的變化當中,它需要成員的參與,它是一種實踐。但前提是,如果我們都知道自己本來就是台灣人,這個參與和實踐將會比較有力量。因此,公民權本身是一種實踐,也就是不同族群在一個國家當中,並不是被安排在某個特定的權利位置,而是在參與的過程不斷擁有新的權利以及結構。台灣境寓跟其他社會連結在一起,但又有所差異。上面討論的是在這個境寓中,我們台灣人所擁有的真實東西是什麼。我們現在所共有的(gemein、common或together)東西,不再像過去一樣以種族、民族、國家、宗教或文化語言等等為核心,並且那樣地具體和清晰,而是在差異(difference)的起點下由權利和義務所表現的東西。當然這個意思不是過去的東西都不見了,而是境寓有更新更重要的表現方式。我們當然都希望台灣人很團結,都以台灣為榮,但團結大家的基礎是什麼?這對於台灣來說是一個很難回答的問題,因為我們過去所共有的東西太模糊了。現在,境寓就是我們所共有的空間,其中的制度和文化正重新在凝聚大家。因此,台灣共同體的內容無法像過去由

民族或國家所給予，而是由公民社會的力量來凝聚，公民社會的本質就是人民權利的維護以及文化的創新。社會治理（social governance）現在是境寓中很重要的現象[43]。新的台灣主體意義可以迴避國家統治的概念，直接由接軌全球性的社會力量來表現，並聯繫於新的基本人權訴求。這個邏輯是全球社會本身所體現，並且回過頭來成為國家統治的正當性基礎。在這個環節上，台灣體現出她最深刻的困境，同時也找到未來適當的訴求與發展。這裡的主體概念主要表現在參與性（participatory）與開放的共同體（community）[44]基礎上。

　　相較於其他社會，台灣境寓中的焦慮和不穩定性的確比較強。就是因為這樣，過去強調意識的激情或悲情，在今天雖然可以刺激一些群眾，但只有加深焦慮和不穩定。面對中國大陸，台灣內部有著不同的立場事實上是一件合理的事情。在這個地方，並不需要把大家變成一樣。但是過度或激烈的立場之爭，對於台灣社會則是不穩定的要素之一，其中最重要的原因就是我們忘記大家都是台灣人，忘記我們生活在台灣境寓當中，這是一個無法逃避和掩蔽的地方。在今天的台灣境寓中，存在著相當的焦慮性。它可以在下面三個方向上進行，首先是空虛與過度的多元意見與紛爭。特別在就業與治安狀態都持續惡化下，政黨因過度競爭以及互相不信任也表現出執政不力，相當高程度的人民對於基本生活缺乏未來的信心。對於未來的樂觀程度並不是太大。其次，兩岸關係在台灣社會所造成的高度變數，在回到境寓時，觀看到的是一片矛盾和困境。更重要的是，如果我們務實地面對台灣的處境，並且認為它是人類最新的政治與社會秩序，在原有國家生活的依賴與惰性下，也將必然有著無助的心理張力。最後，面對不確定性的未來，我們仍擁有進行選擇的風險。在全球資訊社會中，掌握資訊本是困難，甚至是選擇資訊程度上的困難。在台灣境寓當中，不存在單一的方向可以指引著我們，境寓的擴展事實上充滿著偶然和風險性。

建立在悲情或激情基礎上的台灣意識，已經沒有辦法反應真實的台灣社會。在台灣境寓的揭露中，過去的微弱歷史感與不確定的未來，體現在目前的特殊處境當中[45]。它不是一種尋求諸如種族、族群、宗教和語言等等歸宿的表現，而是在因應全球社會的發展上，清楚地向世界訴說自己的現狀，並且是結合權利概念的情感與魄力。我們正在和世界各國的人民進行交流與對話，包括中國大陸。在地緣、經濟與文化的區域背景下，與中國大陸進行更深更廣的接觸時，「我從台灣來」、「我從台北來」或者「我從高雄來」的意識不但不會降低，反而會持續地增強。但「我從台灣來」是不是一種驕傲或者榮譽，則端視台灣的政治與社會等等制度是否滿足人民的需要，或者人民的權利結構有沒有得到高於一般水準的發展。我們希望擁有這種榮譽感，因此把力量放在制度合乎理性的溝通與建置上，這才是台灣境寓的方向，也是宣示「台灣境寓」正當性的來源[46]。這是體現台灣社會的真正情感，因此是一般大家所談的共同體之基礎，它重新描畫台灣人民的心情與歷史。

　　照理講，台灣不會被邊緣化，除非政治力某種程度阻斷了台灣社會的全球化和區域化。在境寓中，生活在台灣的人們才可以在新的視域中展現歷史性與未來性。而這個歷史性與未來性正是回應台灣目前所有問題的關鍵力量，如果我們認為台灣目前有問題的話。人們現在所追求的東西被一個嶄新的目標所取代，新社會才可能出現。一個社會的社會經濟結構造就其成員的社會性格，使其想去做他們應該做的事。同時，社會的性格也影響社會和經濟結構[47]。在建設一個新社會的過程中，需要克服的困難是將個人的創新精神從經濟領域轉移到生活的其他領域[48]。台灣的歷史和未來性在很多面向上被政治力所阻斷，回到境寓，就是將這個阻斷的路重新再打通。真正的未來性必須有著它的動力，這個動力存在於以境寓為形式的主體當中。它目前由各級政府、企業和社會文化團體所共同治理著。真正的創意也是在境

寓中進行，特別在社會和文化事業上。在全球社會中，這些事業每天
都在日常生活的網絡中進行著，並且透過境寓全球網絡的連結，這些
事業也在不同的社會和區域中進行合作，它們某個程度代替了國家與
國家之間的合作關係。

　　境寓的歷史性不是存在於個人或團體的論述當中，而是存在於
社會互動的參與過程中。台灣社會本身不斷在全球和區域現象的趨勢
下發展，台灣的歷史當然不同於其他社會，但不可能強行把它說成是
某個方向。在歷史的研究中，不同立場的人可以篩選出他們認為有意
義或重要的事項，也可以進行相互的討論。但台灣社會的整體不會因
為這個研究或討論，就呈現出相應的歷史性。這是討論的歷史，不是
社會的歷史。台灣境寓本身的發展，就是台灣的歷史。自從解嚴以
後，台灣社會本身正在進行權力的重新競爭與分配。這是一個衝突的
社會，特別在政治權力不斷去中心化的歷程上。在A. Giddens的見解
上，這也開始了重建政治的年代。一個持續的威權與封閉社會並沒有
重建政治的空間，也就是沒有和解的歷史環節。個人和地方社群的自
主性與認知不斷地提升，是建立權利網絡的基礎，也是提供可以整合
對立的空間。當然這不是由個人或團體可以主導，而是社會本身的發
展所致。也就是政治的重建必須在具體的社會歷程當中才可能。

　　回到台灣境寓這個過程，同時就是重建台灣社會的過程。一般
而言，台灣不斷向多元文化社會的方向發展[49]。這個歷程有它歷史上
發展的連續性，不論它們的表現形式是如何地對立，或者如何地不穩
定，正在表現的始終是台灣社會本身，它一直存在那裡。它是所有意
義的基礎，更是所有政黨之所以可以運作的空間，以及政黨的政策合
理性所在。今天台灣社會基本上已經有共同溝通的基礎，只不過大
家沒有回到台灣社會本身來思考政治活動之所以有意義的理由[50]。這
也是政治生活重建的意義，重建的意義不在於先前論證的確立，而是
在參與的過程中體現，並且是透過文化上的詮釋來進行。在這個前提

下，正義是社會的共識，而不是個人或少數團體的哲學確立[51]。如同
J. Rawls所認知的正義原則，不同的論證將吸引社會中的不同團體，
而最終的結果則是一種交疊性共識（overlapping consensus），也就
是說，我們都同意有必要支持基本的自由，但卻出於不同的理由。交
疊性共識是一種原則協定，而不只是策略上的妥協。它不是暫時的協
議，或因為雙方勢均力敵而無法單方面地強行貫徹自己的理念。而是
雙方都認為，透過交疊性共識所形成的原則具有道德上的正當性，雖
然支持這些原則的理由各自不同。台灣可以在以社會和文化為型態的
境寓中多累積這種共識，去異求同是一個無止境的過程，並且不可以
將差異刻意統一在某個原則下。我們此刻不可能在意識或國家框架中
重建台灣，但可以在台灣境寓中重建台灣。

　　當代全球社會中，尋求社會的基本共識才是自由與政治的最終
保障。這也如同C. Taylor的看法，自由主義的中立無法維繫實施個人
自主所需的社會條件[52]。我們需要一個能替人們提供選擇方案的文化
結構。要對生活目標進行有意義的選擇，就必須要求有意義的選擇方
案，而這些選擇方案就在我們的文化生活中，並且回歸到社會團結與
政治正當性的前提。所以只有當公共制度具有穩定性時，個人選擇才
能自由。在對立與衝突的歷程上，台灣社會事實上是不斷在發展。但
是在今天的全球社會，有必要對發展這一概念進行反省，因為經濟指
標與投票率已經不是發展的單一目標。過去的發展概念需要一個藍
圖，發展者就是一個引導者，但這將面臨到理論與實際的困難。發展
是社會本身的運動，發展歷程上的和解因此並不是一個藍圖，沒有人
可以提出一個方案讓大家來和解。和解基本上不是一個道德上的事
業。和解是在社會本身的發展歷程上，透過共識的產生而體現的，它
只有在境寓中才有可能。在Habermas的理解上，聯繫日常生活的規
範已經不是傳統意義上的倫理價值，而是經由協商訂定出來的共識。
因此，政治與社會的規範是在日常生活世界的溝通中完成的，而不是

被規定或者被給予的。這溝通就是涉及到利益與權力的協商，它是在日常生活中具體運轉的[53]。台灣現在根本的不穩定就在於這個協商和共識非常脆弱，甚至協商的過程都必須再進行協商，彼此的互信並不高。降低這個脆弱的方法，就是將視角轉移到台灣境寓當中來，在這裡大家都是台灣人。

　　最後，境寓不是一個靜止的地方，它不但時時刻刻在變化，在今天也有著風險的特性。我們在日常生活的種種秩序現在都由各種知識系統所構成，有時候我們不一定知道所謂的問題在哪裡。回到境寓不是要解決所有的問題，而是降低偶然與不穩定性，同時建立基本的共識來面對所謂的問題。全球社會的文化是一種風險文化。這並不是說今天比之以前的日常生活更為危險，因為對發達社會中的大多數人而言，情形並非如此。相反的，無論是由外行行動者還是技術專家來組織的社會世界，風險概念都是基本的。在現代性的條件下，借助知識環境的反思性組織，未來會持續不斷地被拖入現實之中。社會的任何一個領域似乎總是被切割和被拓殖[54]。如同U. Beck所言，生活在風險社會中，意味著對行動的開放之可能性，無論積極的還是消極的，都採取一種計算的態度。而在當代的社會存在中，我們無論作為個體還是全體，都以一種持續的方式遭遇這種種的可能性[55]。市場凌駕於公民身分是全球風險形成的重要因素之一，這類風險是全球變遷的最重要面向。不同於所謂全球市場的好處或抽象個人主義的價值，風險影響所及的範圍才真的是全球性。全球風險這個理念指的是，任何一個國家無法單獨處理的各種問題，這些問題包括移民、傳染病、國際犯罪、核武和環境破壞。國家死命維持的界線並不能防堵這些問題的擴散[56]。事實證明國家愈來愈意識到全球風險的問題，也意識到國家侵犯人權的行為可能會產生超越國界的影響[57]。風險提醒人們注意到共同利益，並且意識到人類生存處境的脆弱。風險也因此創造出一個基礎，讓人們對人權的必要性建立高度的共識[58]。這裡存在許多兩難的困境，它們都在社會的發展過程中扮演相當重要的要素[59]。

　　在境寓中，經濟之外的活動也是根本和重要的。風險所揭露的主流價值，乃是建立在基本人權之上的種種制度系統，它包含如何維護與促進人民的權利。當國家等同於一種經濟網絡時，國家將失去它存在的根本意義，並且人民的權利與需要都在經濟以及經濟化的國家中被遺忘，這是商品化的力量。我們可不可能抵抗它呢？或者我們有沒有力量抵抗它呢？去商品化（de-commodification）是一個基本的邏輯，但它會不會又是商品化邏輯的表現呢？商品化本來就會將經濟與文化的關係帶到最緊張的狀態。如果我們在台灣的種種事務都是商業活動，那我們如何揭露台灣可能有的未來呢？當然我們不是要將商業活動取消，而是讓我們回歸到一個稍具冷靜的文化。這是回歸到境寓之中的文化形式。這個文化不容易從傳統的生活內涵中尋找，而是一種多元和開放的文化。這的確需要一種新的文化概念，而台灣也將在這開放文化中展現社會力量與主體性。現在強調的是地方參與的程序與過程，而不是參與的內容與規範。或者更精確地說，其內容與規範是參與的結果，而不是政策的結果。結合這種文化思考的前提，個體參與能力變成一種廣義的權利概念，它需要社會最低生存機能的保障，以及教育和訓練的積極養成，而不是只在法律意義下被思考的權利。去商品化的理論邏輯包含兩方面的思考，就是在有能力購買和使用商品的同時，也參與商品的更新和重組。後者雖然以商品的符號來表現，但是涉及到生活整體的重建，包括生產環境、社會制度、教育行政、政治決策以及國際生態等等。

　　境寓中的發展就是永續發展（sustainable development）。社會與文化資源在境寓中成為一種經濟力量，並且與經濟保持共同成長的關係，因此在謀求工作機會或者社會安全時，同時就已經參與社會與文化生活的事務。至於它們的形式或內容將因不同的社會型態而有所不同，不過至少必須以社會權利為基本的前提。這個過程涉及到可能性

之再分配（redistribution of possibilities）的邏輯，而不是事後的計算性分配[60]。也就是社會的投資與參與除了是一種過程外，也是涉及到新資源與新權利的開發。在這兩方面的前提下，文化與自然一樣地強調永續發展的重要性[61]。這個權利系統的建構涉及到一些因應新環境所產生的權利內容，以及人際關係的新紐帶。它們是回應資本主義制度的一種方式，同時是因應全球社會的需要所產生[62]。社會和文化資源在每個社會中都有它們的特殊性，其實也是差異性的重要來源。台灣境寓的永續發展一方面和其他社會連結在一起，另一方面也因此與其他社會有所差異。只有在降低政治激情的台灣境寓中，社會和文化資源才能真正被釋放出來，台灣社會的潛力也才有彈性的發展空間。

第二節　「台灣意識」在當代社會科學中的局限

　　一般來說，只有在個體身上才會有精神、意識或經驗等等的屬性描述。為什麼這些描述會用在一個社會或國家當中？縱使這些屬性的確存在於一個社會或國家當中，也是作為個體的我們所描述出來的。那為什麼我們可以用精神、意識或經驗來描述一個社會或國家？這應該同時存在兩種理由，就是這個社會具有相當程度的共識或凝聚力，而且它通常也在對比於其他社會。

　　我們的確需要有台灣意識，因為我們生長於此、工作於此甚至終老於此，台灣是我們生存的最主要空間。其實這是很自然的事情，但為什麼「台灣意識」會變成一個主題，甚至是有必要講清楚的議題呢？因為在台灣意識中，有台灣主體意識和台灣獨立意識的不同立場。在今天，過半數認為台灣要維持現狀的人，他們在邏輯和情感上其實都預設了台灣主體這個前提，只不過不知道怎麼敘述出來。台灣獨立的確也是一項志業，只不過堅持的人可能已經暸解並不是用一套計畫就可以達成的。在台灣主體意識和台灣獨立意識的不同立場中，其實都有一個共同的基礎，它就是台灣境寓（Taiwan Milieu）。它也是我們台灣人所有意識的基本活動空間，或者我們意識所展現的真實世界。台灣意識對於台灣的確是非常根本的議題。在過去，就像黃俊傑所說的，它是一種抗爭的論述[63]。在今天，我認為它是一種回歸到日常生活的文化論述，其實就是台灣境寓的論述。前者是靠外部的力量來認同和建立自己，後者是在自己本身當中揭露認同，它在二十世紀末以來才有的土壤。回到台灣境寓當中，我們很自然知道我們是台灣人，台灣意識也才有展現的空間。過去的抗爭論述是在對立的邏輯上運作，今天的文化論述是在差異（difference）的前提上運作。這並不是說對立的邏輯就有問題，而是在那時候社會背景的現實運作。不論是對抗論述還是文化論述，我們與中國大陸是存在著根本上的差異。只不過在全球社會的網絡中，對抗論述在很多層面已經不切實際，全球網絡把雙方拉近到一個無法用對抗邏輯的思考空間[64]。但差異是存在的，這是台灣主體性的起源和根本。

　　「台灣意識」在今天的全球社會中是無法被建構的。就像許倬雲所講的，台灣未來走向何方？在價值觀念多所分歧時，我們何所適從？這些問題，不能由政治權力決定，不能從族群認同得到答案。進入二十一世紀，我們應該嘗試在人類歷史發展旅程上，至少再找到一些大家都能接受的行為規範與價值標準[65]。這些規範和價值其實愈來愈務實，並且不容易像過去社會一樣由菁英所塑造。以前相對封閉的社會中，菁英某種程度可以代言社會的共識，如果這個菁英夠優秀和敏銳的話。在過去，的確有很多優秀的社會菁英在建構著他們的台灣意識。例如反對運動透過一種集體的行動和政治討論，激發後來興起的台灣人意識。它是一種在集體政治行動中，透過對於環境的改造，而進行的自我改造，也就是一種身分認同的集體計畫[66]。這的確是存在的事實，它對台灣民主發展也有重大的貢獻。這也是台灣社會

愈來愈多元和開放的重要因素。但弔詭的是，因為台灣社會的多元與開放，這種被激發起來的台灣人意識並不是愈來愈清晰，而是愈來愈分歧與虛弱[67]。主要原因還是我們的社會環境起著很大的變化，要用理念來改造或激發一個社會的共識已經愈來愈困難。除了社會愈來愈多元之外，這種理念對於一個開放社會來說，也是過於獨斷的意識型態。

中國大陸的菁英也在做同樣的事情，他們嘗試為台灣的集體記憶做一個理念上的整理，當然更是虛弱與遙遠。大致上的說法是這樣的，台灣民眾通過全部歷史的回顧，知道自己的祖先來自中國大陸，自己從來就是中國人，台灣人根在大陸。台灣曾經被外國人侵占，最終還是歸還了祖國，這是台灣歷史的集體記憶得出的總結論[68]。我們可以想出很多這種論述的方式，但離我們的日常生活太遠。在今天的全球社會中，它們更只是菁英的理念。像是以台灣海島為推論的起點也是，這種看法認為，台灣海島的固定空間是促進各族必須認同台灣是唯一可以安身立命的因素。因此台灣主體性是基於台灣地理空間為主體，在這樣的前提下，台灣文化主體性於焉開展[69]。台灣是一個海島，但已經不是封閉的海島，它的網絡和文化早已聯結於全世界。過去封閉的海島對於今天的台灣，它在歷史與生活的連續性上已經沒有太大的意義。

如同廖咸浩的見解，台灣既是個「不是地方」（non-place），同時又是個「所有地方」（all places）[70]。這樣的地方就是境寓（milieu），我們就生活在台灣境寓當中。所有台灣意識在理念和實際上的發展，都必須回到台灣境寓當中才有可能。台灣境寓本來就是獨特的，它不需要透過意識的對立或對抗才會產生。只有在這個地方，台灣才會有她的發展潛力，並且存在著可能的最大共識。這樣的道理在過去的社會並沒有太大的說服力，但今天社會的運作原理很大層面已經是這樣。單純從意識來談社會的走向，對於今天的社會已經是一種意識型態，它是一個開放社會的敵人。原因是這個社會不可能只有一種看法，要用某種看法同一其他的意見除了是不可能之外，其實也是沒有尊重與包容的階層傲慢。從這個虛假的意識構成返回到真實的日常生活中，同時也揭露了境寓的真實性。境寓是自然習慣的，並且是一個現實的（wirklich）世界。只有在境寓當中，一個共同的溝通環境才能形成，其實我們每天都是這樣地在生活。因此對於所有台灣人來說，境寓就是我們最主要的現實（Wirklichkeit）[71]。

　　在境寓之中，除了我們所知有限之外，其實也充滿了無限的可能性。我們絕對沒有權力要求別人跟我們一樣，因為我們所知道的相當片面[72]。而在某種意識的建築當中，通常也忽略了別人跟我們不一樣的地方。在過去的社會，這種現象層出不窮，並且有時候還採取很激烈的手段。在今天的全球社會，再出現這種現象，正表示著這個社會處於轉型的渾沌與虛弱當中。一方面這個社會的網絡已經接軌全球，一方面它又停留在過去的封閉當中。台灣社會正處於這樣的狀態，這也是有必要從意識建構回到日常境寓來的道理，並且這個道理正在發生。境寓之中充滿偶然性與可能性，它不可能在一個統一的理念下被論述或建構出來。相反的，它是所有理念產生的地方。我們對台灣所有的認識與想像都是在境寓之中進行，不論是哪一種立場或堅持。當然政治活動是由這些立場或堅持所表現，跳過這些立場或堅持，我們不一定可以瞭解一個社會的權力結構以及國家的制度運作，也就是不一定可以瞭解台灣的特殊問題。所以這裡不是忽略這些政治立場，而是揭露一個我們都已經遺忘的共同基礎，它就是境寓。在今天不強調對立和冷戰的全球社會中，人民所重視的務實問題都是回到境寓之中來思索。更重要的是在境寓當中，我們第一次真實地碰觸什麼是台灣人這個嚴肅的議題。另一方面，今天的境寓比以前有著更多的符號與偶然性，特別是在媒體資訊的強烈運作下。過去所謂的意識或理念在今天更充滿著符號的不穩定性，回歸到境寓中來，事實上也是在降低

社會的不穩定性，特別對於我們台灣社會而言。在高度複雜的全球資訊社會中，台灣發展的新方向可以是降低這個已知空間的偶然性。但作法並不是再加進分歧或偶然性，而是在還原到境寓的同時，將焦點聚集在整體社會問題的務實解決以及符應全球趨勢與主流價值上。也就是台灣現在迫切需要的不是加入一些新的方向或藍圖，而是降低制度與符號的複雜性。當大部分台灣人有著共同的新視域，務實面對問題的社會互動同時也體現新的文化與主體性。這是作為一種關於全球社會議題的新文化理論工作[73]。它是新的價值以及揭露台灣社會潛力的基本方向。

在回歸到境寓的同時，我們真實地觸摸到我們的處境，而這需要一個擱置（epoché）的動作，也就是一種視域的轉移[74]。台灣社會不再需要單純現代性的藍圖或羅盤，而是揭露台灣現存的社會處境，在視域轉移的歷程中，降低符號的競爭並且回歸到人民的權利上來。境寓在社會科學上的意義，就是立足生活世界（Lebenswelt），具有能力與魄力面對可能性與不確定性的未來，其所體現的時間向度乃是將過去與未來體現於現在。境寓乃是開放的，不是沉溺在已有的眷戀當中，也不是固定在既有的習慣軌道上，它是生命力和基本人權的展現方式。在這個前提下，境寓總是伴隨著風險，但並不陷入危險，因為開放的視域不曾停滯不前或者自縛手腳。台灣的生命力就是存在於此，這個共同的處境是我們認識自己的開始。在我們討論台灣未來的發展或為自己政黨利益辯護之前，我們都是生活在這個境寓中的台灣人。因此，台灣境寓是台灣主體性的原型，一個最初就沒有對立於其他社會的境寓。我們就是台灣人，但不是一開始在意識當中對立於中國、日本或美國的台灣人。我們與中國、日本或美國一開始所存在的差異，不是在意識的對立當中產生，而是在最日常的生活網絡中區分開來。這就是境寓的自主性與主體性，但同時也是開放的生活網絡。台灣社會中的所有制度和法律就是在這樣的地方產生。

強調台灣境寓是在給台灣意識一個空間，只不過同時揭露這個時代不適合從台灣意識來思索台灣的未來，並且台灣意識不是一個結果，而是一個過程。台灣意識的內容或形式到底會是什麼，不會有人事先知道。我們回到境寓中來，在理論和現實上並不是跟過去截然斷裂，畢竟涉及到台灣定位的政治和法律問題是台灣人生活的一部分，也是境寓中的重要事務[75]。只不過在全球發展的趨勢和邏輯上，這些事務正慢慢回到境寓當中來重整，並且全球互相聯繫成一個網絡的是境寓，而不像過去一樣只是國家。如同李弘祺所言，台灣經驗的寶貴之處是願意接受國際認可的遊戲規則，參與國際社會的競爭。民間社會的存在證明政府已經接受開放的原則，能允許民主體制的運作。它的結果是意見市場的開放。台灣經驗的有效性不只在於開放了財經的市場，更重要的是它也開放了價值的市場。中國在環視全球的發展時，一定也會發現中國的前途在於「價值轉化」。兩地的分合應當能在這樣的脈絡裡去發展。不然的話，什麼理性、同胞愛或哲學的思考，都沒有意義[76]。

　　在過去台灣意識的建構中，同時也涉及到所謂本土意識的議題。其實境寓就是真正的本土。如果我們遺忘了台灣境寓，我們不可能碰觸到本土。在接軌全球社會的過程中，台灣境寓本身就在本土化。在過去所謂的「本土意識」中，它的本質是一種兼具「擁有」（ownership）與「歸屬」（belongingness）的知覺與情感[77]。這個意思是台灣人不曾擁有台灣，也沒有真正歸屬這塊土地。那台灣人到哪裡去了？被過去威權政府所掩蔽，或者在威權統治當中台灣人遺忘自己是台灣人了。這是過去歷史和社會的真實情況。但現在呢？我們要擁有和歸屬什麼，才是台灣人，才能認識台灣社會其實一直在本土化？先不論誰可以給這個答案，在一個多元和開放的社會中，對於這個內容也不會存在著高度的共識。這個答案不再可能由意識來回答，或者在意識中找尋。在全球網絡中，我們真正擁有和歸屬的就是台灣

境寓，這是最本真和本土的，也是台灣的主體性所在。同樣的道理，台灣主體性不會在意識的論述當中呈現，但它一直存在在那裡，它不是由台灣意識所規定，它就是台灣境寓[78]。

　　回到境寓，並不是要抹去意識，而是再次接觸已經被我們遺忘的日常生活意義。在這地方，雖然大家也許有著不同的意見和立場，但很大層面上，我們彼此已經習慣生活在這樣的網絡當中。這個世界不是由意識來架構，而是在我們每天最熟悉的日常生活中所展現。我們在意識上不需要告訴我們是台灣人，我們才是台灣人。真實的狀況是，我們自己遺忘我們就是台灣人。過去族群運動最大的特性，就是試圖建構屬於自己團體的意識，剛好也遺忘了這個台灣境寓。其實都是族群運動「共識動員」的結果。需要區分人群時，運動者會刻意去強調小差異。不需要區分時，連重大的差異也可以淡化[79]。現在分類及族群運動的需要，決定了「過去的歷史和文化」被解讀以及詮釋的方式，以構成一套用來說明我族群「目前處境」及「未來目標」應該如何的族群認識[80]。我們應該都知道這個分類的需要是怎麼一回事，它是政治版圖的建築。但這並不是說政治團體不可以建構未來的目標，而是從意識到境寓的轉向當中會有不同的型態。在意識中，這個目標是從團體出發並且試圖歸類群眾；在境寓中，它是在人民的權利和利益上所進行的競爭。在務實的日常生活中，人民最主要的關切和意義還是在權利的議題上。我們就是每天這樣在生活，在我們都是台灣人的空間上，政治版圖的擴展或萎縮乃是建立在人民權利的基礎上。

　　我們應該更瞭解現在的台灣，而不是過去的台灣，才能有足夠的社會科學基礎來思索台灣的未來。如果要從國家框架的惰性中跳出，嚴肅面對與思考自身的視域結構與處境就是首要的任務。在境寓中鋪陳出最新的社會科學論述，一種回歸到全球主流價值與社會力量的勇氣。這並不是要將台灣帶到任何一個理想的生活空間，它就是台灣境寓。我們不需要以社會科學一直以來所沿用的術語來描述和限制台灣，例如國家（state）以及國家框架之下的社會概念。社會科學從啟蒙時代所累積起來的現代性，對於台灣社會而言，並不是唯一參考的思維，縱使現代性中充滿了樂觀、理性以及未來。現在我們必須接收悲觀、非理性與不穩定性。當我們用單純的理性與樂觀來告訴我們的人民時，我們正在欺騙與麻醉我們的人民。當今社會乃是一個複雜的關聯體，所有的對象、反省或思維都是變項，並且不再容許啟蒙式的理性或計畫[81]。人民的權利與義務過去聯繫著這個現代性以及國家框架，現在如果將權利與義務系統往超國家和公民社會的發展中推演，在區域中，特別在兩岸關係中，台灣主體性將有不同的社會科學意義[82]。我們必須重視在全球社會中的台灣境寓網絡，台灣主體性才會有實質的運作空間。

　　回到台灣境寓當中，台灣必須同時在國家統治與社會治理上進行制度化與民主化，但關於前者的政治鬥爭不能掩蓋了後者的重要性，因為後者正是前者的正當性基礎，並且在全球性中更具體反應關於世界普遍以及兩岸特殊的現狀。在這個基本邏輯上，建構台灣新的主體符號意義就是台灣社會的重建，其中的權利和參與程序之系統化，正是給予國家與政權最大合法性的基礎。因此重建台灣社會的基本邏輯一開始並不是以國家的定位為前提，而是如何讓個體的社會化與其基本權利得到符應新社會背景的發展，當然後者在邏輯上還是會與國家有所聯繫，但已經不是唯一的聯繫，因為有些議題可以或必須對應於全球或區域生活的發展。在當今的社會科學中，回到境寓有著相當大的共識。主要的原因是當今社會有著相當大的變化，過去的解釋或詮釋已經面臨到根本的困難。這當然包括我們台灣社會。例如德國社會學家U. Beck所言，一種全球性的或世界政治性的社會學必須徹底地轉變眼光，重新思考和營造自己的概念與結構，而且要遠離以民族和民族國家作為自己思考和研究領域的統一性原則，走向一種全球性的社

會整體[83]。社會學大大小小的問題都在進行重新探討、確定、處理和回答，而且不是在無所不包的烏托邦理論中，不是在為瑣瑣碎碎的民族主義辯解這一意義上探討，而是在跨民族的文化比較中探討[84]。這個轉變就是從意識的建構到境寓的揭露這個歷程。台灣社會不再需要一個統一性的原則，因為在境寓的多元文化中，人們習慣上關心的事情不是這些原則，而是日常生活中的權利。這些權利如果只是放在過去的國家框架中來安排，其實並不尊重人民。

　　就像美國文化理論家Z. Bauman的見解，我們如今的處境是——「我們的旅程沒有明顯的目標」。這需要一個探究社會理論的新取向，一種理論上的解放，要和現代社會理論中的進步與普遍主義概念有所決裂[85]。思考台灣的國家定位是一件重要的事情，但揭露台灣境寓的真實性則是更重要與更基本的工作。台灣社會的潛在力量如何得到更大的發展空間，國家框架不是不重要，但境寓的全球網絡更是基本的東西。Bauman認為我們應該拋卻社會的概念。在現代社會理論中，社會的概念通常是指一個由民族國家所統合、組織和維繫的結構化空間。因此當我們想理解民族國家之間或之外的空間時，就會發生困難。而以當今的狀況來說，這已經不只是一種困難，而變成致命的理論缺點。我們所居住的世界已經不再受制於主流的文化或經濟系統，而是一個由許多相對自由的行動者所組成的社會空間，這些行動者因為彼此的相互依賴而促成互動。

　　比照Bauman的看法，境寓就是一個非社會的空間（a non social space），它沒有單一中心的權威，沒有單一核心的價值系統，也沒有一致化的組織[86]。這是一個很特殊的用詞，我們當然還是生活在社會中，非社會的空間強調的是不再以國家為唯一的框架或邊界。在這個空間，不再有意識的建構，因此沒有單一的權威、價值和組織。同樣的邏輯，今天如果我們要建構台灣意識，其實就是要建構單一的權威、價值和組織，這已經沒有相應的社會運作空間。當然拒絕承認國家為社會分析的地理容器，並不意味著國家不再被看成是現代社會的一項關鍵建制，一項對經濟、文化和社會過程有著深刻影響的建制。真正不需要的是這樣一個假定，也就是認為國家構成了社會行動之自然的、甚至是最重要的邊界。那種依照國家邊界所定義的單位來組織社會知識的方法是否真有效率，現在已經遭到了質疑。在這種挑戰中，社會科學的近期發展蘊含著社會科學研究對象的一些重要轉變[87]。因此在二十一世紀的今天，我們最重要的課題就是先揭露台灣境寓。

在過去對國家的看法中，我們可能認為台灣已經是一個國家，就是中華民國。或者認為台灣應該獨立建國。這些看法都很重要，但如今更重要的是我們在社會科學的轉型中，看到台灣境寓的真實性。我們不需要在國家的爭論上有所共識之後，才知道我們是台灣人，在台灣境寓的空間上，我們就是台灣人。我們碰到不可轉變的全球性，我們早已生活在一個世界社會中。這其中有兩個重點，一個是由非國家組織所組織起來的權力關係，另一個是跨越邊界的生活和行動經驗。在過去現代化的過程中，國家、社會與個人的統一體現在已經消解了。世界社會並不是指世界國家社會或世界經濟社會，而是一個非國家社會，亦即一種社會的凝聚狀態[88]。如今的台灣已經是世界社會的一部分，世界社會是由不同的境寓所連結起來的網絡，這是一個新的世界關係，而不只是過去的國際關係。當我們還想在過去的國際關係當中確立我們是台灣人，倒不如在今天的世界社會中直接告訴我們是台灣人。台灣境寓不會在世界社會中消失，相反的，會與其他境寓連結得更深，包括中國境寓。這是一個真正不會消失的主體，當然也是由全球社會中的相互主體性所展現出來。

在過去的國際關係中，每個社會比較穩定，在今天的世界社會中，大家的確比較不穩定並且充滿偶然性。在台灣境寓中，台灣人的確有著更多的不穩定性與不確定性。台灣境寓揭露的是全球社會的真

實狀況，同時也揭露兩岸維持現狀的主要民意。我們常聽到有一部分人說，台灣發展的命脈在經濟，也包括兩岸當中的經濟活動。另外一部分人會說，兩岸不能只講經濟，必須在政治上做有限度的區隔。境寓中最根本與最原始的活動就是經濟，它時時刻刻在進行並且帶動社會的變遷和發展。在民主進步黨執政的八年中，台商在大陸的投資額成長近三點八倍，這樣的經濟活動事實上已經改變了兩岸關係。但台灣與中國大陸的確有所差異，現階段看不出可以用政治語言和手段來表現的可能。它的差異其實就是台灣境寓和中國境寓的差異。它們在包括經濟的網絡上逐漸連結，但是在兩個境寓的主體上連結。台灣與其他國家的境寓連結也是在這種狀況下進行。事實上沒有任何人或團體可以切斷這種連結，因為包括政治的活動都是在反應這種經濟上的連結。換句話說，縱使我們不提台灣意識或台灣境寓，台灣經濟活動還是一樣在全球當中進行。瞭解台灣境寓的重要性，就在於凝聚台灣內部的各種不同立場，以及告訴我們自己就是台灣人。

　　另一方面，在過去台灣現代化的歷程中，台灣意識乃是伴隨著現代性的一種計畫。在我們今天所揭露的台灣境寓中，台灣意識剛好就是一種意識型態。但是現代性的計畫已經不可行，其所仰賴的是一種目的論來解釋歷史，因此完全忽略了偶然性。同時，這種計畫乃是在社會之外或之上所創立的，而當代社會將繼續從下而上不斷地改造。只有透過打造持續更新的能力，才能對全球的處境做出適當的回應。這樣的能力蘊含在一種生成的政治（generative politics）之中。這將社會反省性重新注入一個有利於政治對話的架構中，這樣的對話是多面性與地方性的[89]。在這種對話中強行注入一種意識，在溝通上不但是不可能的事情，也是一種政治上的建築，就是意識型態。當然如果在這種對話的過程中，凝聚出大家有共識的台灣意識，那將是真正的台灣意識。

　　在過去，我們一直要求自己或對方要提出「藍圖」或者所謂的

「大論述」，一方面檢視這個人有無領導能力或遠見，一方面用來吸引群眾的支持。這個輿論本身看起來具有一定的道理，但事實上隱含著更大的問題。如果整體社會缺乏溝通的機制，以及相互的信任，這樣的大論述將是一種意識型態，特別是在台灣社會中。在當代全球社會中，所謂的大論述乃是一種後設的論述，並且是在一個沒有統一性的社會秩序中之論述，如此一來，這些論述將直接是權力的展現與競逐。當這權力可以貫徹這個論述時，這論述馬上成為一種意識型態，縱使美其名可以帶領大家到一個方向。當這權力不足以貫徹這論述時，雖然也可以呈現多元社會中的競爭平衡，但將是不折不扣的符號競爭。在過度複雜的符號競爭中，不但人民摸不清楚相關的行為，權力的擁有者也將折腰於層出不窮的鬥爭漩渦。另外，展現權力的大論述在這樣的前提下，事實上增加社會的複雜程度，而進一步遮蓋人民在境寓中的問題。這裡存在的矛盾是，大論述是為了要解決所謂的問題，但卻剛好碰觸不到真正的問題，並且遺忘這問題的歷史性與未來性。

　　我們都知道在過去西方國家現代化的歷程中，包括政治、社會和教育等等層面，都有一套相當清楚的計畫。它們最初就是在意識和理性的領域裡面所建立起來的，一個人為什麼會有教養，一個社會為什麼是現代化的，都有相當清楚和高度共識的答案。這個是社會和國家現代化的原理，也是建構社會科學的基本邏輯。台灣在戰後的發展也是在這樣的原理和邏輯上進行，它就是現代化。今天的台灣當然還要持續現代化，但環境和發展的思維已經有很大的不一樣。發展已經不能由意識所規定，而是在境寓當中進行對話，在透明的程序上累積合乎人民權利的生活網絡[90]。台灣社會需要朝向一個開放性的生活世界，它務實面對我們的處境並且降低符號性的競爭。境寓就是一個開放的概念，它一方面承認社會的不穩定性，一方面在這不穩定性中找尋力量。不論是共同體或者公民社會，它們在全球資訊社會中的共同

特徵，就是訴求一個開放的生活邊界，除了反應資訊社會的特性之外，也觀察到在區域秩序中尋求面對諸如失業、治安、環境和人權的種種嘗試[91]。

　　回到台灣境寓中的發展，不但不會和中國大陸一樣，甚至不會像過去那樣以西方國家為主要方向。發展的形式和內容現在是屬於境寓本身，境寓的發展不但在全球化，同時也在地方化。這是台灣社會展現特性的機會，也是潛力的蘊藏所在。全球化與區域化正在壓倒以前發展國家以及社會的一些準則。國家，作為傳統的發展主體，正在被國際組織與市場力量的角色所侵入。現代化以及追上西方先進國家是發展的傳統目標，但是現在也逐漸成為問題，因為現代化不再是一個清楚的願景。在生態問題上，科技發展的結果和其他問題的角度下，現代性也就不再像以前那樣地吸引人。同樣地，在地方文化和文化多樣性的重視之下，西方化也馬上成為一個可議的取向[92]。地方化和多元化讓台灣社會必須發展自己的特性，因為永續發展的空間就在這裡。回到台灣境寓中，我們首次碰觸到這個屬於大家的地方，也才知道我們是全球社會中的台灣人。

　　從上面的發展變化當中，我們可以清楚地看見，放棄大型理論或藍圖，尊重多元、差異以及扮演解釋者與揭露者的角色，是我們可以用來觀察台灣社會的參考，這個新參考就是台灣境寓。這些變化是我們在觀察全球化的歷程中可以清楚看見的，同時對於發展本質（nature of development）的理解也有所改變。早期發展的努力集中在內在結構、資本輸入以及科技等等層面。最近的趨向同時注意到制度、過程、管理、教育和知識等等。發展的行動者已經變成多元中心（polycentric）。我們現在不需要在意識當中找一個中心，因為它已經不存在。境寓當中的多元中心才是事實，它們會帶領台灣不斷地往前發展，不斷地開發台灣社會的潛力。

　　在台灣境寓中，我們看到地方（local）的新定義。地方不再是一個封閉的局限空間，它不但與國家、區域和全球連結成一個網絡，同時在發展上也是同步前進。發展不再是單純的權力數學，而是對現狀正在進行重新洗牌[93]。全球化已經建構新的非領土與非主權（non-sovereign forms）的治理形式。原有建立在中央與合乎國家法律的治理形式，現在部分轉型為地方與區域的輔助治理之新形式（local and regional subsidiary government）[94]。而這正是民族國家以及運作於其中的社會生活之轉型歷程[95]。一般來說，新的發展概念標誌某種制度化的個人主義。像教育、社會權利、政治權利、民事權利以及參與勞動市場的核心社會機制，都是以個人為取向，而不是以組織或家庭為取向[96]。全球性的全球化是不存在的，只有地域性以及改變著地方的全球化。我們甚至可以這麼說，全球化促成了對地方的重新定義[97]。在全球化的力量範圍中，如果地方意義不曾被重視或仍然是傳統型態時，則這地方乃是處於被壓迫與被剝削的位置[98]。因此展現台灣主體力量，首先必須在全球化與地方化中找尋，它既同時聯繫到國家統治，也聯繫到以社會力量為基礎的社會統治。過去集中在國家的意識建構，在這裡同樣失去它的空間。包含地方、國家、區域和全球領域的台灣境寓，在今天正是社會共識產生的場所，也是台灣社會在全球當中的最新面貌。

　　最後，有些人會希望台灣在過去歷史所造成的對立中得到和解。但在意識的建構中，不可能會產生和解，因為沒有實質的環境作為基礎。過去台灣意識的建構已經完成歷史的階段性任務，過去的對立其實是今天和解的基礎。當我們從意識回到境寓當中來，才有和解的可能，因為大家發現自己就是台灣人。和解不是用建構的，當然更不是用說的就可以做到。在過去，我們也嘗試和解，但其實都伴隨著或隱藏著撕裂。回到台灣境寓，並不是說就可以為我們台灣人取得實質的和解，而是取得和解的可能性。這不只是過去台灣內部對立的和解，也是兩岸的和解。這個過程必須等待新社會型態的出現才可能，回到

台灣境寓就是這個過程的開始[99]。現在兩岸似乎有著更友善的關係，但仍必須找出彼此尊重的主體。它事實上是存在的，但又不好說出來。但現在可以說出來，這個主體就是台灣境寓與中國境寓。

　　透過上面的討論，這裡將同時修正和補充黃俊傑的看法，他的見解是精闢的。他認為在二十一世紀多元文化與國際政治秩序中，台灣意識論述應從過去的抗爭論述轉化成一種文化論述，而成為與中國大陸和世界進行有益的文化對話基礎。他所謂「作為文化論述的台灣意識論述」，正是這裡講的「台灣境寓」。它在台灣與大陸互動的脈絡中，於文化認同與政治認同之間取得一個動態的平衡。而在台灣與世界的互動脈絡中，它可以在國際政治秩序中，訴求差異政治（politics of difference），凸顯台灣文化與政治在二十一世紀世界新秩序中的地位和價值[100]。

■ 第三節　兩岸關係中的台灣文化政策

　　在二十一世紀的台灣社會，我們不再需要用對抗任何社會的方式來告訴我們自己是台灣人。在對抗的方式中，我們處於一種依賴關係，也就是不曾自主過。這是台灣人自主的一個新時代，它不需要任何宣示，只是揭露。台灣境寓和中國境寓的存在是一個事實，在台灣內部，我們都是台灣人，在兩岸關係中，台灣和大陸存在著境寓的差異，在全球社會中，生活在台灣境寓的我們正時時刻刻與其他人交往著。

　　台灣境寓是一個事實，全球的人也早已連結到這個台灣境寓，包括中國大陸。台灣與中國大陸本來就存在著差異。因為境寓不一樣，台灣人與中國大陸人是有差異的。在今天全球社會的運作邏輯中，把這個境寓跟那個境寓同一起來是不可能的事情，因為它們一開始就是由差異所展開。同樣的道理與事實，這個差異一開始不是對立或對抗，對立或對抗是後來各種因素所加進去的。我們的生活是有秩序的，這是不爭的事實，並且和大陸社會有所差異，這也是事實。在今天的全球社會中，我們不是用民族、血緣、語言或宗教來訴說我們是台灣人，而是以表現秩序和制度差異的境寓來告訴自己就是台灣人。因為台灣社會的秩序和制度對我們是獨一無二，一個開放的文化也是在這個秩序和制度中表現。在全球秩序上，對台灣主體的認同因而不限於固定地理空間之內，它是一種因權利被妥善照顧而產生的榮譽感。以政治或種族符號的操作來塑造認同，基本上並沒有找到社會的著力點，雖然他們很多時候認為自己的主張有利於台灣。但這並不是說不能存在政治符號的訴求，如果它們不是在邊增社會複雜性的話。今天之所以需要重建台灣主體符號的直接理由，乃是社會處於高度不信任的狀態中。而究其因，主要是肇因於政治符號之操作與鬥爭。權利必須以法律形式來表現，並且事實上也已經存在於法律體系中，現在重新強調權利，一方面乃是表現參與的面向，社會參與並不一定有特殊的內容或方向，但是它至少也提供已經虛弱的傳統價值與文化一個新的重建機會；另一方面也是回應當代社會中新產生的權利議題，諸如治安、生態以及文化上的相關議題等等，它們同時需要來自於個體參與的動力，在某個程度上也是新的可能就業機會[101]。

　　台灣和大陸是不是有著共同的文化這一件事情，其實跟我們就是台灣人這一件事情並沒有太大的關係。我們平常跟日本人、美國人以及大陸人交往的過程中，其間的相似和差異自然在感受中表現得很清楚。雖然我們和大陸有著很深的共同文化傳統，但台灣還是有自己的文化，特別是在全球社會中。這裡顯然有一個新的文化空間，一個從過去框架釋放出來的開放空間。這是對我們這一代人以及未來世代有意義的開放空間。縱使今天在歷史的記憶和資料中訴說台灣文化是什麼，它們也會在快速的社會變遷中被遺忘或被修正。在過去相對穩

定和封閉的生活中，文化可以有著很清楚的內容。那是屬於過去的年代，當然這並不是說今天的文化都沒有清楚的內容，只是愈來愈沒有一個可以訴說這個內容的固定空間。用來表述這個開放文化空間的符號，就是台灣境寓。

　　文化的多樣性（diversity）是境寓中的基本形式。多樣性所指的是認同的複數（plurality of identities）。個體主義的邏輯雖然要求尊重差異，但是多樣的群體並不是存在於差異邏輯（logic of difference）所演繹出來的系統中，因為多樣的群體早就並且仍舊存在於日常生活當中[102]。多樣性確固了複數的文化認同，並且使得個體可以在主流社會中順利地行動[103]。境寓中的文化一方面是開放的，一方面是多樣的。在這樣的空間，不可能用一個文化論述來壓倒或掩蔽另一個，就像在過去的威權封閉社會中。這同時意味著，今天不會出現一個大家都同意的台灣文化內容。強行把大家變成一個文化認同，就是消滅多樣性，其實正是壓制台灣社會的創造力。擁有開放和多樣性的台灣境寓，它的文化表現與中國境寓有所差異。這不是誰規定的，而是社會的自然歷程。但不可否認的是台灣境寓與中國境寓是比較接近的，在相較於美國或日本等等境寓時。

　　如果在台灣境寓中放棄任何固定的文化論述，台灣將是最平等和最具創造力的社會。但這是不可能，台灣境寓本身也是一種文化論述。當然這不是說不會或不可以有文化論述，而是指出在任何社會中，文化論述（discourse）都會聯繫到特定階層或團體的權力[104]。台灣境寓的文化論述直接反應台灣社會的全球性與開放性，因為它體現的正是具有多樣性的台灣社會，並且權力來自於整體的公民社會。在台灣境寓中，我們就是台灣人。在這個邏輯下，具有新型文化論述的台灣境寓，也會存在不同個人或團體的文化論述，但都是在這樣台灣人之下的文化論述。我們不需要再找理由來告訴別人怎麼樣才是台灣人，或者不是台灣人，因為大家已經是台灣人。在這個空間中，不同群體可以有自己的文化論述，但不會刻意把別人變成跟自己一樣。文化多樣性已經穿透過去傳統社會與國家的心臟[105]。

　　台灣境寓和中國境寓未來會怎樣發展，那是未來社會變遷的事務。全球社會中的兩個境寓不會彼此互相切割，更不會相互統一。用政治力強行統一兩個境寓，那將是問題的真正開始。就像J. Habermas在回顧兩德統一的見解，他提到國家統一當然是通過民主選舉而被合法化的，但統一的方式卻剝奪了五分之四人民自由選擇的機會。人們從未問過他們的看法，他們能做的僅僅是接受已成為事實的合併[106]。境寓中的自我理解與自我政治意識只能通過公共交往的媒介形成，而這種交往又建築在文化的基礎結構上。然而這一基礎結構會在強行的政治架構中呈現每下愈況的趨勢[107]。如同前面一再說明的，不同的境寓會相互連結，但彼此會有差異。這個差異是所有後設政治區隔的原型。當然境寓的開放性給予不同社會相互合作的空間，甚至是相互整合的空間。至於整合到什麼程度可以相互同一，這是一個邏輯問題，沒有任何人或團體可以回答。就像現在的歐洲聯盟，成員國家中的境寓呈現相當程度的整合，但必須注意的是，像德國境寓或法國境寓等等的現實仍然存在，只不過它們不斷在擴大與變化而已。

　　回到台灣境寓，並不是要解決什麼關鍵的問題，而是揭露台灣社會最本真的狀態。在這個最真實的空間中，我們就是台灣人。對於台灣社會而言，並不是要「解決」什麼「問題」。因為在全球資訊社會中，「問題」到底存在於哪裡，是一件相當複雜與不穩定的議題，而「解決」這個動作更是充滿不穩定性，這個動作本身可能隱含其他問題。因此回歸到日常生活的境寓當中，並且轉移我們的視域，是較為可行的方向。對於台灣社會而言，統一或者獨立不是解決問題，而是一連串問題的開始。但是這樣的敘述並不是指涉民族國家將行消失，或者持續性流失它的行政權力。我們只是認為對於社會秩序的理解，已經難以透過組織理性來進行，所謂社會「問題」的「解決」，也不

是在科學理性的清晰邏輯當中被推論，「解決」本身除了不見得是舊「問題」的終點外，也是新「問題」的開始。

　　台灣境寓的社會與心理結構，就是「維持現狀」的主要民意結構。究其實，現狀是不斷在改變，現狀並無法維持。境寓中的種種事務時時刻刻都在改變當中，這裡維持現狀的意義在於台灣不獨立，也不和大陸統一。因此，維持現狀的邏輯就是揭露台灣境寓的邏輯。但是台灣人必須要知道的，在維持現狀的邏輯中，是存在雙方的主體，它們就是台灣境寓和中國境寓。負責任的政治人物應該知道台灣主要的民意結構，以及台灣境寓的事實[108]。「維持現狀」的社會和心理結構是台灣境寓所特有的。「維持現狀」反映了台灣社會的特性，它是一種務實但又矛盾的情境，如果我們以傳統的社會科學眼光來看的話。但是「維持現狀」的民意已經初步反應我們所說的擱置大論述，也就是回歸到境寓的首要視域轉移。但是它對於境寓的社會意義而言，還少了一個動作，就是把它當作一種最新的人類生活秩序，並且回過頭來修正已有的社會科學，以及在這個點上接軌全球並獲得西方世界的認可。以這種角度來觀察和揭露台灣社會，台灣社會在認同上的真正問題並不是認同的對立問題，因為個體的認同強度在平常並不清楚而且容易被形塑。真正的問題是個體缺少對權利和義務的認知，在參與上處於被動而且容易被操縱。

　　「維持現狀」其實是一個拼裝後的認同態度，因為事實上台灣人對台灣現狀並沒有清楚認知，包括國家認同與文化認同。因此「維持現狀」這一認定本身就是一個相對上清晰的態度，而它既不是理念，也不是意識型態，而是來自於現實的反應與妥協。這的確是一種妥協，但在台灣境寓的揭露中，台灣境寓和中國境寓的存在是沒有辦法妥協的，因為它是事實，而維持現狀的根本原理也是在這裡。台灣境寓中的維持現狀結構至少反應了三個重要現象。首先，台灣社會已經擁有全球性的「既是……也是……」之行動邏輯，它可以同時包含相互對立甚至矛盾的要素，並且不需要有單一的中心來同一它們[109]。雖然維持現狀是務實的，但畢竟是一個相當無奈的反應。在這個前提下，我們不能斷言台灣人民是理性的，因此認為需要維持現狀。相反地，在很多的議題與事務上，我們通常也拿不定主意而認為現狀就好。在現在的此刻中，各種包括矛盾的符號一起並存，因而也呈現出它的不確定性（uncertainty）[110]，尤其當我們之間由瞬息萬變的資訊所充塞時[111]。國家邊界的清晰性開始模糊，全球性的社會型態體現著一種新社會秩序的產生，它將民族國家原有的單一中心或少數中心形式轉型為多元中心（polycentric）形式。因此秩序的新概念需要含括矛盾的概念，而不是排除矛盾而趨於同一。

　　其次，維持現狀也同時表達迴避立即風險的邏輯，表面上這似乎是一種理性計算之後的結果，但事實上它剛好表現對簡化環境複雜性（complexity）的虛弱能力。這個虛弱性同時表現在個體以及整個政治系統上，也就是個體自身的分裂以及整個社會的分歧。台灣社會內部的分歧乃是我們所熟悉的，尤其在資訊符號的運作下更是如此，這個結果將是台灣社會同時缺乏與其他社會區別開來的能力。換句話說，台灣對內缺乏建立認同（identity）的凝聚力以及對外放置區別的行動力。當然這並不只是台灣社會才有這個現象，它只不過體現全球性的另一特質。然而對於台灣社會而言，似乎比起其他社會來得嚴肅，因為台灣社會擁有更多的不確定性。因此維持現狀的行動邏輯並不適合被放在國家形式當中來理解，而是在社會形式當中來理解，也就是在台灣境寓當中來理解[112]。在這樣的前提下，還原台灣這個主要社會力量的主體面貌，必須先避免放入更多的符號與資訊，尤其是政治菁英所散布出來的。因此在理論上，維持現狀的行動邏輯同時要求緩和政治理念與意識型態之堅持，或者減少政治符號的權力鬥爭，雖然後者也是民主社會的常態。

　　最後，維持現狀並不是一個對現狀力圖釐清以爭取更多利益或

權利的行動邏輯，但它至少是一個維護現有權利或可見權利的堅持。這也表現全球性的另一個特質，人民的權利系統於全球社會中也是構成社會秩序和認同的重要因素，並且在一些面向上已經超出國家法律秩序之外，成為全球性的議題[113]。因此維持現狀雖然是非常無奈的訴求，但也是非常無力的主張。維護現有的權利或利益系統應該訴諸更為有力的行動，就是訴諸台灣境寓和中國境寓的差異。這不是和大陸對抗的邏輯和行動，而是揭露一個更可以凝聚台灣社會的事實。在境寓的相互合作或整合中，不可以損害到台灣人民的利益，這個原理也是台灣境寓存在的事實。我們事實上也可以看見，透過媒體傳播的政治論述正在塑造所謂的台灣民意，或者動員台灣的社會力量。這些政治論述中的主體符號意義，事實上已經拼裝過了原本的真正社會力量，也許學界認為這些政治訴求乃是主要的關鍵議題並值得加以研究[114]。雖然這樣的工作有所意義，但更重要的是，在全球社會中回到社會力量本身來觀看台灣的前途，它對於我們瞭解主張維持現狀的多數民意將有更大的幫助。須知並不存在持續不變的「維持現狀」，「維持現狀」只是體現一種台灣社會結構的特殊符號，我們應該在這主要的社會力量中，還原台灣真正的主體意義，並對不同政治訴求的主體意義進行解構。因此，「台灣境寓」這個符號不只是揭露，同時是一種實踐。它在解構過去政治理念或意識型態的同時，也在重建台灣社會。

在台灣社會發展的歷史中，台灣境寓是目前可以瞭解過去對立的環節。從二次大戰以來，台灣社會在經濟發展的帶動上，生活的各層面不斷多元化。我們開始思索如何治理這個社會，這個社會何去何從。台灣社會在精神與文化生活層面上也不斷提升，而這同時也必然造成愈來愈多的對立，甚至更強烈的對立。更重要的是，對於這些對立的瞭解，只有在同一之中才有可能。對於這同一的瞭解，也必須從這些對立著手才可能[115]。台灣社會的發展擁有一些令人惋惜的重大事件，究其實，它們雖然是台灣社會發展的重大環節，但台灣社會自身的存有才是本質。沒有人會主動丟棄這個存有，因為不可能。因此也沒有人不會認同這個存有，因為它是一切社會活動的基礎。這個認同的本質就是主體性。但現在的問題是，在今天的全球資訊社會中，我們遺忘了這個存有，混淆了認同的本質，找錯了主體性的意義，特別是在互相不信任的高度競爭社會中。在歷史的運動中，台灣境寓一直存在在那裡。

　　一九四五年以來，威權政府所塑造的主體符號就是仍代表全中國的中華民國，它事實上不是產生於社會力量或體現整個社會結構，但也的確存在於威權的封閉社會中。台灣脫離於封閉社會的現代化與民主化歷程，必然產生政治權力中心的分權與分散，社會本身取得可以與國家機器相平衡的力量與位置[116]。社會本身唯有取得它的地方性（locality），才能展現真正的實質力量[117]。事實上這個力量本身就是台灣主體的真正基礎與原型，它所表現的不同形式構成台灣社會民意的內容，並且在權力關係中被書寫成不同的政治理念或意識型態。當政治理念或意識型態進一步拼裝成新的主體符號時，事實上總是掩蓋甚至扭曲原本的社會主體[118]。因此在重建台灣新的主體意義時，首先必須還原到這個原本的社會力量上，它使我們更清楚觀看到權力和權利的本質，以及台灣在全球社會中的真正處境。這就是一直存在於那裡的台灣境寓，今天再把它拿出來講，不是為了對抗中國大陸，而是告訴兩岸以及全球人民，這裡存在一個自主的社會秩序和系統，這裡的人民就是台灣人。當人民的身分定義在全球已經擴大時，台灣也有著其他社會的人在這裡生活，廣義上，他們也是台灣人。

　　回到真正的地方性中，我們看到了台灣境寓。它除了處於全球社會之外，區域化（regionalization）也是另一個重要的空間。也就是說，區域秩序本身的形成必然是有它的基礎與來源，它並不是跳過國家而在新空間上產生，而是一種同時解地方化（de-localization）與再

地方化（re-localization）的歷程。資訊符號系統的發展將地方上的原有內容瓦解掉，同時以自身來重組新產生或受重視的要素。因此這也必是一個愈來愈抽象的歷程，社會互動與認同必須有新的基礎，它不再容易以傳統的種種內涵為方向，而是漸以形式的規範和權利概念為核心。而這個歷程在區域的必要性就是因之於這個區域的各種共同利益，不論是經濟、文化或政治的[119]。區域的合作或整合在全球已經有一段時間，甚至有相當大的進展，例如歐洲聯盟[120]。台灣境寓雖然在區域合作或整合上有著政治的限制，但生活事務和網絡已經在日常生活中聯繫於區域。同樣的現象，這裡存在一個主體，就是台灣境寓。在揭露台灣境寓的同時，亞洲人會知道台灣境寓和中國境寓是同時存在並且有所差異。

揭露台灣境寓，一方面是維護台灣人民的權利，一方面也是試圖找尋一種新的伙伴關係。台灣社會本身需要更直接的伙伴關係，才能觀看到真正的共同體與共同命運。如同M. Weber所言，社會行動的態度依賴於參與者在主觀上所感受到的伙伴關係（Zusammengehörigkeit）[121]。也就是生活共同體是以某種共同點為其存有的基礎，或者由於共同分享、困難和命運而需要保存。純粹感覺性與衝動性的心態僅足以造成群眾，而產生真正的共同體，則必須承認一些精神價值[122]。共同分享、困難和命運的伙伴關係無法在過去的歷史中找尋，因為它們在全球社會中展現不出什麼力量。這種伙伴關係只有在現實的日常生活中才可能，維護大家和自己的利益是最根本的動力。這不是功利，當代社會的運作原理就是建立在這樣的基礎上。人民要承認的精神價值就是維護制度和權利系統這件事情，這是人民之所以有自由和平等的基礎。任何破壞制度和權利系統的人，都是這個開放社會的敵人，包括台灣內部和外部的人。所以，這種伙伴關係不可能單獨在政治領域中出現，它只會出現在境寓的空間中。台灣境寓就是我們台灣人的存有基礎，在其中，我們有著共同的命運。

換句話說，台灣是一個多元文化的開放社會，政黨本來就有自己的利益，但是社會的伙伴關係是回歸到台灣境寓的關鍵。政治符號的對立或是一時意識型態的堅持，對於觀看台灣社會整體與尋找台灣生命力而言，是一種存有的遺忘。任何一個社會都有它的主體性。境寓是如實地存在於那裡，不論台灣未來何去何從，這境寓都是一切努力與意義的基礎。境寓作為一個整體，比部分的總和還要多。在Weber的理解中，當參與者所參與的社會行動是互相指向他們的內涵，並且參與者不會違反它們的有效秩序時，這個社會關係是開放的。相反地，如果對於行動內涵以及有效性秩序的參與有所排除、限制或給予一些條件時，這個社會關係就是封閉的。境寓強調伙伴關係，參與者所共有的東西，人與人的總體以及共同情感與記憶。它們事實上是社會制度與秩序的運作基礎，或者是社會制度與秩序的最後解讀基礎。

　　回到台灣境寓，同時給予台灣政治重建的可能。大家應該都感受到，要台灣的政治團體相互信任是非常困難的。這樣的不信任通常也與兩岸關係的不同立場相互連結，這似乎是一個不容易解開的僵局。我們為什麼是台灣人？因為我們生活在台灣境寓當中。回到台灣境寓，才可能有真正的伙伴關係。台灣民主政治需要重建，最重要的是這樣的伙伴關係，因為只有在這個關係中，才可能找回彼此之間的信任。不同意見經過溝通而達成一致時，這意見對於溝通參與者，就有道德上的遵守要求以及認同的表態。這共同意見在制度層面上的具體化，就是法律的建構。因此道德的承諾（moral commitment）在公民之間，發展出團結與容忍的意義，並促成共同的公民身分認同，也就是一個共同體的意義（a sense of community）[123]。經過這個歷程所發展的共同體當然有它的自主性，它與中國大陸存在著根本的差異，這就是台灣境寓。

　　境遇講的不是過去或歷史的命運，而是此刻的命運，它主要關聯的是利益和權利上的生存意義。在今天的全球社會中，一些事件讓我

們有「集體命運」（collective fate）之感。因此，只有在伙伴關係與
社會的共同參與上，台灣社會才可能建立「自我限制的倫理」（ethics
of self-limitation）[124]。這裡必須再次強調，今天的全球社會本質上是
具有風險特性的。台灣在這方面的利益和命運很難與其他社會相切
割，包括中國大陸。這種命運不是屬於自己的，而是屬於不同境寓所
形成的網絡。風險概念表明了人們創造了一種文明，以便使自己的決
定將會造成不可預見的後果具備可預見性，從而控制不可控制的事
情，通過有意採取的預防性行動以及相應的制度化措施，戰勝種種的
副作用。風險社會是一個巧妙設計的控制社會，它把針對現代化所造
成的不安全因素而提出的控制要求擴展到未來社會。在風險概念的影
響下，未來遭到了全面的侵蝕[125]。任何一個國家無法單獨處理的各種
問題，包括移民、傳染病、國際犯罪、核武和環境破壞，國家努力維
持的界線並不能防堵這些問題的擴散[126]。今天的台灣已經不是落後的
台灣，在很多層面與其他社會相互的連結在一起，這個連結只會愈廣
愈深。在這個基本空間，並不存在對抗的現象，只存在差異。

　　在台灣歷史的進程中，以「台灣境寓」這個符號來揭露台灣社
會的力量是目前的環節。台灣人一方面要在兩岸、區域和全球的互動
中，維護本身社會的權益；一方面在內部有著新的伙伴關係。過去建
構台灣意識的社會空間已經消逝，我們就是台灣人這件事實，現在由
「台灣境寓」這個符號來揭露。這也是文化政策在最深最廣之處可以
為台灣社會所做的思考與策略。

註　釋

[1] 海洋對於台灣來說的確很重要，如何展現一種具有潛力的海洋文化，也是台灣未來永續發展的重要關鍵。但以海島或海洋來推論台灣人的性格、社會型態或政治結構，在目前的全球社會中已經沒有太大的意義，因為在人民的日常生活中，這種因素不在人民的視域之中。海島的相關說法見莊萬壽，《台灣文化論──主體性之建構》（台北：玉山社，2003），頁22。

[2] 一直以來，我們真的沒有機會認識自己。不論在兩岸關係上，或者在國際舞台上，台灣更有聲音或者更有力量，我想沒有人會反對，也就是台灣可以有表現自身主體性的形式與空間。但是我們除了經濟的成就，還有什麼內容可以表現這個主體性。我們知不知道，台灣的文化或意識不是靠口號就可以有它的內涵的，甚至不是靠歷史呼喊或人類學證據就可以給予內容的。那麼我們講了老半天，除了用來對立於中國大陸之外，我們台灣到底有什麼文化與意識。因為我們不瞭解台灣，因此也不瞭解對方，尤其是政治的競爭對手。在政治的競爭中，不容易存在共同的辯論議題，因為我們不瞭解台灣社會。其實每個政黨愈來愈像，如果它們需要繼續生存或執政的話。為什麼會是這樣，原因是我們沒有機會瞭解自己，過去威權時代是如此，現在已經進入政黨輪替的時代也是如此，我們沒有適切的時間與空間靜下來觀看自己，觀看別人，觀看這曾經是福爾摩沙的環境。林信華，《二十一世紀新社會學：漂泊的台灣社會》（台北：洪葉，2004）。

[3] A. Taket and L. White, *Partnership and Participation: Decision-making in the Multiagency Setting* (Chichester: Wiley, 2000), pp. 3-19.

[4] 將milieu這個法文字翻譯成境寓，除了它是我們的生活世界之外，我們也是寓居（einleben）在這個世界當中。我們在這個世界中進行社會化，但也透過互動和參與在改變這個世界。所以境寓不是一個靜態的地方，也不只是一個地理空間，而是包含著生活在其中的人民以及相關的制度、法律、教育和文化等等。日文將它翻譯成仲間，基本上並沒有掌握到milieu是一個動態的整體秩序這件事情。

[5] A. Schütz在他的《日常生活社會學》中，透過分析日常生活的政治與社會面向，他說，「在素樸的社會性（mundanen Sozialität）中，我們不再處理關於

現象學還原所談的構成現象（Konstitutionsphänomenen），而是在自然觀點中的相關事物」。這個基本立場是二十世紀以來影響力最大的轉向。A. Schütz, *Der sinnhafte Aufbau der sozialen Welt* (Frankfurt am Main: Suhrkamp, 1993), p.56.

[6] The social environment of an individual is the culture that he or she was educated and/or lives in, and the people and institutions with whom the people interacts.

[7] 德國社會學家N. Luhmann的典型看法中，生活與意識必須建立它們自己的運作（Autopoiesis）。因為自我的運作是所有一切可能性的基礎。在系統運作的概念中，個人已經不見了，他是各種系統的綜合體，就像一部機器結合了各種電子機械系統一樣。這樣的描述對於過去的傳統社會，也許具有較弱的說服力，但對於我們今天高度網絡化的社會，這樣的描述則相當深刻。N. Luhmann, *Soziale Systeme* (Frankfurt am Main: Suhrkamp, 1988), pp.297-298.

[8] 生活世界中有著既定的秩序，它有功能上的整合，但也有衝突。衝突並不是秩序的破壞者，而剛好是秩序之所以可以整合的前提。如同L. Coser所認為的，衝突不是社會的非正常現象，而是社會運動的本質，一切社會組織和社會制度都是衝突的產物。所有的社會體系展現出不同部分之間的不平衡和利益衝突，社會衝突的實質就是利益衝突。L. Coser, *Greedy Institutions: Patterns of Undivided Commitment* (New York: Free Press, 1974), p.85.

[9] 在全球化的歷程上，族群議題有著新的處境，最主要的因素是原有框架族群議題的國家界線產生了變化。過去人們在這個界線內，思考族群議題，制定族群政策，甚至產生族群衝突。在文化的全球化與大眾化的趨勢中，高級文化與低級文化、文化的中心與文化的邊陲之區分，已經逐漸失去它們的現實性。透過族群的、性別的以及區域的認同，新的文化現象從邊陲挑戰中央，多元文化社會也取得發展的空間。W. Kymlicka, *Multicultural Citizenship* (Oxford: Clarendon Press, 1995), pp.11-15.

[10] 在我們的日常生活中，所有的意義都展現在每一個行動當中，它是當下的。在行動之前，我們身上已經有這個社會的習慣和氣息，在行動之後，這個習慣和氣息已經被改變。在這裡，把每一個當下歸納成抽象的歷史理念或意識，事實上並沒有太大意義。這個意思是說回到境遇的行動中，才是所有科學的起點。從某個人或少數人的意識來塑造台灣是什麼，根本上是在抽空每一個當下。

11 在二〇〇八年十二月《天下》雜誌的民調中，台灣獨立但與大陸維持和平關係的有18.6%，無論如何台灣盡快獨立4.9%，維持現狀的有57.8%，盡快統一1.6%，在一定條件下統一的有4.9%，不知道或拒答的有12.2%。

12 分裂性的認同之所以被視為困境，大概是從民族主義思維出發的結果。民族主義追求民族文化與政治疆界的一致性，在此原則下台灣注定要陷入兩難之局。但是如果以自由主義的思考為起點，民族文化與政治版圖是否一致就不是主要的問題了。台灣社會內部擁有穩定的法律系統，在國際社會中也必須因循慣例，台灣社會並不會因為不被承認為一個國家而國內法律系統無法運作。在這個意義上，境寓的社會意義朝向更務實的法律系統建制，也就是如何回歸到日常生活世界中來完備這個法律系統。

13 所謂社會行動或者社會關係之合法秩序並不一定要建立在法律秩序上，在國家制度以前，感情、價值理性、宗教或者習慣約定也可以是社會關係之所以正當的基礎。並且在所謂的全球社會中，國家在其本身之上逐漸具有一種不同於國家的互動和法律形式。在歐洲聯盟的例子中，後者就是歐洲共同體法。而在歐洲聯盟之外的超國家組織中，雖然以類似歐洲共同體法來描述並不恰當，但是以國際法來描述也似乎有所困難。這個新法律秩序之形成顯然不是要強化原有國家之內的種種性質，而是在這新的空間中，將個體的權利與社會整體力量放入可以永續發展的場域。因此不論是在全球科技資訊力量對國家邊界的自然消融上，或者在整體社會力量的競爭與發展上，區域之間所形成的新秩序都必須受到重視。這樣的現象將影響到我們對台灣社會競爭力的思考，或者台灣社會整體出路的議題。M. Weber, *Wirtschaft und Gesellschaft* (Tübingen: J. C. B. Mohr, 1972), pp.16-17. D. Held, "Democracy, the Nation-state and the Global System", in D. Held (ed.), *Political Theory Today* (Oxford: Polity Press, 1991), pp.212-222; J. Braithwaite and P. Drahos, *Global Business Regulation* (Cambridge: Cambridge University Press, 2000); M. Telo, "Globalization and Social Governance in Europe and the US", in W. Bücherl and T. Jansen (eds.), *Globalization and Social Governance in Europe and US*, European Commission (Luxembourg: Working Paper, 1999), pp.21-28.

14 這些現象都能夠使用E. Goffman的境寓（Umwelt）概念來做有益的分析，這是個體和群體用以環繞它們自身的一個常態性之核心。用A. Schütz的敘述來

說，境寓是與關聯系統（the system of relevances）相對應，而這個系統框定了個體的生活。個體多少會對把此時此刻的活動與空間上遠處的個人或與這些個人有關的事件聯繫起來的信號不斷地產生警覺。境寓是一個「運動的」世界，個體在情境變動的時候都是環繞著這個世界。N. Dodd著，張君玫譯，《社會理論與現代性》（台北：巨流，2003），頁252。

[15] T. K. Oommen, *Citizenship, Nationality and Ethnicity* (Cambridge: Polity Press, 1997), p.21.

[16] 權利的內容在全球社會中不斷地跨出國家的框架而有更廣義的陳述，也就是從嚴謹的法律形式部分地轉變到積極的參與形式。但是權利的具體化必須在個體的日常生活中來進行，因此思考全球化、行動地方化乃是重建公民社會的重要參照點。A. Cvetkovich (ed.), *Articulating the Global and the Local: Globalization and Cultural Studies* (Colo: Westview Press, 1997); D. Howes (ed.), *Cross-cultural Consumption: Global Markets, Local Realities* (London: Routledge, 1996); V. D. Nazarea (ed.), *Ethnoecology: Situated Knowledge/Located Lives* (Tucson: University of Arizona Press, 1999); S. R. Clegg a. a. (eds.), *Global Management: Universal Theories and Local Realities* (London: SAGE, 1999); J. Eade (ed.), *Living the Global City: Globalization as a Local Process* (London: Routledge, 1997); T. Prugh, R. Costanza and H. E. Daly, *The Local Politics of Global Sustainability* (Washington, D.C.: Island Press, 2000); K. R. Cox (ed.), *Spaces of Globalization: Reasserting the Power of the Local* (New York : Guilford Press, 1997).

[17] 但本土化並不是一個無所限制地縮小於一個地域之現象，或者在邏輯上並不是無限地加入地方的要素。它雖然清楚地將地方要素凸顯出來，但也同時與其他要素緊密地聯繫在一起，例如全球或區域的要素。

[18] 如同J. Habermas所言，作為一種不同於家庭生活的新生活型態，開啟了資本主義的社會形式以及官僚階層的社會制度，它們雖然在國家的法律形式下運作，但確是一種對立於國家與經濟系統的生活領域。因此作為政治共同體的國家，在十八世紀雖然擁有逐漸完善的行政與法律系統，但是它也以新的形式來體現原有的地方性與共同情感。它就是民族（nation）的形式，政治共同體以一種民族國家的方式來表現。十七世紀以來的歐洲民族國家之產生，

其基本原因除了上述交換與科技的系統化之外,更直接地來自於它所促成的宗教分裂以及其所需要的集權權威。J. Habermas, *Theorie des kommunikativen Handelns,* Band 2, (Frankfurt am Main: Suhrkamp, 1995) p.486. A. Rapoport, "The Dual of the Nation State in the Evolution of World Citizenship", in J. Rotblat (ed.), *World Citizenship: Allegiance to Humanity* (London: Macmillan Press, 1997), pp.99-100.

[19] 揭露台灣境寓這個符號,同時也在解構過去關於台灣的各種論述。過去的論述不是不對或者不重要,而是時空背景已經不一樣。因此,揭露這個歷程就是重建的歷程。

[20] A. Giddens著,趙旭東、方文譯,《現代性與自我認同》(台北:左岸,2002),頁179。

[21] 這裡所指的是現代化國家,現代化的進程使得各國連結在一起。但世界中還是存在著比差異還激烈的對抗,例如資本主義和回教國家之間的關係,或者南北半球之間的關係等等。

[22] 這主要是A. Giddens的見解,他說民族國家的形成始於它發展出明確的邊界(borders),以取代更傳統國家所特有的模糊邊疆(frontiers)。邊界是在地圖上畫出的精確界線,而且任何侵犯邊界的行為都被看成是對國家主權完整性的一種損害。現在國家再一次擁有邊疆而不是邊界,但其中的原因卻與過去不同。早期國家擁有邊疆乃是因為它們缺乏足夠的政治機器,它們無法使國家的權威直抵遠離政治中心的邊遠地區。當代國家的邊界之所以逐漸演變為邊疆,乃是因為與其他地區的聯繫愈來愈緊密,而且他們愈來愈多參與到與各種跨國集團的交往之中。歐盟是這方面的一個典型,但邊界的軟化也同樣發生在世界上的其他地方。A. Giddens著,鄭武國譯,《第三條路:社會民主的更新》(台北:聯經,1999),頁146。

[23] P. Boudieu, *Language and Symbolic Power* (Cambridge: Polity, 1991), pp.1-22.

[24] 這是一個開放文化的典型,法國文化從過去的集權特性,在區域和全球網絡的建立上逐漸分權和地方化。雖然日常生活中的種種文化要素對於法國人而言仍然很重要,但已經融入更多元的要素,同時也在向其他社會擴散當中。

[25] 特別在今天的區域整合中,我們看到歐洲聯盟再深度的整合都需要不同公民社會的支持,它們在日常生活中已經相互的交流、移動和重疊,但基本上是

有所差異。只有在這個差異上，不同公民社會才有真正的溝通和協調基礎，在社會和政治層面上也才有達成具體和可行的共識空間。

26 尤其在民族國家不再是人民生活的唯一框架，以及多元文化主義所描述的社會現象下，人民的權利與認同逐漸擺脫民族性與族群性的原始關聯。現代公民制度的發展首先促成了民族性與族群性成為凝聚社會生活之基礎。在早期現代社會中，凝結力最強的基礎在於宗教、民族和疆域等三個因素與民族性相互契合之處。但在完全發展的現代社會中，由於共同的公民地位就為國家團結與認同提供了充分的基礎（例如瑞士），因此諸如宗教、民族和疆域等因素都可以分歧。當一個人認同於瑞士或者說我是瑞士人，所表現的正是他的權利乃是被保障與維持在社會的法律制度中。而在所謂的後現代社會中，人民的權利地位對於國家與社會認同更是扮演重要的角色，因為多元而不穩定的認同內容逐漸脫離宗教、民族和疆域等因素。如同在英國與法國的傳統中（相較於日爾曼人、義大利人以及斯拉夫人），個體在民族國家當中的權利與認同，乃是傾向建立在個體依據一般原則、並且為了相互的利益結合而成的法律社會基礎上，而不是母語、民俗傳統、共同的繼承或民族精神之基礎上。因此個體權利與法律社會在所謂的後現代社會中，理論上可以作為認同現象的新基礎，只不過它們的確已經由資訊與符號所重新承載。T. K. Oommen, *Citizenship, Nationality and Ethnicity* (Cambridge: Polity Press, 1997), pp.137-145; N. Piper, *Racism, Nationalism and Citizenship: Ethnic Minorities in Britain and Germany* (Aldershot: Ashgate, 1998), pp.52-89; S. Castles and A. Davidson, *Citizenship and Migration: Globalization and the Politics of Belonging* (London: Macmillan Press, 2000), pp.33-39.

27 在一九三三年「蒙特維多國家權利與義務公約」（The 1933 Montevides Convention on Rights and Duties of States）第1條的內容中，規定一個作為國際法人的國家必須具有以下四個條件，即永久的人口、固定的領土（territory）、政府以及與他國建立關係的能力（capacity to enter into relations with the other states）。中華民國在台灣五十幾年以來的發展，事實上是符合這些條件，其成為國際法人的國家似乎只剩下將領土定義在實質統治的空間之宣示（declare）或者自決（self-determine）。這是台灣展現其主體性的一種方式，也是一種最清楚但最具有風險的方式。中華民國在台灣為一主權獨

立的國家這一事實，應是台灣大多數人可以共同接受的命題。但另一個事實
是這一命題在國際與兩岸關係上，並不意味台灣的定位已經清楚，歷史所遺
留下來的困境使台灣陷入難以解決的僵局。中華民國在台灣對於現有的邦交
國而言，可以說是法律上的國家（de jure state）。對於美英法德日等具有實
質非官方的國家而言，則可以為事實上的國家（de facto state）。但是對於中
華人民共和國及其相近國家而言，中華民國在台灣則既不是法律上的國家也
不是事實上的國家，而是中國的一部分。中華人民共和國在國際上的一個中
國之主張，使得台灣主要的社會力量滯留在維持現狀的意向中。現在的問題
是，在維持現狀的意向中，如何展現台灣主體的意義，這個展現的必要性乃
是基於台灣二千三百萬人的基本人權，它不應該由任何國家來操縱或安排。
League of Nations Treaty Series, Vol. 165 (26 Dec. 1933), p.19. 陳荔彤，《台灣
主體論》（台北：元照，2002），頁103。

[28] J. Friedman, *Cultural Identity & Global Process* (London: SAGE, 1994), pp.81-88.

[29] 江宜樺，《自由主義、民族主義與國家認同》（台北：揚智，1998），頁
222。

[30] K. Faulks著，黃俊龍譯，《公民身分》（台北：巨流，2003），頁49。

[31] K. Faulks著，黃俊龍譯，《公民身分》（台北：巨流，2003），頁73。

[32] 但是這樣的發展歷程本身又使得民族國家的邊界有所鬆動，因為資訊符號系
統的跨國界網絡已經徹底跨出民族國家的時間與空間結構。它基本上是一種
去物質化（dematerialization）的歷程，社會互動與溝通的網絡愈來愈藉由抽
象、形式的資訊符號系統來完成，它們不但跨出國家地理上的物質性，也逐
漸遠離傳統地方中的物質性、面對面社會互動的物質性，甚至擺脫符號本身
的物質性。在這個去物質化的過程中，原本以軀體為時間與空間單位之素樸
自然世界，在民族國家中先轉變為物理性質的時空結構以及相應的被組織空
間（organized space），到全球社會中又以虛擬的時空結構以及相應的電腦網
際空間（cybernating space）來表現。F. J. Dyson著，席玉蘋譯，《二十一世
紀三事：人文與科技必須展開的的三章對話》（台北：台灣商務，1999），
頁84-85。P. Virilio, *The Lost Dimension* (New York: Semiotext(e), 1991), p.13.

[33] 在二十世紀後期的社會發展中，國家權力向地方各層政治權威的分散，以及
地方經濟、觀光與文化自主性的增加，我們所謂的「本土化」在理論上乃是

一個當今社會的自然現象，就如同因航海技術與海外殖民所引起的國際化歷
程一樣。但必須要說明清楚的是，本土化並不是一個人或一個政黨可以建
構的社會現象，它是當今社會發展的一個自然現象。在這自然的本土化現象
中，過去所謂的中原認同轉型為台灣認同也是一種自然現象，甚至是必然
的現象。在二○○八年九月《遠見》雜誌的民調中，95.9%的人認為自己是
台灣人，75.4%是中華民族的一分子，73.5%認為自己是亞洲人，華人的有
67.3%，中國人的有46.6%。

[34] A. Giddens, *The Nation State and Violence: Volume Two of a Contemporary Critique of Historical Materialism* (Cambridge: Polity, 1985), p.178.

[35] I. Wallerstein等著，劉鋒譯，《開放社會科學：重建社會科學報告書》（香港：牛津大學，1996）。

[36] W. Connolly, "Identity and Difference in Global Politics", in J. Derian and M. Shapiro (eds.), *International/Intertextual Relations: Postmodern Readings of World Politics* (Mass: Lexington Books, 1989), p.329.

[37] C. Tilly, "Citizenship, Identity and Social History", in C. Tilly (ed.), *Citizenship, Identity and Social History* (Cambridge: Press Syndicate of the University of Cambridge, 1996), pp.7-8.

[38] C. Tilly, "Citizenship, Identity and Social History", in C. Tilly (ed.), *Citizenship, Identity and Social History* (Cambridge: Cambridge University Press, 1996), pp.9-11.

[39] 江宜樺，《自由主義、民族主義與國家認同》（台北：揚智，1998），頁213。

[40] 在所謂的後現代社會中，difference更是在符號與媒體的發展上得到表現空間。認同不再像過去一樣以未來為時間的基本取向，而是以現在為時間的體驗。因此我們無法確定現實從哪裡開始或結束，這種距離感的消失使得過去的理性或意識力量逐漸失去它的社會背景。認同不再因擁有理性的力量而表現出個人的個性或群體的特徵，而較接近可以複製的形象（image），它在不同的事件中擁有拼裝的效果。甚至在這拼裝的形象中，對立的要素可以同時存在於一個人的心理之中，或者社會整體之中。維持現狀的主張是台灣社會的主流民意，也是體現人民心理結構的規律。但同時表現人民的徘徊，以

及暫時安置各種對立因素的反應。人民在忙碌的資訊社會中,事實上已經沒有時間與力量去思考如何排解這些對立的要素。維持現狀是最安全的,也是最容易的,同時是最無力的。J. Shotter, "Psychology and Citizenship: Identity and Belonging", in B. S. Turner (ed.), *Citizenship and Social Theory* (London: SAGE, 1993), p.127.

41 D. Morley and K. Robins, *Spaces of Identity: Global Media, Electronic Landscapes and Cultural Boundaries* (London: Routledge, 1995), pp.37-42.

42 E. Meehan, *Citizenship and the European Community* (London: SAGE, 1993), pp.21-23.

43 A. Arato, *Civil Society, Constitution and Legitimacy* (Lanham: Rowman & Littlefield Publishers, 2000), pp.1-22.

44 共同體(Community; Gemeinschaft)一詞的內涵並無清楚一致的定義,不過一般而言,它所指涉的是關於認同、道德與社會穩定、共同意義和相互合作等等的根源。成為共同體成員的條件在不同社會型態中有不同的內涵,而在全球社會中則強調它的參與性。E. Vasta, "The Politics of Community", in E. Vasta (ed.), *Citizenship, Community and Democracy* (London: Macmillan, 2000), pp.100-126.

45 我們現在最大的任務,其實也是最大的困難,就是對已經超載的資訊之選擇與管理。選擇與管理已經超載的社會資訊,的確將所謂的他人放入不穩定的狀態,真正出現在我們身邊並且可以相互理解的他人事實上已經減到最低。這種出現在所謂後現代社會的形象將人變成單向度(one-dimension),過去的種種詮釋深度失去了它們的土壤。這是訴諸傳統歷史性的真正困難。M. Featherstone, *Undoing Culture: Globalization, Postmodernism and Identity* (London: SAGE, 1995), pp.128-129; D. Kellner, "Popular Culture and the Construction of Postmodern Identities", in S. Lash and J. Friedman (eds.), *Modernity & Identity* (Cambridge: Cambridge University Press, 1999), pp.146-147.

46 台灣——沒有歷史的社會?台灣島當然已經存在很久,原住民也已在這島上生存幾千年。如果說台灣沒有歷史,那將是不符事實的說法。但是當我們大聲述說台灣的歷史,或者具有歷史性的台灣時,我們又能說出什麼具體的東西呢?這其中的原因倒不是沒有過去的台灣史料或者紀錄,而是它們鑑於種

種原因變成非常片段與虛弱，以至於在目前的台灣社會中所體現的歷史性以及其所聯繫的未來時間性非常模糊。因此當我們說台灣──沒有歷史的社會時，它所隱喻的是這種模糊性，並且尋求一種境寓的勇氣。

47 E. Fromm著，關山譯，《占有還是存有》（北京：三聯，1992），頁141。

48 E. Fromm著，關山譯，《占有還是存有》（北京：三聯，1992），頁183。

49 J. Rex著，顧駿譯，《種族與族類》（台北：桂冠，1991），頁158-159。

50 這個基礎得來不易，它基本上經歷幾個環節。首先是權力壟斷、禁止衝突的環節。國民黨政府從一九四五年至大約一九七○年代前後，在台灣公民社會力量尚未成熟之階段中，實施威權的統治形式，政治、社會與文化權力集中在所謂渡海來台的少數外省菁英手裡。在公共領域內實行機會不平等，而私人領域內實行單一文化主義的階段。這一階段的族群關係是他們擁有各層面的實質優勢，其他大多數人擁有不平等的社會地位，並且必須接受他們少數人的文化生活方式，例如單一語言與強勢的歷史教育等等。其次是權力制衡、創造衝突的環節。一九七○與一九八○年代前後，台灣公民社會逐漸成熟，來自於社會本身的力量對統治權力產生對立與制衡的關係。這裡同時存在兩種族群關係的形式，即在公共領域內實行機會不平等，私人領域內實行多元文化主義，以及在公共領域內實行機會均等，而私人領域內實行單一文化主義。國民黨政府一方面仍然主控著不平等的社會，但是開始尊重不同族群本身所應該有的獨特文化。衝突的創造，是社會運動的本質，並且對權力中心進行制衡與挑戰。第三是權力重組、制度衝突的環節。本土力量的展現更是將原有的族群生態加以重組，並在一些重要議題上逐漸從族群本身的內在對立，轉向關於台灣與中國事務的利益與權利上。在一九八○年代前後到二○○○年的台灣，全球社會既要求公共領域的機會均等，同時也要求私人領域的多元文化主義。台灣的族群關係與生活基本上已經開始轉向利益與權利的制度系統，不論是團體或個體的利益與權利。只不過在利益極端複雜的台灣社會與兩岸關係中，族群的區別非常容易被塑造，也容易被遺忘。而可以操作這個區別的塑造者，通常就是權力的掌握者。最後是權力競爭、多元衝突的環節。在政黨輪替之後的台灣社會，台灣社會本身的衝突可以說到達一個頂峰。在政治與社會生活的重建中，個人權利的維護與促進是相當重要的要素，例如工作權、社會權以及環境權等等。個人權利的議題一直以來都是自由主義的核心，它與集體權利如何取得平衡也是相當重要的問題。但是過度的政治競爭以及互信的不足，使得我們是否可以回歸到日常的生活世界或者共同體中，面臨一個相當大的考驗。W. Kymlicka著，劉莘譯，《當代政治哲學導論》（台北：聯經，2003），頁290-298。

51 W. Kymlicka著，劉莘譯，《當代政治哲學導論》（台北：聯經，2003），頁275，305-307。

52 W. Kymlicka著，劉莘譯，《當代政治哲學導論》（台北：聯經，2003），頁326-335。

53 J. Habermas, *Vorstudien und Ergänzungen zur Theorie des kommunikativen Handelns* (Frankfurt am Main: Suhrkamp, 1984), p.605.

54 現代性所包含的動力可以是時空分離，即跨越廣闊的時間與空間領域之社會關係的聯合，並一直包括全球體系的狀況；抽離化機制，由象徵標誌和專家系統（合起來等於抽象系統）所組成。抽離化機制使互動脫離場所的特殊性；制度反思性，定期把知識應用到社會生活的情境上，並把這作為制度組織和轉型中的一種建構要素。A. Giddens著，趙旭東、方文譯，《現代性與自我認同》（台北：左岸，2002），頁3。

55 Bourdieu在此有不同於U. Beck與A. Giddens的見解。新的生產模式讓獲利極大化，是靠薪資壓縮及解雇的方式來減低薪資總體。股東只擔心股市行情以及價格穩定。因此就建構了一種經濟體制，一種生產模式，其中包含一種建立在制度化之不安全感的支配模式，藉「不穩定」來支配一個自由化的金融市場，有利於一個自由化的勞動市場，即有利於迫使勞動者順服的不穩定工作。在企業裡，我們會接觸到一種利用不安全感來使勞動者處於風險、緊張及壓力狀態的理性管理。和「傳統」服務業與建築業的不穩定性不同，這種未來企業之制度化的工作不穩定，會變成工作組織原則以及生活型態。這一長期不穩定的系統，在結構上暴露於風險之中。順帶地，我們看到，當U. Beck與A. Giddens大力讚揚風險社會的到來，並且把員工改造成充滿活力的小企業家這一神話時，他們只不過是把透過經濟必要性而強制於被統治者身上的規則（統治者對這些規則卻小心翼翼的規避），建構成被統治者的實踐規範。P. Bourdieu著，孫智綺譯，《以火攻火》（台北：麥田，2003），頁56-57。

56 K. Faulks著，黃俊龍譯，《公民身分》（台北：巨流，2003），頁193。

57 高後果性風險的意識，對大多數的人來說可能是非特殊性焦慮的根源之一。基本信任再一次成為個體是否主動和經常性受到這種焦慮困擾的一個決定性因素。沒有人能夠表明，對諸如生態災變、核子戰爭或對人性摧殘等等持續不斷擔憂的人，是不理性的。但是，把每天的時間都花在對這種可能性給予擔憂的人，並不被看作是「正常的」。在今天全球化的情境中，境寓（Umwelt）包括對高後果性風險的意識，這種意識意味著沒有一個人能夠完全逃出這種危險的範圍。A. Giddens著，趙旭東、方文譯，《現代性與自我認同》（台北：左岸，2002），頁179。

58 K. Faulks著，黃俊龍譯，《公民身分》（台北：巨流，2003），頁199。

59 包括聯合與分裂（unification vs. fragmentation），自我的反思性計畫吸納了許多的背景事件和被傳遞的經驗之諸多形式，但也必須從中刻畫出個人發展的道路。以及無力和占有（powerless vs. appropriation），現代性所提供的許多占有機會，使得生活風格的選擇成為可能，但也產生了無力的感覺。另外，權威與不確定性（authority vs. uncertainty），在沒有終極權威的情境中，自我的反思性計畫必須要在承諾和不確定性之間把握一個方向。最後個人化與商品化的經驗（personalized vs. commodified），即自我的敘事通常聯繫於日常習慣的消費行為。A. Giddens著，趙旭東、方文譯，《現代性與自我認同》（台北：左岸，2002），頁185-195。

60 A. Giddens著，鄭武國譯，《第三條路：社會民主的更新》（台北：聯經，1999），頁113。

61 S. Faucheux a. a., (eds.), *Sustainable Development: Concepts, Rationalities, and Strategies* (Boston: Kluwer, 1998).

62 它一方面在資本主義社會中確固該社會的個體權利，但對於廣大的所謂第三世界之人民權利來說，則同時具有排他性。也就是存在著反全球化的現象。在西方社會中，它們實際上與前述社會民主的轉型具有密切的關係。除了經濟生產率外，參與性政策、社區發展以及生態問題也成為關心的重點。也就是它已經超越資源分配的邏輯，開始強調關於生產的生活組織以及文化環境。S. McBride and J. Wiseman (eds.), *Globalization and its Discontents* (New York: St. Martin's Press, 2000)。A. Gould著，吳明儒等譯，《資本主義福利體系》（台北：巨流，1997），頁9-28。

63 從一八九五年以後，台灣意識的發展有其明顯的針對目標，例如日據時代的「台灣意識」是針對日本帝國主義與殖民主義，反對日本人的壓迫。光復後的「台灣意識」是針對當時的國民黨政權對本省人的歧視與壓抑，以及權力分配的不公不義。進入後戒嚴時期以後的「新台灣人意識」對內追求各族群的團結，對外抗拒中共政權的打壓。作為一種整體歷史現象來看，近百年來各階段的「台灣意識」論述，本質上是一種抗爭論述，其所發揮的是對內鞏固民心團結力量的作用。黃俊傑，《台灣意識與台灣文化》（台北：正中書局，1990），頁39。

64 在網絡的邏輯中，同時存在內與外。並且如果有對抗，對抗也是與合作同時存在。先有對抗或者對手，再有合作或自己的邏輯只存在於過去封閉的社會中。

65 許倬雲，〈台灣文化發展軌跡〉，載於黃俊傑、何寄澎主編，《台灣的文化發展：世紀之交的省思》（台北：台大出版中心，2002），頁17。

66 張茂桂，〈台灣的政治轉型與政治族群化的過程〉，載於施正鋒編，《族群政治與政策》（台北：前衛，1997），頁62。

67 多元社會的另一面向就是分歧和模糊，這是一個逐漸相對化的過程。今天全球社會擁有的相對化是人類歷史以來的巔峰。

68 在這種集體記憶下也形成一些特殊的心態，例如悲情心態，作為台灣人是不幸的。出頭天心態，台灣人要從悲情中走出來，一定要出頭天。還有台灣人優秀心態，台灣是進步的。另外，小國寡民的心態，台灣一向都是外來政權。第五，對中國的親切感與疏離感，台灣來自中國但又被中國所拋棄。最後是對日本的對抗和親近感，也就是殖民化的反感與進步的發展。陳孔立，《台灣學導論》（台北：博揚，2004），頁151-155。

69 莊萬壽，《台灣文化論——主體性之建構》（台北：玉山社，2003），頁23。

70 廖咸浩，〈合成人羅曼史：當代台灣文化中後現代主義與民族主義的互動〉，載於黃俊傑、何寄澎主編，《台灣的文化發展：世紀之交的省思》（台北：台大出版中心，2002），頁93。他所講的台灣乃是非國亦非省、非中國亦非非中國、非島嶼亦非大陸，除了華人文化，還包括南島文化、日本

文化、荷蘭文化、西班牙文化和美國文化等等，並且在資訊科技和運輸業務上，逐漸成為一個集結流通之處。當代台灣的確需要一個更好的詮釋架構來發掘其混沌性的潛力。

71 關於意識的構成，不再是我們今天社會的主要事務。過去分析德國意識、法國意識或台灣意識等等，在學術與現實上都已經不可能。

72 每個社會行動本來就有一定的立場，也就是站在生活世界中的相應視域（horizon）上。並且每個立場都包含更為複雜的考量，或者視域本來就包含有限的所知以及廣大的無所知（Nicht-Wissen），而這正是偶然性的根源。但現在的問題是，在已知的空間中，也存在愈來愈多的偶然性與符號性。這是高度制度化的結果，並且是資訊社會的特性。制度化本來是要降低偶然性，但現在卻又成為偶然性的成因。

73 J. Tomlinson著，鄭棨元等譯，《全球化與文化》（台北：韋伯，2001），頁32-34。在現象學家E. Husserl的創意中，生活世界乃是生活中的原始自明領域（Reich ursprünglicher Evidenzen）。也就是所謂自明的呈現者，乃是在直接的當下經驗或者記憶中由知覺所體現者，而知覺正是無時無刻運作在日常生活中。對於一個適當的科學研究來說，因此首先要回歸的是日常生活中的經驗知識，而並非是科學的結構或一個邏輯的系統。亦即從生活世界中的前科學（vorwissenschaftlich）之經驗與依賴此經驗的思維出發，去描述知識的取得以及語言的特性。E. Husserl, *Krisis, Gesammelte Schriften 8* (Hamburg: Felix Meiner Verlag, 1992), p.130. A. Schütz在它的《日常生活社會學》中，透過分析日常生活的政治與社會面向，擴充了Husserl的生活世界概念。A. Schütz, *Der sinnhafte Aufbau der sozialen Welt* (Frankfurt am Main: Suhrkamp, 1993), p.56. L. Wittgenstein在這裡表達了相同的語言思想，就如同他說，「想像一個語言就是自我介紹一個生活形式（Lebensform）」。L. Wittgenstein, *Philosophische Untersuchungen, Werkausgabe*, Bd. 2 (Frankfurt am Main: Suhrkamp, 1984), §19.

74 E. Husserl的現象學方法以兩種「擱置」為其開端，第一種為本質的還原（eidetic reduction），意思是暫時把自我、認識行為及對象的存在置之度外，只以對象的本質為念，但這本質包含整個具體性，供人描述。第二種是現象學的還原（phenomenological reduction），把思想內容之不繫於意識的獨立性也置之度外。因此現象學把它的對象僅「視若」對象，僅看為與意識相關之物。經過上述兩種還原，留下的就只有純粹但並非空虛的意識。W. Brugger著，項退結編譯，《西洋哲學辭典》（台北：華香園，1989），頁273。

[75] 這裡沒有否定任何人或團體的政治理念，它們都是境寓中的活動。只是當這些理念掩蔽了境寓的真實性時，揭露境寓就有它的重要性。

[76] 李弘祺，〈從現代化到全球化：論亞洲價值的意義及其有限性〉，載於黃俊傑、何寄澎主編，《台灣的文化發展：世紀之交的省思》（台北：台大出版中心，2002），頁307-316。

[77] 莊萬壽，《台灣文化論──主體性之建構》（台北：玉山社，2003），頁117。

[78] 在李喬對台灣主體性的建構中，他認為有幾種作法。(1)豐富台灣歷史文化在時空中的累積。(2)以台灣國家為主的歷史文化解釋權之掌握。(3)建立台灣國家主體的象徵符號。(4)先賢事蹟及典範的樹立。莊萬壽，《台灣文化論─主體性之建構》（台北：玉山社，2003），頁298-299。這幾種作法雖然某種程度可以做得到，但所建立起來的主體性仍然是抽象的，仍然是具有階層的。在今天全球開放的台灣社會中，這不但無法讓台灣人真正認識自己，反而讓台灣人更陷入分歧的混亂當中。回到台灣境寓這個地方上來，它就是我們共同的處境，我們一開始就是台灣人。在台灣境寓當中，讓解讀所謂主體或意識的不同立場一起存在吧。

[79] 王甫昌，《當代台灣社會的族群想像》（台北：群學，2003），頁36。

[80] 王甫昌，《當代台灣社會的族群想像》（台北：群學，2003），頁167-168。

[81] 啟蒙理性在特殊的例子上可以被風險管理所取代。G. Kneer and A. Nassehi著，魯貴顯譯，《盧曼社會系統理論導引》（台北：巨流，1998），頁220-236。

[82] 也就是雖然地方化（或本土化）同時是全球化下的自然現象，但是國家的角色或權力系統已經有所分散或分權，甚至經濟、政治、社會與文化生活都已經不能只在國家的框架中被理解，例如歐洲整合的例子。歐洲人民的權利系統已經不能單由國家來維護，而是必須同時由類似歐洲聯盟的超國家組織來促進。台灣主體性的確需要以某種程度的台灣認同為前提，但是台灣認同並不是台灣主體性的充分條件。台灣主體性需要由個體的權利系統來表現，

後者也是個體認同活動的新空間，其中包括台灣認同等等。但必須強調的是在可見的未來，國家所維護的權利系統仍然會是主要的場所。但是諸如工作權、環境權、知識權與社會安全等等，則需要借助歐洲聯盟的力量來進一步確固。G. Ross, "Das Soziale Europa des J. Delors: Verschachtelung als politische Strategie", in P. Leibfried und S. Leibfried (hrsg.), *Standort Europa: Europäische Sozialpolitik* (Frankfurt am Main, Suhrkamp, 1998), pp.327-368.

[83] U. Beck 和 J. Willms著，路國林譯，《自由與資本主義》（杭州：浙江人民，2001），頁7。

[84] 另外我們熟悉的英國社會學家A. Giddens也與Beck有著相同的立場。Giddens與Beck認為，現代社會已經達到了一個臨界點，我們用以分析社會變遷的既定因素必須徹底改革。既然反省性已經制度化了，當代社會的每一個面向都已經經歷了社會成員無情與密集的批判審視。對於Giddens來說，歷史「沒有目的論」（has no teleology）。對於Beck來說，我們今天的處境是必須為自己做決定，不能再仰賴政治家、專家或者潛在的力量。如今，我們擁有史無前例的開放未來。因此，社會分析必須由它的基礎從頭開始，並且以其診斷時代的方法論為基礎。U. Beck and J. Willms著，路國林譯，《自由與資本主義》（杭州：浙江人民，2001），頁7。

[85] N. Dodd著，張君玫譯，《社會理論與現代性》（台北：巨流，2003），頁205-206。

[86] 當我們打開任何一本社會學書籍，便會瞭解「現代」社會學是「現代」社會的一門「現代」科學。這門現代科學對於社會空間的結構，有著一個隱含但也是一致的想像，可以稱之為社會貨櫃理論（Container-Theorie）。依此，社會（在政治上和理論上）的先決條件是「空間的國家統治」。社會學的視野遵循著民族國家的秩序和權威，社會乃隸屬於國家之下。社會因此是國家社會，社會制度指的便是國家制度。所以在日常生活與學術上，大家談的是「法國」、「美國」與「德國」社會。U. Beck著，孫治本譯，《全球化危機》（台北：台灣商務，1999），頁207-208、35。

[87] I. Wallerstein等著，劉鋒譯，《開放社會科學：重建社會科學報告書》（香港：牛津大學，1996），頁74。J. C. Alexander著，張旅平等譯，《世紀末社會理論》（上海：上海人民，2003），頁10-12。P. Corcuff著，《新社會學》

（北京：社會科學文獻，2000），頁1-2。在整個二十世紀的社會學討論中，樂觀主義與悲觀主義、理性與非理性之間的緊張對話成為定位社會理論的關鍵。現實處於完美與突變的兩極之間，二十世紀最偉大理論家的貢獻就在於努力地調和這兩極。在他們放棄了實證主義，不再將他們的時代看成是理性之美夢的體現時，他們大多數人還是沒有放棄把科學看作是希望，也還沒有放棄將理性作為一種可能性。他們無不遺憾地認識到非理性的無所不在。他們的理論就是致力於展示非理性如何在不同的領域，用不同的方式運作，又是如何產生不同的結果。特別在法國的社會思維中，八〇年代和九〇年代早期，法國最具創造力的社會學家，借助於國外的成果，通過各種方式，試圖從傳統的二律背反（如物質／觀念，客觀／主觀，集體／個體或宏觀／微觀）中解脫出來，如果說這些二律背反曾經構成了社會學，那麼今天它們的活力已經非常有限。針對這些愈來愈導致貧乏的對立概念，逐漸出現一個新的問題領域，這裡我們把它稱為社會建構主義（constructivisme social），因為在這裡，社會現實傾向於被當作建構起來的，而不是自然的或一勞永逸一次給定的。這些多種多樣的努力，特別是他們的概念和參照領域，我們稱之為新社會學。

88 U. Beck著，孫治本譯，《全球化危機》（台北：台灣商務，1999），頁137-140。

89 N. Dodd著，張君玫譯，《社會理論與現代性》（台北：巨流，2003），頁247。

90 因此，過去的發展概念應該有所更新。發展當然需要藍圖，並且有明確的程序來完成這個藍圖。它更有進步的價值在裡面，這同時聯繫到社會整體生活的改善以及社會存在的價值理念。這種種在理論上都是可以討論的，但在當代社會中，進步等等價值到底有多少共識，或者已經多元得不容易討論它的內容與形式。在這個前提下，進步與發展概念除了不再可能擁有內在的邏輯之外，由外在所歸納的律則在高度不穩定性的社會中也面臨挑戰。複雜的關係網絡使得過去、現在與未來的時間序列不斷地壓縮。根據A. Giddens之見，抽離化的機制（disembedding mechanisms）是現代社會的特色，包括專家系統和象徵標誌，造成了其獨特的信任與風險形式。這些系統都是我們生活中不可避免的一部分，我們不能選擇不要它們。我們因此沒有選擇，只能

養成一種特定的信任形式。N. Dodd著，張君玫譯，《社會理論與現代性》
（台北：巨流，2003），頁242-243。

91 在科技與資訊的系統化歷程中，社會時間與空間結構的改變事實上已經提供
原有國家生活變化的背景。它基本上指向一個開放的生活邊界，個體權利與
社會力量的永續發展可以在這開放性中得到更寬廣的思考。它在歐洲地區體
現了更為具體的整合與歐洲聯盟，也就是一個新的政治與法律秩序正在完
備。對於這些現象的觀察與思考，不能用以國家為框架的傳統社會科學或者
國際關係理論，而是應該有一個反應全球與資訊社會的新角度。

92 在一九六〇年代之前，發展的意義著重在工業化與現代化等等的藍圖。但之
後，沒有單一或者清楚方向的發展概念成為反應社會現實的主軸。發展意義
的轉變可以是這樣，一八七〇年之後，意義在於工業化以及迎頭趕上，而其
觀點是後來者（latecomers）。一八九〇年之後，意義在於資源的管理，觀
點為殖民經濟。一九四〇年之後，意義為經濟成長與工業化，觀點為發展
經濟。一九五〇年之後，意義為成長，政治與社會的現代化，觀點為現代
化理論。一九六〇年之後，意義為累積，觀點為依賴理論。一九七〇年之
後，意義為人的繁榮，觀點為其他選擇的發展（alternative development）。
一九八〇年之後，意義為經濟成長、結構改革、自由化和私有化，觀點為
新自由主義。新自由主義在目標上同意經濟成長，但是手段上主張由市場
取代國家。一九九〇年之後，意義為富有權威的技藝，觀點為後發展（post-
development）。後發展理論不但對於經濟成長的目標（goals）有所懷疑，
對於達成的手段（means）也由權威技藝取代國家，對於其結果（results）
所造成的天災更是態度保守。因此，後發展理論可以說是一個反（anti-）發
展的理論。J. N. Pieterse, *Development Theory: Deconstructions/Reconstructions*
(London: SAGE, 2001), pp.1, 5-7.

93 J. N. Pieterse, *Development Theory: Deconstructions/Reconstructions* (London:
SAGE, 2001), pp.156-157.

94 這是一個在全球化歷程中所理解的和解與重建。全球化乃是一個社會生活
的主要變化趨勢，但並不意味一種已經取代前社會型態的實體。全球化乃
是在具體的社會實踐中經由對行為者／結構（agent/structure）問題的解決而
構成。在主觀的實踐和知識的形式必須轉型到全球的規範結構上，全球化並

不意味一個普遍的力量，而是一種非領土上（non-territorial）的力量，它們對於行為者來說，乃是作為社會生活的自然或客觀條件。全球化並不是坐落在一個特殊的時間與空間中。承接全球化的結構歷史和非領土特性，它不能被理解為占據三度空間的事情（thing）。J. Perraton, "Die Globalisierung der Wirtschaft", in U. Beck (hrsg.), *Politik der Globalisierung* (Frankfurt am Main: Suhrkamp, 1998), pp.136-138. J. MacLean, "Philosophical Roots and Philosophical Routes", in R. D. Grermain (ed.), *Globalization and its Critics* (London: Macmillan, 2000), pp.59-63.

95 S. Castles and A. Davidson, *Citizenship and Migration: Globalization and the Politics of Belonging* (London: Macmillan Press, 2000), pp.103-128.

96 U. Beck 和 J. Willms著，路國林譯，《自由與資本主義》（杭州：浙江人民，2001），頁20。

97 U. Beck 和 J. Willms著，路國林譯，《自由與資本主義》（杭州：浙江人民，2001），頁29。

98 Z. Bauman著，張君玫譯，《全球化》（台北：群學，2001），頁129-159。

99 對於G. W. F. Hegel而言，和解（Versöhnung; reconciliation）不是撕裂（Zerrissenheit）。我們看到，世界精神克服這種外在性的過程是很緩慢的。它挖掉內部的東西，仍然保留著外表或外型。等到最後外型成為一個空殼，新的型態才會發展出來。G. W. F. Hegel著，賀麟等譯，《哲學史演講錄》，第四卷（北京：商務，1995），頁4。

100 黃俊傑，《台灣意識與台灣文化》（台北：正中書局，1990），頁40。

101 S. Castles, "Citizenship and the Other in the Age of Migration", in A. Davidson and K. Weekley (eds.), *Globalization and Citizenship in the Asia-Pacific* (London: Macmillan Press, 1999), p.27.

102 J. W. Scott, "Multiculturalism and the Politics of Identity", in J. Rajchman (ed.), *The Identity in Question* (New York and London: Routledge, 1995), pp.3-12.

103 認同的社會開放潛力仍然較接近所謂多元文化主義（multiculturalism）之描述。R. A. Rhoads and J. R. Valadez, *Democracy, Multiculturalism, and the Community College: A Critical Perspective* (New York and London: Garland Publishing Inc., 1996), pp.45-50; C. Taylor, "The Politics of Recognition", in

A. Gutmann (ed.), *Multiculturalism: Examining the Politics of Recognition* (Princeton: Princeton University Press, 1994), p.42.。取錄於A. Lent著，葉永文等譯，《當代新政治思想》（台北：揚智，2000），頁188。

[104] S. Hall, "Cultural Identity and Diaspora", in J. Rutheford (ed.), *Identity: Community, Culture, Difference* (London: Lawrence & Wishart, 1990), pp.222-237.

[105] G. Delanty, *Community* (London: Routledge, 2003), p.110.

[106] 知識階層指出了統一進程的規範性缺損，這一點我以為很重要，因為他揭露了我們的政治文化由於遭到粗暴踐踏而帶來的長期損害，這種損害被各個政黨奉行的競選策略，被經濟制度和行政機構的官員們，以危險的方式忽略了。基本法的機構除了允許習慣於體制性自由的人民擁有國家公民意識之外，並不能良好地運轉。政治文化是由易受傷害的情感與信念構成的，這種情感與信念並不能通過行政措施製造出來，更不會受其操縱。我們所批評的，是政府粗暴對待無法估量的、需要保護的道德和精神資源之方式，這種資源只能自發地而不能通過行政命令得到再生。一個由國家公民組成的民族，其自我理解與自我政治意識只能通過公共交往的媒介形成，而這種交往又建築在文化的基礎結構上。然而這一基礎結構在新的聯邦中，卻呈現出每下愈況的趨勢。J. Habermas著，章國鋒譯，《作為未來的過去》（杭州：浙江人民，2001），頁45，50。

[107] 社會成員在全球中所藉以相互聯繫的是權利的需求與滿足。如果因為訴求中華民族或文化而主張中國統一，事實上是一種掩蔽權利系統的政治符號，是一種有待解構的意識型態。但這並不是說不能統一，兩岸的統一必須建立在台灣社會力量的傾向上，並且建構一個關於台灣人民權利系統的永續發展空間。以台灣獨立建國為志業的想法在相同的邏輯上，也是一種有待解構的意識型態，除了似乎在現實上存在相當低的可能性外，更重要的是必須思考在全球性中，以國家框架來放置人民的權利是不是唯一的選擇。當中華人民共和國意圖以國家的框架，來限制台灣公民社會以及其社會力量時，這將是民族主義在二十一世紀的另一個暴力展現。當這個限制變成一個事實時，台灣也將失去它的主體性。社會力量在此時的中華人民共和國仍是虛弱的，也就是公民社會尚未成熟而處於威權的型態，這是

對於台灣主體性最大的威脅。M. Kaldor, "Transnational Civil Society", in T. Dunne and N. J. Wheeler (eds.), *Human Rights in Global Politics* (Cambridge: Cambridge University Press, 1999), pp.195-213.

108 見註12。

109 A. Giddens, "Living in a Post-traditional Society", in U. Beck, a. a. (eds.), *Reflexive Modernization: Politics, Tradition and Aesthetics in the Modern Social Order* (Cambridge: Polity Press, 1994), pp.22-35.

110 風險概念可參閱G. Kneer 和 A. Nassehi著，魯貴顯譯，《盧曼社會系統理論導引》（台北：巨流，1998）一書。

111 Z. Bauman著，張君玫譯，《全球化》（台北：群學，2001），頁67-93。

112 F. Jameson著，唐小兵譯，《後現代主義與文化理論》（台北：合志，1990），頁113-120。

113 在參與一個新的社會秩序時，一個共同的公民權認同（shared citizenship identity）也將同時逐漸具體化。E. Meehan, *Citizenship and the European Community* (London: SAGE, 1993), pp.21-23.

114 「地方」指的是地方社會群體與地區社會群體獨具特色的同一性和利益。在當今全球時代，有些人渴望「重新劃分媒介領土」（re-territorialise the media），也就是說，重新確立媒介與領土的關係。他們認為媒介應該有助於維護地方和地區文化的顯明特色和完整性。在這意義上，地方實際上是對全球企業的戰略發出挑戰。D. Morley 和 K. Robins著，司艷譯，《認同的空間》（南京：南京大學，2001），頁24。林佳龍與鄭永年主編，《民族主義與兩岸關係》（台北：新自然，2001）。

115 G. W. F. Hegel著，賀麟等譯，《哲學史演講錄》，第四卷（北京：商務，1995），頁372。

116 當台灣社會力量因現代化歷程逐漸取得它的空間，也就是公民社會逐漸成熟時，少數政治精英的意志在民意的力量下失去了過去縱橫的空間。在台灣進行實際政黨輪替的前幾年間，政黨本身與政黨之間的權力關係也是塑造這一時期台灣主體符號意義的根源。事實上，八〇年代的台灣已是一個多元的社會，雖然行政權力在形式上仍是獨占狀態。少數政治菁英必須與其他少數政治或社會菁英在實際的權力遊戲中，共同塑造台灣的「主體」符

號意義，統治當局也必須不同於上一階段，尋求新的政權合法性基礎。新興的政黨同樣也在同一基礎上意圖取得政權，因此政權的合法性基礎已經不是單純對立於中華人民共和國即可，它需要社會力量的支持。因此這一時期在國際與兩岸關係中展現出來的台灣「主體」符號重點，已經不再只是中國正統的訴求，而是在經濟基礎上的政黨政治系統之民主化。雖然執政黨與在野黨在這民主化的歷程中，擁有自己本身關於國家定位的政治理念，但是這政治理念所影射的不同台灣主體意義，將構成更複雜的符號與權力鬥爭。它們在劇烈的選舉或重大事件中，一方面是動員群眾的口號，另一方面同時也撕裂了台灣族群的融合。這樣的情況大約在進入九〇年代時，特別是具有指標性的二〇〇〇年政黨輪替，台灣社會加速表現所謂全球社會與全球性的特質。首先在前面兩個社會型態中，台灣主體符號事實上都涉及到法律主權的概念，也就是不可能脫離國家框架來論證台灣的主體性。但就現階段的國際關係中，強調台灣主體性應該有更積極的意義，也就是如何在迴避國家定位的意識型態糾葛中，建構國家本身所應該擁有的積極功能。也就是回歸到社會力量本身的表現形式，事實上它在全球社會中已經不單以國家為框架。在國家功能與性質於全球社會中已經有所變化之前提下，台灣主體符號的訴求在理論上已經不必然以國家為框架。再次標示台灣的主體符號，一方面對於混亂的政治理念進行解構，一方面在未來的兩岸關係中找到適切的位置。台灣主體性應該在促進基本人權的方向上，展現它的符號力量。台灣必須表現維護個體權利與基本人權的整體印象，它一方面是認同的最務實和最當代之基礎，一方面也是台灣行政權力的正當性基礎，尤其是在資訊化的全球社會和艱難詭譎的兩岸關係中。陳其南，《公民國家意識與台灣政治發展》（台北：允晨，1992）。

117 地方性（locality）是一個生活方式的概念。D. Morley, "Where the Goal Meets the Local: Notes from the Sitting Room", *Screen,* No. 32, 1991, p.8.

118 如果存在所謂的資訊社會或者符號社會，都會存在相應的認同形式。而在這個所謂的後現代社會中，認同形式將是多元的。文化的多樣性和群體的多樣性已經是被承認的基本現象，而多樣性的前提就是每一個個別的文化區域或群體擁有自身的區界，並且每個個體在他的多元社會關係中擁有多重因此也重疊的區界。另一方面，在從共同體轉變到社會的現代化歷程中，也有所謂認同的危機（crisis of identity）之討論。J. Friedman, *Cultural Identity & Global Process* (London: SAGE, 1994), pp.81-88.

[119] 這裡有區域主義（Regionalism）的傾向，但並不是一種建立在文化對立上的區域主義。當經濟全球化仍然作為主要動力時，文化、自然與政治的事務都可以在經濟利益上被區隔開來。L. Fawcett and A. Hurrell (eds.), *Regionalism in World Politics: Regional Organization and International Order* (Oxford: Oxford University Press, 1995), pp.74-121.

[120] 目前的區域合作範圍已經很廣，包括跨境的基礎建設和相關軟體上的經濟合作，貿易、投資和金融的合作，貨幣和金融的合作，以及環保、控制傳染病和遏止販毒等等的公共利益合作。歐洲聯盟的合作則是更深更廣，它涉及到法律和政治的整合。

[121] M. Weber, *Wirtschaft und Gesellschaft* (Tübingen: J. C. B. Mohr, 1980), p.21.

[122] 也如F. D. E. Schleiermacher所言，在每一個由外在目的所連結與確定的社交聯繫中，一些東西對於參與者來說是共同的。這個聯繫就是共同體。在這伙伴關係中，政黨有自己的利益，同時也有社會共同的利益。依照自由主義的社會法，真正的社會是人的接合，大家經由理性的對話以及理性所確定的行動，建立共同體的意志。這意志對於大家在法律上具有約束力，也就是法律人的意志。對於Hegel而言，社會在定義上是由所謂的私人（Privatpersonen）所組成，私人乃是需要與勞動的結合。在與他人的關係之前提下，也取得普遍性的形式。在這普遍的形式中，滿足他人福利的同時，也滿足自己。但這不是要求政治人物或政黨要有傳統意義的道德，這裡只強調人與社會的本質只有在社會整體當中才可以被理解。例如L. Feuerbach所言，人的本質只有在共同體中獲得，也就是在人與人的總體中才能獲得。共同體概念就是社會的存在（das gesellschaftliche Wesen），它不是對立於單獨個體的抽象權力，而是每一個個體的存在與生活。W. Brugger編著，項退結編譯，《西洋哲學辭典》（台北：華香園，1988），頁121; F. D. E. Schleiermacher, *Versuch einer Theorie des gesellligen Betragens* (hrsg. by O. Braun und J. Bauer), Bd.2, (Leipzig, 1913), pp.8-9; L. Feuerbach, *Grundsätz der Philosophie der Zukunft* (Stuttgart, 1959), §59.

[123] P. B. Lehning, "Pluralism, Contractarianism and Europe", in P. B. Lehning and A.

Weale(eds.), *Citizenship, Democracy and Justice in the New Europe* (London and New York: Routledge, 1997), pp.118-120.

[124] N. Dodd著，張君玫譯，《社會理論與現代性》（台北：巨流，2003），頁250-251。

[125] U. Beck 和 J. Willms著，路國林譯，《自由與資本主義》（杭州：浙江人民，2001），頁119-124。

[126] K. Faulks著，黃俊龍譯，《公民身分》（台北：巨流，2003），頁193。

第七章

結論——文化政策作為國家整體發展政策

當文化與其他領域相互結合，並且將文化政策所尋求的社會認同以公民權認同的形式來表現，以及藉由台灣境寓的揭露來找尋可能的社會凝聚力，這樣的文化政策對於台灣社會而言，基本上是一個關係到國家整體發展的政策。但這不是為特定的文化內容或藝文活動所設定，而是尋求一個可以讓文化多樣性運作的社會空間。

台灣人為什麼需要尋找出路？難道其他國家的人民也曾經找尋過他們的出路，並且這個他們所走過的路真的就是他們曾經所要找尋的嗎？是否真的存在出路這一問題，事實上也不斷地在大部分人的思維中盤旋過[1]。什麼樣的出路需要台灣人來尋找？當台灣人民有力量將眼光指向未來，因現實壓力被迫與現狀保持距離時，「我們到底需要什麼」這一問題，又將考驗著我們到底擁有多少的歷史深度[2]。在全球化的洪流中，也許我們並不需要急著回答上面的理論問題，但我們的確需要一點光亮來看看腳下前面的狀況，因為台灣相較於世界的大部分地區擁有更焦慮的處境，特別是在台灣獨特的政治和社會系統下，共同體、權利與認同的活動都呈現出與其他國家不同的現象。當其他國家在面對超國家化的全球社會時，台灣的政治系統也許將直接跳出國家的框架來面對，而事實上這需要更清楚的權利與認同力量。

這是一個關於社會重建的歷程。關於這個重建的歷程，不可轉變的全球性意味著我們早已生活在一個世界社會中，非民族國家、政治地組織起來的社會和權力關係成為一個整體，我們的經驗與行動也跨越邊界生活。在U. Beck的看法中，這個轉變涉及到第一現代與第二現代的差別[3]。在第一次現代中，國家、社會與個人的統一體消解了。世界社會並不是指世界國家社會或世界經濟社會，而是一個非國家社會，亦即一種社會的凝聚狀態，領域國家的秩序擔保和經由公眾程序合法化的政治規則，對此種社會凝聚不再有約束力。「無國家性」意指，在民族國家和民族國家社會這一方，與世界社會的聯繫、行動者和行動空間這一方，兩者之間存在著一種緊張關係。而國際關係的領域是民族國家之間，以及其行動者之間的合作與對立關係所支配。而第二次現代所指的是，除了民族國家組成的世界社會，還形成一個強而有力的以及至今有效的政治合法化形式，即不同的非國家世界社會，其組織成員則是十分不同的跨國行動者。全球時代的事實是，沒有世界社會，民族國家不存在；沒有民族國家和民族國家社會，世界社會不存在。世界社會的無國家性含有無秩序與無機構的特性，世界社會中的「世界」意指「無統一性的多樣性」。與此相對，民族國家的社會意指「具有有限多樣性的統一性」。

　　在上述第一現代與第二現代的社會中，文化政策仍然具有它的理性（rationality）特徵[4]。不過在這個社會變遷的過程中，文化政策的討論可以分為五個秩序來體現它的連續性。即觀念主義者（Idealist）、唯物主義者（Materialist）、市場（Market）、國家主義者（Nationalist）以及文化多元主義者（Multiculturalist）。而每一個討論都可以再區分為焦點（文化政策將給予特權的是誰或什麼事務？）、範圍（包含的是單一文化或文化多重差異性？）、結果、策略以及權威（文化政策為了它的優越性所訴求的）等等。而文化政策依照這些研究的取向大致可以描述為**表7-1**[5]。

表7-1　文化政策的討論序列

	觀念主義者	唯物主義者	市場	國家主義者	多元文化主義者
焦點	生產者	共同體	消費者	國家	超國家、國家與次國家
範圍	單一文化	多重文化	國際性	全球	全球與地方
結果	鑑賞	參與	消費	觀眾性	參與和權利
策略	普遍化	共同體發展	市場的分割	觀眾化	社會重建
權威	啟蒙	認同	市場的力量	總括性	基本人權

資料來源：作者整理。

　　而如果將這樣的討論秩序放入整個文化政策的不同時期，我們可以在**表7-2**當中看見更清楚的文化政策的時期化[6]。

表7-2　文化政策的時期化

	創立時期	專業化時期	反動時期	合併時期	全球時期
	1945-1965	1965-1985	1985-1990	1990-1995	1995至今
主要的討論	觀念主義者	唯物主義者	市場	國家主義者	多元文化主義者
基本受益者	生產者	專家	消費者	國家	社會成員
範圍	國家	地方	國際	全球	全球與地方
主要制度	藝術會議、運動會議	內政部、文化部	商業市場	商業電視與網路、國家博物館	結合經濟的多樣性
主要策略	文化的溫和干預主義	文化的國家社會主義	私有化	社會團結	參與和權利的重建
主要價值	文明	自我實現	快樂主義	國家主義	文化權利與基本人權

資料來源：作者整理。

　　但是文化政策基本上不是一個靜態現象，它的內容以及被因應使用的管理、行政和程序之變化，都不斷影響文化政策本身[7]。文化以及它的意義並沒有一定的框架，文化政策也因政策的需要不能有固定不變的框架。在文化政策的創立時期（1945-1965），文化政策的主要典範是英國，其後來所影響的澳洲、加拿大（同時擁有英國與法國的文化傳統）以及紐西蘭。英國文化政策的特質乃是來自於下面兩者之間的互動，即對於有閒的中產階級（leisured middle class）之文化偏好和價值與戰後國家社會主義之間的互動。在福利資本主義社會中，過去只有上層階級所能享受的文化，今天基本上都開放給每一個人。特別是在支持藝術的組織安排上，表現了觀念主義者的文化討論所扮演

的角色如何重要。藝術會議（The Arts Council）的設立特別強調文化
生產者的角色，「高級文化就是生產者的文化……美學的興趣集中在
藝術家的品質上，並且藝術是一個個性的表達」[8]。但是給予組織的這
種文化創造特別是關係於現存藝術與倫理傳統的保存，而不是要創造
出新的東西。在一九四五年藝術會議創立典禮的廣播節目當中，J. M.
Keynes強調了戰後英國重建中的自治體（communal）要素，「共同
體以及我們共同生活的重新建構，必須要在事情之間的適當比例上進
行……人們希望地方主權將為戲劇、藝術與音樂建築物準備核心的團
體」[9]。在英國的人文傳統當中，文化政策所指涉的文化意義就是類似
戲劇、藝術與音樂等美學或知性的產品。文化是被使用來描述知性的
產物，特別是藝術的活動。文化這個術語在英國比較不是關聯於人類
學的意義，或關聯於一個整體的生活方式。戰後的英國在傳統的文化
概念下，延伸到文化政策的領域，使用公共財政促進高級文化與國民
大眾之間的連結。這個出自「有閒菁英」的文化策略，在當時相當有
信心地以他們優越的文明將一般文化普遍化。而這同時也促進下層階
級接近藝術活動。但是不論在英國或加拿大、澳洲、紐西蘭，文化政
策都不是很順利地將文化活動擴散到各社會階層，因為由文化生產者
或所謂的有閒菁英所傳播出來的文明或藝術活動，其本身就是保護或
促進這些菁英在文化與社會階層當中的地位。

　　因此以傑出（excellence）觀念為中心的政策焦點，在專業化時
期（1965-1985）逐漸成為問題。文化政策的制度現在被認為是圖利
相當少數的文化傳統，並且犧牲其他具有同樣價值的團體與文化，特
別是這些發生在主要城市中心之外的文化活動，它們通常是以階級或
族群為基礎的文化表達。國家作為文化建設的制度與理論基礎，大約
在一九七〇年代就已經開始動搖，一九八〇年代加速轉變，到一九九
〇年代就可以看到瓦解的現象[10]。例如加拿大議會就認為傑出概念並
不是從一個單一並且是預先設想的觀念中被應用，而聯繫於一個更開

放與更敏感的心靈。文化的意義與價值已經沒有固定的解釋中心，文化政策的制定因此也不是以國家或政治菁英為考量的出發點，在傾向唯物主義者的文化政策觀點上，特別重視文化的表達與共同體的需要之關係。一九七六年歐洲執委會在「社會文化的生動活潑」（Socio-cultural Animation）之報告上，特別強調文化政策的目的，應該是「在大眾之間依照大眾自己的觀念，促進他們對於民族文化、藝術的經驗與實踐之積極使用與發展。並且依照他們自己的選擇，促進生活型態的演變」[11]。特別是在藝術方面，希望共同體能影響生產性的文化變遷，也就是文化民主（cultural democracy）的訴求。「文化民主一方面可以促進直接的參與，一方面也是依賴這種直接的參與。它的目標就是這樣的社會之建構與維持，即人民在其中可以生產、傳播與理解他們所選擇的文化之社會」[12]。因此唯物主義者的文化討論對象已經不是創立時期所討論的單一文化，而是多元文化的相對性。人民積極地參與文化以及重建性的活動，就是同時創造自己以及共同體的發展和認同。而這同時也取代作為主流價值的趣味、啟蒙與鑑賞。當然這種取代的過程並不具有截然分明的界線，而是充滿制度與結構上的爭論。

在這一時期，這些爭論不但逐漸制度化，同時也在專業化。經由不同爭論的和解，文化政策行為者的管理逐漸被大家所重視。關於文化政策的不同觀點，必須在單一的組織範圍內被和解，也就是為了提供一個統一的理性政策，新的概念架構必須被建立。因此，各國的文化部逐漸被創立，以作為達成文化資源的理性化、協調化的政策機制。在這樣的發展前提下，文化的發展因此同時是「目標，也是過程。它是目標，因為這給予社會去創造它自己生活與環境的能力。這個能力意味著參與。但是文化發展的過程所擁有的意義也並不只有參與，因為這樣的參與必須也是批判的，以及成為變遷的動力」[13]。但是當國家進入文化政策的角色，從舊有秩序再次走向新價值與政策的積極結合時，文化政策又進入一個新的時期──反動時期（1985-1990）。一個包括財政、資本、專家與技術官僚的中產階級，形成新的利益集結。他們的文化興趣並不只有高級文化產品的「非物質性」或「社會性」消費，而且也包括「物質性」的消費，例如到餐館吃飯、旅行等等。因此新中產階級所扮演的角色同時是文化產品的提供者與消費者。而各個國家的經濟策略則是致力於消費市場的國際化，特別是文化產品與服務在國際上的擴散。這同時又引出更多的積極文化消費者，對於他們而言，消費是一個基本的生活活動。因此在文化政策的考量上，公共文化部門的重建就是這時期的主要特色。它是一種混合的文化經濟，一方面刺激中產階級的文化生產與消費，一方面也得到私人部門的支持。而文化部的角色同時也從文化意識型態的監管者，轉變到公共金錢的看管者。

當這些文化政策的環節愈來愈清楚時，文化政策可以說也進入了合併時期（1990-1995）。文化部的功能可以說是一個控制的功能，而不是政策的功能；文化市場的建立，逐漸侵蝕傳統的文化權威；以及一個具有力量、私有化並且是商業動機的電信工業，進入文化市場並提高文化生產的技術能力。文化政策因此逐漸進入一個私有化的階段，也就是合併到商業世界中。在專業化時期，文化決策者為經濟發展提供參數變項，但是現在文化政策乃是附屬於更廣的國內或國際策略上。也就是文化建設已經捲進各種公共建設當中，例如經濟建設、觀光建設和社會建設等等。文化因經濟的因素逐漸被重視，並且從經濟的附屬考量發展到具有本身的政策機制，最後文化以諸如經濟等等的面貌表現在生活的各種層面上。這個過程也是文化政策逐漸從民族國家轉向國家間的組織之過程[14]。在一九九五年之後的今天，文化建設除了捲進經濟、觀光和社會等等公共建設之外，全球地方化的歷程更加劇文化的經濟化以及經濟的文化化。更重要的是在全球人員快速流動下，公民與其權利正在被重新思考和架構當中。這個前提更帶

動對國家與民主政治的重建，甚至它們的意義也被深度反省中。在這裡，我們可以看到文化政策已經不是少數人或某個領域的事務，而是涉及到經濟、社會、政治、生態以及醫療各個層面的策略，文化政策已經是整體國家發展的政策。

作為整體國家發展的文化政策，其實並不是像過去一樣給予整體社會一條出路、一個大論述或一個藍圖，它是在建構一個多樣性、包容性以及永續發展的空間。在當今社會科學的討論中，並不存在一條具有共識的理論或實際出路，因為當今社會乃是一個複雜的關聯體，所有的對象、反省或思維都是變項，並且不再容許啟蒙式的理性或計畫[15]。同樣的道理，我們也許可以評估哪一種政治理念或意識型態將會是台灣的具體出路。雖然政治理念或意識型態在某種程度上可以是台灣出路的重要變項之一，但是台灣未來的走向在當下並不能由理論所透視，它必須由實際的社會參與所決定，並且不是由一個人或一個黨可以規劃。也就是在強調政策科學的時代以及多元化的社會中，確立台灣民眾的權利系統乃是當務之急，並且在理性上是可以有共識的，這也是本著作所強調的基本邏輯，即建立台灣主體性的廣義文化政策意涵。廣義文化政策基本上希望歸給個體的所有力量，以及在個體內在所放置（locate）的力量必須作為一種社會力量。個體力量與認同必須被安置在　個區域或地方的社會活動中[16]。雖然在這些地方性之中所存在傳統上的共同點已經愈來愈流失，例如宗教、習俗、價值與文化等等，我們所能共有的新形式，首先當然是無所不在的媒體與資訊網絡，以及一個有史以來最沒有阻礙的社會參與空間。但是對於地方的參與如果取得一個新的空間，那麼在這自我與社會的參與與重建過程中，不同意見經過溝通而達成一致時，這意見對於溝通參與者，就有道德上的遵守要求以及認同的表態。現在的問題是，無所不在的媒體與資訊網絡事實上縮減我們時空間上的距離感，以及因之而來的行動能力，也就是社會參與的空間所需要的個體參與仍然需要新的動力。但是在傳統共同點已經相當程度地流失時，參與的動力似乎又必須回到個體權利的概念上來。在參與一個新的社會秩序時，一個共同的公民權認同也將同時逐漸地具體化[17]。

因此形成台灣主體性與台灣認同雖然與族群的因素有關，但是與個體權利系統的建立也有著更緊密的邏輯關係，特別是在經濟生活上的種種權利發生困境的時候。當基本的工作權利或更富裕生活的遠景不存在時，個體對共同生活的認同將發生變化，縱使在共同生活中只存在單一的族群。所以在全球經濟與區域經濟中如何確保經濟與其相關的權利，將是維護台灣主體性與認同的基本動力，當然這個動力同時又關聯於其他的權利，例如政治、社會與文化等等。在這個前提下，台灣經濟近幾年來與大陸經濟的發展關係，乃是一個相當重要的因素，不論台灣未來的出路要定位在哪裡，這個因素都必須加以重視。雖然它會牽動台灣內部的認同秩序，但主體性的建立與維護仍然必須在這個邏輯空間上運作。也就是在兩岸經濟的互動中，必須更有彈性地維護相關權利系統的運作以及其邏輯上的台灣主體性，它們提供台灣定位與出路的思考和論辯的空間。這樣的推論並不同於以下的命題，即兩岸經濟的互動必然直接導致台灣出路偏向統一或獨立。因此我們可以這樣說，台灣主體性並不是一個關於意識型態的語言，甚至不是關於政治與法律的語言，而是關聯於一個廣義權利與契約的語言。在近幾年全球經濟秩序的變化中，台灣經濟面臨轉型上的任務，大陸經濟也成為世界投資的重心，在這個消長的情境下，台灣主體性邏輯上和實際上也將面臨重建。

從字面的意義上理解，確立台灣主體性的廣義文化政策，似乎是一種特殊的政治理念或意識型態，但它只是一種揭露與重建日常生活秩序的藍圖。如同前面所言，其中的關鍵乃是已經不存在類似於傳統的文化和文化政策概念。在結合科技、經濟、社會與文化資本之前提下，文化政策所期盼的社會參與就是希望不斷完善個體的權利系

統，並且擁有最大共同利益的社會認同。在理論的反省上，台灣民眾的權利系統目前除了全球的工作權與環境權問題外，最根本的是基本人權的內涵存在著有待解決的議題。它們因兩岸關係而產生，自然必須在兩岸的空間上被解決。但是基本人權的議題必須高於一切的政治理念或設計，縱使在人類歷史當中常常不是這樣。在不直接涉及特殊的政治理念或意識型態之前提下，這裡的邏輯相當理論也相當單純，就是如何完善台灣民眾的權利系統，特別是補足缺少的基本人權。因此在整部著作的基本邏輯上，文化領域在全球化和地方化背景中，與科技、經濟和自然領域必須有一新的關係。它們在同時回歸到權利要素時，新的文化與文化政策概念事實上已經不是一種被動的維護或展演，而是一種更整體、更宏觀的重建或建構。它在傳統族群或語言宗教等等因素之外，以比經濟或科技更具整合性的前提下，提供社會認同與個人認同的新空間。在包含經濟與社會建設的內容中，新的文化政策以建構完整權利系統、鼓勵參與共同體為目標，並且在迴避意識型態與國家主權問題中，體現主體性的真正社會科學意義。

藉著上述的討論，在揭露社會力量所體現的權利系統以及解構政治符號所隱藏的權力鬥爭中，不論台灣未來的路是什麼，重建台灣新的主體符號與其意義乃是文化理論的任務，同時也是我們的責任。但是重建這一持續的歷程，並不是由一個人或少數團體來完成，而是社會成員基於自身的利益或權利所參與的共同歷程。在這歷程中，其聯繫社會成員的整體機制與制度就是我們所強調的主體，而它的民主化與系統化就是接軌全球性的方向。這個整體機制與制度在台灣已經存在五十幾年，並且正在加速民主化與系統化中，它將不會在全球社會中消失。維持現狀並不意味台灣社會力量的停滯，而應是台灣社會力量更具體地完成權利系統的整體性。更重要的是，它也是國家與政權的正當性基礎，不論這個是什麼。如果我們現在或者在可見的未來能清楚地確立我們國家與政權的形式，那麼這將是首要的工作。但它如果是一個難解的僵局，則加速台灣社會制度與機制的民主化和系統化，將成為迫切的工作，它同時也迴避了遽增台灣社會複雜性與不確定性的政治符號鬥爭。

　　如同前面已經說明的，社會成員在全球性中所藉以相互聯繫的，現在可以不是宗教或種族等等因素，而可以是權利的需求與滿足。如果因為訴求中華民族或文化而主張中國統一，事實上是一種掩蔽權利系統的政治符號，是一種有待解構的意識型態。但這並不是說中國不能統一，兩岸的統一必須建立在台灣社會力量的傾向上，並且建構一個關於台灣人民權利系統的永續發展空間。以台灣獨立建國為志業的想法，在相同的邏輯上也是一種有待解構的意識型態，除了似乎在現實上存在相當低的可能性外，更重要的是必須思考在全球性中，以國家框架來放置人民的權利是不是唯一的選擇。例如在經濟區域化的動力之下，區域互動乃形成一個既不是所謂的國內法律秩序，也不是國際的自然秩序之空間。在這個空間中，允許多樣性的存在，並且是一種不需要統一在單一國家法令制度下的多樣性。它也不是一種無秩序的多樣性，而是透過跨國組織與資訊網路所整體表現的新秩序。這個秩序當然並不是取代國家與國際的法律規範，事實上也不顛覆國家與國際的政治程序，但是它畢竟是國家之外的一種新秩序。在工作、治安、環境、族群以及人權等的實踐中，全球性體現從國家統治到社會統治（social governance）的變化，以非政府組織為基礎的公民社會再次地受到重視[18]。對於年輕世代而言，台灣社會原有的內涵在全球性中乃不斷地解構與重建，並且愈來愈借助資訊符號系統。在全球性的基調中，這裡所表現的事實上也是地方性的基調。地方在經濟、資訊與科技系統的力量下，重新地被重組起來並快速地展現在全球中，它不是傳統社會中以面對面為互動型態的地方性意義，而是由資訊符號系統所再次架設出來的地方性。地方性概念並不是一個地理上或空間上的概念，而是一個生活方式的概念。個體不斷在他所處的生活情境

中重建自己的生活方式,而唯有在這個生動的生活情境當中,個體才
可以與共同體真正的共同成長。在這地方性與全球性的變化方向上,
可以以**圖7-1**暫時區分不同社會型態中的認同特性,並且指出台灣與中
國大陸在不同的位置上。

地方化

以宗教、民族、地方性為基 　　建立在權利和參與概念上的社會
礎的防衛性之認同建構(傳 　　重建──公民權認同(citizenship
統的地方主義與激進主義) 　　identity) 的發展。但權利、參與
　　　　　　　　　　　　　　　和認同更借助符號系統的運作,
　　　　　　　　　　　　　　　共同體基本上是想像性的
　　　　　　　　　　　　　　　　　　　　　台灣

————————————中國大陸——————————————→
　　　　　　　　　　　　　　　　　　　　　　　　　全球化

在(民族)國家之前和之中 　　全球主義(globalism)
的權力中心化──被合法化
或正當化的認同

圖7-1　社會認同在不同社會型態中的主要特性

資料來源:作者整理。

　　在全球化的力量範圍中,如果地方意義不曾被重視或仍然處於傳
統型態時,則這地方乃是處於被壓迫與被剝削的位置[19]。這是只強調
經濟全球化的邏輯結果,同時也是全球主義(globalism)所表現的意
涵,它也是全球新的不平等與新階級出現之主因,並成為反全球化的
主要理由。對於既不全球化也不強調或重視地方性的社會,傳統的政
治權威與統治形式乃是主要的表現方式,落後的國民生產以及社會高

度的同質性與認同則是它的特性。另外在未受到全球化的深刻影響但擁有高度傳統地方性的空間中，則是傳統民族主義或激進主義所擁有的位置，例如一些回教國家等等。上述北美、歐盟以及東亞等資訊化國家，則是同時表現全球地方化（glocalization）的主要空間[20]。台灣社會主要也是表現在這全球地方化的空間中，台灣社會傳統部分的東西一方面在流失當中，一部分也透過資訊符號系統不斷地處於重建的歷程中。中國大陸因為正處於自由經濟改革、中央集權型態、民族主義為基調以及領土內的差異性相當大等等因素，圖7-1之內的四部分特性都共同存在於中國大陸中，這同時顯示中國大陸乃是處於劇烈變遷又不穩定的狀態[21]。

　　因此展現台灣主體力量首先必須在全球化與地方化中找尋，它既同時聯繫到國家統治，也聯繫到以社會力量為基礎的社會統治。透過上面的討論，台灣必須同時在國家統治與社會統治上進行制度化與民主化，但關於前者的政治鬥爭不能掩蓋了後者的重要性，因為後者正是前者的正當性基礎，並且在全球性中更具體反應關於世界普遍以及兩岸特殊的現狀。在這個基本邏輯上，建構台灣新的主體符號意義就是台灣社會的重建，其中的權利和參與程序之系統化，正是給予國家與政權最大合法性的基礎。因此重建台灣社會的的基本邏輯，一開始並不是以國家的定位為前提，而是如何讓個體的社會化與其基本權利得到符應新社會背景的發展，當然後者在邏輯上還是會與國家有所聯繫，但已經不是唯一的聯繫，因為有些議題可以或必須對應於全球或區域生活的發展。這樣的發展邏輯可以說在目前的社會型態中擁有清晰的脈絡，特別是歐洲聯盟與其成員國家的發展。將個體基本權利與社會化從它們的模糊性回歸到多元性與自主性，將是重建台灣社會的基本任務。而其所坐落的基本境域乃是特殊的兩岸區域空間中，這個空間也不同於歐洲聯盟所在的空間，因為後者的互動主體事實上是主權平等的國家。

　　建構台灣新的主體符號意義就是台灣社會的重建，這是一個相當特殊的邏輯，它就是前面章節所討論的台灣境寓。它首先是體現全球資訊社會的特性，其次是凝聚台灣社會力量的策略之一，並且是可以迴避關於國家主權的政治糾葛之策略。它有其複雜性與不穩定性，但卻是在區域與兩岸空間中可以訴求的。它同時不排除兩岸任何的制度或者共同體形式，而相反地是後者的基礎與開始。在目前的兩岸關係中，所存在的可能共同體形式可以簡單在**表7-3**中看見，它們大部分仍是理論性的。

表7-3　兩岸關係中的可能共同體與其意涵

	傳統共同體意涵（對比於社會）	歐洲共同體	命運共同體	安全共同體	想像（imaged）共同體	經濟共同體	台灣境寓和中國境寓是目前最能表現現狀的敘述。它們不斷交流與整合，但也存在基本的差異。
接近與否	否	否	否	尚無基礎	尚無基礎	團體的個別主張	
差異焦點	沒有面對面、情感與相互理解的制度或規範	沒有平等、參與和共同協議的制度與程序	對於共同的歷史不具有高度的共識，不論是文化上或政治上的	兩岸事實上是一種敵對狀態	雖有相當程度的台商活動與出口貿易，但似乎只是在所謂的跨國企業活動層次	因為沒有自由貿易、共同關稅與單一市場的制度，經濟共同體只是一個想像的個別訴求	

資料來源：作者整理。

　　在邏輯的假設上，不論兩岸是否存在任何的共同體形式，台灣社會都必須在全球性中重建自己的主體符號。現在台灣社會因兩岸問題擁有較多程度的不確定性，更應該建立簡化環境複雜性的能力，也就是必須建立一個相當順暢的協商和參與機制，讓人民的權利系統可

以得到最廣的發展。在這個發展的歷程中，台灣的社會認同將擁有具
體化的新可能性，縱使是一種多元的認同。一個人可以認同中國，也
可以不認同中國，但他都會認同台灣。這個認同台灣社會的新基礎，
並不是已經相當分歧的族群或語言，當然更不是早已經被揚棄一世紀
之久的政治理念，而是對民主的參與機制以及適切的權利系統之認可
與引以為榮。這也是建立在台灣境寓之上的公民權認同（citizenship
identity），它是符合全球性的一種認同形式。公民權概念並不只涉及
到法律的要素，它更是一種關聯到需要和利益的參與概念。這些需要
和利益的權利逐漸以多元層次的方式來體現，而保障和維持它們的政
治秩序也逐漸多元化，也就是從城市到國家、區域聯盟、全球，甚至
再回到地方或社區上[22]。

在全球性中，對台灣主體的認同因而不限於這個地理空間之內，
也不在國家框架的限制之中，它是一種因權利被妥善確固而產生的榮
譽感。以政治或種族符號的操作來塑造認同，基本上並沒有找到社會
的著力點，同時是耽誤台灣人民的利益。但這並不是說不能存在政治
符號的訴求，只不過這政治符號如果能簡化環境複雜性來展演權利系
統，而不是為了塑造民意而遽增社會的複雜性的話。今天之所以需要
重建台灣主體符號的直接理由，乃是這符號呈現模糊與虛弱的狀態，
而究其因，主要是肇因於利益性的政治符號之操作與鬥爭。權利必須
以法律形式來表現，並且事實上也已經存在於法律體系中，現在重新
強調權利，一方面乃是表現程序和參與的面向，社會參與並不一定有
特殊的內容或方向，但是它至少也提供已經虛弱的傳統價值與文化一
個新的重建機會；另一方面也是回應當代社會中新產生的權利議題，
諸如治安、生態以及文化上的相關議題等等。這種種都是在創造一個
容許文化多樣性的生活空間，建立在權利概念上的藝文活動才會有源
源不斷的動力。而這就是涉及到整體國家發展的文化政策。

註　釋

[1] 不論是哲學上的或宗教上的，從十八世紀以來，社會的整體出路可以成為公眾社會中的議題。

[2] 這是一個重建（reconstruction）的方案，「我們到底需要什麼？」在時間的向度中，必須在此刻的基點上將過去導向未來。但是台灣此刻與過去的內涵都呈現各層面的模糊。

[3] U. Beck著，孫治本譯，《全球化危機》（台北：台灣商務，1999），頁137-140。

[4] 例如丹麥的文化政策將追求以下的具體目標：(1)對於每一藝術形式與類型的產品，確保可以接受的條件，並且提供實驗工作的機會。(2)提供國家各個區域的所有人民，在文化場所的供給架構中擁有自由選擇的機會，以及參與文化活動的平等機會。(3)提供每一個市民這樣的最大可能性，即發展他們促進共同體精神和溝通的能力、潛力，並且替個人提供積極投入生活與社會的最好條件。(4)確保過往的藝術與文化被保存，並且是可以接近的與具有活力的。(5)促進文化所有領域的國際性合作，以及國家之間的觀念與經驗交流。這樣的文化政策表現北歐國家獨特的特性，也就是文化政策具有相當的理性（rationality）成分，或較強計畫性的傾向。T. B. Hansen, "Cultural Economics and Cultural Policy: A Discussion in the Danish Context", *The European Journal of Cultural Policy,* Vol.2, No.1, 1995, p.87.

[5] 這是修正M. Volkerling的看法。M. Volkerling, "Deconstructing the Difference-Engine: A Theory of Cultural Policy", *The European Journal of Cultural Policy,* Vol.2, No.2, 1996, p.193.

[6] 修正M. Volkerling的看法。M. Volkerling, "Deconstructing the Difference-Engine: A Theory of Cultural Policy", *The European Journal of Cultural Policy,* Vol.2, No.2, 1996, p.194.

[7] C. Gray, "Comparing Cultural Policy: A Reformulation", *The European Journal of Cultural Policy,* Vol.2, No.2, 1996, p.218.

[8] N. Abercrombie, "The Privilege of the Producer", in N. Abercrombie and R. Keat (eds.), *Enterprise Culture* (London: Routledge, 1991), p.173.

[9] J. M. Keynes, "The Arts Council: Its Policy and Hope", *Arts Council of Great Britain: 1ˢᵗ Annual Report* (London: Arts Council of Great Britain, 1946), p.22. 間接引自 O. Bennett, "Cultural Policy in the United Kingdom: Collapsing Rationales and the End of a Tradition", *The European Journal of Cultural Policy,* Vol.1, No.2, 1995, p.212.

[10] O. Bennett, "Cultural Policy in the United Kingdom: Collapsing Rationales and the End of a Tradition", *The European Journal of Cultural Policy,* Vol.1, No.2, 1995, pp.213-215.

[11] M. Volkerling, "Deconstructing the Difference-Engine: A Theory of Cultural Policy", *The European Journal of Cultural Policy,* Vol.2, No.2, 1996. p.198.

[12] S. Trust, *Cultural and Democracy: The Manifesto* (London: Comedia, 1986), p.40.

[13] M. Volkerling, "Deconstructing the Difference-Engine: A Theory of Cultural Policy", *The European Journal of Cultural Policy,* Vol.2, No.2, 1996. p.199.

[14] N. Kawashima, "Comparing Cultural Policy: Towards the Development of Comparative Study", *The European Journal of Cultural Policy,* Vol.1, No.2, 1995, p.289.

[15] 啟蒙理性在特殊的例子上可以被風險管理所取代。G. Kneer 和 A. Nassehi 著，魯貴顯譯，《盧曼社會系統理論導引》（台北：巨流，1998），頁220-236。

[16] J. Shotter, "Psychology and Citizenship: Identity and Belonging", in B. S. Turner (ed.), *Citizenship and Social Theory* (London: SAGE, 1993), p.127.

[17] E. Meehan, *Citizenship and the European Community* (London: SAGE, 1993), pp.21-23.

[18] M. Kaldor, "Transnational Civil Society", in T. Dunne and N. J. Wheeler (eds.), *Human Rights in Global Politics* (Cambridge: Cambridge University Press, 1999), pp.195-213.

[19] Z. Bauman 著，張君玫譯，《全球化》（台北：群學，2001），頁129-159。

[20] 這些地方占全球人口的22%，但總財富占全球約80%。

[21] 在兩岸互動的初步空間中，積極的結構重建以便發展更周延的權利系統，對兩岸社會都是處於相當模糊的階段。因此兩岸互動到目前所涉及到的層面，基本上與所謂的整合仍然有相當的距離，並且存在著似乎難以跨越的界線。

因為不存在一個主權平等的空間，雙方也將不存在積極的結構重建。尤其在大陸所謂「一國兩制」之架構下，根本限制了兩個社會積極重建的可能性。這個制度根本上與整合概念並無聯繫，其所涉及的變化用「回歸」一詞來描述較為適切。問題之所在首先並不關乎人口數量或土地大小，歐洲聯盟中的盧森堡只有四十萬人口、三千平方公里，即將加入的馬爾他只有四十萬人口、三百平方公里。比起德國的八千二百萬人口、三十五萬七千平方公里，法國的五千九百萬人口、五十四萬四千平方公里等等，它們的數量可以說是相當低。雖然諸如盧森堡這樣的國家在歐洲聯盟各種機構組織（例如歐洲議會、執委會、各種委員會等等）中的代表較少，但畢竟是在國家主權平等的基礎上，依照量化的共識以及民主的程序所產生。

[22] S. Castles, "Citizenship and the Other in the Age of Migration", in A. Davidson and K. Weekley (eds.), *Globalization and Citizenship in the Asia-Pacific* (London: Macmillan Press, 1999), p.27.

參考書目

一、中文部分

Barker, C.著，羅世宏譯，《文化研究——理論與實踐》（台北：五南，2004）

Barbalet, J. M.著，談谷錚譯，《公民資格》（台北：桂冠，1991）

Bauman, Z.著，張君玫譯，《全球化》（台北：群學，2001）

Bauman, Z.著，郁建興等譯，《生活在碎片之中》（上海：學林，2002）

Beck, U.著，孫治本譯，《全球化危機》（台北：台灣商務，1999）

Beck, U. 和 Willms, J.著，路國林譯，《自由與資本主義》（杭州：浙江人民，2001）

Bell, D.著，趙一凡等譯，《資本主義的文化矛盾》（台北：久大桂冠，1989）

Berger, P. L. 和 Huntington, S. P.編著，王柏鴻譯，《杭廷頓與柏格看全球化大趨勢》（台北：時報，2002）

Bonnewitz, P.著，孫智綺譯，《布赫迪厄社會學第一課》（台北：麥田，2002）

Bourdieu, P.著，孫智綺譯，《以火攻火》（台北：麥田，2003）

Braudel, F.著，施康強等譯，《十五至十八世紀的物質文明、經濟和資本主義》，第一卷（北京：生活、讀書、新知三聯書店，1992）

Brugger, W.編著，項退結編譯，《西洋哲學辭典》（台北：華香園，1988）

Cassirer, E.著，《人論》（上海：上海文藝，1985）

Cassirer, E.著，羅興漢譯，《符號、神話、文化》（台北：結構群，1990）

Cassirer, E.著，關子尹譯，《人文科學的邏輯》（台北：聯經，1990）

Castells, M.著，夏鑄九等譯，《認同的力量》（台北：唐山，2002）

Cohen, R. 和 Kennedy, P.著，文軍等譯，《全球社會學》（北京：社會科學文獻，2001）

Cordellier, S.編，《全球新趨勢》（台北：麥田，2004）

Cuff, E. C. a.a.著，林秀麗等譯，《最新社會學理論的觀點》（台北：韋伯，2003）

d'Entrèves, A. P. 著，李日章譯，《自然法：法律哲學導論》（台北：聯經，1990）

Dodd, N.著，張君玫譯，《社會理論與現代性》（台北：巨流，2003）

Drucker, P. F.著，劉真如譯，《下一個社會》（台北：商周，2002）

Einstein, A. 和 Infeld, L.著，郭沂譯註，《物理學的進化》（台北：水牛，1985）

Faulks, K.著，黃俊龍譯，《公民身分》（台北：巨流，2003）

Gadamer, H. G.著，吳文勇譯，《真理與方法》（台北：南方，1988）

Giddens, A.著，廖仁義譯，《社會學導論》（台北：唐山，1995）

Giddens, A.著，鄭武國譯，《第三條路：社會民主的更新》（台北：聯經，1999）

Giddens, A.著，趙旭東等譯，《現代性與自我認同》（台北：左岸，2002）

Giddens, A.著，周紅雲等譯，《為社會學辯護》（北京：社會科學文獻，2003）

Gould, A.著，吳明儒等譯，《資本主義福利體系》（台北：巨流，1997）

Gurr, T. R. 和 Harff, B.著，鄭又平等譯，《國際政治中的族群衝突》（台北：韋伯，2002）

Harrison, L. E. 和 Huntington, S. P.著，李振昌等譯，《為什麼文化很重要》（台北：聯經，2003）

Heisenberg, W.著，仰哲出版社譯，《物理學和哲學》（新竹：仰哲，1988）

Homans, G. C.著，楊念祖譯，《社會科學的本質》（台北：桂冠，1991）

Jameson, F.著，吳美真譯，《後現代主義或晚期資本主義的文化邏輯》（台北：時報，1998）

Jameson, F.著，唐小兵譯，《後現代主義與文化理論》（台北：合志，1990）

Jenks, C.著，余智敏、陳光達、王淑燕譯，《文化》（台北：巨流，1998）

Kneer, G. 和 Nassehi, A.著，魯貴顯譯，《盧曼社會系統理論導引》（台北：巨流，1998）

Kymlicka, W.著，劉莘譯，《當代政治哲學導論》（台北：聯經，2003）

Lent, A.著，葉永文等譯，《當代新政治思想》（台北：揚智，2000）

Lull, J.著，陳芸芸譯，《全球化下的傳播與文化》（台北：韋伯，2004）

Mulkay, M.著，蔡振中譯，《科學與知識社會學》（台北：巨流，1991）

Nash, K.著，林庭瑤譯，《全球化、政治與權力：政治社會學的分析》（台北：韋伯，2004）

Odum, E. P.著，王瑞香譯，《生態學：科學與社會之間的橋梁》（台北：啟英，2000）

Ogden, F.著，王一鳴譯，《第三個千禧年》（台北：書華，1997）

Parsons, T.著，章英華譯，《社會的演化》（台北：遠流，1991）

Pateman, C.著，朱堅章主譯，《參與和民主理論》（台北：幼獅，1990）

Rex, J.著，顧駿譯，《種族與族類》（台北：桂冠，1991）

Rickert, H.著，涂紀亮譯，《文化科學和自然科學》（北京：商務，1996）

Schmidt, A.著，沈力譯，《馬克斯的自然概念》（台北：結構群，1989）

Sandler, T.著，葉家興譯，《經濟學與社會的對話》（台北：先覺，2003）

Slevin, J.著，王樂成等譯，《網際網路與社會》（台北：弘智，2002）

Smith, P.著，林宗德譯，《文化理論的面貌》（台北：韋伯，2004）

Stuart-Hughes, H.著，李豐斌譯，《意識與社會：一八九〇年至一九三〇年間歐洲社會思想的新取向》（台北：聯經，1981）

Throsby, D.著，張維倫等譯，《文化經濟學》（台北：典藏，2004）

T. Miller等著，蔣淑貞等譯，《文化政策》（台北：巨流，2006）

Tomlinson, J.著，鄭棨元等譯，《全球化與文化》（台北：韋伯，2001）

Turner, G.著，唐維敏譯，《英國文化研究導論》（台北：亞太，1998）

Wallerstein, I.等著，劉鋒譯，《開放社會科學：重建社會科學報告書》（香港：牛津大學，1996）

Warnier, J. P.著，吳錫德譯，《文化全球化》（台北：麥田，2003）

Waters, M.著，徐偉傑譯，《全球化》（台北：弘智，2000）

Weber, M.著，黃振華等譯，《社會科學方法論》（台北：時報，1991）

Webster, F.著，馮建三譯，《資訊社會理論》（台北：遠流，1999）

White, L. A.著，曹錦清等譯，《文化科學：人和文明的研究》（台北：遠流，1990）

Wolf, A.著，周昌忠等譯，《十八世紀科學技術和哲學史》（北京：商務，1991）

一九九八年文化建設委員會「文化白皮書」（URL: http://cca.gov.tw/intro/yellow-book/1-1.htm），1998/11/11

OURs社區營造手冊，電子書：文建會的「社區共同體」概述（第五章）（URL:http://www.tmm.org.tw/work.htm）

OURs社區營造手冊，電子書：社區總體營造理論概述—序論（第一章）（URL:http://www.tmm.org.tw/work.htm）

OURs社區營造手冊，電子書：社區總體營造理論概述—新國家建構與「生命共同體」論述的提出（第三章）（URL:http://www.tmm.org.tw/work.htm）

文化資產保護法（URL:http:www.cca.gov.tw/law/html）

文建會地方文史工作室簡介（URL:http://www.cca.gov.tw/Culture/Arts/Cultural）

〈文化建設走了幾階？——李亦園、杭之對談〉，《立法報章資料專輯》，第51輯，1995

中國國民黨中央委員會政策研究工作會編印，《文化政策、民俗技藝、美學教育》，1996

台灣地方文史工作發展協會組織章程草案（URL:http://www.cca.gov.tw/Culture/Arts/Cultural）

台灣省政府文化處「文史工作室」（URL: http://cad.tpg.gov.tw/DataEntrz/historz.nsf），1998.11.11

行政院文化建設委員會《社區總體營造獎勵須知》，台北，1997/7

行政院文化建設委員會，《文化白皮書》（URL:http://www.cca.gov.tw/intro/yellow_book）

王甫昌，《當代台灣社會的族群想像》（台北：群學，2003）

王俊秀，《環境社會學的想像》（台北：巨流，2001）

王玉葉，〈歐洲聯盟之輔助原則〉，《歐美研究》，第30卷，第2期，2000.06

尹建中，〈文化資產維護觀念的評估〉，載於邵玉銘主編，《理念與實踐：當前國內文化發展之檢討與展望》（台北：聯經，1994）

江宜樺，《自由主義、民族主義與國家認同》（台北：揚智，1998）

幼獅文化事業公司編譯部主編，《觀念史大辭典——政治與法律篇》（台北：幼獅，1987）

李喬，〈台灣文學主體性的探討〉，解嚴以來台灣文學國際學術研討會，台

北，2000.1.18

林信華，《符號與社會》（台北：唐山，1999）

林信華，《邁向一個新的歐洲社會》（台北：五南，1999）

林信華，《文化政策新論：建構台灣新社會》（台北：揚智，2002）

林信華，《超國家社會學：兩岸關係中的新台灣社會》（台北：韋伯，2003）

林信華，《二十一世紀新社會學：漂泊的台灣社會》（台北：洪葉，2004）

林信華，《社會科學新論》（台北：洪葉，2005）

林信華，《社會學與生活》（台北：五南，2008）

林信華、孫治本等著，黃瑞祺主編，《社會學》（台北：東華書局，2008）

林本炫，〈對我國文化政策的省思〉，《國家政策雙週刊》，第78期，1994

林火旺，〈文化政策〉，《台灣地區一九九六年文化滿意度民意調查分析報告》（台北：二十一世紀基金會，1997）

林火旺等著，《台灣地區一九九六年文化滿意度民意調查分析報告》（台北：二十一世紀基金會，1997）

〈社區總體營造手冊〉，《「文化‧產業」研討會暨社區總體營造中日交流展論文集》，台北，1995

《政策白皮書（說明篇）：多元融合的族群關係與文化──民主進步黨的族群與文化政策》，民主進步黨中央黨部，1993

施正鋒，〈台灣的族群政治〉，載於施正鋒編，《族群政治與政策》（台北：前衛，1997）

吳乃德，〈省籍意識、政治支持和國家認同──台灣族群政治理論的初探〉，載於張茂桂等著，《族群關係與國家認同》（台北：業強，1993）

吳乃德，〈民族認同衝突和民主憲政鞏固〉，台灣政治學會第三屆年會學術研討會，1996.12

周慧玲，〈跨世紀文化發展里程碑──文化建設中程發展方案〉，載於行政院文化建設委員會編印，《文化視窗》，2000.3

夏鑄九，《社區營造與公共論壇》，中華民國社區營造學會─各期通訊文章，1998.3（URL:http://www.tacocity.com.tw/cesroc/downlod/）

宮崎清著，黃淑芬譯，〈展開嶄新風貌的社區總體營造〉，《「文化‧產業」研討會暨社區總體營造中日交流展論文集》，台北，1995

高宣揚，〈魯曼、布爾迪厄和哈伯瑪斯現代性比較〉，《社會科學理論與本土化研討會論文集》，嘉義，1999

黃國昌，《中國意識與台灣意識》（台北：五南，1995）

黃宣範，《語言、社會與族群意識——台灣語言社會學研究》（台北：文鶴，1994）

黃肇新，《社區營造政策綱領——地方議題與訴求》，中華民國社區營造學會—各期通訊文章，1998.4（URL:http://www.tacocity.com.tw/cesroc/downlod/）

陳光輝，《台灣地區民眾國家認同之研究——幾個概念的探討》，政治大學政治學系碩士論文，1997.7

陳其南，《公民國家意識與台灣政治發展》（台北：允晨，1992）

陳其南，〈社區總體營造與文化產業發展〉，載於台灣省手工業研究所編印，《台灣省鄉鎮長社區總體營造座談會暨實踐營，社區總體營造論文集——參考資料》，1997.3

陳昭瑛，〈論台灣的本土化運動：一個文化史的考察〉，《中外文學》，第23卷，第9期，1995

莊碩漢，〈社區意識的內涵與實踐——以廟宇文化激發鄉土關懷、凝聚社區意識、創建生命共同體〉，《國家政策雙週刊》，第78期，1994

馮契主編，《哲學大辭典》（上海：上海辭書，1991）

張世英主編，《黑格爾辭典》（長春：吉林人民，1991）

張曉春，〈中產階級與社會運動〉，載於蕭新煌主編，《變遷中台灣社會的中產階級》（台北：巨流，1990）

張笠雲主編，《文化產業：文化生產的結構分析》（台北：遠流，2000）

張茂桂，〈台灣的政治轉型與政治族群化的過程〉，載於施正鋒編，《族群政治與政策》（台北：前衛，1997）

耿慶武，《中國區域經濟發展：探討兩岸三地「雙贏」的經濟整合策略》（台北：聯經，2001）

葉啟政，〈台灣中產階級的文化迷思〉，載於蕭新煌主編，《變遷中台灣社會的中產階級》（台北：巨流，1990）

葉啟政，〈當前台灣社會問題的剖析〉，載於楊國樞、葉啟政主編，《台灣的

社會問題》（台北：巨流，1991）

蔡英文，〈認同與政治：一種理論性之反省〉，《政治科學論叢》，第8期，1997

廖朝陽，〈中國人的悲情：回應陳昭瑛並論文化建設與民族認同〉，《中外文學》，第23卷，第10期，1995

二、外文部分

Agnew, J. A., "The Devaluation of Place in Social Science", in Agnew, J. A. and Duncan, J. S. (eds.), *The Power of Place: Bringing Together Geographical and Sociological Imaginations* (Boston: Unwin Hyman, 1989)

Alasuutari, P., *Researching Culture: Qualitative Method and Cultural Studies* (London: SAGE, 1995)

Allum, P., *State and Society in Western Europe* (Cambridge: Polity Press, 1995)

Althusser, L., *Lenin and Philosophy and Other Essays* (trans. by Brewster, B.) (London: New Left Books, 1970)

Antonio, R. and Kellner, D., "Modernity and Critical Social Theory: The Limits of the Postmodern Critique", in Dickens, D. and Fontana, A. (eds.), *Postmodern Social Theory* (Chicago: Chicago University Press, 1991)

Apel, Karl-Otto, *Understanding and Explanation: A Transcendental-Pragmatic Perspective* (trans. by Warnke, G.) (Cambridge: The MIT Press, 1984)

Appadurai, A., "Disjuncture and Difference in the Global Cultural Economy", in Featherstone, M. (ed.), *Global Culture: Nationalism, Globalization and Modernity* (London: SAGE, 1990)

Arato, A., *Civil Society, Constitution and Legitimacy* (Lanham: Rowman & Littlefield Publishers, 2000)

Archibugi, F., *The Associative Economy: Insights Beyond the Welfare State and into Post-capitalism* (New York: St. Martin's Press, 2000)

Aron, R., *Main Currents in Sociological Thought II* (trans. by Howard, R. and Weaver, H.) (USA: Doubleday & Company, Inc., 1970)

Ashbolt, A., "Private Desire, Public Pleasures: Community and Identity in a

Postmodern World", in Vasta, E. (eds.), *Citizenship, Community and Democracy* (London: Macmillan Press, 2000)

Axford, B., *The Global System: Economics, Politics and Culture* (London: Polity Press, 1995)

Barthes, R., "The Photographic Message", in *Image-Music-Text* (London: Fontana, 1977)

Bassand, M., "Communication in Cultural and Regional Development", in Ernste, M. and Jaeger, C. (eds.), *Information Society and Spatial Structure* (London: Belhaven, 1988)

Baudrillard, J., "The Ecstasy of Communication", in Foster, H. (ed.), *Postmodern Culture* (London: Pluto, 1985)

Baudrillard, J., *For a Critique of the Political Economy of the Sign* (St. Louis: Telos Press, 1981)

Baudrillard, J., *Forget Foucault* (New York: Semiotext(e), 1987)

Baudrillard, J., *Selected Writings* (ed. by Poster, M.) (Cambridge: Polity Press, 1988)

Baumeister, A. T., "Multicultural Citizenship, Identity and Conflict", in Horton, J. and Mendus, S. (eds.), *Toleration, Identity and Difference* (London: Macmillan Press, 1999)

Beck, U., "Wie wird Demokratie im Zeitalter der Globalisierung möglich?", in Beck, U. (hrsg.), *Politik der Globalisierung* (Frankfurt am Main: Suhrkamp, 1998)

Bendixen, P., "Cultural Policy and the Aesthetics of Industrialism", *The European Journal of Cultural Policy,* Vol. 1, No. 1, 1994.

Berger, A. A., *Cultural Criticism: A Primer of Key Concepts* (London: SAGE, 1995)

Berger, P. L. and Luckmann, T., *The Social Construction of Reality* (New York: Anchor Books, 1967)

Berger, P. L., *Invitation to Sociology: A Humanistic Perspective* (Garden City: Doubleday, 1963)

Bernstein, B., *Class, Codes and Control,* Vol.1 (London: Routledge & Kegan Paul, 1971)

Bernstein, J. M., "From Self-consciousness to Community: Act and Recognition in the Master-slave Relationship", in Pelczynski, Z. A. (ed.), *The State & Civil Society: Studies in Hegel's Political Philosophy* (Cambridge: Cambridge University Press, 1984)

Black, A., *Guilds and Civil Society in European Political Thought From The Twelfth Century to The Present* (New York: Cornell University Press, 1984)

Bourdieu, P., "Systems of Education and Systems of Thought", in Young, M. F. D. (ed.), *Knowledge and Control* (London: Collier-Macmillan, 1971)

Bourdieu, P., *Distinction: A Social Critique of the Judgement of Taste* (Cambridge: Harvard University Press, 1984)

Bridges, T., *The Culture of Citizenship: Inventing Postmodern Civic Culture* (New York: State University of New York Press, 1994)

Bronner, S. E., *Socialism Unbound* (New York: Routledge, 1990)

Brunner, O. (hrsg.), *Geschichtliche Grundbegriffe. Historisches Lexikon zur politisch-sozialen Sprache in Deutschland,* Band. 2 (Stuttgart, 1975)

Burbules, N. and Rice, S., "Dialogue across Differences: Continuing the Convention", *Harvard Educational Review,* Vol. 61, No. 4, 1991

Búrca, G., "The Language of Rights and European Integration", in Shaw, J. and More, G. (eds.), *New Legal Dynamics of European Union* (Oxford: Clarendon Press, 1995)

Burke, P., "We, the People: Popular Culture and Popular Identity in Modern Europe", in Lash, S. and Friedman, J. (eds.), *Modernity & Identity* (Oxford: Blackwell, 1992)

Carnoy, M., *The State and Political Theory* (Princeton: Princeton University Press, 1984)

Castells, M., *The Power of Identity, The Information Age: Economy, Society and Culture,* Vol.II (Oxford: Blackwell, 1997)

Castles, S. and Davidson, A., *Citizenship and Migration: Globalization and the Politics of Belonging* (London: Macmillan Press, 2000)

Castles, S., "Citizenship and the Other in the Age of Migration", in Davidson, A. and Weekley, K. (eds.), *Globalization and Citizenship in the Asia-Pacific* (London:

Macmillan Press, 1999)

Chabert, J., "Institutional Reform of the European Union: Point of View of the Committee of the Regions", *Quarterly Newsletter of the Committee of the Regions,* N. 1, Nov./Dec. 2000.

Chaney, D., *Fictions of Collective Life: Public Drama in Late Culture* (London: Routledge, 1993)

Chaney, D., *The Cultural Turn: Scene-setting Essays on Contemporary Cultural History* (London: Routledge, 1994)

Chaney, D., *The Cultural Turn: Scene-setting Essays on Contemporary Cultural Theory* (London/New York: Routledge, 1994)

Clegg, S. R. a. a. (ed.), *Global Management: Universal Theories and Local Realities* (London: SAGE, 1999)

Cohen, A. P., *The Symbolic Construction of Community* (London: Tavistock, 1985)

Cohen, J. and Arato, A., "Politics and the Reconstruction of the Concept of Civil Society", in Honneth, A. a. a. (ed.), *Cultural-Political Interventions in the Unfinished Project of Enlightenment* (Cambridge: The MIT Press, 1992)

Cohen, J. L. and Adato, A., *Civil Society and Political Theory* (Cambridge: MIT Press, 1992)

Commission européenne Direction générale, Ministére de l'Education et de la Culture, Espagne, Ministére de la Culture, France, *Statistiques de la culture en Europe,* la Documentation francaise, Paris, 1997.

Connolly, W. E., *Political Theory and Modernity* (Oxford: Basil Blackwell, 1988)

Connolly, W., "Identity and Difference in Global Politics", in Derian, J. and Shapiro, M. (eds.), *International/Intertextual Relations: Postmodern Readings of World Politics* (Mass: Lexington Books, 1989)

Cox, K. R. (ed.), *Spaces of Globalization: Reasserting the Power of the Local* (New York: Guilford Press, 1997)

Crane, D., *The Production of Culture: Media and the Urban Arts* (London: SAGE, 1992)

Cvetkovich, A. (ed.), *Articulating the Global and the Local: Globalization and*

Cultural Studies (Colo: Westview Press, 1997)

D'Andrade, R., "Three Scientific World Views and the Covering Law Model", in Fiske, D. and Schweder, R. (eds.), *Metatheory in Social Science* (Chicago: University of Chicago Press, 1986)

Darwall, S. (ed.), *Equal Freedom: Selected Tanner Lectures on Human Values* (Ann Arbor: University of Michigan Press, 1995)

Delanty, G., "Beyond the State? Citizenship and European Social Integration", in Mullard, M. and Lee, S. (eds.), *The Politics of Social Policy in Europe* (Cheltenham: Edward Elgar Publishing, 1997)

Delanty, G., *Community* (London: Routledge, 2003)

Deleuze, G., *Nietzsche and Philosophy* (New York: Columbia University Press, 1983)

Derrida, J., *Grammatologie* (übersetzt.von Hans-Jörg Rheinberger und Hanns Zischler) (Frankfurt am Main: Suhrkamp, 1994)

Dilthey, W., *Der Aufbau der geschichtlichen Welt in den Geisteswissenschaft* (Frankfurt am Main: Suhrkamp, 1993)

Donald, J., "How English is It? Popular Literature and National Culture", *New Formations,* 1988 (6)

Douglas, M., *Natural Symbols* (New York: Vintage Books, 1973)

Douglas, M., *Purity and Danger* (London: Routledge, 1966)

Dressayre, P. and Garbownik, N., "The Imaginary Manager or Illusions in the Public Management of Culture in France", *The European Journal of Cultural Policy,* Vol. 1, No. 2, 1995

Duff, A. (ed.), *The Treaty of Amsterdam: Text and Commentary* (London: The Federal Trust, 1997)

Eade, J. (ed.), *Living the Global City: Globalization as a Local Process* (London: Routledge, 1997)

Eco, U., *Einführung in die Semiotik* (München: Wilhelm Fink Verlag, 1994)

Ellmeier, A. und Rásky, B., *Kulturpolitik in Europa-Europäische Kulturpolitik?* (Wien: Internationales Archiv für Kulturanalysen, 1997)

Eurobarmeter 52, April 2000; *Eurobarmeter 53,* July 2000

European Commission, *Environment for European: Working in Partnership with Civil Society,* No. 3, July 2000

European Commission, *European Spatial Development Perspective: Towards Balanced and Sustainable Development of the Territory of the European Union,* Luxembourg: European Communities, 1999.

Faucheux, S. a. a., (eds.), *Sustainable Development: Concepts, Rationalities, and Strategies* (Boston: Kluwer, 1998)

Featherstone, M., *Consumer Culture and Postmodernism* (London/New Delhi: SAGE, 1991)

Featherstone, M., Hepworth, M. and Turner, B. S. (eds.), *The Body: Social Process and Cultural Theory* (London: SAGE, 1991)

Featherstone, M., *Undoing Culture: Globalization, Postmodernism and Identity* (London: SAGE, 1995)

Fornäs, J., *Cultural Theory & Late Modernity* (London: SAGE, 1995)

Forrest, A., "A New Start for Cultural Action in the European Community: Genesis and Implications of Article 128 of the Treaty on European Union", *The European Journal of Cultural Policy,* Vol. 1, No. 1, 1994

Foucault, M. and Sheridan, A. (trans. and eds.), *The Will to Truth* (London: Tavistock, 1980)

Foucault, M., *Foucault Live* (New York: Semiotext(e), 1989)

Foucault, M., *Power/ Knowledge* (New York: Pantheon Books, 1980)

Foucault, M., *The Archaeology of Knowledge* (New York: Pantheon Books, 1972)

Foucault, M., *The History of Sexuality* (trans. By Hurley, R.) (London: Allen Lane, 1979)

Foucault, M., *The Will to Truth* (trans. and ed. by Sheridan, A.) (London: Tavistock, 1980)

Fraser, N., "Social Justice in the Age of Identity Politics: Redistribution, Recognition, and Participation", in Ray, L. and Sayer, A. (eds.), *Culture and Economy after the Cultural Turn* (London: SAGE, 1999)

Friedman, J., *Cultural Identity & Global Process* (London: SAGE, 1994)

Frisby, D. and Featherstone, M. (eds.), *Simmel on Culture* (London: SAGE, 1997)

Fuchs, W. u. a. (hrsg.), *Lexikon zur Soziologie* (Opladen: Westdeutscher Verlag, 1978)

Gadamer, Hans-Georg, "Culture and Media", in Honneth, A. et al., (eds.), *Cultural-Political Interventions in the Unfinishes Project of Enlightenment* (trans. by Fultner, B.) (London: The MIT Press, 1992)

Gadamer, Hans-Georg, *Wahrheit und Methode* (Tübingen: J. C. B. Mohr, 1960)

Gamble, A. and Wright, T. (eds.), *The New Social Democracy* (Malden: Blackwell Publishers, 1999)

Geertz, C., *The Interpretation of Cultures* (New York: Basic Books, 1973)

Giddens, A., "Class Division, Class Conflict and Citizenship Rights", in *Profiles and Critiques and Social Theory* (Cambridge: Polity Press, 1982)

Giddens, A., "Living in a Post-traditional Society", in Beck, U. a. a. (ed.), *Reflexive Modernization: Politics, Tradition and Aesthetics in the Modern Social Order* (Cambridge: Polity Press, 1994)

Giddens, A., *Beyond Left and Right: The Future of Radical Politics* (Cambridge: Polity Press, 1994)

Giddens, A., *New Rules of Sociological Method* (London: Hutchinson, 1976)

Giddens, A., *Sociology: A Brief but Critical Introduction* (London: Macmillan, 1986)

Giddens, A., *The Consequences of Modernity* (Stanford: Stanford University Press, 1990)

Giddens, A., *The Constitution of Society: Outline of the Theory of Structuralism* (Cambridge: Cambridge University Press, 1984)

Gold, T. B., "Civil Society and Taiwan's Quest for Identity", in Harrell, S. and Huang Chün-chieh (eds.), *Cultural Change in Postwar Taiwan* (Oxford: Westview Press, 1994)

Granet, M., *Die chinesische Zivilisation* (München: R. Piper & Co. Verlag, 1976)

Gray, C., "Comparing Cultural Policy: A Reformulation", *The European Journal of Cultural Policy,* Vol. 2, No. 2, 1996

Grosz, E., *Jacques Lacan: A Feminist Introduction* (London and New York: Routledge, 1990)

Guy, J. M., "The Cultural Practices of Europeans", *The European Journal of Cultural Policy,* Vol. 1, No. 1, 1994

Habermas, J. (ed.), *Die Einbeziehung des Anderen: Studien zur politischen Theorie* (Frankfurt am Main: Suhrkamp, 1996)

Habermas, J., "Citizenship and National Identity: Some Reflections on the Future of Europe", *Praxis International,* No. 12, 1992

Habermas, J., "Jenseits des Nationalstaats? Bemerkungen zu Folgeproblemen der wirtschaftlichen Globalisierung", in Beck, U. (hrsg.), *Politik der Globalisierung* (Frankfurt am Main: Suhrkamp, 1998)

Habermas, J., "Modernity versus Postmodernity", *New German Critique,* No.22, 1981

Habermas, J., "The European Nation State: Its Achievement and Its Limitations. On the Past and Future of Sovereignty and Citizenship", *Ratio Juris* Vol. 9, No. 2, 1996

Habermas, J., "Citizenship and National Identity: Some Reflections on the Future of Europe", *Praxis International,* No.12, 1992

Habermas, J., *Der philosophische Diskurs der Moderne: Zwölf Vorlesungen* (Frankfurt am Main: Suhrkamp, 1985)

Habermas, J., *Erkenntnis und Interesse* (Frankfurt am Main: Suhrkamp, 1973)

Habermas, J., *Legitimation Crisis* (trans. by McCarthy, T.) (Boston: Beacon Press, 1975)

Habermas, J., *Moral Consciousness and Communicative Action* (trans. by Lenhardt, C. and Nicholsen, S. W.) (Cambridge: The MIT Press, 1990)

Habermas, J., *Moralbewußtsein und kommunikatives Handeln* (Frankfurt am Main: Suhrkamp, 1983)

Habermas, J., *Strukturwandel der Öffentlichkeit* (Neuwied: Hermann Luchterhand Verlag, 1962)

Habermas, J., *Theorie des kommunikativen Handelns,* Band 1 (Frankfurt am Main: Suhrkamp, 1995)

Habermas, J., *Theorie des kommunikativen Handelns,* Band 2 (Frankfurt am Main:

Suhrkamp, 1995)

Habermas, J., *Vorstudien und Ergänzungen zur Theorie des kommunikativen Handelns* (Frankfurt am Main: Suhrkamp, 1984)

Hall, S., "Cultural Identity and Diaspora", in Rutheford, J. (ed.), *Identity: Community, Culture, Difference* (London: Lawrence & Wishart, 1990)

Hall, S., "Cultural Studies and the Centre: Some Problematics and Problems", in Hall, H. a. a. (ed.), *Culture, Media, Language* (London: Hutchinson, 1980)

Hansen, K. P., *Kultur und Kulturwissenschaft* (Tübingen und Basel: Francke Verlag, 1995)

Hansen, T. B., "Cultural Economics and Cultural Policy: A Discussion in the Danish Context", *The European Journal of Cultural Policy,* Vol. 2, No. 1, 1995

Heater, D., *Citizenship: The Civic Ideal in World History, Politics and Education* (London and New York: Longman, 1990)

Hegel, G. W. F., *Philosophie des Rechtes* (Frankfurt am Main: Suhrkamp, 1971)

Hempel, C. G., *Philosophy of Natural Science* (New York: Prentice Hall, 1966)

Hengsbach, F., "Ein erweiterter Gesellschaftsvertrag im Schatten der Globalisierung", in Döring, D. (hrsg.), *Sozialstaat in der Globalisierung* (Frankfurt am Main: Suhrkamp, 1999)

Hitzler, R., *Sinnwelten: Ein Beitrag zum Verstehen von Kultur* (Opladen, 1988)

Horkheimer, M. And Adorno, T. W., *Dialektik der Aufklärung* (Frankfurt am Main: Suhrkamp, 1986)

Howes, D. (ed.), *Cross-cultural Consumption: Global Markets, Local Realities* (London: Routledge, 1996)

Hurst, D. K., *Crisis and Renewal: Meeting the Challenge of Organizational Change* (Harvard: Harvard School Press, 1995)

Husserl, E., *Arbeit an den Phänomenen* (hrsg. by Waldenfels, B.) (Frankfurt am Main: Fischer, 1993)

Jaffe, A., "Corsican Identity and a Europe of Peoples and Regions", in Wilson, T. M. and Smith, M. E. (eds.), *Cultural Change and the New Europe: Perspectives on the European Community* (Boulder: Westview Press, 1993)

Jameson, F., *Postmodernism or the Cultural Logic of Late Capitalism* (NC: Duke University Press, 1991)

Jeffery, C., "Farewell the Third Level? The German Länder and the European Policy Process", *Regional and Federal Studies,* Vol. 6, No.2, 1996

Jenks, C., *Culture* (London/N.Y: Routledge, 1994)

Jensen, K. B., *The Social Semiotics of Mass Communication* (London: SAGE, 1995)

Junne, G., "Integration unter den Bedingungen von Globalisierung und Lokalisierung", in Kohler-Koch, J. (hrsg.), *Europäische Integration* (Opladen: Leske+Budrich, 1996)

Kain, P. J., *Marx and Ethics* (Oxford: Oxford University Press, 1988)

Kant, I., *Kritik der praktischen Vernunft* (Hamburg: Felix Meiner Verlag, 1993)

Kant, I., *Kritik der Urteilskraft* (Hamburg: Felix Meiner Verlag, 1993)

Kant, I., *Metaphysische Anfangsgründe der Naturwissenschaft,* Kants Werke IV (Berlin: Walter de Grugter & Co, 1968)

Kearney, R., *The Wake of Imagination* (London: Hutchinson, 1988)

Keating, M., *The New Regionalism in Western Europe: Territorial Restructuring and Political Change* (Cheltenham: Edward Elgar, 1998)

Kellner, D., "Popular Culture and the Construction of Postmodern Identities", in Lash, S. and Friedman, J. (eds.), *Modernity & Identity* (Oxford: Blackwell, 1992)

Kellner, D., *Media Culture: Cultural Studies, Identity and Politics between the Modern and the Postmodern* (London: Routledge, 1995)

Kellner, D., *Television and the Crisis of Democracy* (Boulder: Westview Press, 1990)

Kitschelt, H., *The Transformation of European Social Democracy* (Cambridge: Cambridge University Press, 1994)

Kluegel, J. R., a. a. (eds.), *Social Justice and Political Change: Public Opinion in Capitalist and Post-communist States* (New York: A. de Gruyter, 1995)

Kolb, D., *The Critique of Pure Modernity: Hegel, Heidegger and After* (Chicago: The University of Chicago Press, 1986)

Kroeber, A. L. and Kluckhohn, C., *Culture: A Critical Review of Concepts and*

Definitions (New York: Vintage Books, 1963)

Kulturdokumentation, Ö. (hrsg.), *Kultur als Kompotenz: Neue Technologie, Kultur & Beschäftigung* (Wien: Internationales Archiv für Kulturanalysen und der Kunstsektion, 1999)

Kuzmics, H., "The Civilizing Process", in Keane, J. (ed.), *Civil Society and the State: New European Perspectives* (London: Verso, 1988)

Kymlicka, W., *Multicultural Citizenship* (Oxford: Clarendon Press, 1995)

La Bell, T. J. and Ward, C. R., *Ethnic Studies and Multiculturalism* (State University of New York Press, 1996)

Lacan, J., *The Four Fundamental Concepts of Psycho-Analysis* (trans. by Sheridan, A.) (New York and London: W. W. Norton & Company, 1978)

Leach, E., *Culture and Communication: The Logic by Which Symbols Are Connected* (Cambridge: Cambridge University Press, 1976)

Lehning, P. B., "Pluralism, Contractarianism and European Union", in Lehning, P. B. and Weale, A. (eds.), *Citizenship, Democracy and Justice in the New Europe* (London and New York: Routledge, 1997)

Lessnoff, M., *Social Contract* (London: Macmillan, 1986)

Lévi-Strauss, C., *La pensée sauvage* (Paris: Plon, 1962)

Locke, J., "Natural Rights and Civil Society", in Lessnoff, M. (ed.), *Social Contract Theory* (Oxford: Basil Blackwell, 1990)

Loman, J. M. E. a. a., *Culture and Community Law: Before and After Maastricht* (Deventer: Kluwer Law and Taxation Publishers, 1992)

Looseley, D. L., *The Politics of Fun: Cultural Policy and Debate in Contemporary France* (Oxford: Berg Publishers, 1995)

Lorenzer, A., *Sprachspiel und Interaktionsformen: Vorträger und Aufsätze zu Psychoanalyse, Sprache und Praxis* (Frankfurt am Main: Suhrkamp, 1977)

Luhmann, N., *Die Gesellschaft der Gesellschaft* (Frankfurt am Main: Suhrkamp, 1998)

Luhmann, N., *Gesellschaftsstruktur und Semantik,* Band 1 (Frankfurt am Main: Suhrkamp, 1993)

Luhmann, N., *Soziale Systeme* (Frankfurt am Main: Suhrkamp, 1988)

Lyotard, Jean-François, *Driftworks* (New York: Semiotext(e), 1984)

Lyotard, Jean-François, *The Postmodern Condition: A Report on Knowledge* (trans. by Bennington, G. and Massumi, B.) (Manchester: Manchester University Press, 1984)

Maciejewski, F. (hrsg.), *Theorie der Gesellschaft oder Sozialtechnologie* (Frankfurt am Main: Suhrkamp, 1975)

Mangset, P., "Risks and Benefits of Decentralization: The Development of Local Cultural Administration in Norway", *The European Journal of Cultural Policy,* Vol. 2, No. 1, 1995

Marcuse, H., *Der eindimensionale Mensch: Studien zur Ideologie der fortgeschrittenen Industriegesellschaft* (Darmstadt/ Neuwied, 1967)

Marshall, T. H., *Citizenship and Social Class* (Cambridge: Cambridge University, 1950)

Marshall, T. H., *Class, Citizenship and Social Development* (Cambridge: Cambridge University Press, 1973)

Marshall, T. H., *Reflections on Power* (Cambridge: Cambridge University Press, 1969)

McBride, S. and Wiseman, J. (eds.), *Globalization and its Discontents* (New York: St. Martin's Press, 2000)

McCracken, P., a. a., *Towards Full Employment and Price Stability* (Paris: Organization for Economic Cooperation and Development, 1977)

Mead, G. H., *Mind, Self & Society* (Chicago and London: The University of Chicago Press, 1962)

Meeham, E., "Citizenship and Social Inclusion in the European Union", in Roche, M. and van Berkel, R. (eds.), *European Citizenship and Social Exclusion* (Aldershot: Ashgate, 1997)

Meehan, E., *Citizenship and the European Community* (London: SAGE, 1993)

Merleau-Ponty, M., *Phänomenologie der Wahrnehmung* (übersetzt. von Boehm, R.) (Berlin: Walter de Cruyter & CO, 1966)

Mickel, W. W., "Kulturelle Aspekte und Probleme der europäischen Integration", *Aus Politik und Zeitgeschichte,* B 10/97, Bonn, 28. Feb. 1997

Moeglin, P., "Communication and Democracy: A Challenge to the Nation of New Public Space", in Splichal, S., a. a. (eds.), *Information Society and Civil Society* (West Lafajette: Purdue University Press, 1994)

Morley, D. and Robins, K., *Spaces of Identity: Global Media, Electronic Landscapes and Cultural Boundaries* (London: Routledge, 1995)

Morley, D., "Where the Goal Meets the Local: Notes from the Sitting Room", *Screen,* No. 32, 1991

Nazarea, V. D. (ed.), *Ethnoecology: Situated Knowledge/Located Lives* (Tucson: University of Arizona Press, 1999)

Neveu, C., "Is 'Black' an Exportable Category to Mainland Europe? Race and Citizenship in European Context", in Rex, J. and Drury, B. (eds.), *Ethnic Mobilisation in a Multi-cultural Europe* (Aldershot: Avebury, 1994)

Oommen, T. K., *Citizenship, Nationality and Ethnicity* (Cambridge: Polity Press, 1997)

Pape, H., "C. S. Peirce (1839-1914)", in Borsche, von T. (hrsg.), *Klassiker der Sprachphilosophie: Von Platon bis N. Chomsky* (München: C. H. Beck Verlag, 1996)

Parsons, T. and Smelser, N. J., *Economic and Society* (New York: Free Press, 1965)

Parsons, T., *Essays in Sociological Theory* (New York: Free Press, 1964)

Parsons, T., *The Social System* (New York: Free Press, 1964)

Parsons, T., *The Structure of Social Action,* Vol.2 (New York: Free Press, 1968)

Parsons, T., *The System of Modern Societies* (Englewood Cliffs: Prentice-Hall, 1971)

Pateman, C., *The Problem of Political Obligation* (New York: John Wiley & Sons, 1979)

Patton, C., "Refiguring Social Space", in Nicholson, L. and Seidman, S. (eds.), *Social Postmodernism: Beyond Identity Politics* (Cambridge: Cambridge University Press, 1995)

Peacock, A. and Rizzo, I. (eds.), *Cultural Economics and Cultural Policies* (Boston:

Kluwer Academic Publishers, 1994)

Peirce, C. S., *Collected Papers* (eds. Hartsherne, C. and Weiss, P.), Vol.1 (Cambridge, 1973)

Pestoff, V. A., *Beyond the Market and State: Social Enterprise and Civil Democracy in a Welfare Society* (Aldershot: Ashgate Pub, 1998)

Peterson, V. S., "Shifting Ground(s): Epistemological and Territorial Remapping in the Context of Globalization(s)", in Kofman, E. and Youngs, G. (eds.), *Globalization: Theory and Practice* (New York: Pinter, 1996)

Piper, N., *Racism, Nationalism and Citizenship: Ethnic Minorities in Britain and Germany* (Aldershot: Ashgate, 1998)

Popper, K. R., "Die Logik der Sozialwissenschaften", in Adorno, T. W., u. a., *Der Positivismusstreit in der deutschen Soziologie* (München: Deutscher Taschenbuch Verlag, 1993)

Popper, K. R., *Die offene Gesellschaft und ihre Feinde,* Bd.2 (Tübingen: J. C. B. Mohr, 1992)

Poster, M. (ed.), *Jean Baudrillard: Selected Writings* (Cambridge: Cambridge University Press, 1988)

Prugh, T., Costanza, R. and Daly, H. E., *The Local Politics of Global Sustainability* (Washington, D.C.: Island Press, 2000)

Raasch, A., "Die Sprachen und die Entwicklung eines europäischen Bewußtsein", *Neusprachliche Mitteilungen,* No. 45, 1992.

Rapoport, A., "The Dual of the Nation State in the Evolution of World Citizenship", in Rotblat, J. (ed.), *World Citizenship: Allegiance to Humanity* (London: Macmillan Press, 1997)

Rattansi, A., "Western Racisms, Ethnicities and Identities in a Postmodern Frame", in Rattansi, A. and Westwood, S. (eds.), *Racism, Modernity & Identity: On the Western Front* (London: Polity, 1994)

Reif, K., "Cultural Convergence and Cultural Diversity as Factors in European Identity", in García, S. (ed.), *European Identity and The Search For Legitimacy* (London and New York: Pinter, 1993)

Reiss, H. S., *Kant's Political Writings* (Cambridge: Cambridge University Press, 1970)

Rhoads, R. A. and Valadez, J. R., *Democracy, Multiculturalism, and the Community College: A Critical Perspective* (New York and London: Garland Publishing Inc., 1996)

Ricoeur, P., *Lectures on Ideology and Utopia* (ed. by Taylor, G. H.) (New York: Columbia University Press, 1986)

Roche, M., "Citizenship and Exclusion: Reconstructing the European Union", in Roche, M. and van Berkel, R. (eds.), *European Citizenship and Social Exclusion* (Aldershot: Ashgate, 1997)

Roderick, R., *Habermas and the Foundations of Critical Theory* (New York: Macmillan, 1986)

Rosenau, J., *Turbulence in World Politics* (Princeton: Princeton University Press, 1990)

Ross, G., "Das Soziale Europa des J. Delors: Verschachtelung als politische Strategie", in Leibfried, P. und Leibfried, S. (hrsg.), *Standort Europa: Europäische Sozialpolitik* (Frankfurt am Main, Suhrkamp, 1998)

Rousseau, Jean-Jacques, "The Social Contract and the General Will", in Lessnoff, M. (ed.), *Social Contract Theory* (Oxford: Basil Blackwell, 1990)

Rundell, J. F., *Origins of Modernity: The Origins of Modern Social Theory From Kant to Hegel to Marx* (Cambridge: Polity Press, 1987)

Schaller, H., *Die europäische Kulturphilosophie* (Freiburg: K. G. Herder, 1940)

Scharpf, F. W., "Demokratie in der transnationalen Politik", in Beck, U. (hrsg.), *Politik der Globalisierung* (Frankfurt am Main: Suhrkamp, 1998)

Schleiermacher, F. D. E., *Hermeneutik und Kritik* (Frankfurt am Main: Suhrkamp, 1993)

Schleiermacher, F. D. E., *Versuch einer Theorie des geselligen Betragens* (hrsg. by Braun, O. und Bauer, J.), Bd.2 (Leipzig, 1913)

Schlesinger, P. and Doyle, G., "Contradictions of Economy and Culture: The European Union and the Information Society", *The European Journal of*

Cultural Policy, Vol. 2, No. 1, 1995

Schroeder, R., *Max Weber and the Sociology of Culture* (London/California: SAGE 1992)

Schuster, J. W. D., "The Search for International Models: Results from Recent Comparative Research in Arts Policy", in Schuster, J. W. D. a. a. (eds.), *Who's to Pay for the Arts? The International Search for Models of Arts Support* (New York: American Council for the Arts Books, 1989)

Schütz, A. und Luckmann, T., *Strukturen der Lebenswelt,* Band 1 (Frankfurt am Main: Suhrkamp, 1994)

Schütz, A. und Luckmann, T., *Strukturen der Lebenswelt,* Band 2 (Frankfurt am main: Suhrkamp, 1994)

Scott, J. W., "Multiculturalism and the Politics of Identity", in Rajchman, J. (ed.), *The Identity in Question* (New York and London: Routledge, 1995)

Seligman, A. B., "The Fragile Ethical Vision of Civil Society", in Turner, B. S. (ed.), *Citizenship and Social Theory* (London: SAGE, 1993)

Shotter, J., "Psychology and Citizenship: Identity and Belonging", in Turner, B. S. (ed.), *Citizenship and Social Theory* (London: SAGE, 1993)

Shotter, J., *Cultural Politics of Everyday Life* (Buckingham: Open University Press, 1993)

Smith, A., *The Ethnic Revival in the Modern World* (Cambridge: Cambridge University Press, 1981)

Smith, A., *Theories of Nationalism* (London: Duckworth, 1971)

Smith, D. and Wistrich, E., "Citizenship and Social Exclusion in the European Union", in Roche, M. and van Berkel, Rik (eds.), *European Citizenship and Social Exclusion* (Aldershot: Ashgate, 1997)

Spybey, T., *Globalization and World Society* (Cambridge: Polity Press, 1996)

Statistisches Bundesamt Deutschland, *Kultur,* Mar 1999 (URL: http://statistik-bund. de/basis/d/kulttxt.htm)

Stikker, M., "Kulturelle Kompetenz / Kulturen elektronischer Netzwerke", *Internationales Archiv für Kulturanalysen und der Kunstsektion,* Jan 2001 (URL:

http://www.kulturdokumentation.org/publik_proj/stikker.html)

Storey, J., *An Introduction Guide to Cultural Theory and Popular Culture* (New York and London: Harvester, 1993)

Taylor, C., "Cross-Purpose: The Liberal Communitarian Debate", in Rosenblum, N. (ed.), *Liberalism and the Moral Life* (Cambridge: Harvard University Press, 1989)

Taylor, C., "Kant's Theory of Freedom", in Pelczynski, Z. and Gray, J. (eds.), *Conceptions of Liberty in Political Philosophy* (New York: St. Martin's Press, 1984)

Taylor, C., "The Politics of Recognition", in Gutmann, A. (ed.), *Multiculturalism: Examining the Politics of Recognition* (Princeton: Princeton University Press, 1994)

Taylor, C., "Atomism", in Taylor, C. (ed.), *Philosophy and the Human Sciences* (Cambridge: Cambridge University Press, 1985)

Taylor, C., *Hegel* (Cambridge: Cambridge University Press, 1975)

The European Commission Press Releases, *Romano Prodi, President of the European Commission, 2000-2005: Shaping the New Europe,* European Parliament, Strasbourg, 15 Feb. 2000 (URL: http://europa.eu.int/rapid/start/cgi)

The European Commission, *Culture 2000,* Jan. 2001 (URL: http://europa.eu.int/comm/culture/depli-en.htm)

The European Commission, *Education, Training and Youth: Learning for Active Citizenship,* DGXXII, Apr. 1999(URL: http://europa.eu.int/en/comm/dg22/citizen/ citiz-en.htm)

The European Commission, *ESDP-European Spatial Development Perspective: Towards Balanced and Sustainable Development of the Territory of the European Union* (Luxembourg: European Communities, 1999)

The European Commission, *Eurobarmeter 49*, Sep. 1998

The European Commission, *Eurobarmeter 52*, Apr. 2000

The European Commission, *European and National Identity* (URL: http://eu.int/en/comm/dg10/infcom/epo/eo/eo8/tables8/tab10.html)

The European Commission, *Information Society Technologies Programme* (IST Programme), Oct. 1998 (URL: http://europa.eu.int/comm/information_society/ist/ index-en.htm)

The European Commission, *Intergovernmental Conference (IGC): Institutional Reform to Prepare for Enlargement,* Oct. 2000 (URL: http://europa.eu.int/ igc2000/index_en.htm)

The European Commission, *Learning for Active Citizenship,* Directorate General XXII, Apr.1999(URL: http://europa.eu.int/en/comm/dg22/citizen)

The European Commission, *Opinion of the Committee of the Regions: Culture and Cultural Differences and Their Significance for the Future of Europe,* 13 Mar. 1998, Brussels (URL:http://www.cor.eu.int/coratwork/comm7)

The European Commission, *Structural Actions 2000-2006: Commentary and Regulations* (Luxembourg: European Communities, 2000)

The European Commission, *The Development of the Market for Digital Television in the European Union (COM(1999)540),* Communication from the Commission to the European Parliament, the Council of Ministers, the Economic and Social Committee and the Committee of the Regions, Aug.1999(URL: ttp://europa. eu.int/comm/information_society/policy/telecom/digtv/report1999_en.htm)

The European Commission, *The Four Major Objectives of the New Treaty for Europe,* Nov. 1997 (URL: http://europa.eu.int/en/agenda/igc.home/intro/en.htm)

The European Commission, *The Regions in the 1990s,* COM (90) 609 final, Brussels, 9 Jan. 1991

The European Commission, *Towards a Europe of Knowledge, Communication from the Commission,* Mar. 1999 (URL: http://europa.eu.int/en/comm/dg22/orient/ orie-*en.htm)*

The Voice of the Regions, Quarterly Newsletter of the Committee of the Regions, N.1 Nov./Dec. 2000, The Commission of the European Union

Thompson, K., *Key Quotations in Sociology* (London/New York: Routledge, 1996)

Tilly, C., "The Emergence of Citizenship in France and Elsewhere", in Tilly, C. (ed.), *Citizenship, Identity and Social History* (Cambridge: Cambridge University

Press, 1996)

Tönnies, F., "Gemeinschaft und Gesellschaft", 3 Auflag., in *Soziologische Studien und Kritiken,* Bd.1 (Jena, 1925)

Trine, B. H., "Measuring the Value of Culture", *The European Journal of Cultural Policy,* Vol. 1, No. 2, 1995

Turner, B. S., "Contemporary Problems in the Theory of Citizenship", in Turner, B. S. (ed.), *Citizenship and Social Theory* (London: SAGE, 1993)

Turner, B. S., "Outline of a Theory of Human Rights", in Turner, B. S. (ed.), *Citizenship and Social Theory* (London: SAGE, 1994)

Turner, T., "Anthropology and Multiculturalism: What is Anthropology that Multiculturalists should be Mindful of it?", in Goldberg, D. T (ed.), *Multiculturalism: A Critical Reader* (Massachusetts: Basil Blackwell, 1995)

Unger, R. M., *Social Theory: Its Situation and its Task* (Cambridge: Cambridge University Press, 1987)

van Berkel, R., "Urban Integration and Citizenship: Local Policies and the Promotion of Participation", in Roche, M. and van Berkel, R. (eds.), *European Citizenship and Social Exclusion* (Aldershot: Ashgate, 1997)

van Deth, J. W. (ed.), *Social Capital and European Democracy* (London: Routledge, 1999)

Vasta, E., "The Politics of Community", in Vasta, E. (ed.), *Citizenship, Community and Democracy* (London: Macmillan, 2000)

Vincent, A., *Theories of the State* (Oxford: Basil, 1987)

Volkerling, M., "Deconstructing the Difference-Engine: A Theory of Cultural Policy", *The European Journal of Cultural Policy,* Vol. 2, No. 2, 1996

Wallerstein, I. a. a., *Open the Social Sciences: Report of the Gulbenkian Commission on the Restructuring of the Social Sciences* (Oxford: Oxford University Press, 1996)

Ward, L., "Identity and Difference: The European Union and Postmodernism", in Shaw, J. and More, G. (eds.), *New Legal Dynamics of European Union* (Oxford: Clarendon Press, 1995)

Weber, M., *Gesammelte Aufsätze zur Wissenschaftslehre* (5th edn) (Tübingen: J. C. B. Mohr, 1982)

Weber, M., *Wirtschaft und Gesellschaft* (Tübingen: J. C. B. Mohr, 1980)

Weidenfeld, W., "Europa—aber wo liegt es?", in Weidenfeld, W. (hrsg.), *Die Identität Europas* (Bonn, 1985)

Williams, R., *Keywords* (London: Fontana, 1983)

Winckler, E. A., "Cultural Policy on Postwar Taiwan", in Harrell, S. and Huang Chün-chieh (eds.), *Cultural Change in Postwar Taiwan* (Oxford: Westview Press, 1994)

Winston, B., *Media Technology and Society: A History from the Telegraph to the Internet* (London: Routledge, 1998)

Worsley, P., *The Three Worlds: Culture and World Development* (Chicago: Chicago University Press, 1984)

Wuthnow, R. a. a., *Cultural Analysis: The Work of P. L. Berger, M. Douglas, M. Foucault and J. Habermas* (London and New York: Routledge, 1984)

Wuthnow, R., *Cultural Analysis* (London/New York: Routledge, 1991)

文化政策新論——建構台灣新社會

作　　者／林信華
出 版 者／揚智文化事業股份有限公司
發 行 人／葉忠賢
總 編 輯／閻富萍
執行編輯／李鳳三
地　　址／新北市深坑區北深路三段 260 號 8 樓
電　　話／(02)8662-6826
傳　　真／(02)2664-7633
網　　址／http://www.ycrc.com.tw
　E-mail ／service@ycrc.com.tw
印　　刷／鼎易印刷事業股份有限公司
　ISBN ／978-957-818-930-0
初版一刷／2002 年 5 月
二版二刷／2012 年 10 月
定　　價／新台幣 450 元

國家圖書館出版品預行編目資料

文化政策新論：建構台灣新社會 / 林信華著.
-- 二版. -- 臺北縣深坑鄉：揚智文化, 2009.
11
　　面；　公分
參考書目：面
ISBN　978-957-818-930-0（平裝）

1.文化政策　2.台灣

541.2933　　　　　　　　　　　　98018398